백제의
정치제도와
운영

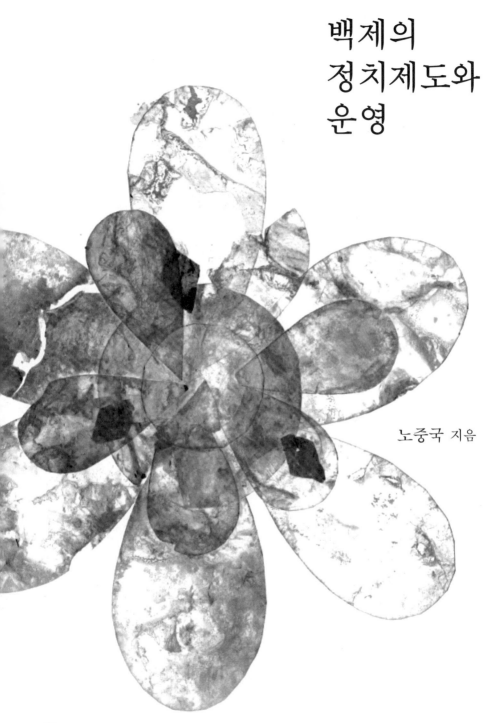

백제의
정치제도와
운영

노중국 지음

일조각

책을 펴내며

저자가 백제의 정치제도사를 별도로 정리하기로 마음먹은 것은 2018년 『백제정치사』를 출간하면서부터였다. 『백제정치사』(일조각)는 1988년에 출간한 『백제정치사연구』(일조각)를 30년 만에 수정·증보하고 책 이름도 바꾸어 펴낸 것이다. 30년의 세월이 흐르는 동안 백제와 관련된 고고학 자료는 물론 금석문과 목간 자료들이 많이 발굴되었다. 자료의 축적으로 연구자 수가 늘어나고 많은 연구 성과들이 나왔다. 이러한 성과들을 반영하다 보니 정치사의 분량이 대폭 늘어나 제도사 부분까지 포괄하기가 어려웠다. 그래서 제도사는 별도로 정리하기로 하였다. 그것이 바로 이 책이다. 따라서 이 책은 앞서 나온 『백제정치사』와 짝을 이루는 것이라 할 수 있다.

정치제도와 그 운영을 살펴보기로 하면서 먼저 고민한 것은 제도의 범위를 어디까지로 하느냐였다. 지금까지의 연구는 중앙통치조직과 지방통치조직에 초점을 맞춘 것이 대다수였다. 중앙과 지방의 통치조직이 정치제도의 핵심이기도 하지만 상대적으로 관련 자료가 많았기 때문이기도 하다.

그러나 국가 운영에는 다양한 제도적 장치들이 필요하므로 다양한 제도들을 살펴보아야만 정치제도와 그 운영 모습을 제대로 그려 볼 수 있다. 이러한 관점에서 이 책에서는 군사제도, 의관제, 식읍제, 작호제를 비롯하여 국왕과 귀족들의 길항관계 속에서 이루어진 합좌제와 그 변화도 살펴보았다. 또한 정치제도 운영을 직접 수행하는 관리의 양성과 선발은 물론 선발된 관리들에 의해 수행되는 문서행정과 문서행정에 필수적인 관인제官印制도 다루었으며, 정치제도를 법적으로 뒷받침해 주는 율령의 내용도 알아보았다. 그러나 국가 운영의 토대가 되는 경제제도는 살펴보지 못하였다. 저자의 생각이 제대로 정리되어 있지 않았기 때문이다. 이는 아쉬움으로 남는다.

정치제도는 정치적 목적을 실현하거나 권력을 행사하기 위한 수단으로, 여러 조건과 처한 상황에 따라 운영 모습이 제정 목적과 달라지기도 한다. 따라서 정치제도 연구에서는 제도 자체만 다루는 것이 아니라 그 제도가 어떻게 운영되고 변화하였는지를 조사하고 살피는 것이 필요하다. 다행히 근래에 벼슬을 구하기 위해 실력자에게 도움을 요청하는 목간, 적진 앞에서 군사들의 사기를 격려하는 목간, 관료들의 근무 형태를 보여 주는 목간, 인구를 파악하여 정리한 목간 등이 출토되어 정치제도의 운영 모습을 개략적으로나마 살펴볼 수 있게 되었다. 이러한 관점에서 이 책의 제목에 '운영'을 넣었다.

정치제도는 만들어진 이후 현실적인 여건에 따라 변화하였다. 이러한 변화 모습을 짜임새 있게 서술하기 위해서 이 책은 기본적으로 기사본말식記事本末式으로 서술하였다. 이 서술 방식이 하나의 제도가 만들어진 이후 그것이 달라져 간 모습을 잘 보여 줄 수 있다고 생각하였기 때문이다.

제도를 만들고 그것을 운영하는 것은 정치사의 전개와 떼놓을 수 없다. 그러다 보니 이 책은 『백제정치사』의 내용과 연동되어 서술될 수밖에 없어 서술의 중복을 피할 수 없었다. 그래서 여기에서는 정치사의 전개 과정은 가능하면 개요만을 언급하고 정치제도가 어떠한 상황에서 만들어지고 또 어떻게 운영되었으며, 어떻게 변화해 갔는가에 대해 중점적으로 논급하기로 하였다.

『백제정치사』를 출간하고 곧바로 이 책을 내고 싶었으나 여의치 않았다. 목차를 정하고, 장과 절을 재정리하고, 중복되는 내용을 조절하는 데 시간이 많이 걸렸기 때문이다. 이제라도 출간하게 되어 마음이 홀가분하다. 약속을 지켰다는 안도감도 든다. 그러나 막상 펜을 놓고 보니 이 책이 백제사를 이해하는 데 조금이라도 도움이 될 수 있을까 하는 마음에 걱정이 앞서기도 한다.

이 책의 출간은 일조각에서 맡아 주었다. 어려운 출판 환경에도 불구하고 인문학을 진흥시켜야 한다는 뜻에서 선뜻 출판을 허락해 준 김시연 사장께 먼저 감사의 말씀을 드린다. 내용은 물론 각주까지도 꼼꼼하게 살피고 모양 좋은 책으로 만들어 준 편집부의 강영혜 선생에게 감사의 말씀을 드린다. 사회 구성원으로서 주어진 정치제도 속에서 살아가야 할 제이, 사빈, 한사 세 손주의 앞으로의 모습도 그려 본다.

2022년 1월

팔공산 아래 단산 저수지를 바라보며
미관未盥 노중국 삼가 쓰다.

차례

제3부 지방통치조직과 운영

제6부　율령과 문서행정

머리글

1. 정치제도와 운영에 대한 기본 시각

국가는 국토, 국민, 주권으로 이루어진다. 이는 고대 국가나 현대 국가나 마찬가지이다. 차이점은 주권이 누구에게 있느냐이다. 현대 국가에서 '주권은 국민에게 있지만[主權在民]', 고대 국가에서 '주권은 군주에게 있었다[主權在君主]'. 한국 고대 국가에서도 주권이 군주에게 있었음은 물론이다.

현대 사회에서나 고대 사회에서나 국가는 구성원들의 다양한 이해관계를 조정하고, 통제하며, 외부로부터의 위협을 막아야 한다. 이를 수행하는 것이 정치이다. 한국 고대 사회에서 정치의 주체는 주권을 가진 군주(국왕)와 그를 보좌하는 귀족들이었다.

국왕은 국가를 운영하고 사회의 질서와 안녕을 유지하기 위해 다양한 정치제도를 만들었다. 정치제도는 정치권력의 행사를 위한 수단이 되는 것이므로 강제적인 힘의 뒷받침이 필요하다. 율령은 정치제도의 운영을 뒷받침해 주는 법적 장치였다.

　정치제도는 국가 발전 단계에 따라 모습을 달리하였다. 한국 고대의 국가 발전 단계에 대해서는 여러 견해가 있지만, 저자는 읍락 단계 → 국 단계 → 국연맹 단계 → 부체제 단계 → 중앙집권국가 단계로 설정한다. 초기국가 단계의 정치제도는 2~3개 지배조직만 갖춘 단순한 조직이었다. 그러나 부체제 단계가 되면 주변국을 통합하여 영토는 넓어지고 인구가 늘어나게 됨에 따라 영토와 민을 효율적으로 다스리기 위해 여러 정치제도들이 만들어졌다. 이후 중앙집권 국가체제가 갖추어지면서 정치제도는 복잡하면서도 체계적으로 정비되어 갔다. 따라서 정치제도와 그 운영의 변화 모습은 국가 발전 단계에 비추어 살펴보아야 한다.

　정치제도는 왜 만들었냐도 중요하지만 그 운영이 더 중요하다. 정치제도의 운영은 정치 상황에 따라 변화하였다. 한국 고대 사회에서 정치 상황의 변화에·가장 큰 영향을 미친 것은 천도였다. 천도는 집권 세력의 다양한 이해관계가 조절된 결과물이기 때문이다. 특히 백제의 경우 고구려나 신라가 겪지 못한 두 번의 천도 경험을 거쳤다.

　백제의 첫 수도 한성漢城(위례성慰禮城)은 백제가 건국하여 성장하는 데 중심지가 된 곳이다. 그러나 백제는 475년 고구려의 공격으로 한성이 함락되자 황급히 웅진으로 천도하였다. 그리고 538년 성왕의 천도 계획에 따라 웅진성에서 사비성으로 천도하였다. 이처럼 백제는 어쩔 수 없는 상황에서 황급히 이루어진 천도와 계획하여 행한 천도라는 독특한 역사적 경험을 가졌기 때문에 정치제도와 그 운영도 두 번의 천도에 따른 시기별 특징을 가지고 있다. 그래서 이 책에서는 정치제도와 그 운영의 변화를 한성기, 웅진기, 사비기로 나누어 정리하였다.

　고대 사회에서 정치제도를 만들고 운영하는 주체는 주권자인 국왕과 국왕을 둘러싼 지배 귀족들이었다. 따라서 국왕과 귀족 사이의 길항拮抗 관계는 정치제도 운영에 변화를 가져오는 핵심 요인이었다. 정치제도 운영의 주도권을 누가 가지느냐에 따라 국왕 중심으로 운영되기도 하고 실권 귀족 중심으로 운영되기도 하였다. 그러므로 정치제도 연구는 각 제도의 성격과 기능의 변화 모습을 운영 주체와 함께 통합적으로 살펴보는 것이 중요하다.

국왕과 귀족들의 길항관계 속에서 나온 정치제도의 운영 모습 하나가 합좌제合坐制이다. 합좌제는 군주의 독치獨治에 대응해 나온 것으로 이 합좌제를 구체화시킨 것이 귀족회의체이다. 따라서 각 시기별로 정치권력의 변화 과정을 알기 위해서는 귀족회의체의 변화 모습을 정리하는 것이 필요하다.

귀족의 가문을 나타내 주는 것이 성씨이다. 한국 고대 사회에서 성씨를 가졌다는 것은 지배 세력이 되었다는 것이다. 이 성씨 집단의 정치적·사회적 지위는 가문의 격에 따라 달랐다. 각 가문의 위상은 정치적 상황에 따라 변화하였다. 이러한 가문이 백제에서는 '대성8족大姓八族'으로 최종 정리되었다. 이 책의 맺는 글에서 백제의 대표적 성씨 집단인 대성8족의 성립 과정과 그것이 갖는 역사적 의미를 다루어 백제의 정치제도를 운영한 세력의 모습을 파악하고자 하였다.

2. 각 부의 요지

이 책은 크게 7부로 구성하였다. 서술의 기본 방향은 정치제도를 저자가 설정한 국가 발전 단계에 따라 백제가 중앙집권체제를 갖추기 이전과 이후로 나누어 정리하는 데 두었다. 중앙집권체제를 갖추기 이전 단계는 백제가 중앙집권체제를 갖추는 토대와 배경이 되는 단계이다. 그래서 이 시기를 초기백제 시기라고 하였다. 중앙집권체제가 갖추어진 시기부터는 이 책의 핵심 내용이 되는 각종 정치제도의 기능과 변화, 운영에 대해 정리하였다.

제1부에서는 초기백제의 지배조직을 다루었다. 초기백제 시기는 국 단계-국연맹 단계-부체제 단계를 포괄한다. 국 단계인 십제국(뒷날의 백제국)의 지배조직 모습은 관련 자료가 없어 신라나 고구려, 왜의 사례에 비추어 추정하였다. 부체제 단계의 지배조직에 대해서는 '좌평', '솔', '덕' 등의 관제가 만들어진 배경과 그 성격을 정리하였다. 그리고 부部의 유력자들이 지닌 부관部官 조직도 고구려와 신라의 사례에 비추어 살펴보았다.

제2부에서는 중앙 관제의 변화를 시기별로 정리하였다. 중앙 관제는 부체제 단계에서 부의 장이 지녔던 부관 조직을 없애 관직을 일원화하고, 부의 장이 다스리던 반공지半公地와 반공민半公民을 공지公地와 공민公民으로 전환함으로써 이루어졌다. 한성기 중앙 관제의 핵심은 14관등제였다. 웅진기에는 여기에 더해 수덕 등 신설 관등이 만들어졌다. 사비기에는 웅진기의 관등제를 재정리하여 16관등제로 정비하였고, 중앙의 관부로 22부를 설치하였다. 최고 귀족회의체는 사비기 전기에는 5좌평제였지만 후기에는 6좌평제로 바뀌었다.

제3부에서는 농업생산력의 증대와 인구의 증가로 사회 편제 단위가 광역적 범위에서 점차 축소되어 갔음을 토대로 지방통치조직의 변화를 시기별로 살펴보았다. 한성기의 지방통치조직은 담로제였다. 이 담로제는 웅진기에도 그대로 이어졌지만 웅진기 후기에 와서 군령·성주제라는 새로운 지방통치조직이 만들어졌다. 사비기에는 종래의 담로제는 폐지하고 군령·성주제를 확대, 개편하여 일원적이고 체계적인 지방통치조직을 만들었다. 이 지방통치조직이 방-군-성(현)제였다. 여기서는 방-군-성(현)제의 구조와 특성 그리고 지방관의 명칭과 고고학 자료를 이용한 치소의 모습을 정리하였다.

제4부는 군사제도의 내용과 실제 운영에 대해 서술하였다. 먼저 군령권과 군정권의 행사 방식을 정리한 후 각종 군부대의 지휘관 조직, 군사 충원 방식, 군 복무 기간 등을 다루었다. 다음으로 군수품의 제작과 조달, 병장기 관리 등을 정리하였다. 군사 조직의 정비를 통해 이루어진 군사력을 이용한 정복 활동도 살펴보았다.

제5부에서는 고위 관료들이 지닌 작호제와 관료들의 위신을 보여 주는 의관제 및 작호를 받은 고위 관료들에 대한 경제적 보장책인 식읍제를 함께 다루었다. 의관제는 관제冠制, 복색, 대제帶制를 중심으로, 작호제는 왕호와 후호 및 장군호를 중심으로, 식읍제는 왕호와 후호 앞에 붙은 지명이 식읍을 나타낸다는 관점에서 정리하였다. 그리고 관제와 장식대도를 왕·후호제 및 장군호제와 연결시켜 살펴보았다.

제6부에서는 행정의 구체적인 모습을 살펴보았다. 행정의 중심은 문서행정으로 이 문서행정을 뒷받침해 주는 것이 법제로서의 율령과 관인제이다. 먼저 율령이 제정된 시기를 근초고왕 대로 보고 율령이 제정된 후 시대에 따라 변화되어 간 모습과 율령의 편목을 정리하였다. 문서행정과 관련해서는 '이층吏層'의 성립과 문서의 종류를 살펴본 후 '기記' 문서 등 문서의 구체적인 모습도 추적하였다. 또 관인제官印制가 제도화되는 과정과 관인의 성격도 살펴보았다. 문서행정은 관료들에 의해 실제로 수행되므로 인재 양성과 관리 선발 방식 그리고 죄를 범한 관료들을 처벌하는 모습 등을 함께 다루었다.

제7부에서는 귀족합좌제에 대해 알아보았다. 귀족합좌제의 토대는 귀족 가문의 형성이다. 먼저 백제에서 귀족 가문이 형성된 배경과 그 가문의 변화상을 살폈다. 다음으로 국가 발전 단계에 따라 또 왕권의 강약 여부에 따라 귀족합좌제가 변화하는 모습과 행정조직과 귀족합좌제의 관계에 대해서도 정리하였다.

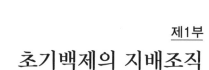

초기백제의 지배조직

I. 국 단계의 지배조직

국國은 기본적으로 국토, 국민, 주권으로 이루어진다. 이는 한국 고대 사회에서도 마찬가지다. 그러나 한국 고대 사회에서 주권은 군주에게 있었다. 그래서 군주가 출현하여 국토와 국민을 다스림으로써 국이 성립하였다. 이 국을 대외적으로 드러내 주는 것이 국호이다. 『삼국유사』 가락국기조의 "천지가 개벽한 후 이 땅에는 나라 이름[邦國之號]도 없었고, 군신의 칭호도 없었다"[1]는 기사는 역으로 국이 성립됨으로써 국호와 군신이 있게 되었음을 보여 준다.

만주와 한반도에서는 청동기시대 이래 각처에서 많은 국들이 생겨났다. 『삼국지』 동이전에 의하면 한강 이남 지역에는 이름을 알 수 있는 국이 78국이나 되었다. 『삼국사기』와 『삼국유사』에는 『삼국지』에 보이지

---

1 『삼국유사』 권제2 기이 제2 가락국기조의 "開闢之後 此地未有邦國之號 亦無君臣之稱" 참조.

않는 이서국, 골포국, 음즙벌국 등 여러 국명들이 나온다. 만주와 한반도 북부에 설치된 한사군漢四郡의 하나인 낙랑군을 구성한 25개의 현들도 처음에는 개별적인 독립국이었다. 백제국의 전신인 십제국十濟國도 이 시기에 성립하였다.

국은 여러 읍락邑落(촌村)으로 이루어졌다. 읍락 가운데 중심 읍락이 국읍國邑이다. 그러나 여러 지역에서 성립 된 국의 규모는 동일하지 않았다. 마한을 구성한 78국 가운데 대국은 1만여 가家, 소국은 수천 가였으며, 진한과 변한을 구성한 24국 가운데 대국은 4,000~5,000가, 소국은 600~700가 정도였다. 그에 따라 각국의 주수主帥의 칭호도 달랐다. 마한의 경우 대국의 수장은 신지臣智를, 소국은 읍차邑借를 자칭하였다. 진한과 변한의 경우 주수는 국의 규모에 따라 신지, 험측險側, 번예樊穢, 살해殺奚, 읍차 등을 자칭하였다. 이러한 칭호들은 모두 토착적인 성격을 지닌 것이었다. 건국 초기 십제국은 마한의 한 구성체였으며 그 규모는 100리 정도여서[2] 대국이라고 보기 어렵다. 따라서 십제국 지배자의 칭호는 처음에는 읍차라 하지 않았을까 한다.

그러나 국읍 주수의 힘은 읍락 거수渠帥를 제어할 수 있는 정도는 아니었다. 따라서 국읍 주수는 읍락에 잡거하는 상황을[3] 벗어나지 못하였다. 그래서 각국의 주수가 국을 다스리기 위해 만든 지배조직은 단순하였다.

고구려의 경우 대가大加나 소가小加는 그 휘하에 사자使者-조의皂衣-선인先人을 두었다.[4] 그런데 대가나 소가는 본래 환나국桓那國이나 조나국

<hr>

2 『삼국사기』 권제23 백제본기 제1 시조 온조왕 24년조의 "秋七月 王作熊川柵 馬韓王遣使
責讓曰 王初渡河 無所容足 吾割東北一百里之地安之 其待王不爲不厚 …"참조.
3 『삼국지』 권30 위서30 동이전 한조의 "國邑雖有主帥 邑落雜居 不能善相制御"; 예조의
"詔更拜不耐濊王 居處雜在民間"참조.
4 『삼국지』 권30 위서30 동이전 고구려조의 "諸大加亦自置使者皂衣先人 名皆達於王 如卿
大夫之家臣"참조.

藻那國과 같은 국의 지배자였다가 중앙귀족으로 전환된 세력이었다. 따라서 제가諸加 아래에 둔 사자, 조의, 선인은 본래는 국의 지배자 아래에 둔 관官으로 볼 수 있다.

신라의 경우 외위外位를 보면 간干 아래에 일벌—伐—일척—尺—피일彼日—아척阿尺이 있었다.[5]「포항중성리신라비」와「포항냉수리신라비」에는 일금지壹金知도 보인다. 간은 사로국(서라벌국)의 우두머리를 거서간居西干이라 한 것처럼 본래 국의 수장을 가리키는 칭호였다. 따라서 간 아래의 일벌—일척—피일—아척은 국의 지배자 아래에 둔 관으로 볼 수 있다.

왜의 경우에도 대마국對馬國이나 일기국—岐國 등의 비구卑狗—비노모리卑奴母離에서 보듯이 대개 2개의 관官을 두었다. 그러나 세력이 상대적으로 큰 이도국伊都國은 이지爾支—설모고泄謨觚—병거고柄渠觚라는 3개의 관을, 세력이 가장 큰 야마대국邪馬臺國은 이지마伊支馬—미마승彌馬升—미마획지彌馬獲支—노가제奴佳鞮를 두었다.[6]

고구려, 신라, 왜의 사례에서 미루어 십제국도 2~3개 정도의 지배조직을 갖추지 않았을까 한다. 그러나 십제국의 지배조직을 직접 보여 주는 자료는 없다. 이를 추론하는 데 단서가 되는 것이 고구려와 신라가 국國 단계의 지배조직을 부체제部體制 단계의 제가나 제간諸干의 지배조직으로 전화轉化시켰다는 사실이다. 이를 원용하면 부체제 단계의 백제 관등제에서 십제국의 지배조직을 추출해 낼 수 있지 않을까 한다.

뒤에 다시 언급하겠지만 부체제 단계의 백제는 좌평, 솔, 덕으로 이루어진 상위 관등과 좌군—진무—극우로 이루어진 하위 관등을 만들었다. '솔'

---

5 『삼국사기』권제40 잡지 제9 직관 하 외관조의 "外位 … 其位視京位 … 干視舍知 一伐視吉次 彼日視小烏 阿尺視先沮知" 참조.
6 『삼국지』권30 위서30 동이전 왜인조.

이나 '덕'은 본래는 '수장'·'족장'을 가리키는 말이었으므로[7] 고구려의 대가나 소가(제가) 및 신라의 제간에 대응시켜 볼 수 있다. 그렇다면 좌군-진무-극우는 제가 아래에 둔 사자-조의-선인이나 제간 아래에 둔 일벌-일척-피일-아척에 대응된다. 이러한 관점에서 저자는 십제국의 주수 아래에 둔 지배조직은 좌군-진무-극우로 파악하는 바이다.[8]

좌군, 진무, 극우라는 명칭은 고구려의 사자, 조의, 선인이나 신라의 일벌, 일척, 피일, 아척 등과 비교하면 매우 한화漢化되어 있다. 이는 뒤에 언급할 좌평이나 우보와 좌보 등과 같은 맥락이다. 따라서 좌군, 진무, 극우의 명칭은 본래 토착적인 것이었지만 뒷날 『삼국사기』 편찬자나 그 원전이 되는 사서 편찬자들이 한화된 명칭으로 바꾼 결과가 아닐까 한다. 이 가운데 좌군은 좌장의 영향으로 생긴 것으로 추정하는 견해도 있지만,[9] 좌군만을 뽑아내어 그렇게 설명하는 것은 받아들이기 어렵다. 세 관명이 후대에 한화된 명칭이라는 것은 왕에 대한 토착 칭호인 '어라하於羅瑕'나 '건길지鞬吉支'가 있음에도 『삼국사기』에는 처음부터 백제의 최고 지배자를 '왕'으로만 표기하고 있는 것에서 방증된다.

II. 국연맹 단계의 지배조직

십제국은 건국 초에는 마한연맹체의 일원이었다. 그래서 온조왕은 일종의 복속의례로 마한의 맹주에게 신성한 사슴(神鹿)을 바쳤다. 이후 십제국은 성장하여 미추홀국彌鄒忽國과 지역연맹체를 형성하였다. 미추홀국

---

7 유창균, 1983, 『한국 고대한자음의 연구 II』, 계명대학교출판부, 121~124쪽.
8 노중국, 2018, 『백제정치사』, 일조각, 69~72쪽.
9 김기섭, 1997, 「백제의 좌평 시론」, 『청계사학』 13권, 청계사학회.

은 비류沸流가 한강 하류의 인천 지역을 토대로 하여 세운 국이다. 지역연맹체는 두 집단 사이의 경제적 교역과 외적의 침입에 대한 공동 방어의 필요성에서 만들어졌다.

십제국과 미추홀국이 지역연맹체를 형성하였음을 보여 주는 것이 시조건국설화에 비류와 온조가 형제로 나오는 이른바 '시조형제설화'이다. 시조형제설화는 두 세력이 연맹체를 형성한 것을 합리화하는 목적에서 만들어졌다. 그 예로는 대가야의 시조인 뇌질주일惱窒朱日과 금관국주인 뇌질청예惱窒靑裔가 천신 이비가夷毘訶와 가야산신 정견모주正見母主 사이에서 형제로 태어났다는 설화를[10] 들 수 있다. 가야연맹체는 처음에는 금관가야가 맹주국이었고, 뒤에 대가야가 맹주국이 되었다. 맹주국이 된 대가야는 이 연맹관계를 보다 공고히 하기 위해 대가야의 시조와 금관가야의 시조가 형제라고 하는 시조형제설화를 만들어 내었던 것이다.[11] 이를 원용하면 온조와 비류가 형제라고 하는 설화는 비류계 세력과 온조계 세력이 연맹을 형성한 후 그 연맹관계를 합리화하고 연맹을 결속하기 위한 상징으로 만들어진 것이라 할 수 있다.

시조형제설화를 보면 비류가 형으로, 온조가 동생으로 나온다. 그러다가 비류왕이 죽자 그를 따르던 무리들이 모두 온조왕에게로 귀부하였다고 한다. 비류가 형으로 나오는 것은 지역연맹체 형성 초기에는 미추홀국이 맹주국의 역할을 하였음을, 이후 비류의 무리들이 온조에게 귀부하였다는 것은 힘의 중심이 십제국에게 넘어갔음을 보여 준다. 이리하여 십제국이 맹주국이 되었다. 이른바 맹주국이 교체된 것이다. 그 시기는 초고왕 대로 추정된다.

새로이 연맹체를 이끌게 된 초고왕은 정치의 중심지를 하북위례성에서

---

10 『신증동국여지승람』 권29 경상도 고령현 건치연혁조.
11 김철준, 1952, 「신라 상대사회의 Dual Organization(상)」, 『역사학보』 1집, 역사학회.

하남위례성으로 옮겼다. 그리고 국호를 십제국에서 백제국伯濟國(百濟國)으로 고쳤다.[12] 이는 십제국이 그만큼 성장하였음을 보여 준다. 서울 풍납토성 내부에서 확인된 삼중환호성三重環壕城은 성장한 십제국의 모습을 보여 주는 물적 자료이다.

연맹체는 기본적으로 여러 국으로 구성되었다. 이 가운데 세력이 강한 국이 맹주盟主가 되었다. 맹주는 연맹체를 대표하는 연맹장이면서 동시에 자기가 직할하는 국의 지배자였다. 이런 이중적인 성격 때문에 맹주는 자기 직할의 국과 관련된 일은 앞서 언급한 국 단계의 지배조직을 통해 처리하였지만 연맹체 전체와 관련된 일은 별도의 조직으로 처리하였다. 백제국이 맹주국이 되었을 때 연맹체의 지배조직과 관련하여 주목되는 것이 좌보左輔와 우보右輔이다.

『삼국사기』에 우보는 온조왕 2년조에, 좌보는 다루왕 10년조에 처음으로 나온다.[13] 우보와 좌보의 '보輔'는 보신輔臣이라는 의미로 매우 한화된 용어이다. 그 성격을 이해하는 데 방증 자료가 되는 것이『삼국지』한조의 염사착廉斯鑡 사화史話이다. 염사착은 진한의 우거수右渠帥였다.[14] 이 우거수에 대해 진한의 오른쪽에 위치한 변한의 거수로 보는 견해,[15] '우右'가 '우족右族', '우위右威'로도 사용되는 것을 근거로 '우세한 거수' 또는 '유력한 거수'로 파악하는 견해도[16] 있다. 그러나 우거수는 좌·우거수의 우거

---

12 노중국, 2018,『백제정치사』, 일조각, 90~91쪽.

13 『삼국사기』권제23 백제본기 제1 시조 온조왕 2년조의 "三月 王以族父乙音 有智識膽力 拜爲右輔 委以兵馬之事"; 다루왕 10년조의 "冬十月 右輔屹于爲左輔 北部眞會爲右輔" 참조.

14 『삼국지』권30 위서30 동이전 한조의 "魏略曰 … 至王莽地皇時 廉斯鑡爲辰韓右渠帥 …" 참조.

15 백승충, 1995,「변한의 성립과 발전」,『한국고대사연구―삼한의 사회와 문화―』10집, 한국고대사학회.

16 문창로, 2000,『삼한시대의 읍락과 사회』, 신서원, 141쪽 주 17.

수로 보는 것이 타당하다.

우거수는 좌거수左渠帥의 존재를 상정하게 한다. 그렇다면 진한연맹체에는 맹주 외에 연맹체의 일을 처리하는 직으로 우거수와 더불어 좌거수도 있었다고 할 수 있다. 좌우로 나누어진 우거수와 좌거수는 같은 시기에 좌우로 나누어진 우보와 좌보에 대응된다. 따라서 '보輔'는 토착적인 성격의 '거수'를 아화雅化시킨 칭호로 볼 수 있다. 그렇다면 맹주국으로서 백제국의 지배자는 좌보와 우보를 통해 연맹체 전체와 관련되는 문제, 예를 들면 군사 관련 일이나 중국 군현과의 관계 및 연맹체 내부의 중요 문제 등을 처리하였을 것이다.

III. 부체제 단계의 지배조직

1. 부체제의 성립

부체제는 연맹체의 맹주국이 그 힘을 성장시켜 주변국들을 정복하거나 병합한 후 그 수장들을 중앙귀족으로 전화시키면서 성립되었다. 백제가 부체제를 성립시킬 수 있었던 계기는 246년(고이왕 13)에 마한과 중국 군현과의 사이에 일어난 전쟁이다. 이 전쟁은 마한 세력과 중국 군현 사이에 일어난 최초의 전쟁이었다. 이때 마한을 이끈 중심 세력에 대해 백제국으로 보는 견해,[17] 신분고국으로 보는 견해도[18] 있다. 그러나 이 시기 마한

---

17 이현혜, 1997, 「3세기 마한과 백제국」, 『백제의 중앙과 지방』(백제연구총서 제5집), 충남대학교 백제연구소.
18 윤용구, 1999, 「삼한의 대중교섭과 그 성격―조위의 동이경략과 관련하여―」, 『국사관논총』 85집, 국사편찬위원회.

연맹체의 맹주국이 목지국이므로 전쟁을 주도한 세력은 목지국으로 보는 것이 타당하다.

마한연맹체의 군대는 대방군의 기리영崎離營(현재 황해도 평산군 기린리)을 공격해 태수 궁준을 전사시키는 승리를 거두기도 하지만 결국은 패배하고 말았다. 이 패배로 나해국那奚國 등 수십 국은 각각 종락種落을 이끌고 군현에 항복하는[19] 상황이 벌어졌다. 이는 마한 맹주국인 목지국이 입은 타격이 그만큼 컸음을 보여 준다. 이로 말미암아 목지국의 위상은 떨어졌다.

이러한 상황을 이용하여 백제는 몰래 군대를 일으켜 목지국의 중심지인 국읍을 점령하였다. 그리고 마지막까지 저항하던 원산성과 금현성 등을 항복시켜 마침내 목지국을 멸망시켰다.[20] 그 시기에 대해 『삼국사기』에는 온조왕 27년(9)으로 나온다. 그러나 온조왕 대는 십제국 단계여서 마한을 병합할 수 있는 힘이 없었다. 따라서 백제국의 목지국 병합은 목지국의 세력이 급격히 약화된 246년 이후인 고이왕 27년(260) 전후로 보는 것이 타당하다.

목지국을 멸망시킨 고이왕은 이후 주변국들에 대한 통합 작업을 본격적으로 추진해 나갔다. 그 과정을 보여 주는 자료는 없지만 그 결과를 추론할 수 있는 것이 『삼국사기』 온조왕 13년(기원전 6)에 백제의 강역이 "북으로는 패하浿河(예성강), 남으로는 웅천熊川(안성 지역), 서로는 대해大海(황해), 동으로는 주양走壤(춘천)에 이르게 되었다"[21]는 기사이다. 이 기사는 온조왕 13년조에 나오지만 고이왕이 확보한 백제의 영역을 서술한 것으로

---

19 『삼국지』 권4 위서4 삼소제기 제왕전 정시 7년조의 "夏五月 討滅貊 皆破之 韓那奚等數十 國 各率種落降" 참조.

20 『삼국사기』 권제23 백제본기 제1 시조 온조왕 26년조의 "冬十月 王出師 陽言田獵 潛襲馬 韓 遂幷其國邑 唯圓山錦峴二城 固守不下"; 27년조의 "夏四月 二城降 移其民於漢山之北 馬韓遂滅" 참조.

21 『삼국사기』 권제23 백제본기 제1 시조 온조왕 13년조의 "遂畫定疆場 北至浿河 南限熊川 西窮大海 東極走壤" 참조.

보는 것이 타당하다.

이렇게 영역을 확장하면서 고이왕은 백제국에 편입된 국의 수장 일부를 중앙귀족으로 편제하였다. 중앙귀족의 수는 백제의 영역이 확대될수록 늘어났다. 이렇게 늘어난 중앙귀족들을 편제한 것이 지배자 집단인 부部이다.[22]

백제가 부를 편제하였음을 보여 주는 것이 '국내의 민호를 나누어' 남부·북부·동부·서부를 설치하였다는 기사이다.[23] 이 기사의 '국내'는 백제의 영역을, '민호'는 영역 내에 살고 있는 민民을 말한다. 이를 부여의 사출도四出道와 비교하면 4부는 사출도에, 부의 장長은 사출도를 주관한 대가나 소가에, 민호를 나눈 것은 부여의 대가나 소가들이 주관한 수천 가家, 수백 가에 대응된다. 따라서 남부·북부와 동부·서부는 지방통치조직이 아니라 부체제 단계의 부部인 것이다.[24]

그런데 부여에는 사출도에 속하지 않는 왕의 직할지가 별도로 있었다. 이를 원용하면 백제에도 4부에 속하지 않은 왕의 직할지가 별도로 있었다고 볼 수 있다. 이 직할지가 중부에 해당된다. 『삼국사기』 온조왕 14년(기원전 5)조에 "한강 서북쪽에 성을 쌓고 한성漢城의 백성을 나누어 살게 하였다"고 한 기사의 '한성의 백성'은 바로 중부, 즉 왕의 직할지에 속한 민을 가리킨다고 하겠다.[25] 이렇게 보면 백제의 부는 5부가 된다. 5부체제가 성립된 시기는 마한의 맹주국인 목지국을 멸망시킨 3세기 후반 무렵(고이왕 27)으로 보는 것이[26] 타당하다.

22　武田幸男, 1967, 「魏志東夷傳にみえる下戶問題」, 『朝鮮史研究會論文集』 第三輯, 朝鮮史研究會.

23　『삼국사기』 권제23 백제본기 제1 시조 온조왕 31년조의 "春正月 分國內民戶爲南北部"와 33년조의 "秋八月 加置東西二部" 참조.

24　노중국, 2018, 『백제정치사』, 일조각, 160~162쪽.

25　양기석, 2000, 「백제 초기의 부」, 『한국고대사연구』 17집, 한국고대사학회.

26　노중국, 2018, 『백제정치사』, 일조각, 158~165쪽.

2. 지배조직

(1) 『삼국사기』 고이왕 27~29년조의 검토

부체제 단계에 와서 맹주국은 주변국을 정복하거나 병합하였다. 이에 따라 맹주국의 국읍은 중앙의 수도가 된 반면에 복속된 국은 지방이 되었다. 이리하여 중앙과 지방이 생겨났다. 한편 이 시기에 오면 철기문화의 발달로 다양한 철제 농기구가 만들어지고, 수리시설이 설치되면서 농업 생산력이 증대되었다. 농업생산력의 증대는 사회 분화를 촉진시켰다. 그에 따라 국을 구성한 읍락에 거주하는 읍락민들은 호민豪民, 민, 하호下戶로 분화되었다.[27]

사회 분화의 심화로 중앙의 집권력이 보다 강화되자 최고 지배자의 거소居所로 궁실이 만들어졌다. 이 궁실은 민의 거처와는 구분되도록 만들어졌다. 이로써 국 단계와는 달리 국읍의 주수는 읍락에 섞여 사는[雜居] 상황을 극복하게 되었다. 한편 이 시기에 오면 연맹체를 구성한 국들이 각각 수행하던 대외 무역권도 중앙에서 장악하였다.[28] 고구려가 책구루幘溝漊를 설치하여 중국 군현과의 교역을 장악한 것이 이를 보여 준다. 이처럼 영역이 넓어지고, 집권력도 강화됨에 따라 지배조직도 체계화되어 갔다. 이를 살펴볼 수 있는 것이 『삼국사기』 백제본기 고이왕 27~29년조 기사이다. 기사의 전문을 옮기면 다음과 같다.

27년 봄 정월에 내신좌평을 두었는데 왕명 출납에 관한 일을 맡았다. 내두 좌평은 창고와 재정에 관한 일을 맡았고, 내법좌평은 예법과 의례에 관한 일을

---

27 『삼국지』 권30 위서30 동이전 부여조의 "邑落有豪民 民下戶皆爲奴僕" 참조.
28 노태돈, 1975, 「삼국시대의 '부'에 관한 연구─성립과 구조를 중심으로─」, 『한국사론』 2집, 서울대학교 국사학과.

맡았고, 위사좌평은 왕궁을 지키는 군사에 관한 일을 맡았고, 조정좌평은 형벌과 감옥에 관한 일을 맡았고, 병관좌평은 지방의 군사에 관한 일을 맡았다. 또 달솔·은솔·덕솔·한솔·나솔·장덕·시덕·고덕·계덕·대덕·문독·무독·좌군·진무·극우를 두었다. 6좌평은 모두 1품이요, 달솔은 2품, 은솔은 3품, 덕솔은 4품, 한솔은 5품, 나솔은 6품, 장덕은 7품, 시덕은 8품, 고덕은 9품, 계덕은 10품, 대덕은 11품, 문독은 12품, 무독은 13품, 좌군은 14품, 진무는 15품, 극우는 16품이었다. 2월에 명령을 내려 6품 이상은 자주색 옷을 입고 은화로 관을 장식하게 하였으며, 11품 이상은 다홍색 옷을 입게 하고, 16품 이상은 푸른색 옷을 입게 하였다. 3월에 왕의 동생 우수優壽를 내신좌평으로 삼았다.[29]

28년 봄 정월 초하룻날에 왕이 자주색의 소매가 큰 두루마기와 푸른색 비단 바지를 입고, 금화로 장식한 검은 비단 관을 쓰고, 흰 가죽대를 두르고, 검은 가죽신을 신고 남당에 앉아 정사를 보았다. 2월에 진가眞可를 내두좌평으로 삼고, 우두優豆를 내법좌평으로 삼고, 고수高壽를 위사좌평으로 삼고, 곤노昆奴를 조정좌평으로 삼고, 유기惟己를 병관좌평으로 삼았다.[30]

29년 봄 정월에 영을 내려 무릇 관리로서 재물을 받거나 도둑질한 자는 장물贓物의 세 배를 징수하고 종신토록 금고禁錮한다.[31]

---

29 『삼국사기』 권제24 백제본기 제2 고이왕 27년조의 "春正月 置內臣佐平掌宣納事 內頭佐平掌庫藏事 內法佐平掌禮儀事 衛士佐平掌宿衛兵事 朝廷佐平掌刑獄事 兵官佐平掌外兵馬事 又置達率恩率德率扞率奈率及將德施德固德季德對德文督武督佐軍振武克虞 六佐平並一品 達率二品 恩率三品 德率四品 扞率五品 奈率六品 將德七品 施德八品 固德九品 季德十品 對德十一品 文督十二品 武督十三品 佐軍十四品 振武十五品 克虞十六品 二月 下令六品已上服紫 以銀花飾冠 十一品已上服緋 十六品已上服靑 三月 以王弟優壽爲內臣佐平" 참조.

30 『삼국사기』 권제24 백제본기 제2 고이왕 28년조의 "春正月初吉 王服紫大袖袍 靑錦袴 金花飾烏羅冠 素皮帶 烏韋履 坐南堂聽事 二月 拜眞可爲內頭佐平 優豆爲內法佐平 高壽爲衛士佐平 昆奴爲朝廷佐平 惟己爲兵官佐平" 참조.

31 『삼국사기』 권제24 백제본기 제2 고이왕 29년조의 "春正月 下令 凡官人受財及盜者 三倍徵贓 禁錮終身" 참조.

27년(260)조의 기사는 6좌평佐平의 명칭과 그 직능, 16관등의 명칭과 품계, 관등에 따른 3색 공복제公服制 등을 포괄하고 있다. 28년(261)조의 기사는 왕의 복색, 즉 왕의 관과 복식에 관한 것과 내두좌평內頭佐平 이하 병관좌평兵官佐平까지의 임명 기사이다. 29년(262)조는 죄를 범한 관리의 처벌에 대한 기사이다.

이 기사의 내용과 시기를 그대로 받아들이면 고이왕 대의 백제는 잘 짜여진 지배조직을 갖춘 셈이 된다. 그래서 이 기사를 토대로 고이왕 대를 엄밀한 의미의 백제 건국 시대로 파악하거나,[32] 중앙집권적 전제 왕권 시대로 파악하는 견해도[33] 있다. 그러나 16관등제의 관품과 관등명은 사비기의 사실을 전하는 『주서周書』 백제전의 기사와 같다. 6좌평의 명칭과 직무, 왕이 남당에 앉아 정사를 볼 때 입은 복색과 뇌물을 받은 관리에 대한 종신 금고형은 역시 사비기의 사실을 전하는 『구당서舊唐書』 백제전의 기록과 완전히 일치한다.[34]

『주서』 백제전과 『구당서』 백제전의 기사가 보여 주는 6좌평, 16관등제, 왕의 복색, 관리에 대한 종신 금고형 등은 모두 사비시대의 제도이므로 3세기 중엽 무렵인 고이왕 대의 제도로 볼 수 없다. 따라서 고이왕 27~29년조의 기사는 고이왕 대의 사실이 아니라 『삼국사기』 찬자가 후대인 사비기의 사실을 고이왕 대에 소급·부회한 것이다.[35] 이는 백제보다도 정치 발전 수준이 한 단계 빨랐던 고구려도 3세기 중엽 무렵까지 관등과

32　이병도, 1976, 『한국고대사연구』, 박영사, 474~477쪽.
33　이종욱, 1977, 「백제왕국의 성장—통치체제의 강화와 전제왕권의 성립—」, 『대구사학』 12·13합집, 대구사학회.
34　『구당서』 권199 상 열전 제149 상 동이 백제전의 "所置內官曰 內臣佐平掌宣納事 內頭佐平掌庫藏事 內法佐平掌禮儀事 衛士佐平掌宿衛兵事 朝廷佐平掌刑獄事 兵官佐平掌在外兵馬事 … 官人受財及盜者 三倍追贓 仍終身禁錮 … 其王服大袖紫袍 靑錦袴 烏羅冠 金花爲飾 素皮帶 烏革履 官人盡緋爲衣 銀花飾冠 庶人不得衣緋紫" 참조.
35　노중국, 2018, 『백제정치사』, 일조각, 166쪽.

관품, 직사의 분화와 복색의 정비, 관리에 대한 처벌 규정 등과 같은 지배조직을 아직 갖추지 못하였다는 사실에 의해 방증되리라 본다. 그럼에도 불구하고 6좌평·16관등제를 고이왕 대의 사실로 인정하면 5좌평제에서 6좌평제로의 변화, 담로제에서 5방제로의 변화라고 하는 백제 관제의 실제적 모습마저 사상捨象시켜 버리는 오류에 빠지게 된다는 점을 유념해야 할 것이다.

(2) 국왕 직속 지배조직

부체제 단계에서 중앙귀족으로 전화한 세력들을 지배체제 내에 편제하여 상하 서열을 보여 주기 위해 만들어진 제도적 장치가 관등제이다. 관등은 어떤 사람이 관직에 나아갈 수 있는 자격이 있음을 보여 줌과 동시에 그 사람의 정치적·사회적 지위를 나타낸다. 관등제는 의관제衣冠制와 연동되어 공식 석상에서 관료들의 지위 고하를 드러내었으며, 신분제와 함께 사회 운영의 토대를 이루었다. 따라서 관등제는 통치조직의 핵심이라 할 수 있다.

부체제 단계에서 백제의 관등제를 직접 보여 주는 자료는 없으므로 16관등제를 통해 추론해 볼 수밖에 없다. 16관등제의 구조는 다음과 같은 특징을 갖는다. 6좌평은 좌평을 분화시킨 것이므로 그 원형은 좌평이다. 2품 달솔達率에서 6품 나솔奈率까지는 '솔率'을 공통 어미로 하므로 그 원형은 '솔'이다. 7품 장덕將德에서 11품 대덕對德까지는 '덕德'을 공통 어미로 하고 있으므로 그 원형은 '덕'이다. 좌군佐軍-진무振武-극우剋虞는 앞서 언급한 바와 같이 국 단계의 지배조직을 수렴한 것이다. 이로 미루어 고이왕 대의 관등은 국 단계의 좌군-진무-극우 위에 새로이 '솔'과 '덕'을 상위의 관등으로 설치하고, 최상위에 '좌평'을 두는 구조로 이루어졌다고 할 수 있다. 그렇다면 부체제 단계에서 백제의 지배조직은 좌평-솔-

덕-좌군-진무-극우로 설정해 볼 수 있다. 이는 고구려가 왕 아래에 상가-대로-패자-주부-우태-승 등 상위 조직과 그 아래에 사자-조의-선인을 둔 것과 유사한 형태라고 하겠다.

'좌평' 명칭은 『주례周禮』 하관 사마의 임무인 "장방정 이좌왕 평방국掌邦政 以佐王 平邦國"에서 따온 것으로 보인다.[36] '솔'은 위진魏晉시대에 중국 천자에게 귀순한 사이四夷의 장에게 '솔선率善' 혹은 '솔중率衆'이란 칭호를 수여한 것에서 기원한 것으로 보기도 하고,[37] 우리말의 우두머리를 '수리'라 한 것에서 기원한 것으로 보는 견해도[38] 있다. 그런데 『후한서』 한전에는 우두머리를 '대솔大率'이라[39] 하였고, 『삼국지』 왜전에는 왜의 야마대국邪馬臺國 여왕이 이도국伊都國에 설치한 특별한 직을 '일대솔一大率'이라[40] 하였다. 대솔은 '달솔'의 이표기였다.[41] 이로 미루어 '솔'은 관官의 고어 '술', '식'나[42] '솔', '술', '수리'로 읽어 일정한 지역을 다스리는 족장(지배자)을 의미하는 관명으로 보는 것이 타당하다.

국 및 국연맹 단계에서 마한을 구성한 국의 수장들은 신지臣智나 읍차邑借를 자칭하였다. 신지의 '신'은 크다는 의미이고 '지'는 지배자 또는 족장을 의미한다. 따라서 신지는 '큰 족장'을 가리킨다. 읍차는 '골치'로 읽히는데[43] '고을의 지배자'·'고을의 족장'으로 해석되고 있다. 그렇다면 '솔'은 신지나 읍차가 중앙귀족으로 전화하였을 때 주어진 칭호라고 할 수 있

---

36 이기동, 1996, 『백제사연구』, 일조각, 164~165쪽.
37 이기동, 1996, 『백제사연구』, 일조각, 190~191쪽.
38 유창균, 1983, 『한국 고대한자음의 연구 II』, 계명대학교출판부, 120~121쪽.
39 『후한서』 권85 동이열전 제75 한전의 "大率皆魁頭露紒" 참조.
40 『삼국지』 권30 위서30 동이전 왜인조의 "自女王國以北 特置一大率 檢察諸國 諸國畏憚之" 참조.
41 『수서』 권81 열전 제46 동이 백제전의 "官有十六品 長曰 左平 次大率 次恩率 …" 참조.
42 양주동, 1942, 『조선고가연구』, 박문서관, 597쪽; 도수희, 1977, 『백제어연구』, 아세아문화사, 39~40쪽.
43 양주동, 1942, 『조선고가연구』, 박문서관, 156쪽.

다. 이는 고구려에서 족장의 의미를 가지는 '가加'가 관명으로 전환되었다
든가,[44] 신라에서 족장인 '간干'이 '등等'이나 그 발전 형태인 '대등大等'으
로 전환된 것과[45] 비슷하다고 하겠다.

'덕'에 대해서는 'ter'로 읽고 이 'ter'는 고구려 지명의 'ten[谷]'의 이형태
異形態이며 'ten'은 촌락과 상응하는 것으로 보는 견해가[46] 있다. 한편 조
선 영조~정조 대의 인물인 홍양호洪良浩(1724~1802)는 "높은 언덕을 덕
이라 한다[高皐曰德]"고[47] 하였다. 전자의 견해를 따르면 촌락을 의미하는
'덕'은 국을 구성한 읍락에 대응되고, 후자의 견해를 따르면 지위가 높은
읍락의 거수가 된다. 그렇다면 '덕'은 읍락의 거수들 가운데 중앙귀족으
로 전화된 자들이 받은 관등이라 할 수 있다.

이렇게 보면, 고이왕은 병합한 국의 지배자들을 중앙귀족으로 편제하
면서 수장급에 해당되는 세력들에게는 '솔'을, 읍락의 거수급에 해당되는
세력들에게는 '덕'의 관등을 수여한 후 그 위에 '좌평'을 두지 않았을까 한
다.[48] 이는 이후 백제 관등제의 토대가 되었다.

(3) 부의 장의 부관 조직

부체제 단계에서 지배자 공동체로서의 부部에는 일정하게 자율성이 있
었다. 그래서 고구려에서는 왕족인 계루부 외에 전 왕족인 소노부는 '종
묘'를 세울 수 있었고, '영성과 사직'에 제사를 지낼 수 있었다.[49] 백제에서
한때 연맹장을 배출하였던 미추홀의 비류계 집단이 비류 중심의 건국설

---

44 김철준, 1975, 「고구려·신라의 관계조직의 성립과정」, 『한국고대사회연구』, 지식산업사.
45 이기백, 1974, 「대등고」, 『신라정치사회사연구』, 일조각.
46 유창균, 1983, 『한국 고대한자음의 연구 II』, 계명대학교 출판부, 124쪽.
47 홍양호, 『이계외집(耳溪外集)』 권12, 「北塞記略」, 孔州風土記.
48 노중국, 2018, 『백제정치사』, 일조각, 165~168쪽.
49 『삼국지』 권30 위서30 동이전 고구려조의 "消奴部本國主 今雖不爲王 適統大人 得稱古雛
　加 亦得立宗廟 祠靈星社稷" 참조.

화를 후대에까지 전승한 것도 같은 맥락이다. 따라서 백제에서도 부의 유력 세력들이 일정하게 자치력을 온존하고 있었다고 볼 수 있다.

자치력을 온존한 부의 장들은 부를 지배하기 위한 독자적인 지배조직을 가지고 있었다. 부여의 제가들은 이러한 조직을 통해 사출도에 속한 수천 가, 수백 가를 별도로 주관하였고[別主] 또 적이 있으면 스스로 싸웠다.[50] 고구려에서는 여러 대가大加들이 왕가와는 대등하지 못하지만 사자-조의-선인으로 이루어진 독자적인 지배기구를 가지고 있었다. 신라의 경우 부部의 장들은 그 휘하에 일벌一伐, 일금지壹金知 등의 조직을 두었다. 〈포항중성리신라비〉에 모단벌탁牟旦伐喙의 부장 아래에 일벌과 일금지가 보이는 것이 이를 보여 준다. 부의 장 아래에 둔 이러한 관이 부관部官이다.

백제의 경우 부의 장 아래에 둔 부관 조직을 직접 보여 주는 자료는 없지만 이를 추론하는 데 단서가 되는 것이 고구려의 경우이다. 앞에서 언급한 것처럼 고구려는 국왕 아래에도 사자-조의-선인을 두었지만 제가들도 스스로 사자-조의-선인을 두었다. 이를 원용하면 백제의 경우 부의 장 아래에 둔 부관은 왕의 지배조직에서 하위 관등으로 편제된 좌군-진무-극우로 볼 수 있다.

부의 장들은 휘하에 둔 부관의 명단을 왕에게 보고해야 하였고, 또 부장 아래의 부관은 왕 아래의 관보다도 서열이 낮았다. 이는 왕과 부의 지배자 사이에 우열이 있었음을 보여 준다. 그렇다고 하더라도 부의 장들이 자기 휘하에 부관을 스스로 두고 또 스스로 군사 작전을 펴기도 한 것은 이 시기의 지배조직이 이원적으로 운영되었음을 보여 준다. 이것이 부체제의 특징이면서 한계라고 하겠다.

---

50 『삼국지』 권30 위서30 동이전 부여조의 "有敵諸加自戰 下戸俱擔糧 飮食之" 참조.

제2부
중앙통치조직과 운영

I. 중앙집권체제의 확립

1. 부체제의 해체

부체제는 연맹 단계에서 중앙집권체제 단계로 넘어가는 과도기 단계이다. 따라서 중앙집권체제의 확립은 부체제의 해체를 전제로 한다. 부체제의 해체는 일시에 된 것이 아니라 부를 구성한 세력들이 점차 약화되는 과정을 거쳐 이루어졌다. 고구려의 경우 먼저 5부 가운데 순노부와 관노부 세력이 약화되었고, 다음으로 고국천왕이 후사가 없이 죽은 후 일어난 동생 발기發岐(拔奇)와 연우延優(이이모伊夷模, 산상왕) 사이의 왕위 계승전에서 소노부가 밀었던 발기가 왕위에 오르지 못함으로 말미암아[1] 전 왕족인 소노부 세력이 약화되었다. 마지막으로 미천왕이 봉상왕을 폐위시키고

---

1 『삼국지』권30 위서30 동이전 고구려조의 "伯固死 有二子 長子拔奇 小子伊夷模 … 拔奇 怨爲兄而不得立 與消奴加 各將下戶三萬餘口 詣康降 還住沸流水 …"참조.

즉위하여 주씨周氏를 왕비로 맞이함으로써[2] 왕실과 대대로 결혼한 왕비족인 절노부(연나부)의 세력도 약화되었다. 이로써 고구려의 부체제는 해체되었다.

백제의 5부를 보면 왕실이 속한 중부를 제외하면 4부 가운데 가장 많은 활동을 보여 주는 것이 북부이고, 그다음이 동부와 서부이다. 반면에 남부의 경우 그 출신자들의 활동상이 거의 보이지 않는다. 이로 미루어 남부 세력이 먼저 정치 운영의 중심에서 밀려나고 그다음으로 동부와 서부 세력이 밀려난 것으로 볼 수 있다.[3] 이후 북부가 왕실과 함께 정치 운영의 중심축을 형성하였다. 이때 북부를 대표하는 세력이 해씨와 진씨였다.

진씨와 해씨 세력은 자신들의 혈연적 기반보다는 왕권과의 관계 속에서 정치적·사회적 지위를 유지하면서 상호 길항적拮抗的 관계를 유지하였다. 그래서 해씨가 두각을 나타낼 때는 진씨의 모습이 드러나지 않고, 역으로 진씨의 활동이 두드러질 때는 해씨의 모습이 보이지 않는다. 왕실은 때로는 해씨를, 때로는 진씨를 활용하여 왕권을 강화하고 세력 기반을 확대하였다. 그 시작이 고이왕 대부터이다.

고이왕은 목지국을 병합한 후 지배 세력을 재편제하는 과정에서 진씨 세력을 중용하였다. 7년(240)에 진충을 좌장으로 삼은 것, 14년(247)에 진충을 우보로 올린 후 진물을 좌장으로 삼은 것, 그리고 28년(261)에 진가를 내두좌평으로 삼은 것이 이를 보여 준다. 진씨가 이렇게 두각을 드러낸 시기에 해씨 세력이 보이지 않는다. 이는 고이왕 대에 해씨가 일단 정치 일선에서 밀려난 것을 의미한다.

그러나 비류왕 대에 와서 변화가 일어났다. 비류왕은 즉위하기 전에 오

---

2 『삼국사기』 권제18 고구려본기 제6 고국원왕 25년조의 "冬十二月 王遣使詣燕 納質修貢 以請其母 燕王雋許之 … 送王母周氏歸國 …" 참조.
3 노중국, 2018, 『백제정치사』, 일조각, 197~199쪽.

랫동안 민간에 있다가 분서왕이 죽은 후 그 아들들이 어린 틈을 타서 신민臣民의 추대를 받아 왕이 되었다.[4] 비류왕은 고이왕계가 아닌 직계인 초고왕계였다. 이때 해씨 세력이 비류왕을 적극 지지하였다. 비류왕 9년(312)에 해구가 병관좌평이 된 것이 이를 보여 준다.

이후 비류왕 24년(327) 서제 우복優福이 북한산성을 근거로 반란을 일으켰다.[5] 이 반란은 백제에서 왕족이 일으킨 최초의 반란이다. 반란을 평정한 비류왕은 반란에 가담한 세력들은 물론 왕권에 걸림돌이 되는 세력마저도 제거하였다. 그리고 반란 세력의 군사적 기반인 부병部兵을 해체하여 왕권 아래의 공병公兵으로 전환시켰다. 이렇게 군사권을 확실히 장악함으로써 비류왕은 왕권을 강화시켜 나갈 수 있었다.

다음으로 비류왕은 벽골제 축조 등을 통해 농업생산력 증대를 도모하였다. 벽골제의 축조 시기에 대해 여러 견해가 있지만,[6] 『삼국사기』 기록과 벽골제 발굴 조사 보고서의 견해대로 4세기 전반 무렵인 비류왕 27년(330)으로 보는 것이 타당하다.[7] 벽골제의 기능에 대해 저수지가 아니라 방조제라는 견해도 많이 나오고 있다.[8] 그러나 벽골제 제내지에서 청동기시대의 수혈과 함정 및 옛 물길[舊河道]이 조사되었고, 또 벽골제와 가까운

---

4 『삼국사기』 권제24 백제본기 제2 비류왕 즉위년조의 "久在民間 令譽流聞 及汾西之終 雖有子 皆幼不得立 是以爲臣民推戴即位" 참조.

5 『삼국사기』 권제24 백제본기 제2 비류왕 24년조.

6 벽골제 축조 시기에 대한 다양한 견해의 정리는 성정용, 2007, 「김제 벽골제의 성격과 축조시기 재론」, 계명사학회 편, 『한·중·일의 고대 수리시설 비교연구』, 계명대학교 출판부 참조.

7 윤무병, 1992, 「김제 벽골제 발굴보고」, 『백제고고학연구』(백제연구총서 제2집), 충남대학교 백제연구소; 노중국, 2010, 「백제의 수리시설과 김제 벽골제」, 『백제학보』 4집, 백제학회; 전북문화재연구원, 2017, 『김제 벽골제』 III~IV.

8 小山田宏一, 2005, 「백제의 토목기술」, 『고대도시와 왕권』(백제연구총서 제13집), 충남대학교 백제연구소 편, 서경문화사; 황상일, 2019, 「김제평야 충적층 규조분석을 통한 벽골제 초축 기능 연구」, 『수리사적 측면에서 본 벽골제』, 사적 제111호 김제 벽골제 학술대회, 원광대학교 마한백제문화연구소·전라북도·김제시.

거리인 동진강 충적지 해발 4m 내외에서 초기 철기시대 수혈이 다수 조사된 사실 등으로 미루어[9] 벽골제는 처음부터 저수지로 축조된 것으로 보아야 한다.

벽골제는 제방 길이[岸長]가 1,800보나 되는 대규모 저수지였다. 현재 제방의 높이는 약 4.3m이고, 윗변 너비는 7.5m, 밑변 너비는 17.5m, 길이는 약 3km이다. 이 저수지를 이용함으로써 몽리 면적은 크게 늘어나고 또 농사도 보다 안정적으로 지을 수 있게 되었다. 수리시설의 축조와 정비는 수전 농업을 활성화시키고 수전을 크게 확대시켜 생산력을 높였다. 생산력의 증대는 왕정의 물적 기반을 확대하였다. 제방 축조에 필요한 노동력 동원의 체계화는 국민개병제적 군사 동원을 실시할 수 있는 바탕을 마련해 주었다.

한편 비류왕은 한동안 정치 일선에서 밀려나 있던 진씨 세력을 재등용하였다. 비류왕 30년(333)에 진의眞義를 내신좌평內臣佐平에 임명하고[10] 또 진씨 출신의 여성을 아들 근초고의 부인으로 삼은 것이 그것이다. 이 여성은 진의가 내신좌평에 임명된 것에서 미루어 진의의 딸일 가능성이 높다. 이렇게 하여 비류왕은 자신의 정치적 지지 기반을 확보할 수 있었고, 진씨 세력은 왕권을 뒷받침하는 핵심 세력이 되었다.

비류왕 대에 취해진 이러한 일련의 조치로 왕실의 위엄과 권위는 부部의 장들을 압도하게 되었다. 부의 장들이 독자적으로 둔 지배조직은 해체되었고, 그들의 경제적 기반인 반공지半公地와 반공민半公民들은 모두 국왕의 직접 지배를 받는 공지公地와 공민公民으로 전환되었다. 이는 지배

---

9 최완규·권정혁, 2019, 「고지형 분석을 통한 벽골제 기능의 재검토」, 『수리사적 측면에서 본 벽골제』, 사적 제111호 김제 벽골제 학술대회, 원광대학교 마한백제문화연구소·전라북도·김제시; 울산문화재연구원, 2020, 『김제 벽골제 제내지유적』.
10 『삼국사기』 권제24 백제본기 제2 비류왕 30년조의 "秋七月 修宮室 拜眞義爲內臣佐平" 참조.

자 집단으로서의 부의 독자적 운동력 상실을 의미한다.[11] 이로써 부체제
는 해체 수순으로 들어갔다.

2. 근초고왕의 즉위와 중앙집권체제 확립

어느 한 체제가 다른 체제로 넘어가게 될 때 구체제를 지키려는 세력들
의 반발이 있기 마련이다. 일종의 여진餘震이다. 이러한 현상은 백제에서
도 마찬가지였다. 비류왕은 비록 부체제를 해체하였지만 정치적 상황은
만만치 않았다. 부체제 해체를 반대하는 세력들의 반발 때문이다. 이를
보여 주는 것이 비류왕 사후 왕위 계승이다.

비류왕에게는 여러 아들이 있었는데 근초고는 둘째 아들이었다. 이렇
게 아들이 있음에도 불구하고 비류왕이 죽자 전왕인 분서왕의 아들 계왕
이 즉위하였다. 이는 비류왕 사후 왕위 계승을 둘러싸고 비류왕계와 분서
왕계 사이에 힘겨루기가 있었음을 의미한다. 이 과정에서 분서왕계가 승
리하여 계왕이 즉위하였다. 이때 계왕을 지지한 세력은 비류왕 대 후반에
해씨 세력이 정치 일선에서 밀려나 있었다는 사실에서 미루어 해씨 세력
일 가능성이 크다.

계왕이 즉위함으로써 왕계는 다시 방계인 고이왕계로 바뀌었다. 이에
따라 직계 비류왕이 추진한 여러 개혁 정책들은 폐기되었을 가능성이 크
다. 일종의 반작용이다. 비록 후대의 사례이지만 신라 경덕왕(742~765)이
한화정책으로 추진한 제도 개혁이 아들 혜공왕 대에 원상 복구된 것이[12]
방증 사례이다. 그렇지만 계왕 대의 반작용의 구체적 내용은 자료가 없어

---

11 노중국, 2018,『백제정치사』, 일조각, 180~186쪽, 197~199쪽.
12 『삼국사기』 권제38 잡지 제7 직관 상의 "調府 眞平王六年置 景德王改爲大府 惠恭王復故
    … 大舍二人 眞德王置 景德王改爲主簿 惠恭王復稱大舍 …" 참조.

알 수 없다.

그러나 얼마 지나지 않아 반전이 일어났다. 계왕이 재위 3년에 죽고, 비류왕의 아들 근초고가 왕위에 오른 것이다. 계왕의 짧은 재위 기간과 계왕의 아들이 있음에도 불구하고 근초고왕이 즉위한 것은 정변의 결과일 가능성이 크다. 이때 근초고왕을 적극 지지한 세력이 진씨 세력이었다. 근초고왕 즉위년에 왕후의 친척인 진정眞淨이 조정좌평朝廷佐平을 맡아 정무를 가혹하게 처리하였다는[13] 것이 이를 보여 준다.

근초고왕의 왕명은 '초고왕'에 '근近' 자를 앞에 붙여 만든 것이다. '근'은 '크다'는 의미도 있지만 '가깝다'는 의미도 있다. 후자를 따르면 '근초고왕'은 '초고왕에 가까운 왕'이라는 의미이다. 이는 초고왕과의 친연성과 계승 관계를 강조한 것이다. 고구려 동천왕이 태어날 때의 모습이 증조인 태조왕과 비슷하다고 하여 태조왕의 이름 '궁宮'을 따서 '위궁位宮'이라 한 것이[14] 이를 방증해 준다. 고구려에서 '位'는 '닮았다'는 의미의 단어이다. 근초고왕의 즉위로 고이왕계는 정치 일선에서 완전히 밀려났다. 이로써 초고왕계의 왕위 계승권이 확립되었다.

즉위 후 근초고왕은 14관등제를 비롯한 중앙통치조직을 정비하였다. 담로제로 불리는 지방통치조직도 정비하였다. 3만 정병을 동원할 정도로 군사력을 강화하였다. 유학을 강조하고 역사서인 『서기書記』를 편찬하여 지배이념을 확립하였다. 율령을 반포하여 일원적인 법체계를 확립하였다. 또한 영산강 유역의 심미다례 등을 '남만南蠻'이라 부른 것에서 보듯이 주변국을 이적시하였으며, 〈칠지도七支刀〉 명문에서 보듯이 왜왕을 제

---

13 『삼국사기』권제24 백제본기 제2 근초고왕 2년조의 "拜眞淨爲朝廷佐平 淨王后親戚 性狠戾不仁 臨事苛細 恃勢自用 國人疾之" 참조.

14 『삼국지』권30 위서30 동이전 고구려조의 "伊夷模無子 淫灌奴部生子 名位宮 伊夷模死 … 今句麗王宮是也 其曾祖宮 生能開目視 … 今王生墮地 亦能開目視人 句麗呼相似爲位 似其曾祖 故名之爲位宮" 참조.

후왕으로 인식하는 천하관을 확립하였다. 이리하여 중앙집권체제가 갖추어졌다.

II. 관등제의 성립과 변화

1. 한성기: 14관등제

중앙집권적 국가체제를 갖춘 근초고왕은 부체제 단계에서 부部의 장들이 지니고 있던 독자적 지배기구인 부관을 해체하고 국왕 중심의 일원적 지배체제를 성립시켰다. 이 과정에서 대소 귀족들을 지배체제 내에 편제한 제도적 장치로서의 관등제도 정비하였다. 정비 방향은 부체제 단계 때 설치된 '좌평', '솔', '덕' 가운데 '좌평'은 최고 관등으로 그대로 두고 '솔'과 '덕'은 족장적 성격을 탈각시켜 각각 분화시키는 것이었다.

'좌평'의 다른 이름으로 『통전通典』에는 좌솔左率[15]이 나온다. '左'와 '佐'는 통용된다. '率'에 대해 '平'의 오기로 보는 견해도 있다. 이 기사를 그대로 따르면 좌평이 '솔率'에서 시작하였음을 보여 준다. 따라서 좌평과 달솔은 처음에는 엄격하게 구분되지 않았지만[16] 이후 솔이 분화되는 과정에서 좌솔은 1품으로 격상되고 그 명칭도 『주례』에 나오는 "장방정 이좌왕 평방국掌邦政 以佐王 平邦國"의 의미를 가지는 한화漢化된 좌평으로 바뀌었다. 이리하여 좌평은 솔계 관등과 구분되었다.

'솔'은 달솔達率–은솔恩率–덕솔德率–한솔扞率–나솔奈率의 5등급으로

---

15 『통전』 권185 변방1 동이 상 백제조의 "官有十六品 左率一品 達率二品 …" 참조.
16 양기석, 1997, 「백제 사비시대의 좌평제 연구」, 『충북사학』 9집, 충북사학회.

분화되었다. 이 가운데 제2관등인 달솔은 '대솔大率'[17]로도 표기되었는데 '달達'과 '대大'가 뜻과 음이 상통하기 때문이다. '덕'은 장덕將德−시덕施德−고덕固德−계덕季德−대덕對德의 5등급으로 분화되었다. 이렇게 하나의 관등을 여러 개로 분화시킨 것은, 고구려가 형계兄系 관등을 대대형, 대형, 소형 등으로 분화시키고 사자계使者系 관등을 대사자, 사자 등으로 분화시킨 것과[18] 비슷한 양상이다. 이 과정에서 솔과 덕을 굳이 5등급으로 분화시킨 것은 '五'를 신성한 숫자聖數로 생각하는 백제의 관념이 일정하게 반영된 것으로 보인다. 그리고 하위 관등인 좌군−진무−극우는 그대로 두었다. 이리하여 근초고왕 대에는 좌평−달솔−은솔−덕솔−한솔−나솔−장덕−시덕−고덕−계덕−대덕−좌군−진무−극우로 이루어진 일원적인 관등제가 만들어졌다. 이를 14관등제라 할 수 있다.[19] 14관등제를 정비함으로써 근초고왕은 중앙귀족들에 대한 통제를 보다 체계적으로 할 수 있게 되었다.

2. 웅진기: 덕계 관등의 추가 신설

475년 백제는 고구려 장수왕이 친히 거느린 3만 군의 공격을 받아 수도 한성은 함락되고 개로왕은 붙잡혀 죽었다. 이에 문주왕은 황급히 웅진으로 천도하였다. 이 때문에 왕실의 권위는 떨어질 대로 떨어졌다. 한강 유역을 비롯한 경기도 일대가 고구려의 수중에 들어감으로써 웅진으로 내려온 남래 귀족들은 경제적 기반을 상실하였다. 그럼에도 불구하고 남래 귀족들은 분열과 갈등을 일으켰다. 병관좌평 해구는 문주왕을 시해하고

---

17 『수서』권81 열전 제46 동이 백제전의 "官有十六品 長日左平 次大率 …" 참조.
18 김철준, 1975, 「고구려·신라의 관계조직의 성립과정」, 『한국고대사회연구』, 지식산업사.
19 노중국, 2018, 『백제정치사』, 일조각, 200~201쪽.

어린 삼근왕을 옹립한 후 군국정사를 위임받아 권세를 휘두르다가[20] 연신과 더불어 대두성에서 반란을 일으켰지만 진압되었다.[21] 백제 역사에서 이성異姓의 신하가 왕을 죽이고 반란까지 일으킨 것은 해구가 최초의 사례이다. 삼근왕의 뒤를 이어 즉위한 동성왕은 금강유역권의 신진 세력들을 등용하여 신구 세력의 조정 위에서 왕권을 안정시켜 나갔다. 그렇지만 결국 동성왕도 신진 세력의 대표로서 위사좌평으로 있다가 가림성 성주가 된 백가에 의해 암살당하고 말았다.

이처럼 웅진 천도 초기에 정치 정세가 불안정함에 따라 백제는 새로운 제도를 만들 겨를이 없었다. 그래서 한성기의 제도가 그대로 습용되었다. 관등제의 경우도 마찬가지였을 것이다. 그렇다면 웅진 천도 초기의 관등제는 앞서 언급한 한성기의 14관등제가 그대로 준용된 것으로 보아도 큰 무리는 없을 것이다.

이후 백제는 무령왕이 즉위하면서 정치적 안정을 이루었다. 양나라에 사신을 보내 '다시 강국이 되었다更爲强國'라고 선언한 것이 이를 보여준다. 이 과정에서 무령왕은 제도도 일정하게 정비하였다. 이와 관련하여 주목되는 것이 수덕脩德과 도덕都德[22] 그리고 호덕護德[23]이란 관등이다. 이 관등은 무령왕 대에 처음으로 보인다. 이에 대해 수덕은 기존의 14관등제의 하나인 시덕이나 장덕에, 도덕은 장덕이나 대덕 또는 고덕에 대응시키

---

20 『삼국사기』권제26 백제본기 제4 문주왕 4년조의 "秋八月 兵官佐平解仇 擅權亂法 有無君之心 王不能制 九月 王出獵 宿於外 解仇使盜害之 逐薨"; 삼근왕 즉위년조의 "三斤王 … 年十三歲 軍國政事一切委於佐平解仇" 참조.

21 『삼국사기』권제26 백제본기 제4 삼근왕 2년조의 "春 佐平解仇與恩率燕信聚衆 據大豆城叛 王命佐平眞男 以兵二千討之 不克 更命德率眞老 帥精兵五百 擊殺解仇 燕信奔高句麗 收其妻子 斬於熊津市" 참조.

22 『일본서기』권18 안한기 원년조의 "五月 百濟遣下部脩德嫡德孫 上部都德己州己婁等 來貢常調 別上表" 참조.

23 『일본서기』권19 흠명기 4년조의 "秋九月 百濟聖明王遣前部奈率眞牟貴文 護德己州己婁 與物部施德麻奇牟等 來獻扶南財物與奴二口".

고, 호덕은 고덕에 대응시키는 견해도 있다.[24] 이는 '덕'계 관등은 장덕~대덕에 이르는 다섯 관등뿐이라는 관점에서 음운상의 유사성을 통해 양자를 연결시켜 본 것이다. 그러다 보니 도덕이 고덕에 해당되고, 호덕도 고덕에 해당된다고까지 하였다.

그러나 관등은 상황에 따라 추가로 신설될 수 있다. 그 명칭은 기왕의 관등과 다른 것은 당연하다. 따라서 표기가 다른 이 세 관등을 굳이 한성기의 덕계 관등과 일치시킬 필요는 없다. 그렇다면 이 세 관등은 웅진기에 신설된 관등으로 보는 것이 타당할 것이다. 이 책에서는 이 세 관등을 '신설 덕계 관등'이라 부르기로 한다. 그 순위는 수덕이 도덕보다 먼저 나오는 것과 534년에 도덕을 받았던 기주기루己州己婁가 543년에 호덕을 달고 있는 것에서 미루어 수덕이 높고 그다음이 호덕, 그다음이 도덕이 아니었을까 한다.

'신설 덕계 관등'이 보이는 534년(성왕 12)과 543년(성왕 21)이란 연도는 수덕, 도덕 등이 최초로 만들어진 연도가 아니라 하한선을 보여 준다. 따라서 이 관등들이 처음 설치된 시기는 이보다 올려 보아야 한다. 그 시기로 주목되는 것이 무령왕 대이다. 무령왕은 왕도 5부를 편제하여 지배체제를 정비해 나갔다. 이로 미루어 신설 덕계 관등도 이때 추가 설치되지 않았을까 한다.

새로운 관등은 새로운 상황에 대응해서 만들어진다. 웅진기의 새로운 상황은 금강유역권에 기반을 둔 신진 세력의 중앙귀족으로의 진출이다. 이들의 진출이 본격화되기 시작한 것은 동성왕이 한성에서 내려온 남래 귀족들과의 세력 균형을 이루기 위해 금강유역권에 기반을 둔 신진 세력들을 등용하면서부터였다. 이리하여 동성왕 대에는 상당수의 신진 세력

---

24 坂本太郎·家永三郎·井上光貞·大野晉 校注, 1979, 『日本書紀』 下(日本古典文學大系
    67), 岩波書店, 50쪽의 頭註 5와 76쪽의 두주 8.

들이 중앙귀족으로 진출하였다. 그에 따라 동성왕의 뒤를 이은 무령왕은 늘어난 신진 귀족들을 지배체제 내에 적절히 편제해야 하였다. 그 방법은 일차적으로 관등을 수여하는 것이었다.

이 시기에 관등을 수여받게 된 신진 세력은 두 부류로 나눌 수 있다. 하나는 고위 귀족으로 편제된 경우이다. 이들에게는 한성기의 관등 가운데 고위 관등이 수여되었다. 사씨인 사법명이 좌평을, 연씨인 연신이 은솔을, 백씨인 백가가 위사좌평을 받은 것이 그 예가 된다. 다른 하나는 중하위 신진 귀족이다. 무령왕은 이들에게 '신설 덕계 관등'을 수여하였다. 적덕 손嫡德孫이 수덕을, 기주기루가 도덕을 받은 것이 그 예이다. 중하위 신진 귀족이 신설 관등을 수여받은 것은 이들이 남래 귀족과 구별되었음을 보여 준다. 그렇다면 신설 덕계 관등은 한성기의 장덕~대덕이란 덕계 관등보다 위상이 낮았다고 할 수 있다.[25]

3. 사비기: 16관등제

무령왕 대에 다져진 정치적 안정을 기반으로 성왕은 재위 16년(538)에 사비로 천도하였다. 천도 후 성왕은 왕권을 강화하고 백제를 중흥시키기 위해 지배체제를 재정비하였다. 그 배경에는 근초고왕~근구수왕 대의 영광을 재현하려는 염원이 깔려 있었다. 성왕의 이러한 염원은 541년과 544년에 열린 이른바 '사비회의'에서 가야제국의 사신들에게 "근초고왕과 근구수왕 대에 백제와 가야는 부형–자제와 같았다"고 한 말에서 찾을 수 있다.

지배체제 정비에서 핵심은 관등제의 재정비였다. 관등제 재정비의 방향은 웅진기의 수덕, 도덕, 호덕 등 신설 덕계 관등을 폐기하고 대신 독계

---

25 노중국, 2018, 『백제정치사』, 일조각, 340~341쪽.

督系 관등을 신설하는 것이었다. 이는 신설 덕계 관등이 545년(성왕 23)을 끝으로 더는 보이지 않는다는 사실에서 알 수 있다. 이리하여 좌평을 1품으로 하고, 5단계의 솔계 관등, 5단계의 덕계 관등, 2단계의 독계 관등 그리고 3단계의 무계 관등으로 이루어진 '16관등제'가 정비되었다. 16관등제의 특징은 다음과 같다.

첫째, 좌평과 달솔 관품의 정원제이다. 1품 좌평의 정원은 5명이었고, 2품 달솔의 정원은 30명이었다.[26] 관등을 설치하면서 정원을 정한 것은 삼국 가운데 백제가 유일하다. 좌평의 정원을 5명으로 정한 이유는 분명하지 않지만 왕도 5부제와 연관시켜 볼 수 있다. 성왕은 사비도성 내부를 5부-5항제로 편제하여 귀족들을 각각 5부에 속하게 하였다. 공교롭게도 5좌평과 5부는 '五'라는 점에서 일치하고 그 명칭도 상, 중, 하, 전, 후를 공유한다. 이로 미루어 5명의 좌평은 5부의 대표로 충원한 것이 아닐까 한다. 그렇다면 달솔의 정원을 30명으로 한 것도 각 부별로 일정한 인원을 할당한 것으로 볼 수 있겠다.[27] 정원이 정해진 좌평과 달솔은 특정 신분이나 계층에 속하는 사람들만이 가질 수 있었다.

둘째, 5명의 좌평 가운데 사서에 이름이 나오는 것은 상좌평上佐平, 중좌평中佐平, 하좌평下佐平이다. 나머지 두 좌평의 이름은 나오지 않지만 왕도 5부의 명칭이 상부, 전부, 중부, 하부, 후부인 점에서 미루어 전좌평과 후좌평이 아니었을까 한다. 좌평은 제1품이었으므로 5명의 좌평은 최고 귀족이었다. 이들은 최고회의체를 구성하여 국가 운영에 일정하게 참여하였다. 이를 5좌평회의체라 할 수 있다. 5좌평 가운데 상·중·하좌평은 한성기의 3좌평의 명칭과 같다. 따라서 5좌평회의체는 한성기의 3좌평제를 계승하면서 이를 확대 개편한 것이라 할 수 있다.

---

26 『주서』 권49 열전 제41 이역 상 백제전의 "佐平五人一品 達率三十人二品" 참조.
27 노중국, 2018, 『백제정치사』, 일조각, 371~372쪽.

셋째, 문독文督과 무독武督이라는 독계 관등이 새로 첨가되었다. 문독과 무독은 우리나라에서 문무의 구별을 나타내 주는 최초의 관등이다.[28] 백제에서 문무의 구분은 개로왕이 송에 보낸 상표문에 나오는 "문무양보文武良輔"에서 보듯이 한성기 말기에 이미 있었다. 이러한 문무 구분 의식은 웅진기를 거치면서 더 확대되었다. 동성왕이 남제에 보낸 국서에 많은 장군호가 나오는 것이 이를 보여 준다. 이러한 변화를 반영하여 만들어진 것이 바로 문독과 무독이라 하겠다.

넷째, 은솔 이하의 관등에 정원의 제한을 두지 않았다[官無常員]는 사실이다. 그 의미는 은솔 이하의 관등은 탄력적으로 운영하겠다는 것이다. 그 배경으로 생각해 볼 수 있는 것이 웅진기에 신설되었던 덕계 관등의 폐지이다. 신설 덕계 관등은 앞에서 언급한 바와 같이 중하위 신진 세력을 대상으로 한 것이지만 신진 세력을 남래 귀족과 구분하려는 의도에서 만들어졌다. 그러나 성왕은 사비 천도를 계기로 신구 귀족을 통합하는 정치를 하려고 하였다. 그래서 성왕은 차별을 조장하는 제도적 장치인 신설 덕계 관등을 폐기하는 대신 은솔 이하의 관등에는 정원을 두지 않는 조치를 취하였던 것 같다.[29] 그렇다면 '관무상원'은 신설 덕계 관등의 폐기에 따른 보완 조치라 할 수 있다.

다섯째, 좌평과 솔계 관등은 품에서든 정원에서든 분명히 구분되었지만, 관식의 경우 똑같이 은화관식이고 복색도 똑같이 자주색 옷[紫服]이었다. 이는 솔계 관등 이상이 핵심적인 관등임을 보여 준다. 그렇지만 품이 다름에도 불구하고 좌평과 솔계 관등의 관식과 복색이 같은 이유는 분명히 알기 어렵다. 앞으로 새로운 자료가 나와 해명할 수 있기를 기대해 본다.

여섯째, 관등의 등급은 '품品'으로 표기하였다. 이는 고구려와 신라의

---

28 김철준, 1990, 『한국고대사회연구』, 서울대학교 출판부, 63쪽.
29 노중국, 2018, 『백제정치사』, 일조각, 370쪽.

경우 '관등' 또는 '관위官位'[30]로, 왜의 경우 '관위冠位'[31]로 표기한 것과 다르다. 중국의 경우 관료들의 등급을 '품'으로 표기한 것은 조위曹魏의 9품 중정제九品中正制부터이다. 이 품제品制는 위魏·진晉에서 남북조로 이어졌다. 그런데 남조의 양 무제는 관품제를 정비하면서 종래의 품제 대신 24반제班制를 실시하였다. 이 반제에서는 24반이 가장 높았고 1반이 가장 낮았다. 반면에 북조의 북위는 정종正從 18품제를 실시하였는데 1품이 가장 높았고 18품이 가장 낮았다. 백제의 16품제는 명칭에서나 품의 고하라는 구조 면에서나 북위의 18품제와 같다. 이는 백제의 품제가 북위의 18품제를 토대로 하여 성립하였음을 보여 준다. 다만 품의 등급을 16품으로한 것은 백제적 변용이라 하겠다.[32] 성왕이 양과 긴밀하게 교섭·교류를 하였음에도 불구하고 관품제를 정비할 때 양의 24반제가 아닌 북위의 18품제를 받아들인 것은 백제의 대외 교섭과 교류가 남조 일변도가 아니었음을 보여 준다.

Ⅲ. 관부와 관직

1. 한성기의 관직

국가를 운영하기 위해서는 국가 운영에 필요한 업무를 수행하는 관청官

---

30 『삼국사기』 권제1 신라본기 제1 유리이사금 9년조의 "又設官有十七等"; 권제16 고구려 본기 제4 고국천왕 13년조의 "官以寵授 位非德進" 참조.

31 『일본서기』 권22 추고기 11년조의 "十二月戊辰朔壬申 始行冠位"; 12년조의 "春正月戊戌 朔 始賜冠位於諸臣 各有差" 참조.

32 노중국, 2003, 「삼국의 관등제」, 한국고대사회연구소 편, 『강좌 한국고대사 2―고대국가 의 구조와 사회 1―』, 가락국사적개발연구원.

廳(관부官府, 관서官署)이 있어야 한다. 관청에는 그 업무를 총괄하는 장관과 그 아래에 여러 관직이 설치된다. 관직을 맡아 업무를 수행하는 인적자원이 관료이다. 관료들의 서열은 수여받은 관등과 맡은 관직의 고하에 의해 정해졌다.

관청과 관직은 시대에 따라 새로 만들어지기도 하고, 폐지되기도 한다. 백제의 관청과 관직도 그러한 과정을 거쳤음은 물론이다. 그러나 한성기에는 관부에 관한 자료는 없고 관직과 관련한 자료도 매우 소략하다. 여기서는 문헌과 고고학 자료에 보이는 몇몇 관직의 직무를 개략적으로 정리하기로 한다.

- **좌장左將**—좌장은 고이왕 7년(240)에 처음 설치되었다. 직무는 병마兵馬, 즉 군사 관계 업무를 관장하는 것이었다.[33] 고이왕은 좌장의 설치를 통해 군사권을 왕권 아래에 둘 수 있었다.[34] 이후에도 좌장은 그대로 존속하여 왕명을 받아 군령권을 행사하였다. 아신왕 대에 왕의 장인인 진무가 좌장으로서 고구려를 공격한 것이 그 예가 된다.
- **박사博士**—박사는 유교 경전을 가르치는 전문직이며, 정치적 자문 역할을 하기도 하였다. 박사제는 박사 고흥, 박사 왕인의 존재에서 보듯이 근초고왕 대에 설치되었다. 설치 목적은 유교 경전을 교육하여 유교 정치 이념을 확산하기 위해서였다. 박사 고흥이 역사서인『서기』를 편찬한 것과 박사 왕인이『논어論語』와『천자문千字文』을 왜에 전

---

33 『삼국사기』권제24 백제본기 제2 고이왕 7년조의 "夏四月 拜眞忠爲左將 委以內外兵馬事" 참조.
34 김수태, 1997,「백제의 지방통치와 도사」,『백제의 중앙과 지방』(백제연구총서 제5집), 충남대학교 백제연구소; 강종원, 1999,「백제 좌장의 정치적 성격」,『백제연구』29집, 충남대학교 백제연구소.

해 주고 유교 경전을 가르친 것이[35] 이를 말해 준다.

• **부마도위駙馬都尉**―부마駙馬(副馬)는 왕의 사위를 지칭하며, 부마도위는 왕의 사위가 가지는 직책이다. 부마는 원래 왕의 행차에 여벌로 준비한 수레[副車]를 끌던 말을 뜻한다. 한 무제는 부마를 사육·관리하는 직으로 부마도위駙馬都尉를 두고 자신의 사위를 임명하였다. 이로써 부마도위직이 생겨났다. 백제는 이 부마도위제를 받아들였다. 개로왕이 4년(458)에 북위에 파견한 여례餘禮의 관직이 부마도위였다는 것이 이를 말해 준다. 고구려도 왕의 사위를 부마도위로 삼았다.[36] 그런데 부마 여례의 여씨는 왕실의 성이다. 여례가 부마도위가 된 것은 백제 왕실이 동성혼同姓婚을 행하였음을 보여 준다.

• **왕·후호王·侯號**―왕호와 후호는 백제왕이 신하들에게 수여한 작호이다. 작호는 큰 공로를 세운 고위 귀족에게 그 공로에 대한 반대급부로 수여되었다. 작호로서의 왕호는 개로왕 4년의 좌현왕左賢王과 우현왕右賢王에서 최초로 확인된다.[37] 이 작호제가 실시된 시기를 정확히 알기 어렵다. 그런데 일본 나라현 이소노카미 신궁石上神宮에 보존되고 있는 〈칠지도〉에 새겨진 금상감명문에서 왜왕을 '후왕侯王'이라 칭하고 있다. 후왕은 제후왕으로서 작호의 하나이다. 〈칠지도〉는 369년(근초고왕 24)에 만들어졌다. 이로 미루어 백제의 작호제는 근초고왕대에 실시된 것으로 볼 수 있다. 왕호와 후호를 받은 귀족들은 그에 대한 반대급부로 식읍을 받았다. 작호와 식읍에 대해서는 제5부에서

---

35 『일본서기』 권10 응신기 15년조의 "於是 天皇問阿直岐曰 如勝汝博士亦有耶 對曰有王仁者 是秀也" 참조.

36 『삼국사기』 권제17 고구려본기 제5 중천왕 9년조의 "冬十一月 以椽那明臨笏覿尙公主 爲駙馬都尉" 참조.

37 『송서』 권97 열전 제57 이만 동이 백제전의 "仍以行冠軍將軍右賢王餘紀爲冠軍將軍 以行征虜將軍左賢王餘昆" 참조.

다시 언급할 것이다.

- **장군호**將軍號—장군호는 두 가지 성격을 가지고 있다. 하나는 군사를 거느리고 출동하는 군지휘관에게 수여하는 칭호이고, 다른 하나는 왕·후호와 함께 백제왕이 신하들에게 수여한 작호로서의 장군호이다. 전자의 사례로는 『삼국사기』에 실린 기루왕 49년(125)에 고구려의 공격을 받고 있는 신라를 지원하기 위해 출동한 5명의 장군[五將軍]과 근초고왕 24년 고구려와 치양(반걸양)에서 싸울 때 지휘관의 한 사람인 장군 막고해莫古解를 들 수 있다. 이 가운데 기루왕 때는 초기 백제 시기여서 장군제를 실시한 것으로 보기 어렵다. 따라서 출동 지휘관으로서의 장군제는 늦어도 근초고왕 대에 실시된 것으로 보는 것이 타당하다. 이는 369년 근초고왕이 남방 경략을 단행할 때 총지휘관이었던 목라근자木羅斤資가 장군으로 나오는 것에서[38] 입증된다. 한편 한성기에 확인되는 작호로서의 장군호는 관군장군冠軍將軍, 정로장군征虜將軍, 보국장군輔國將軍, 용양장군龍驤將軍, 영삭장군寧朔將軍, 건위장군建威將軍 등이다. 작호로서의 장군호에 대해서는 제5부에서 다시 언급할 것이다.

- **장사**長史·**사마**司馬·**참군**參軍—근초고왕은 372년에 동진으로부터 진동장군호를 받았다. 이는 백제왕으로서는 최초이다. 이후 백제왕은 진동대장군호를 받았고, 장군부將軍府, 즉 막부幕府를 개설하였다. 이 장군부의 업무를 처리하기 위해 둔 관직이 장사, 사마, 참군이다. 이를 부관府官이라 한다. 장군부와 부관에 대해서는 뒤에 다시 언급할 것이다. 장군부가 설치된 시기는 전지왕이 장사 장위張威를

---

38 『일본서기』 권9 신공기 49년조의 "… 卽命木羅斤資沙沙奴跪(是二人不知其姓人也 但木羅斤資者 百濟將也)" 참조.

그림 2-1 대부명 토기와 '대부' (한신대학교 박물관 제공)

송에 보낸 것에서[39] 미루어 늦어도 전지왕 대로 볼 수 있다.[40] 이 부관
들은 개로왕 대에 장사 여례와 사마 장무張茂가 북위에 사절로 파견
된 것에서 보듯이 대중국 외교 및 군사 관계 업무를 수행하였다. 이
는 고구려의 장사, 사마, 참군이 대중국 외교 활동에 종사한 사실이[41]
방증한다.

• 대부大夫—대부는 풍납토성 경당지구 9호 유구에서 발굴된 직구단경
  호에 새겨져 있다(그림 2-1). 한성기 금석문에서 관직 이름이 나오는
  것은 이것이 처음이다. 이 토기가 출토된 9호 유구는 제의와 관련된

---

39 『송서』 권97 열전 제57 이만 동이 백제전의 "映遣長史張威 詣闕貢獻" 참조.
40 노중국, 2012, 「백제의 왕·후호, 장군호제와 그 운영」, 『백제연구』 55집, 충남대학교 백제
   연구소.
41 『삼국사기』 권제18 고구려본기 제6 장수왕 원년조의 "遣長史高翼 入晉奉表 獻赭白馬"
   참조.

공간으로 파악되고 있다.[42] 이로 미루어 대부는 제의와 관련된 직명으
로 볼 수 있다.[43]

　이외에 한성기에 설치되었을 것으로 추정되는 관직은 다음과 같다. 고
이왕은 관리들이 뇌물을 받았을 경우 3배를 배상하게 하고 종신금고토
록 하였다.[44] 이로 미루어 형옥관刑獄官의 설치를 추정해 볼 수 있다. 동진
의 도홍경陶弘景(452~536)이 편찬한 『신농본초경집주』에 백제 인삼의 효
능이 좋은 것으로 평가하고 있는 것에서[45] 미루어 의약관醫藥官을 추정해
볼 수 있다. 근초고왕 대에 사기斯紀가 국마國馬의 발굽을 다치게 해서 죄
를 받을까 두려워 고구려로 도망갔다는 사실과[46] 왜에 건너간 아직기阿直
岐가 양마養馬 기술을 가르쳐 주었다는 사실에서[47] 미루어 목마관牧馬官
을 추정해 볼 수 있다. 왜에 간 백제 왕족 주군酒君이 매를 길들이는 방법
을 가르쳐 주었다는 것에서[48] 미루어 양응관養鷹官을, 왜에 건너간 수수허

---

42 권오영, 2001, 「풍납토성 경당지구 발굴조사의 성과」, 『풍납토성의 발굴과 그 성과』(한밭
　대학교 개교 74주년 기념 학술발표대회 논문집), 한밭대학교 향토문화연구소.
43 문동석, 2002, 「풍납토성 출토 '대부'명에 대하여」, 『백제연구』 36집, 충남대학교 백제연
　구소.
44 『삼국사기』 권제24 백제본기 제2 고이왕 29년조의 "春正月 下令 凡官人受財及盜者 三倍
　徵贓 禁錮終身" 참조.
45 『신농본초경집주』 7권본의 " … 人蔘 乃重百濟者 形細而堅白 氣味薄於上黨 次用高麗 高
　麗卽是遼東 形大而虛軟 不及百濟 … " 참조.
46 『삼국사기』 권제24 백제본기 제2 근구수왕 즉위년조의 "高句麗人斯紀 本百濟人 誤傷國
　馬蹄 懼罪奔於彼 至是還來" 참조.
47 『일본서기』 권10 응신기 15년조의 "秋八月壬戌朔丁卯 百濟王遣阿直岐 貢良馬二匹 卽養
　於輕坂上厩 因以阿直岐令掌飼 故號其養馬之處 曰厩坂也" 참조.
48 『일본서기』 권11 인덕기 43년조의 "秋九月庚子朔 依網屯倉阿弭古捕異鳥 獻於天皇曰 臣
　每張網捕鳥 未曾得是鳥之類 故奇而獻之 天皇召酒君示鳥曰 是何鳥矣 酒君對言 此鳥之類
　多在百濟 得馴而能從人 亦捷飛之掠諸鳥 百濟俗號此鳥曰俱知(是今鷹也) 乃授酒君 令
　養馴 未幾時而得馴 酒君則以韋緡著其足 以小鈴著其尾 居腕上 獻于天皇 是日幸百舌鳥野
　而遊獵 時雌雉多起 乃放鷹令捕 忽獲數十雉 …" 참조.

그림 2-2 풍납토성 출토 복골(한성백제박물관 제공)

리須須詐理(인번仁番)가 좋은 술을 빚었다는 것에서 미루어 양조관釀造官을, 백제가 왜에 한단韓鍛을 보낸 것에서 미루어 야장관冶匠官을 추정해 볼 수 있다.[49] 비유왕이 송에 사신을 보내『역림易林』과『식점式占』을 요청해 받은 사실과[50] 풍납토성 미래마을지구에서 복골卜骨이 출토된 사실(그림 2-2)에서 미루어 일관日官을 추정해 볼 수 있다.

2. 웅진기에 신설된 관부와 관직

웅진기에는 황급한 천도 때문에 한성기의 제도를 거의 그대로 답습하였다. 왕·후호제와 장군호제 그리고 장군부에 설치한 장사·사마·참군 등이 이를 말해 준다. 이후 동성왕 대를 거쳐 무령왕 대에 와서 정치적 안정이 이루어지자 새로운 관청과 관직이 만들어졌다. 웅진기에 새로 설치된 관부와 관직을 개략적으로 정리하면 다음과 같다.

---

49 『고사기』중권 응신기.
50 『송서』권97 열전 제57 이만 동이 백제전의 "二十七年 毗上書獻方物 … 表求易林式占腰弩 太祖並與之"참조.

• 경부椋部―경椋은 창고를 말하는데 고상식高床式 가옥 형태이다. 고
구려에서는 이를 부경桴京이라 하였다. 가야와 신라 지역에서 종종 출
토되는 고상식 가옥 모양의 이형異形 토기는 경의 모습을 보여 준다.
경을 관리하는 관청이 경부이다. 경부가 설치된 시기를 분명히 보여
주는 자료는 없다. 그러나 사비기의 내경부內椋部와 외경부外椋部가
경부에서 분화된 것이 분명함으로 경부는 웅진기에 최초로 설치된 것
으로 볼 수 있다. 구체적인 시기로 주목되는 것이 무령왕 대이다. 무령
왕은 저수지 제방을 튼튼하게 하여 금강유역권과 영산강유역권을 개
발하고, 유식자들을 귀농시켜 농업생산력을 높였다. 따라서 조세로
걷은 수취물을 관리하는 경부가 설치되지 않았을까 한다.

• 태학太學과 태학정太學正·오경박사五經博士―태학은 유학 교육기관이
다. 백제에 태학이 설치되었음은 〈진법자묘지명〉에 진법자陳法子의
증조 진춘陳春이 태학정으로 나오는 것에[51] 의해 확인된다(그림 2-3).
태학의 장관이 태학정이다. 진춘이 활동한 위덕왕 대는 태학 설치의
하한선이므로 처음 설치된 시기는 올려 보아야 한다. 이때 주목되는
것이 태학에서 유교 경전을 가르친 직이 오경박사라는 사실이다. 무
령왕은 13년(513)에 오경박사 단양이段楊爾를, 16년(516)에 오경박사
한고안무漢高安茂를 왜에 파견하였다.[52] 이는 513년 이전에 백제에 이
미 오경박사가 설치되었음을 보여 준다. 그렇다면 백제에서 태학이
설치된 시기는 늦어도 무령왕 대로 볼 수 있다. 중국의 경우 양 무제
는 유학 교육을 활성화하기 위해 천감 4년(505)에 각 경마다 오경박사
한 명씩을 두었다.[53] 무령왕은 양과 밀접하게 교섭과 교류를 하였다.

---

51 〈진법자묘지명〉의 "曾祖春本邦太學正 恩率" 참조.
52 『일본서기』 권17 계체기 7년조, 10년조.
53 『양서』 권2 본기 제2 무제 중 천감 4년조.

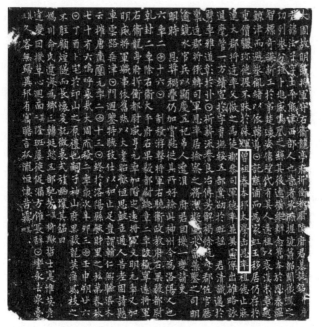

그림 2-3 〈진법자묘지명〉의 '태학정' 부분(김영관 교수 제공)

따라서 무령왕의 오경박사 설치는 양 무제의 정책을 본받은 것으로 볼 수 있다.[54] 태학의 장관 명칭에 대해 『주례』와 『춘추좌씨전春秋左氏傳』(『좌전左傳』)에는 정正으로 통칭하고 있지만 조위曹魏 이후에는 국자제주國子祭酒라 하였다. 이로 미루어 백제의 태학정은 『주례』의 영향을 받은 것으로 보인다.[55] 신라의 경우 국학國學에 둔 장관 명칭은 경卿이었다.

• 내두內頭—내두는 『일본서기日本書紀』 현종기에 기생반숙녜紀生磐宿禰가 가야를 근거로 반란을 일으키자 동성왕이 내두 막고해莫古解를

---

54 고명사 저, 오당윤 역, 1995, 『한국 교육사 연구』, 대명출판사, 39쪽.

55 정동준, 2014, 「'진법자 묘지명'의 검토와 백제 관제」, 『한국고대사연구』 74집, 한국고대사학회.

파견해 토벌하였다는 기사에[56] 나온다. 그 시기는 487년(동성왕 9)이다. 이 내두를 재정 관계 업무를 관장한 내두좌평內頭佐平으로 보는 견해도 있지만,[57] 내두의 '내內'가 내료內寮를 의미하기도 하므로 내료 조직의 장으로 보는 견해가[58] 타당하다. 그렇다면 백제에서 내료 조직은 늦어도 동성왕 대에는 만들어졌다고 할 수 있다. 그러나 내료 기구의 이름이 내두인지 아니면 별도의 이름이 있었는지는 알 수 없다. 신라의 경우 내료 기구를 내성內省, 그 장관을 사신私臣이라 하였다.

• 영군領軍─영군은 앞서 언급한 기생반숙네의 반란 때 영군 고이해古爾解가 내두 막고해와 함께 이를 토벌하였다는 기사에 나온다. 영군의 설치 시기는 늦어도 동성왕 대이다. 영군의 성격에 대해 5방의 방성에 주둔시킨 방령군으로 보는 견해도 있다.[59] 그러나 웅진기에는 5방이 설치되지 않았기 때문에 이 견해는 받아들이기 어렵다. 중국 남북조시대에 영군은 황제를 시위하는 금위군禁衛軍의 지휘를 담당하였다. 따라서 백제의 영군도 궁성 숙위와 국왕 호종의 임무를 맡은 시위군으로서[60] 뒷날 숙위병사를 담당한 위사좌평의 연원이 된다고 볼 수 있다.[61] 그렇다면 동성왕 대 국왕 시위대의 명칭은 영군부領軍府일 가능성이 크지만 단정하기 어렵다. 신라의 경우 국왕 시위대를 시위

---

56 『일본서기』 권15 현종기 3년조의 "是歲 紀生磐宿禰跨據任那 交通高麗 … 百濟王大怒 遣領軍古爾解內頭莫古解等 率衆趣于帶山 …" 참조.

57 鬼頭淸明, 1978, 「日本律令官制の成立と百濟の官制」, 弥永貞三先生還曆記念会, 『日本古代の社會と經濟』上, 吉川弘文館.

58 이문기, 2005, 「사비시대 백제 전내부체제의 운영과 변화」, 『백제연구』 42집, 충남대학교 백제연구소.

59 坂本太郞·家永三郞·井上光貞·大野晉 校注, 1979, 『日本書紀』下 日本古典文學大系 67, 岩波書店, 526쪽 頭註 2.

60 김영심, 1997, 「백제 지방통치체제 연구─5~7세기를 중심으로─」, 서울대학교대학원 박사학위논문, 86~87쪽; 정동준, 2013, 『동아시아 속의 백제 정치제도』, 일지사, 115~116쪽.

61 양기석, 1997, 「백제 사비시대의 좌평제 연구」, 『충북사학』 9집, 충북사학회.

부侍衛府라 하였다.

**그림 2-4 무령왕릉 출토
'사 임진년작' 전돌**
(국립공주박물관 제공)

•**와박사**瓦博士―무령왕릉 연문 폐쇄 부분에서 나온 전돌에는 "…사士 임진년작壬辰年作"이 새겨져 있다(그림 2-4). 명문의 '…士'를 인명의 끝 자로 보고 '…사'를 인명으로 보아야 한다는 견해도 있지만,[62] '와박사瓦博士'로 추정하는 것이 타당하다. 와박사는 기와도 굽고 전돌도 굽는 전문가였다. '와박사' 전돌은 임진년에 만들어졌으므로 와박사는 늦어도 512년(무령왕 12)에 설치된 것으로 볼 수 있다. 와박사는 기술직 박사이다. 기술직 박사로는 위덕왕 35년(588) 왜에 파견한 노반박사鑪盤博士도 있다.[63] 기술직에 박사 칭호를 부여한 것은 중국에는 보이지 않는 백제만의 특징이다. 와박사가 설치된 시기는 늦어도 무령왕이 돌아가시기 11년 전이므로 이 와박사가 무령왕릉을 만드는 데 필요한 전돌을 제작하는 책임을 맡았을 것이다.[64] 반면 양나라에서 초빙해 온 무덤 만드는 기술자인 총사塚師가 무령왕릉 축조 책임을 맡은 것으로 보는 견해도 있다.[65]

62 이병호, 2020,「백제의 기와 제작기술과 생산체제의 변화」,『선사와 고대』 64집, 한국고대학회.

63 『일본서기』 권21 숭준기 원년조의 "是歲 百濟國遣使幷僧惠總 … 寺工太良未太 文賈古子 鑪盤博士將德白昧淳 瓦博士麻奈文奴 陽貴文 陵貴文 昔麻帝彌" 참조.

64 노중국, 2021,「백제 무령왕릉 연구 현황」,『무령왕릉―새로운 반세기를 준비하며―』(무령왕릉 발굴 50주년 기념 국제학술대회 논문집), 국립공주박물관.

65 조윤재, 2019,「무령왕릉은 왜 벽돌로 만들었나」, 한성백제박물관 백제학연구소,『무령왕릉 다시 보기』(백제학연구총서 쟁점백제사 15), 한성백제박물관.

3. 사비기의 관부와 관직

(1) 관부의 정비

성왕의 사비 천도는 계획적인 천도였다. 따라서 천도 이후 정치 운영을 어떻게 할 것인가에 대해서도 계획이 이미 짜여져 있었다고 할 수 있다. 새 수도에서 펼치고자 한 성왕의 새 정치 목표는 강력한 왕권 확립을 통해 백제를 강국으로 만들고 나아가 한강 유역을 회복하여 근초고왕과 근구수왕이 이룩한 영광을 재현하는 것이었다.[66] 그 방법은 유교와 불교를 토대로 하는 유불병치儒佛幷治였다.

유불병치는 양 무제가 추구한 것이었다.[67] 성왕은 양 무제를 본받아 유불병치를 통해 새 정치를 열고자 하였다. 성왕이 19년(541)에 양나라에 모시박사와 열반경 등의 경의經義와 공장, 화사 등을 보내 주기를 요청해 받은 것이[68] 이를 보여 준다.

새 정치 목표를 구현하기 위해서는 제도를 정비해야 한다. 웅진기는 한성기의 제도를 답습하면서 변화된 환경에 맞추어 그때그때 필요에 따라 새로운 제도를 만들었기 때문에 체계적이지 못하였다. 그래서 성왕은 사비 천도를 계기로 대대적인 제도 개혁을 단행하였다. 개혁의 기본 방향은 유교 이념을 구현하는 것이었다. 이는 성왕이 양으로부터 강례박사 육후陸詡를 초빙한 것에서 짐작할 수 있다.

육후는 어릴 때 최령은崔靈恩이 쓴 『삼례의종三禮義宗』을 읽은 것에서[69]

---

66 노중국, 2018, 『백제정치사』, 일조각, 358~360쪽.
67 소현숙, 2010, 「양 무제와 동태사」, 『불교학보』 54집, 동국대학교 불교문화연구원.
68 『삼국사기』 권제26 백제본기 제4 성왕 19년조의 "王遣使入梁朝貢 兼表請毛詩博士涅槃 等經義幷工匠畵師等 從之" 참조.
69 『진서陳書』 권33 열전 제27 유림 정작전 부 육후의 "陸詡少習崔靈恩三禮義宗 梁世百濟 國表求講禮博士 詔令詡行 …" 참조.

보듯이 삼례(『주례』, 『의례儀禮』, 『예기禮記』)에 밝았다. 백제에 온 육후는 성왕을 보좌하여 각종 제도를 유교적으로 정비하는 데 기여하였다. 뒤에 언급할 22부의 명칭 가운데 사군부, 사도부, 사공부, 사도부가 『주례』 6관 가운데 4관의 명칭과 동일하다는 것이 이를 보여 준다. 그러나 22부의 명칭 대다수는 유교적 성격의 명칭이 아니다. 이는 성왕이 종래의 전통적인 제도에 유교적 성격의 제도를 더하는 방식으로 제도를 정비한 것을 의미한다.

이렇게 하여 만들어진 제도가 바로 부사제部司制이다. 부部는 중앙의 핵심적인 관청이고, 사司는 부보다 격이 떨어지는 관청인 속사屬司이다. 부와 사는 국가의 여러 사무[衆務]를 나누어 맡았다.[70] 부는 외관外官과 내관內官으로 나누어졌다. 외관은 일반 서정을 담당하는 관청으로 10부가 있었다. 내관은 왕실 업무와 관련한 관청인데 12부로 이루어졌다. 이를 합하여 22부제部制라 한다. 중앙 관청을 외관과 내관으로 구분한 것은 국가 업무와 왕실 업무를 구분하기 위해서였다.

22부 설치 이후 사비기의 관부에 어떠한 변화가 있었는지는 정확히 알기 어렵다. 그런데 『한원翰苑』 백제조에는 내관의 경우 외경부와 내경부가 합쳐져서 경부椋部로 나오고 마부와 두부가 보이지 않고, 외관이 경우 도시부가 보이지 않는다. 이를 근거로 무왕 대에 22부에서 18부로 개편된 것으로 보는 견해도[71] 있다. 그러나 부여 쌍북리에서 출토된 〈외경부外椋部〉 목간(그림 2-5)과 의자왕 대에 보이는 '시인市人'의 존재 등으로 볼 때 외경부와 도시부의 폐지를 말하기 어렵다. 이로 미루어 22부제는 그대로 유지되어 갔다고 할 수 있다. 22부 및 속사의 직무를 정리하면 다음과 같다.

---

70 『주서』 권49 열전 제41 이역 상 백제전의 "各有部司 分掌衆務" 참조.
71 정동준, 2013, 『동아시아 속의 백제 정치제도』, 일지사, 287~292쪽.

그림 2-5 〈외경부〉 목간(국립부여박물관 제공)

내관 12부와 직사

- 전내부前內部—전내부는 '내內'에서 미루어 볼 때 웅진기의 내두內頭
  를 개편한 것으로 보인다.[72] 그 직무는 국왕 근시와 왕명 출납의 직사
  를 관장하는 것이었다.[73] 성왕의 고굉지신股肱之臣인 나솔 마무馬武가
  '신하들의 말을 왕에게 올리고 왕명을 신하들에게 전하는 일[納上傳
  下]'을 맡았다는 것이[74] 이를 말해 준다. 전내부는 신라의 내성에 대응
  된다.

- 곡부穀部와 육부肉部—『북사北史』에는 이 두 부를 합하여 곡내부穀內
  部[75]라고 하였다. 그러나 『주서』가 『북사』보다 먼저 편찬되었으므로

---

72 이문기, 2005, 「사비시대 백제 전내부체제의 운영과 변화」, 『백제연구』 42집, 충남대학교
   백제연구소.

73 武田幸男, 1980, 「六世紀における朝鮮三國の國家體制」, 井上光貞 等編, 『東アジア世界
   における日本古代史講座 4—朝鮮三国と倭国—』, 學生社.

74 『일본서기』 권19 흠명기 11년조의 "春二月 … 又復朕聞 奈率馬武 是王之股肱臣也 納上
   傳下 甚協王心 而爲王佐" 참조.

75 『삼국사기』 권제40 잡지 제9 직관 하 외관조에는 穀部를 穀內部라 하고 있고 肉部는 보이

곡부와 육부로 나누어 보는 것이 타당하다. 곡부는 왕실에서 필요로 하는 곡물을 전담한 관청이고, 육부는 어공御供과 관계되는 육식을 전담한 관청이라 할 수 있다.

- 내경부內椋部와 외경부外椋部─『북사』에는 내량부內掠部와 외량부外掠部로 나온다. 椋과 掠은 자형의 유사성 때문에 빚어진 혼동이므로 내경부와 외경부로 보는 것이 타당하다. 부여 쌍북리에서 출토된 〈외경부〉 목간이[76] 이를 입증해 준다. '경椋'은 고상식 가옥을 말한다. 내경부와 외경부는 웅진기의 경부椋部에서 분화된 것으로 왕실의 창고 업무를 담당한 관청이었다. 내경부는 궁궐 안에, 외경부는 궁궐 밖에 설치되었기 때문에 내외로 구분한 것 같다. 〈외경부〉 목간은 궁궐 밖에 창고가 있었음을 보여 준다.
- 마부馬部─왕실에서 사용하는 어마御馬를 관장하는 기관이다. 어마는 국마國馬라고도 하였다.[77] 말의 조달을 위해 백제는 여러 곳에 목장을 설치하였다. 신라가 삼국을 통일한 직후인 문무왕 9년(669)에 22개의 목장[馬阹]을 왕실과 김유신을 비롯한 신하들에게 사여하였는데[78] 이 목장들은 바로 백제의 목장들이었다.[79] 목장은 육지에도, 섬에도 설치되었는데 마부는 국가 소유의 목장도 관리하였다.
- 도부刀部─도검을 비롯한 무기의 제작과 관리를 담당한 부서이다. 왕의 위신을 보여 주는 장식대도를 비롯하여 무령왕릉에서 출토된 왕비의 장식도자 등은 도부에서 제작하고 관리하였을 것이다.

지 않는다. 그러나 대다수의 중국 사서에는 穀部와 肉部로 나와 있어 이를 따른다.
76 박태우, 2009, 「목간자료를 통해 본 사비도성의 공간구조─외경부명 목간을 중심으로─」, 『백제학보』 창간호, 백제학회.
77 『삼국사기』 권제24 백제본기 제2 근구수왕 즉위년조의 "高句麗人斯紀 本百濟人 誤傷國馬蹄 懼罪奔於彼" 참조.
78 『삼국사기』 권제6 신라본기 제6 문무왕 상 9년조.
79 노중국, 2003, 『백제부흥운동사』, 일조각, 159~160쪽.

• **공덕부**功德部—불교사원, 특히 왕실 사찰(내제석원內帝釋院, 제석사帝釋寺)을 관할하는 기구이다.[80] 사비기의 왕실 사찰로는 익산 제석사지와 부소산성에 위치한 서복사지(부소산성사지)를 들 수 있다. 부소산성은 왕실의 피난성이면서 후원의 역할을 하였으므로 부소산성사지는 왕실 사찰로 볼 수 있다. 이외에 왕실의 원찰로는 성왕의 명복을 빌기 위해 567년에 위덕왕의 누이[妹兄]인 공주가 사리를 봉안한 부여 능산리의 능사陵寺와 577년에 위덕왕이 죽은 아들을 위해 세운 원찰 등이 있다. 위덕왕이 아들을 위해 세운 원찰은 법왕 대에 와서 국가 사찰이 되었다. 이 국가 사찰이 충남 부여군 규암면에 있는 왕흥사이다.[81] 이러한 국가 사찰과 왕실의 원찰을 관리하는 기구가 공덕부이다. 신라에서는 왕실 사찰을 관할하는 관청으로 내도전內道典을, 국가 사찰을 관리하는 관청으로 각 사찰마다 성전成典을 두었다. 성전을 둔 사찰을 성전사원이라 하였다.

• **약부**藥部—의약과 관련한 관청으로 약의 제조와 치료를 담당하는 어의御醫의 기능을 맡았다. 여기에 의박사, 채약사, 약아 등이 소속되어 병을 진단하고, 치료하고, 약재를 채취하고 관리하였다.

• **목부**木部—왕실이 필요로 하는 토목 공사를 담당한 기관이다. 왕실 사찰 건립이나 국왕 능묘 조영도 목부에서 담당하지 않았을까 한다.

• **법부**法部—의례 관계, 왕의 의장儀仗 관계를 담당한 관청이다. 율령의 개정이나 중국과의 외교 관계 업무도 법부에서 하였을 것이다.

• **후궁부**後宮部—왕에게는 정비 외에 여러 후궁이 있었다. 이 후궁을 빈어嬪御라고 하였다. 『삼국사기』 의자왕 17년(657)조에 나오는 서자

---

80 황수영, 1973, 「백제제석사지의 연구」, 『백제연구』 4집, 충남대학교 백제연구소.
81 양기석, 2009, 「백제 왕흥사의 창건과 변천」, 『백제문화』 41집, 공주대학교 백제문화연구소.

41명은 후궁 출생이다. 후궁부는 왕비를 비롯하여 왕의 후궁과 관계되는 제반 업무를 관장하였다. 이때의 후궁에 대해 저자는 이전에 '정비'가 아닌 '후궁'을 뜻하는 것으로 보았다. 그러면 왕비와 관련한 일을 처리하는 기구는 없게 된다. 따라서 이 책에서는 '후궁'은 왕의 집무 장소인 정궁正宮에 대응되는 의미인 '후궁', 즉 대전에 대응되는 내전內殿을 말하는 것으로 파악해 둔다.

외관 10부와 직사

- **사군부**司軍部—명칭에서 미루어 『주례』나 『서경書經』에 보이는 사마司馬와 통한다.[82] 내외의 병마 관계 업무를 총괄하였다. 군사 관계에서 군령권은 왕명을 받은 좌장左將이 주로 수행하였다. 따라서 사군부는 군사 훈련이나 군사 모집 등 군정권을 관장한 것으로 보인다.
- **사도부**司徒部—명칭에서 미루어 『주례』나 『서경』에 보이는 사도司徒와 통한다.[83] 교육과 의례 관계의 업무를 관장하였다. 유학 교육을 맡은 태학은 사도부에 소속되었다.
- **사공부**司空部—명칭에서 미루어 『예기』나 『서경』에 보이는 사공司空과 통한다.[84] 토목, 재정 관계 업무를 관장하였다. 사찰 건축을 맡은 사공寺工, 기와 제작을 전문으로 하는 와박사, 탑 조영을 전문으로 하는 노반박사 등은 사공부에 소속된 것 같다.
- **사구부**司寇部—명칭에서 미루어 『주례』나 『서경』에 보이는 사구司寇

---

82 『서경』 주관 제22의 "司馬 掌邦政 統六師 平邦國"; 『주례』 하관사마 제4의 "乃立夏官司馬 使帥其屬 而掌邦政 以佐王 平邦國" 참조.
83 『서경』 주관 제22의 "司徒 掌邦敎 敷五典 擾兆民"; 『주례』 지관사도 제2의 "乃立地官司徒 使帥其屬 而掌邦敎 以擾邦國 安擾邦國" 참조.
84 『서경』 주관 제22의 "司空 掌邦土 居四民 時地利"; 『예기』 왕제 제5의 "司空執度 度地居民 山川沮澤 時四時 量地遠近 興事任力" 참조.

와 통한다.[85] 형벌 관련 업무를 담당하였다. 율령을 제정하고 반란자나 법을 위반한 자들을 처벌하는 일 등도 사구부에서 맡았을 것이다.

- 점구부點口部—명칭에서 미루어 호구 파악 및 노동력 징발 관계 업무를 관장한 부서로 보인다. 백제가 호적을 작성하였다는 것은 『일본서기』계체기의 "임나 일본현읍에 있는 백제 백성들 가운데 도망가서 호적에서 끊어진 지 3~4세가 된 자들을 괄출하여 아울러 백제에 옮겨 호적에 넣었다"는 기사와[86] 부여 궁남지 출토 목간과 나주 복암리 출토 목간에 정丁, 중구中口, 소구小口 등이 보이는 것에서 확인된다. 호구 파악에 대해서는 제3부에서 다시 언급할 것이다.

- 객부客部—객은 외교 관계에서 외국의 사신을 말한다. 따라서 명칭에서 미루어 객부는 대중 및 대왜 외교 업무와 사신 접대 업무를 맡은 것 같다. 신라의 경우 대중 외교 업무를 맡은 관청을 사빈부司賓府, 대왜 외교 업무를 맡은 관청을 왜전倭典이라 하였다.[87]

- 외사부外舍部—관료의 인사를 담당한 직사를 맡은 부서로 보인다.[88] 주된 업무는 관료의 천거나 고과考課 평정 등이었을 것이다. 신라에서는 이 일을 맡은 관청을 위화부位和府라 하였는데 고려의 이부吏部와 같았다고[89] 한다.

- 주부綢部—명칭에서 미루어 직물의 제조와 공급 그리고 직물 수공업

---

85 『서경』 주관 제22의 "司寇 掌邦禁 詰姦慝 刑暴亂"; 『주례』 추관사구 제5의 "乃立秋官司寇 使帥其屬 而掌邦禁 以佐王 刑邦國" 참조.

86 『일본서기』 권17 계체기 3년조의 "春二月 遣使于百濟 … 括出在任那日本縣邑百濟百姓浮逃絶貫三四世者 竝遷百濟附貫也" 참조.

87 『삼국사기』 권제38 잡지 제7 직관 상의 "領客府 本名倭典 眞平王四十三年 改爲領客典(後又別置倭典) …" 참조.

88 武田幸男, 1980, 「六世紀における朝鮮三國の國家體制」, 井上光貞 等編, 『東アジア世界における日本古代史講座 4—朝鮮三国と倭国—』, 學生社.

89 『삼국사기』 권제4 신라본기 제4 진평왕 3년조의 "春正月 始置位和府 如今吏部" 참조.

자 관계 업무를 관장한 관청으로 보인다. 조세로 걷은 직물로는 견絹, 능綾, 나羅, 저苧, 마麻 등이 확인된다.

- 일관부日官部―명칭에서 미루어 천문기상과 점술 관계 일을 맡았을 것이다. 길흉을 점치는 일자日者와[90] 월력月曆을 다루는 역박사曆博士는[91] 일관부에 소속되었을 것이다.

- 도시부都市部―명칭에서 미루어 상업과 교역 그리고 시장 업무를 관장한 부서이다. 도성에 시장이 설치된 것은 웅진기의 '웅진시熊津市', 사비기의 '시인市人'[92] 등에서 확인된다. 저자(시장)에는 여러 점포들이 있어 왕실과 관청 그리고 도성민들이 필요로 하는 물건들을 공급하였다. 그 가운데는 귀금속을 취급하는 상점도 있었다. 선화공주가 백제로 와서 모후가 준 황금을 팔아 생계를 꾸리고자 한 것에서 이를 추정할 수 있다. 도시부는 도량형을 속이는 등 시장 질서를 어지럽히는 행위자에 대해 처벌하기도 하였다.[93]

속사와 그 직사

속사는 주요 관청 산하에 설치된 하위 관청을 말하며, 주 관청의 업무를 나누어 맡았다. 신라의 경우 속사를 서署, 전典, 사司라 하였다. 백제가 어떤 속사를 설치하였는지 보여 주는 구체적 자료는 매우 적다. 여기서는 문헌 자료와 금석문 및 목간 자료에 보이는 속사 몇 개를 정리해 둔다.

---

90 『삼국사기』 권제23 백제본기 제1 시조 온조왕 25년조의 "春二月 王宮井水暴溢 漢城人家 馬生牛 一首二身 日者曰 井水暴溢者 大王敎興之兆也 牛一首二身者 大王幷鄰國之應也"; 온조왕 43년조의 "九月 鴻鴈百餘集王宮 日者曰 鴻鴈民之象也 將有遠人來投者乎" 참조.
91 『일본서기』 권19 흠명기 14년조.
92 『삼국사기』 권제28 백제본기 제6 의자왕 20년조의 "王都市人 無故驚走 如有捕捉者 僵仆 而死百餘人 亡失財物不可數" 참조.
93 노중국, 2010, 『백제사회사상사』, 지식산업사, 272~275쪽.

- **공덕사功德司**—공덕사는 『삼국사기』에 "그 관직명이 잡전기에 보인다[其官銜見於雜傳記]"라는 관등명 가운데 하나이다.[94] 명칭에서 미루어 내관의 하나인 공덕부의 속사로[95] 왕실 사찰들을 관리하고 왕실의 번영을 기원하는 업무를 맡았을 것이다.

- **태학太學**—〈진법자묘지명〉에 진법자의 조부 진춘이 태학정으로 나오는 것에서 확인된다.[96] 태학은 유학을 교육하는 교육기관으로 사도부의 속사이다.[97] 신라의 경우 유학 교육을 담당한 국학은 예부 산하의 속사였다.[98]

- **내신內臣**—『일본서기』 흠명기 14년(553)조에 상부 덕솔 과야차주科野次酒가 왜에 파견된 내용이 나오는데, 그는 내신 직을 맡고 있었다.[99] 내신은 명칭에서 미루어 전내부 소속으로 볼 수 있다. 덕솔은 제4품 관등이므로 내신은 전내부 산하 속사의 일을 맡았을 것이다. 신라의 경우 내성 산하에는 내사정전內司正典, 상대사전上大舍典을 비롯하여 수십 개의 속사들이 있었다.

(2) 관직

22부의 장관과 임기

백제 관부에서 핵심은 22부이다. 왕실 업무를 담당한 내관[內僚職]은 12

---

94 『삼국사기』 권제40 잡지 제9 직관 하 외관조.
95 조경철, 2000, 「백제 성왕대 유불정치이념—육후와 겸익을 중심으로—」, 『한국사상사학』 15집, 한국사상사학회.
96 〈진법자묘지명〉에 대해서는 김영관, 2014, 「백제 유민 진법자 묘지명 연구」, 『백제문화』 50집, 공주대학교 백제문화연구소 참조.
97 高明士 저, 오부윤 역, 1995, 『한국교육사연구』, 대명출판사, 49쪽.
98 『삼국사기』 권제38 잡지 제7 직관 상 국학조의 "國學 屬禮部 神文王二年置 …" 참조.
99 『일본서기』 권19 흠명기 14년조의 "春正月 … 百濟遣上部德率科野次酒 … 乞軍兵 … 八月 … 上表曰 去年臣等同議 遣內臣德率次酒 任那大夫等 奏海表諸彌移居之事" 참조.

부이고, 일반 서정을 맡은 외관은 10부이다. 내관의 수가 외관보다 2개나 많고 그 직능도 재정·군사·토목 등 상당히 체계화되어 있다. 이는 내관 12부가 강화된 왕권을 뒷받침하는 제도적 장치임을 보여 준다. 특히 왕명 출납을 담당한 전내부가 제일 먼저 나오는 것은 국정 운영에서 전내부가 차지하는 위상을 보여 준다.

22부 장관의 명칭에 대해 『수서隋書』에는 판본에 따라 '장사長史' 또는 '장리長吏'로 나오고 『북사』와 『책부원귀册府元龜』에는 '장리'로 나온다. 장사는 왕이 설치한 장군부의 부관府官 명칭과 동일하므로 22부의 장관 명칭으로 보기 어렵다. 따라서 장관은 송원간본宋元刊本에 의거해 정밀 교감을 거친 급고각본汲古閣本 『수서』에 나오는 '장리'로[100] 보는 것이 타당하다.

한편 『한원』에는 외관에 사군부~일관부가 있다고 기록한 후 "범차중관유재관장 재임개삼년일대凡此衆官有宰官長 在任皆三年一代"라는 기사가 나온다. 이에 의하면, 외관 12부의 장관 명칭은 재관장이 된다. 이와는 달리 이 기사를 "凡此衆官有宰 官長在任皆三年一代"[101]로 끊어 읽어 외관 10부의 장관을 '재宰'로 파악하고 '관장官長'을 재와 동의어로 보는 견해도[102] 있다. 그러나 '관장官長'을 특정 관청의 장관 명칭이라는 고유명사로 보면 한 문장 안에서 외관의 장관은 '재'로도 불리고 '관장'으로도 불리는 모순이 생긴다. 따라서 이 문장은 '凡此衆官有宰官長'으로 끊어 읽는 것이 타당하다. 그리하면 내관의 장관을 '장장將長'이라 한 것과[103] 잘 대응된다. 따라서 외관의 장관은 '장리' 또는 '재관장'으로 보는 것이 타당하다.

외관 10부 가운데 사군부, 사도부, 사공부, 사구부는 『주례』에서 따온

---

100 정동준, 2013, 『동아시아 속의 백제 정치제도』, 일지사, 292~293쪽.
101 윤용구 외, 동북아역사재단 한국고중세사연구소 편, 『역주 한원』, 동북아역사재단, 266~267쪽.
102 정동준, 2013, 『동아시아 속의 백제 정치제도』, 일지사, 297쪽.
103 『한원』 번이부 백제조의 "又其內官有前內部 … 後宮部 又有將長" 참조.

것이다. 사구부는 『주례』의 사마부를 백제식으로 표기한 것이다. 『주례』
에 의하면 사마부의 장관은 대사마경大司馬卿, 사도부의 장관은 대사도경
大司徒卿, 사공부의 장관은 사공司空, 사구부의 장관은 대사구경大司寇卿
이었다. 그러나 백제는 이 4부의 장관 명칭을 『주례』에 따르지 않고 모두
장리 또는 재관장이라 하였다. 이는 백제가 중국의 제도를 받아들이면서
변용한 것을 보여 준다.

각 부 장관은 3년마다 교체하였다.[104] 일종의 임기제가 시행된 것이다.
이는 연맹 단계에서 우보와 좌보가 종신직이었던 것과 대비된다. 3년마다
장관을 교체하도록 한 것은 장기 재임에 따른 파벌 형성과 같은 부작용을
차단하고 왕이 보다 수월하게 귀족들을 통제하기 위한 조치로 보인다. 고
구려에서도 삼년일교대제가 시행되었는데, 만약 그 직에 적합한 자가 있
을 경우 연한에 구애되지 않았다고 한다.[105]

군사 관련 관직

• **장군將軍**─군대를 거느리고 출동할 때 지휘관에게 수여한 군사 관
  련 칭호이다. 앞에서 언급한 바와 같이 장군은 한성기의 근초고왕 대
  에 설치되었는데 사비기까지 이어졌다. 성왕 18년(540)의 장군 연회
  燕會와 28년(550)의 장군 달이達已, 무왕 28년(627)의 장군 사걸沙乞,
  의자왕 2년(642)의 장군 윤충允忠, 20년(660)의 장군 계백堦伯의 존
  재가 이를 보여 준다. 출정을 명받은 장군은 왕명에 의해 군령권을
  행사하였다. 장군을 맡을 수 있는 자는 좌장이든가, 좌평의 관등을
  가진 자였다.

---

104 『수서』 권81 열전 제46 동이 백제전의 "長吏三年一交代" 참조.
105 『한원』 번이부 고려조의 "其一曰吐捽 比一品 舊名大對盧 惣知國事 三年一代 若稱職者
   不拘年限 …" 참조.

- 대장군大將軍—장군보다 격이 높은 군 지휘관의 칭호이다. 이는 장군의 위계가 장군-대장군으로 분화되었음을 보여 준다. 이에 대해서는 제4부에서 다시 언급할 것이다.
- 좌장左將—좌장은 군령권을 행사하는 핵심 관직이었다. 이 좌장은 한성기의 고이왕 대에 설치된 이래 웅진기 및 사비기에도 운용되었다. 백제의 중앙 관직 가운데 가장 오랜 전통을 갖는 관직이었다.
- 사군司軍—〈진법자묘지명〉에 처음으로 나온다. 진법자(615~690)는 최초에는 기모군의 좌관을 받았고, 그 후 품달군 군장으로 임명되었다가 얼마 되지 않아 사군으로 옮겼다. 이때의 관등은 은솔이었다. 사군을 사군부司軍部의 장관으로 보는 견해,[106] 사군부의 차관이나 그 이하의 관직으로 보는 견해,[107] 사비도성을 지키는 5부군五部軍의 지휘관으로 보는 견해[108] 등 다양하다. 그러나 진법자가 '검찰檢察'과 '조감藻鑑'의 업무를 맡았다는 표현에서[109] 미루어 사군은 사군부의 속료인 '군감찰관軍監察官'으로 파악하는 것이 타당할 것이다.

교육 관련 관직

- 태학정太學正—태학의 장관으로 유학 교육 업무를 총괄하였다. 설치 시기는 앞에서 언급한 대로 무령왕 대로 추정된다. 〈진법자묘지명〉에 나오는 진법자의 증조부 진춘은 위덕왕 대에 태학정으로 활동하였다.
- 오경박사五經博士—오경박사는 태학에 소속되어 유교 경전 교육을 전

---

106 정동준, 2014, 「'진법자 묘지명'의 검토와 백제 관제」, 『한국고대사연구』 74집, 한국고대사학회.
107 김영관, 2014, 「백제 유민 진법자 묘지명 연구」, 『백제문화』 50집, 공주대학교 백제문화연구소.
108 김영심, 2014, 「유민묘지로 본 고구려, 백제의 관제」, 『한국고대사연구』 75집, 한국고대사학회.
109 〈진법자묘지명〉의 "居檢察之務"와 "當藻鑑之司" 참조.

문으로 하는 직이다. 오경박사는 무령왕 대에 처음 설치되었다. 무령왕은 양 무제가 오경박사를 두어 유학 교육을 강조한 것을 본받아 태학에 오경박사를 설치하였다. 한편 중국과 신라의 경우 박사를 보좌한 관직으로 조교가 나온다. 이로 미루어 백제에도 조교가 있었을 가능성을 배제할 수 없다.

의학 관련 관직

- 의박사醫博士―의박사(의학박사)는 22부의 하나인 약부에 소속되어 질병을 치료하고 의약을 교육하는 직무를 담당하였다. 왜에 파견된 의박사 왕유릉타王有陵陀의 관등이 6품 나솔인 사실에서 미루어 의박사는 솔계 관등의 소지자가 맡은 것 같다. 의박사는 의생들에게 의서를 교육하였지만 교육에 사용된 의서의 이름은 알 수 없다. 참고로 신라의 경우 당의 제도를 받아들여 의학醫學에서 『본초경本草經』, 『갑을경甲乙經』, 『소문경素問經』, 『침경針經』, 『맥경脈經』, 『명당경明堂經』, 『난경難經』을 가르쳤다.

- 채약사採藥師―채약사는 약부 소속으로 때에 맞추어 약재를 채취하고 갈무리하여 공급해 주는 역할을 하였다. 554년에 왜에 파견된 채약사 반량풍潘量豊은 관등이 8품 시덕이었고, 정유타丁有陀는 9품 고덕이었다.[110] 이로 미루어 채약사는 덕계 관등 소지자가 맡았던 것 같다.

- 주금사呪噤師―주금사는 주금呪噤(주술呪術)을 이용하여 요사스러운 귀신[邪魅]에 걸린 병자를 고치는 일을 하였다.[111] 위덕왕은 577년 왜에 주금사를 보냈다. 이는 백제에도 주금사가 설치되었음을 보여 준

---

110 『일본서기』 권19 흠명기 15년조의 "二月 … 別奉勅貢易博士施德王道良 … 採藥師施德 潘量豊 固德丁有陀 …" 참조.
111 장인성, 2001, 『백제의 종교와 사회』, 서경문화사, 120~124쪽.

그림 2-6 〈지약아식미기〉 목간 1면의 '약아' 부분 (국립부여박물관 제공)

다. 주금사는 약부에 소속되었다. 중국의 경우 태의서에 주금사, 주금공, 주금생, 주금박사 등을 두었고, 일본도 주금박사, 주금생을 설치하였다. 그러나 백제가 주금사 외에 주금박사나 주금생를 설치했는지는 알 수 없다.

• **약아藥兒**─약아는 부여 능산리 폐사지(능사)의 중문지 남서쪽의 배수로에서 출토된 〈지약아식미기支藥兒食米記〉 목간에 처음으로 나온다(그림 2-6). '약아藥兒'는 '약'에 '아'가 붙은 관직이다. 명칭에서 미루어 당나라의 약동藥童과 같다. 당나라의 약동은 약재를 갈고, 깎고, 찧고, 체로 치는 일을 하였다.[112] 백제의 약아도 이와 같은 일을 하였을 것이다. 그런데 중국의 경우 '아'가 붙은 관직은 없다. 따라서 약아는 백제 고유의 관직명이라 할 수 있다. 일본의 경우 상약소아嘗藥小兒, 조주아造酒兒 등 '아'가 붙은 관직이 보이는데 이는 백제의 영향을 받은 것이다.

박사직

• **역박사易博士**─일관부에 소속되어 점占과 관련한 직무를 담당하였다. 한성기에 비유왕은 송에 『역림』과 『식점』을 요청해 받았다.[113] 이후 사비기에 와서 역易을 전문으로 하는 역박사를 두었다.

---

112 『구당서』 권44 지 제24 직관3 전중성 상약국의 "奉御二人 … 藥童三十八 … 藥童主刮削搗篩" 참조.
113 『송서』 권97 열전 제57 이만 동이 백제전의 "(義熙)二十七年 毗上書獻方物 私假臺使馮

- **역박사**曆博士—역박사는 일관부에 소속되어 월력과 관련한 업무를 담당하였다. 이 시기 백제는 송나라 하승천河承天이 만든 원가력元嘉曆을 사용하였다.[114] 무령왕릉 묘지석에 나오는 왕과 왕비의 장례 일자는 원가력에 의한 것이다.[115] 이와는 달리 무령왕릉에 사용된 달력은 양나라의 대명력大明曆으로 보는 견해도 있다.[116] 백제는 이 원가력을 왜에 전해 주었다.

- **와박사**瓦博士**와 노반박사**鑪盤博士—와박사는 기와와 전돌을 굽는 전문가였다. 노반박사는 탑을 만드는 전문 기술자를 말한다. 노반은 탑의 꼭대기 층에 있는 네모난 지붕 모양의 장식인데 이 위에 복발覆鉢이나 보륜寶輪을 올린다. 와박사는 무령왕 대에 설치되었고, 노반박사는 위덕왕 대에 보인다. 기술자들에게 박사 칭호를 부여한 것은 중국이나 고구려, 신라에 보이지 않는 백제만의 특징이다. 위덕왕은 588년 와박사와 노반박사를 왜에 파견하였다.[117] 이들은 왜에서 아스카데라飛鳥寺와 시텐노지四天王寺 등을 건립하여 왜의 사찰 건립에 큰 영향을 주었다.

장군부의 관직

- **장사**長史 · **사마**司馬 · **참군**參軍—장사 · 사마 · 참군은 한성기 이래 왕이

野夫西河太守 表求易林式占腰弩 太祖並與之"참조.

114 『주서』권49 열전 제41 이역 상 백제전의 "又解陰陽五行 用宋元嘉曆 以建寅月爲歲首" 참조.

115 大谷光男, 1973, 「백제 무령왕 · 동왕비의 묘지에 보이는 역법에 대하여」, 『고고미술』 119집, 한국미술사학회.

116 김일권, 2007, 「백제의 역법제도와 간지역일 문제 고찰」, 『백제의 사회 · 경제와 과학 · 기술』(백제문화사대계 연구총서 11), 충청남도역사문화연구원.

117 『일본서기』권21 숭준기 원년조의 "是歲 … 寺工太良未太文賈古子 鑪盤博士將德白昧淳 瓦博士麻奈文奴陽貴文陵貴文 …"참조.

설치한 장군부에 둔 부관府官이다. 이들은 한성기와 마찬가지로 대중
외교 업무를 담당하였다. 그래서 무왕 42년(641)에 장사 왕변나王辯那
는 당나라에 사신으로 파견되었다.[118] 부관에 대해서는 제5부에서 다
시 언급할 것이다.

기타

• **좌관佐官** ─ 좌관은 부여 쌍북리에서 출토된 〈좌관대식기佐官貸食記〉
목간과 중국에서 출토된 〈진법자묘지명〉에서만 확인된다. 명칭에서
미루어 좌관은 장관의 보좌직을 말하는 것 같다. 〈좌관대식기〉 목간
의 좌관은 외경부의 속료로서 대식 업무를 담당하였다.[119] 이와는 달
리 좌관을 7품 이하의 덕계 관등 또는 그 이하의 관등을 가진 실무 관
리로 파악한 견해,[120] 관청 혹은 관리를 보좌하는 직명 혹은 역명役名
의 통칭으로 파악한 견해도[121] 있다. 〈진법자묘지명〉에 나오는 기모
군의 좌관은 군의 장관의 보좌관이다. 이에 대해서는 제3부에서 다시
언급할 것이다.

118 『삼국사기』 권제27 백제본기 제5 위덕왕 45년조의 "秋九月 王使長史王辯那 入隋朝獻
…" 참조.
119 노중국, 2009, 「백제의 구휼·진대 정책과 '좌관대식기'목간」, 『백산학보』 83집, 백산학회.
120 정동준, 2013, 『동아시아 속의 백제 정치제도』, 일지사, 299~300쪽.
121 주보돈, 2013, 「백제사 신출토 자료의 음미」, 백제학회, 『미호천유역의 백제사』, 제14회
백제학회 정기발표회.

Ⅳ. 왕도의 행정조직

1. 한성의 행정조직

『예기』에 "천하에는 왕이 있어 땅을 나누어 나라를 세우고, 도를 두고 읍을 세우고, 사당을 설치해 제사를 드린다"[122]는 내용이 있다. 도성은 도都와 성城의 합성어이다. 도는 최고 통치자, 즉 천자가 사는 곳으로 선군先君의 신주를 모신 종묘가 있었다.[123] 성은 군주가 사는 곳을 둘러싼 방어시설 겸 안과 밖을 구분하는 시설을 말한다.[124] 도성은 한 나라의 정치적·종교적·경제적·문화적·군사적 중심지로서 기능하였다.

한성기 수도의 명칭은 처음에는 위례성慰禮城이었다. '위례'는 본래 '우리' 또는 '울타리'를 의미하는 말이므로 위례성은 울타리를 친 성, 즉 목책성의 형태였음을 알 수 있다. 풍납토성 내부에서 확인된 삼중 환호성은 목책성인데 초기 하남위례성으로 추정되고 있다. 이후 중앙집권력이 강화되면서 왕도의 인구가 늘어나고 규모가 확대되자 왕도의 명칭은 한성漢城으로 바뀌었다. '한漢'은 '크다'는 말이므로 한성은 '큰 성'을 의미하였다. 한성은 왕도, 왕성으로도 표기되었다. 이리하여 한성은 백제 왕도를 가리키는 고유명사가 되었다.

왕도 한성은 남성과 북성으로 이루어졌다. 북성이 사적 제11호인 풍납토성이고, 남성이 사적 제297호인 몽촌토성이다(그림 2-7 참조). 풍납토성은 평지성이고 몽촌토성은 산성의 성격을 갖는다. 두 성 사이의 거리는

---

122 『예기』 제법 제23의 "天下有王, 分地建國, 置都立邑, 設廟祧壇墠而祭之, 乃爲親疏多少之數" 참조.

123 『설문해자』의 "有先君之舊宗廟曰都" 참조.

124 박순발, 2010, 『백제의 도성』, 충남대학교 출판부, 14~15쪽.

그림 2-7 풍납토성 전경(위)과 몽촌토성 전경(아래)(서울특별시 제공)

약 1km이다. 평지성과 산성으로 이루어진 도성 구조는 고구려의 도성이 평지의 거성인 국내성과 2.5km 떨어진 곳에 위치한 방어용 산성인 환도산성丸都山城(산성자산성山城子山城)으로 이루어진 것과[125] 같다.

풍납토성은 현재 약 2.1km 정도가 남아 있는데 유실된 서벽을 포함한다면 전체 길이 3.5km에 달하는 거대한 성이었다.[126] 두 차례에 걸친 성벽 조사에[127] 의하면 성벽의 밑변 너비는 40m 이상, 높이는 11m 이상이었다. 성 내부에 대한 발굴 결과 동남부의 현대주택부지지구에서는 많은 건물지와 기와들이 출토되었다. 미래마을지구에서는 여러 시기에 걸친 건물지와 남북 및 동서로 뻗은 도로(그림 2-8 참조) 및 내성벽이 발굴되었다. 경당지구에서는 제의 건물로 추정되는 건축물과 제의에 사용된 물건들을 폐기한 폐기장, 사용된 제기를 쌓아 둔 우물, 백제식 토기와 중국제 도자기를 보관한 창고 등이 확인되었다.[128] 이로 미루어 경당지구는 왕궁, 관청, 사원이나 종묘 등의 종교 시설 지구로, 미래마을지구는 공방과 물류 창고 시설 지구로, 현대주택부지지구는 일반민의 거주 구역으로 구분할 수 있다.[129] 최근에는 서문지도 발굴되었다. 이 문지는 남북과 동서로 뻗은 미래마을지구의 도로와[130] 더불어 도성 내부의 시가 구획을 파

125 여호규, 1998, 「국내성기 고구려의 군사방어체계」, 『한국군사사연구』 1, 국방군사연구소.
126 이형구, 2000, 「서울 풍납동 백제왕성 발굴의 역사적 의의」, 『풍납토성[백제왕성]에 관한 조사연구』, 동양고고학연구소 편, 『풍납토성[백제왕성]연구논문집』, 동양고고학연구소.
127 국립문화재연구소, 2002, 『풍납토성 Ⅱ-동벽발굴조사보고서-』; 이성준·김명진·나혜림, 2013, 「풍납토성 축조연대의 고고과학적 연구-2011년 동성벽 조사결과를 중심으로-」, 『한국고고학보』 88집, 한국고고학회.
128 한성백제박물관·한신대학교박물관, 2015, 『풍납토성, 건국의 기틀을 다지다』, 한성백제박물관 특별전시회.
129 신희권, 2007, 「풍납토성의 도성구조 연구」, 국립문화재연구소, 『풍납토성, 500년 백제왕도의 비견과 과제』, 국립문화연구소 국제학술대회; 권오영, 2012, 「백제 한성기의 도성과 지방도시」, 『고고학』 11집, 중부고고학회.
130 권오영, 2013, 「한국고고학 연구에서 풍납토성의 가치」, 『동북아시아 속의 풍납토성』, 학연문화사.

그림 2-8
몽촌토성의 도로(위: 한성백제박물관 제공)**와 풍납토성의 백제 도로**(아래: 소재윤 실장 제공)

악하는 데 중요한 단서가 된다.

몽촌토성은 별궁의 기능을 한 것으로 보이는데 남북으로 가장 긴 곳이 730m, 동서로 가장 긴 곳이 570m, 전체 길이 2.285km에 달하는 마름모 꼴의 평면이다. 성안에서는 적심석을 갖춘 지상 건물지 1기, 판축성토대지 1곳, 수혈 주거지 9기, 저장공 31기, 적심 유구 7기, 연못지 2곳 등이 확인되었다.[131] 그리고 최근 발굴에서는 백제시대의 도로 유구도 확인되었고(그림 2-8 참조), '관官'이 새겨진 토기편, 돌절구, 중국제 자기편 등 여러 점의 유물들이 출토되었다.[132]

왕도 한성의 내부 구성을 보여 주는 직접적인 자료는 없다. 그런데 고구려의 경우 부체제 단계의 5부를 왕도의 행정구역 5부로 편제하였다. 계루부를 내부(황부)로, 절노부를 북부(후부)로, 순노부를 동부(좌부)로, 관노부를 남부(전부)로, 소노부를 서부(우부)로 바꾸었다.[133] 신라도 부체제 단계의 6부를 왕도의 행정구역으로 편제하여 부-리-방 체계를 갖추었다.[134] 이로 미루어 한성기의 백제도 부체제 단계의 5부를 왕도의 행정구역으로 편제한 것으로 보아도 큰 무리는 없을 것이다. 왕도 행정구역으로서의 5부 명칭은 동부, 서부, 남부, 북부의 4부와 왕실이 포함된 중부이다. 그러나 5부의 구체적인 위치에 대해서는 자료가 없어 알 수 없다.

왕도의 5부는 부체제 단계의 5부와는 성격을 달리한다. 부체제 단계의 5부는 지배자 집단을 가리킨 것이지만 왕도 5부는 왕도 내부의 행정조직

---

131 몽촌토성발굴조사단, 1985, 『몽촌토성발굴조사보고』; 김원룡·임효재·임영진, 1987, 『몽촌토성―동북지구발굴보고―』, 서울대학교박물관·서울특별시; 김원룡 외, 1989, 『몽촌토성―서남지구발굴조사보고―』, 서울대학교박물관.

132 박중균 외, 2016, 『몽촌토성 I ―2013~2014 몽촌토성 북문지 내측 발굴조사 보고서―』, 한성백제박물관.

133 『후한서』 권85 동이열전 제75 고구려전.

134 『삼국사기』 권제34 잡지 제3 지리1 신라조의 "新羅疆界 … 王都 長三千七十五步 廣三千一十八步 三十五里六部" 참조.

이다. 행정조직으로서의 왕도 5부를 편제한 시기는 늦어도 중앙집권체제가 갖추어진 근초고왕 대로 볼 수 있다. 왕도 5부가 설치됨으로써 귀족 관료들은 부명으로 자신의 소속을 밝혔다. 진씨 출신자와 해씨 출신자가 북부로 나오는 것이 이를 보여 준다. 왕도 5부제는 웅진성 및 사비성으로 이어졌다.

2. 웅진성의 행정조직

백제는 475년 고구려 장수왕의 공격으로 왕도 한성이 함락되고 개로왕이 붙잡혀 죽자 황급히 웅진으로 천도하였다. 천도 직후 왕궁의 위치에 대해서는 공산성 안에 있었다는 견해와 공산성 밖의 현재 공주 시내에 있었다는 견해가 있다. 전자의 경우는 현재 공주 시내에서는 왕궁으로 볼만한 유적이 확인되고 있지 않으므로 공산성 내의 추정 왕궁지를 왕궁이 있었던 곳으로 본 것이다.[135] 후자의 견해는 공산성 내부 발굴 결과 현재까지 475년 이전에 만들어진 유적이 확인되지 않았고, 성안의 건물지 가운데 왕궁으로 볼만한 것이 없으므로 공산성 밖의 남록 일대에 왕궁이 있었다고 보는 것이다(그림 2-9 참조).[136]

천도 당시의 왕궁 문제를 해명하는 데 자료가 되는 것이 문주왕이 3년(477) 봄 2월에 궁실을 '중수重修하였다'는 기사이다. 중수는 기존의 건물

---

135 안승주·이남석, 1987, 『공산성 백제추정왕궁지 발굴조사보고서』, 공주사범대학박물관; 서정석, 2000, 「백제 웅진도성의 구조에 대한 일고찰」, 『백제문화』 29집, 공주대학교 백제문화연구소; 이현숙, 2017, 「백제 웅진성의 구조와 축조시기」, 『고문화』 89집, 한국대학박물관협회.
136 김영배, 1968, 「웅천과 사비성 시대의 백제왕궁지에 대한 고찰」, 『백제문화』 2집, 공주대학교 백제문화연구소; 성주탁, 1997, 「백제 웅진성의 재착」, 『백제의 중앙과 지방』(백제연구총서 제5집), 충남대학교 백제연구소; 박순발, 2010, 『백제의 도성』, 충남대학교 출판부, 210~212쪽.

을 수리하는 것을 말한다. 따라서 이때의 중수는 천도 후 새로 지은 건물을 수리한 것이 아니라 이전부터 있던 건물을 궁실로 사용하다가[137] 수리한 것으로 보는 것이 타당하다. 이와는 달리 중수를 새로 지은 건물을 중건한 것으로 보고 웅진으로 온 이후 급한 대로 지은 건물을 다시 중건한 것으로 보는 견해도[138] 있다. 그러나 천도한 지 1년 5개월밖에 되지 않는 짧은 기간에 새 건물을 짓고 또 이 건물을 중수하였다고는 볼 수 없다. 또 이때 웅진 지역이 사람이 살지 않는 공간도 아니었을 것이다. 이런 사실 등에서 미루어 문주왕이 공주로 오기 전에 이 건물은 있었다고 보는 것이 타당하다.

문주왕이 웅진으로 몽진하기 이전 웅진 지역의 상황은 잘 알 수 없다. 그런데 백제는 근초고왕 대에 담로제를 실시하면서 종래 마한을 구성하였던 국에 담로를 설치하였다. 마한 시기 웅진 지역에는 감해비리국監奚卑離國이 있었던 것으로 추정되고 있다. 감해비리국은 4세기 전반 무렵에 백제의 영역으로 편입되었다. 그렇다면 공주 지역에도 지방통치조직인 담로가 설치되었을 가능성이 크다.[139] 그러면 현재의 공주 시가지는 담로의 치소였을 것이다. 치소에는 지방관의 거관居館을 비롯하여 여러 건물들이 있었을 것이다.[140] 그 가운데 문주왕이 왕궁으로 사용한 건물이 있다면 그 건물은 방어시설이 있는 곳에 위치하였을 것이다. 왕의 신변 안전이

---

137 이는 임진왜란 때 서울을 버리고 의주로 몽진하였던 조선 선조가 환도 후 월성대군의 사저를 왕궁으로 사용한 것과 유사한 형태라고 하겠다.

138 서정석, 2002, 『백제의 성곽―웅진·사비시대를 중심으로―』, 학연문화사, 71쪽; 양기석, 2007, 「천도 초기의 정치정세」, 충청남도역사문화연구원 편, 『웅진도읍기의 백제』(백제문화사대계), 충청남도역사문화연구원; 여호규, 2017, 「백제 웅진도성의 왕궁 위치와 조영과정」, 『이화사학연구』 55집, 이화사학연구소.

139 박현숙, 2001, 「웅진천도와 웅진성」, 『백제문화』 30집, 공주대학교 백제문화연구소; 김영관, 2000, 「백제의 웅진천도 배경과 한성경영」, 『충북사학』 11·12합집, 충북사학회; 김병남, 2008, 「백제 문주왕대의 웅진 천도 배경」, 『역사학연구』 32집, 호남사학회.

140 박순발, 2017, 「백제 도성 묘역의 비교 고찰」, 『백제연구』 66집, 충남대학교 백제연구소.

그림 2-9 공주 시가지 전경과 공산성(백제세계유산센터 제공)

최우선이기 때문이다. 그 방어시설은 지리적인 조건에서 볼 때 공산성일 가능성이 크다.[141] 그렇다면 문주왕은 웅진으로 몽진한 후 공산성 안의 건물을 급한 대로 궁실로 사용하다가 이 건물을 중수하지 않았을까 한다.

현재의 공산성은 둘레가 약 2.2km 정도이다. 공산성을 궁성으로 볼 때 왕궁지의 위치에 대해 쌍수정 지역에서 발굴된 건물지를 왕궁지로 보는 견해도 있고 근래에 새로 조사된 공북루 지역에서 확인된 주거지와 목곽고 등 왕궁 관련 시설들이 있는 곳을 왕궁이 있었던 곳으로 보는 견해도 있지만,[142] 쌍수정 지역일 가능성이 높다. 쌍수정 지역은 사방을 바라볼 수 있는 위치에 있을 뿐만 아니라 연못 시설에서 출토된 고급 와당은 왕궁이

---

141 노중국, 2018, 『백제정치사』, 일조각, 299~300쪽.
142 이남석, 2016, 『유적과 유물로 본 웅진시대의 백제』, 서경문화사, 174~181쪽.

고급스럽게 꾸며진 기와집이었음을 보여 주기[143] 때문이다.

왕도의 행정조직 편제는 도시 구조와 연동되며, 도시 구조는 시가지 구획과 연결된다. 시가지 구획은 도로망으로 구분된다. 웅진도성의 중심 도로는 공산성의 주 출입문인 진남문에서 시가지 남쪽으로 뻗었을 도로와 동성왕이 20년(498)에 설치한 '웅진교熊津橋',[144] 즉 현재의 대통교大通橋를 중심으로 동서로 연결되는 도로로 볼 수 있다. 이 남북 간선 도로와 동서 간선 도로가 웅진도성의 시가지 구획의 기준이 되었고 그 사이사이에 남북과 동서로 여러 길들이 만들어졌을 것이다. 이 길을 따라 관청 구역, 사찰 구역, 저자(시장) 구역, 귀족의 주거 지역, 민의 주거 지역 등이 마련되었을 것이다. 그리고 공주 시가지를 둘러싼 산기슭의 완만한 경사면이나 구릉 말단부에도 당시의 지형적 조건에 따라 주거지들이 만들어졌을 것이다.[145]

이렇게 구획된 시가지를 행정적으로 편제한 것이 왕도 5부이다. 5부의 명칭은 516년(무령왕 16)에 전부가,[146] 534년(성왕 12)에 하부와 상부가[147] 보이는 것에서 미루어 상부, 전부, 중부, 하부, 후부라고 할 수 있다. 왕도 5부가 편제된 시기를 분명히 보여 주는 자료는 없다. 그러나 무령왕 16년에 이미 전부가 보이고 있으므로 늦어도 무령왕 대에는 왕도 5부제가 편제되었을 것이다. 5부 아래의 행정조직 명칭은 자료가 없어 알 수 없다.

---

143 안승주·이남석, 1987, 『공산성 백제추정왕궁지 발굴조사보고서』, 공주사범대학박물관; 안승주·이남석, 1992, 『공산성 건물지』, 공주대학교박물관·충청남도; 이현숙, 2017, 「백제 웅진성의 구조와 축조시기」, 『고문화』 89집, 한국대학박물관협회.

144 『삼국사기』 권제26 백제본기 제4 동성왕 20년조의 "設熊津橋" 참조.

145 공주대학교박물관·공주시, 2013, 『백제 웅진도성 고증을 위한 공주 고도지구 내 문화유적 전수조사』.

146 『일본서기』 권17 계체기 10년조의 "夏五月 百濟遣前部木刕不麻甲背 …" 참조.

147 『일본서기』 권18 안한기 원년조의 "五月 百濟遣下部脩德嫡德孫 上部都德己州己婁等來貢常調 …" 참조.

이와는 달리 동성왕이 12년(490)에 북부인으로서 나이 15세 이상인 자를 징발하여 사현성과 이산성을 축조하였다는 사실과 웅진 나성의 축조 시기를 동성왕 대 중엽으로 추정하여 동성왕 대에 5부제가 실시된 것으로 보는 견해도 있다.[148] 그러나 웅진에 나성이 축조된 사실이 확인되지 않아 이 견해는 받아들이기 어렵다.

3. 사비성의 행정조직

(1) 행정구역: 5부-5항제

사비 천도는 황급하게 이루어진 웅진 천도와는 달리 성왕에 의한 계획적인 천도였다. 따라서 사비도성은 계획적으로 만들어진 도성이었다. 사비도성이 본격적으로 조영되기 시작한 시기는 부소산성 추정 동문지에서 출토된 '대통大通'명 기와의[149] 연대가 527~528년이고, 부여 나성羅城의 한 구간인 청산성에서 출토된 연화문 전돌이 525년에 만들어진 무령왕릉의 묘전墓塼과 같은 유형이라는 사실에서[150] 미루어 성왕 5년(527) 이후 어느 시기로 볼 수 있다. 성왕은 사비도성이 완공되자 538년에 천도하였다.

성왕의 사비도성에 대한 기본 구상은 두 가지 측면에서 이루어졌을 것으로 생각된다. 하나는 도성 조영 원리를 유교 이념에 따른 것이다. 이러한 조영 원리를 보여 주는 것이 『주례』 「고공기考工記」이다. 이에 의하면 도성 안은 구경九經, 구위九緯의 길과 좌측에 종묘, 우측에 사직을 두고 앞에는 조정, 뒤에는 시장을 두는 구조였다.[151] 성왕 때에는 유교 이념에 대

---

148 성주탁, 1980, 「백제 웅진성과 사비성 연구」, 『백제연구』 11집, 충남대학교 백제연구소.
149 국립부여문화재연구소, 1995, 『부소산성―발굴조사중간보고―』, 264쪽.
150 백제고도문화재단, 2015, 「(청산성 구간) 7차 발굴조사 약보고서」, 문화유적조사보고 제15~16집.
151 『주례』 동관 고공기 제6의 "匠人營國方九里旁三門 國中九經九緯經涂九軌 左祖右社 面

한 이해 수준이 높았다. 그래서 성왕은 「고공기」의 원리를 토대로 종묘와 사직을 두고, 조정과 시장을 설치하고, 도로를 만들고, 성문을 설치하는 도시 구조를 설계하였을 것이다.

다른 하나는 양나라의 건강성建康城과 북위의 낙양성洛陽城을 벤치마킹한 것이다. 두 도성은 백제가 참고할 수 있는 선진 도성이었다. 이와 관련하여 주목되는 것이 국가 사찰인 정림사이다. 정림사란 이름은 동오 이래 남조 왕조의 수도인 건강성의 진산인 종산宗山에 위치한 정림사에서 따왔지만 절의 배치를 남북으로 뻗은 대로변에 둔 것은 북위 낙양성의 영녕사를 본받은 것이다.

이렇게 보면 성왕은 『주례』「고공기」의 이념을 바탕으로 건강성과 낙양성을 참고하여 사비도성의 도시 구조를 구상한 것으로 볼 수 있다. 그러나 사비도성은 내부에 표고 121m의 금성산이 자리하고 있기 때문에 도로를 바둑판처럼 만들기 어려운 곳도 있었다. 이런 곳은 지형에 맞추어 도로를 만들었을 것이다. 이렇게 구획된 도로를 중심으로 왕궁을 비롯하여 사찰, 관청, 시장 등 공공건물 및 시설들과 귀족의 저택, 민가 들이 들어섰다. 그러나 왕궁과 사찰 이외에 종묘와 사직, 관청, 귀족의 저택, 시장 등의 위치는 현재 알 수 없다.

도성의 핵심 시설인 왕궁은 지금의 관북리에 위치하였다(그림 2-10 참조). 특히 정면 7칸, 측면 4칸으로 동서 길이 35m, 남북 길이 18m에 이르는 대규모의 건물터는 한 변 2.4m 안팎인 방형의 적심 시설을 총 36개나 만들었는데 2층의 전각 건물로 볼 수 있다. 배후 산인 부소산에는 산성을 쌓아 유사시에는 피난성으로, 평시에는 후원으로 활용하였다. 한편 근래에 발굴 조사된 부여 쌍북리 가-다 지구 하층 유구는 백제시대 유적인데

朝後市" 참조. 左祖는 左宗廟라고도 한다.

그림 2-10 **관북리 왕궁 관련 유적**(국립부여문화재연구소 제공)

이곳에서 정면 8칸, 측면 4칸의 벽주식壁柱式 건물지를 비롯한 6동의 건물지와 약 30m 길이의 장랑형長廊形 유구 등이 확인되었다. 또 대가야 토기, 중국제 자기, 옻칠 토기 등도 출토되었다.[152] 이곳에도 왕궁이나 왕궁 관련 시설이 있었을 가능성을 열어 두어야 한다. 그리고 시가지 중심지에는 국가 사찰인 정림사를 배치하였다. 가람 구조는 중문-탑-금당-강당이 일직선상에 있고 좌우로 회랑이 둘러싼 구조이다.

왕도의 내부는 '도하都下' 또는 '기내畿內'라고 하였는데,[153] 1만여 가家가 거주하였다. 이 왕도 내부는 크게 5개의 행정구역으로 나누어졌다. 이

---

152 국립부여문화재연구소, 2020, 『부여 쌍북리유적 525-1번지 일원 발굴조사 자문회의 자료』.
153 『주서』 권49 열전 제41 이역 상 백제전의 "都下有萬家 分爲五部"; 『수서』 권81 열전 제46 동이 백제전의 "畿內爲五部 部有五巷 士人居焉" 참조.

92

를 5부라 한다. 5부의 명칭은 상부, 전부, 중부, 하부, 후부이다. 각 부 아래에는 상항, 전항, 중항, 하항, 후항이 있었다. 이를 5항이라 한다. 부-항은 부여 궁남지에서 출토된 〈서부후항西部後巷〉 목간에서 확인된다. 이러한 왕도의 행정 편제가 바로 5부-5항제이다. 5부-5항제는 사비도성 구조의 특징이다. 신라의 경우 왕도의 행정조직을 6부-35리-360방(또는 1,360방)으로 편제하였는데 이를 부-리-방제라 한다.

왕도 5부에는 각각 500명의 군대가 소속되어 있었다.[154] 이를 5부군이라 할 수 있다. 고구려는 왕도 5부에 배속된 군대를 5부병五部兵이라 하였다.[155] 이 군대는 왕도를 지키고, 왕도의 치안을 담당하였다. 따라서 각 부는 군영의 기능을 하였다. 5부에 둔 군대는 달솔 관등 소지자가 지휘하였다.

성왕은 왕궁, 관청, 사찰 등이 자리한 도심의 시가지를 나성羅城으로 둘러쌌다. 근래에는 이를 외곽성外廓城으로 부르고 있다(그림 2-11 참조).[156] 나성은 도성의 안팎을 구분하면서 동시에 방어 기능을 하였다. 부여 나성의 총 길이는 6.3km인데 북나성과 동나성으로 구분된다. 동나성 구간을 발굴한 결과 성벽은 내부에 판축기법을 사용하여 토심을 만들고 밖에 일정한 높이로 돌을 쌓아 올린 이른바 토심석축공법土心石築工法으로 만들어졌음이 밝혀졌다.[157]

나성은 중국에서 만들어져 발달하였다. 중국의 나성은 평지에 만들었

154 『주서』 권49 열전 제41 이역 상 백제전의 "五部曰 上部前部中部下部後部 統兵五百人" 참조.
155 『삼국사기』 권제45 열전 제5 온달전의 "高句麗常以春三月三日 會獵樂浪之丘 以所獲猪鹿 祭天及山川神 至其日 王出獵 羣臣及五部兵士皆從" 참조.
156 박순발, 2014, 「사비도성에 대한 비교도성사적 고찰」, 『충청학과 충청문화』 19집, 충청남도역사문화연구원.
157 심상육·이명호·김태익·김선옥, 2014, 「부여나성 동나성 2문지 발굴조사의 의의」, 『백제문화』 51집, 공주대학교 백제문화연구소.

그림 2-11 **부여 나성**(국립부여문화재연구소 제공)

으며, 대개는 방형이나 장방형의 형태였다. 부여 나성은 중국의 나성제를 본받았지만 부여의 지형 조건을 최대한 이용하여 서북 지역은 백마강을 자연 해자로 활용하였고, 동북 지역은 산의 능선을 따라 성을 축조하였다. 지형 조건을 최대한 이용한 것이 부여 나성의 특징이라 할 수 있다. 538년에 축조된 부여 나성은 552년에 만들어진 외곽성이 있는 고구려 평양성보다 축조 시기가 빠르다. 따라서 부여 나성은 우리나라에서 축조 시기가 가장 빠른 나성이라고 할 수 있다.

사비도성을 조성하면서 성왕은 능묘 공간을 생활 공간과 완전히 분리하였다. 이를 경외매장제京外埋葬制라 한다. 이에 따라 동나성 밖의 능산에 능묘 공간을 조성하였다. 이 능묘 공간에 만들어진 능묘가 부여 왕릉원이다. 이 능묘 가운데 가장 먼저 만들어진 중하총中下塚은 재료는 화강석이지만 내부 구조는 터널형이어서 무령왕릉과 매우 흡사하다. 그래서 이 능묘는 성왕의 무덤으로 추정되고 있다.[158]

동나성과 능산리 고분군 사이에 능산리 폐사지가 있다(그림 2-12). 이 폐

158 서현주, 2017, 「백제 사비기 왕릉 발굴의 새로운 성과와 역사적 해석」, 『한국고대사연구』 88집, 한국고대사학회.

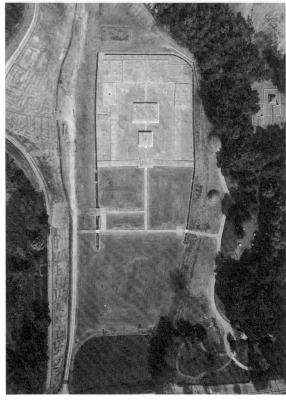

그림 2-12
부여 능사 발굴 전경(위)**과
복원 정비된 모습**(아래)
(국립부여박물관 제공)

사지 발굴에서 출토된 〈화강석제 사리감〉명문에 의하면, 이 절은 위덕왕의 누이[妹兄]인 공주가 사리를 공양하여 567년에 세웠다. 이 절은 능묘에 묻힌 선왕들의 명복을 비는 시설인 능사였다.[159] 백제에서 능사 설치는 이것이 처음이다.

(2) 왕도 행정 관청의 사례: 북사

사비도성에서 상위 행정구역인 5부의 명칭은 본래 상부, 전부, 중부, 하부, 후부였다. 그런데 부여 궁남지에서 출토된 〈서부후항〉 목간에는 서부와 후항이 나온다. 이 목간의 서부는 기존의 부명과는 다르다. 이는 사비도성의 5부-5항 명칭이 항의 이름은 그대로 두고 부명만 방위명으로 바뀐 것을 보여 준다. 이를 방증해 주는 것이 고구려의 경우이다. 고구려에서 초기의 부명은 계루부, 절노부, 순노부, 관노부, 소노부였다. 그러나 후기에 와서 계루부는 내부 또는 황부로, 절노부는 북부 또는 후부로, 순노부는 동부 또는 좌부로, 관노부는 남부 또는 전부로, 소노부는 서부 또는 우부로 개칭되었다.[160] 이로 미루어 백제도 중부는 그대로지만 후부는 북부로, 전부는 남부로, 상부는 동부로, 하부는 서부로 부르기로 하였을 것이다. 그러나 이렇게 개칭된 시기가 언제인지는 정확히 알기 어렵다.

왕도의 행정구역인 각 부의 범위가 어디까지인지는 분명하지 않다. 그런데 사비도성의 전체 경관을 보면 부소산성이 상대적으로 북쪽에 위치하고, 부소산성 기슭의 관북리 일대에 궁궐 건물지와 도로들이 확인되었

---

159 국립부여박물관 편, 2000, 『능사─부여 능산리사지발굴조사 진전보고서─』(국립부여박물관 유적조사보고서 제8책), 323~329쪽.
160 『후한서』 권85 동이열전 제75 고구려전의 "凡有五族 有消奴部 絶奴部 順奴部 灌奴部 桂婁部(案今高驪五部 一曰內部 一名黃部 卽桂婁部也 二曰北部 一名後部 卽絶奴部也 三曰東部 一名左部 卽順奴部也 四曰南部 一名前部 卽灌奴部也 五曰西部 一名右部 卽消奴部也)" 참조.

그림 2-13 부여 부소산성 궁녀사
구간 출토 '북사' 명 토기
(국립부여문화재연구소 제공)

다. 또 부소산성 북쪽에는 왕이 뱃놀이를 한 북포北浦(대왕포大王浦)가 있
고, 북포 지역에서는 백제시대 I문화층과 II문화층에서 주거지, 수로, 도로
유구 등이 확인되었다.[161] 이렇게 보면 북부는 부소산성을 포함한 관북리,
쌍북리 일대와 부소산성 북쪽 일대를 포함하였을 가능성이 크다.

왕도 내에는 1만여 가家가 있었다. 이를 평균하면 각 부에는 2,000호 정
도 있었던 셈이 된다. 1가를 5명 정도 잡으면 도성 내에는 5만 명 정도, 각
부에는 1만 명 정도의 인구가 살고 있었던 셈이 된다. 그리고 각 부에는
500명의 군사가 배속되어 왕도의 치안을 담당하였다. 이렇게 보면 각 부
는 기본적으로 1만여 명의 인구와 500명의 군대를 관리해야 하였다.

이러한 일들을 수행하려면 관청이 있어야 한다. 그 관청 이름으로 주목
되는 것이 토기에 새겨진 '북사北舍'이다(그림 2-13). '북사'가 새겨진 토
기가 출토된 곳은 부여의 관북리, 쌍북리, 궁남지, 금성산, 부소산성 등과
익산의 익산토성 지역이다.[162] '사舍'는 외관 10부의 하나인 '외사부外舍

---

161 이판섭·윤선태, 2008, 「부여 쌍북리 현내들·북포유적의 조사 성과」, 『목간과 문자』 1
집, 한국목간학회.
162 김대영, 2020, 「부소산성 내 명문토기 출토유적과 유물」, 국립부여문화재연구소·한국
목간학회, 『2020년 신출토 문자자료와 목간 자료집』, 국립부여문화재연구소, 11쪽의 표
1 참조.

部'의 '사'와 나주 복암리 출토 토기에 새겨진 '두힐사豆肹舍'의 '사'에서 보듯이 관청이다. 그러면 '북사'는 '북부사北部舍'의 축약형일 가능성이 크다. 이는 '두힐현사豆肹縣舍' 또는 '두힐성사豆肹城舍'를 '두힐사豆肹舍'로 축약한 것과 같다. 이렇게 보면 북사는 북부의 행정 업무와 군사 업무를 담당한 관청이라 할 수 있다. 이와는 달리 부소산성 내부에 있었을 왕궁이나 관청을 가리키는 용어로 보려는 견해도 있지만,[163] 그 관청을 굳이 '북사'라고 이름 붙였는지가 설명되지 않아 받아들이기 어렵다.

관청에는 관직이 있기 마련이므로 북사에도 관직이 있었을 것이다. 그 관직의 하나로 추정되는 것이 부소산성과 익산 왕궁리 유적에서 출토된 대형 항아리에 새겨진 '서관書官'이다.[164] 이 서관은 서사書寫를 담당하였을 것이다. 그런데 '북사'가 새겨진 토기가 출토된 지역과 '서관'이 새겨진 토기가 출토된 지역은 겹친다. 이로 미루어 서관은 북사에 속한 관직의 하나가 아닐까 한다. 이외에 북사에는 여러 관직들이 있었겠지만 자료가 없어 알 수 없다. 참고로 신라는 6부를 관리하는 관청으로 6부소감전六部少監典을 설치하고 여기에 감랑監郎이나 감신監臣 그리고 대나마大奈麻, 대사大舍, 사지舍知나 감당監幢 등의 관직을 두어 각 부의 업무를 처리하도록 하였다.[165]

이렇게 보았을 때 북사는 〈서부후항〉 목간이 보여 주는 것처럼 인구와 토지를 파악하여 점구부에 보고하는 일, 부에 배속된 500명 군대를 관리

---

163 이병호, 2020, 「부소산성 출토 명문토기에 대한 검토」, 국립부여문화재연구소·한국목간학회, 『2020년 신출토 문자자료와 목간 자료집』, 국립부여문화재연구소.

164 국립부여문화재연구소, 1996, 『부소산성 발굴조사보고서』, 177쪽; 2001, 『왕궁리 발굴 중간보고 Ⅲ』, 300쪽.

165 『삼국사기』 권제38 잡지 제7 직관 상의 "六部少監典(一云六部監典) 梁部沙梁部 監郎各一人 大奈麻各一人 大舍各二人 舍知各一人 … 本彼部 監郎一人 監大舍一人 舍知一人 監幢五人 史一人 牟梁部 監郎一人 大舍一人 舍知一人 監幢五人 史一人 漢祇部習比部 監臣各一人 大舍各一人 舍知各一人 監幢各三人 史各一人" 참조.

하고 이들이 필요로 하는 물자를 보급하는 일, 왕이 뱃놀이하는 장소의 하나인 북포(대왕포)[166]를 관리하는 일 등을 하였을 것이다.

근래에 부소산성 궁녀사 지역에서 "을사년모시산국작장乙巳年牟尸山菊作瓺"이 새겨진 대형 토기가 발굴되었다.[167] 을사년은 645년(의자왕 5)이고, 모시산은 마시산군馬尸山郡(현재 충남 예산군 덕산면)에 비정되고, 국菊은 이름이고, 장瓺은 토기 이름이다. 이 토기는 모시산군에서 왕도로 보낸 것인데[168] 여기에는 곡물이나 술 또는 장류 등을 담았을 것이다. 이 토기와 이 토기에 담긴 곡물이나 장류 등도 북사에서 관리하였을 것이다. 이때 북사의 서관은 물품의 출납을 기록하는 일 등을 하지 않았을까 한다. 그렇다면 나머지 부에도 부의 일을 담당하는 관청, 즉 사숡가 있고 거기에 서관과 같은 관직을 두고 부와 관련한 일들을 수행하였을 것이다. 그리고 남부의 경우에는 무왕이 빈어嬪御들과 뱃놀이를 한 궁남지도[169] 관리하지 않았을까 한다.

---

166 『삼국사기』 권제37 백제본기 제5 무왕 37년조의 "三月 王率左右臣寮 遊燕於泗沘河北浦 兩岸奇巖怪石錯立 間以奇花異草如畫圖 王飮酒極歡 鼓琴自歌 從者屢舞 時人謂其地爲 大王浦" 참조.

167 김대영, 2020, 「부소산성 내 명문토기 출토유적과 유물」, 국립부여문화재연구소·한국목간학회, 『2020년 신출토 문자자료와 목간 자료집』, 국립부여문화재연구소.

168 이병호, 2020, 「부소산성 출토 명문토기에 대한 검토」, 국립부여문화재연구소·한국목간학회, 『2020년 신출토 문자자료와 목간 자료집』, 국립부여문화재연구소.

169 『삼국사기』 권제37 백제본기 제5 무왕 35년조의 "三月 穿池於宮南 引水二十餘里 四岸 植以楊柳 水中築島嶼 擬方丈仙山"; 39년조의 "春三月 王與嬪御泛舟大池" 참조.

V. 관등과 관직의 운영

1. 1관직-복수관등체계

관직 운영은 관등제와 연동되어 있다. 관직에 임명되기 위해서는 먼저 관등을 받아야 한다. 각 관직에 임명될 수 있는 해당 관등을 정하는 방법은 두 가지이다. 하나는 어떤 관직을 맡을 수 있는 관등을 하나로 지정하는 것이다. 이를 '1관직一官職-1관등제一官等制'라 한다. 고려나 조선의 경우가 방증 사례이다. 이 경우 관직과 관등이 규정에 맞지 않을 경우 행수제行守制를 실시하여 보완하였다. '행'은 관등이 높은 자가 낮은 관직을 맡을 경우[行職]에, '수'는 관등이 낮은 자가 높은 관직을 받을 경우[守職]에 사용하였다.

다른 하나는 한 관직을 맡을 수 있는 관등을 일정 이상 관등으로 정하는 것이다. 이를 '1관직一官職-복수관등제複數官等制'라 한다. 이러한 제도는 고구려와 신라에서 확인된다. 고구려의 경우 국자박사國子博士, 대학사大學士, 사인舍人, 통사通事, 전객典客은 모두 소형小兄 이상의 관등 소지자가 맡았고, 대모달大模達(대당주大幢主)은 조의두대형皀衣頭大兄 이상의 관등 소지자가 임명되었다.[170] 신라의 경우 병부의 장관인 병부령은 대아찬부터 태대각간까지의 관등 소지자가, 차관인 대감大監은 급찬부터 아찬까지의 관등 소지자가 임명되었다.[171] 주의 장관인 도독은 급찬부터 이찬까지의 관등 소지자가, 군태수는 사지부터 중아찬까지의 관등 소지자가, 현의 장

---

170 『한원』 번이부 고려조의 "國子博士大學士舍人通事典客 皆以小兄以上爲之 … 其武官曰 大模達 比衛將軍 一名莫何邏繡支 一名大幢主 以皀衣頭大兄以上爲之" 참조.
171 『삼국사기』 권제38 잡지 제7 직관 상의 "兵部令一人 … 位自大阿湌至太大角干爲之 … 大監二人 … 位自級湌至阿湌爲之" 참조.

관인 현령은 선저지부터 사찬까지의 관등 소지자가 임명되었다.[172]

백제의 경우 관직과 관등과의 관계를 추론하는 데 단서가 되는 것이 지방관인 군장郡將의 경우이다. 군장에 임명될 수 있는 관등으로 『주서』 백제전에는 덕솔이,[173] 『한원』 백제조에는 은솔이,[174] 『삼국사기』에는 달솔이[175] 나온다. 이 가운데 어느 하나만 옳고 나머지는 오류라고 단정하기보다는 세 관등 모두 가능하다고 볼 필요가 있다. 그러면 군장은 덕솔부터 달솔까지의 관등을 지닌 사람이 임명되었다고 할 수 있다. 이는 1관직–복수관등제에 해당된다. 이에 대해서는 제3부에서 다시 언급할 것이다.

지방관에 1관직–복수관등제가 적용되었다면 이 제도는 중앙 관직에도 적용되었다고 보아야 한다. 관직 체계의 운영은 중앙이든 지방이든 일관성이 있어야 하기 때문이다. 그러면 중앙의 22부 장관인 장리(재관장)도 복수관등체계로 운영되었다고 볼 수 있다. 각부의 장관을 맡을 수 있는 관등이 어느 관등 이상인지는 자료가 없어 단정하기는 어렵지만 달솔의 정원이 30명인 점을 고려하면 달솔 이상의 관등이 아니었을까 한다. 그러면 여타 중앙의 주요 관청의 장관은 나솔 이상의 관등 소지자가 맡았을 것이다. 이는 성왕 21년(543)에 열린 군신회의에 참여한 관료들의 관등이 나솔 이상이었다는 사실이 방증한다.

---

172 『삼국사기』 권제40 잡지 제9 직관 하 외관조의 "都督 … 位自級湌至伊湌爲之 … 郡太守 … 位自舍知至重阿湌爲之 … 縣令 … 位自先沮知至沙湌爲之" 참조.
173 『주서』 권49 열전 제41 이역 상 백제전의 "郡將三人 以德率爲之" 참조.
174 『한원』 번이부 백제조의 "郡將皆恩率爲之" 참조.
175 『삼국사기』 권제44 열전 제4 흑치상지전의 "黑齒常之 百濟西部人 … 爲百濟達率兼風達郡將" 참조.

2. 관등제 운영의 변화

어떤 제도이든 그 제도가 만들어진 초기에는 원칙에 따라 엄격하게 운영되기 마련이다. 관등제의 경우도 마찬가지이다. 이를 보여 주는 사례가 554년 관산성 전투 때 왕자 여창이 29세의 나이에 한솔의 관등을 지녔다는『일본서기』기사이다.[176] 여기에서 관등제 운영과 관련하여 몇 가지 중요한 사실들을 추론해 낼 수 있다.

첫째, 왕자도 관등을 가졌다. 이는 왕족을 비롯하여 모든 귀족들이 관등체계에 편제되었음을 의미한다. 왕족이 관등을 받았다는 것은 신라의 왕자들이 모두 관등을 받았다는 사실이[177] 방증한다.

둘째, 여창이 29세에 지닌 관등은 5등급의 한솔이었다. 왕자라고 해도 처음부터 최고위 관등을 받은 것이 아니었다. 이는 관등 승진에는 일정한 기간과 일정한 공로가 있어야 함을 보여 준다.

셋째, 한솔은 여창이 받은 최초의 관등이 아니므로 처음 받은 관등은 이보다 낮은 관등이었을 것이다. 최초에 받은 관등을 추론하는 데 단서가 되는 것이 고구려 보장왕 대의 실권자인 연소개문의 아들들의 경우이다. 맏아들 남생男生은 9세에 처음으로 최하위 관등인 13등급의 선인先人을 받아 낭郎으로 임명된 후 23세에 5등급의 중리위두대형中裏位頭大兄을 받았다.[178] 둘째 아들 남산男産은 지학志學의 나이(15세)에 소형을 받았고 18세에 대형을 받은 후 23세에 위두대형을 받았다.[179] 남생의 사례를 참고하면

---

176 『일본서기』권19 흠명기 14년조의 "餘昌對曰 姓是同姓 位是扞率 年廿九矣" 참조.
177 『삼국사기』권제5 신라본기 제5 태종무열왕 2년조의 "三月 … 立元子法敏爲太子 庶子文王爲伊飡 老且爲海飡 仁泰爲角飡 智鏡愷元各爲伊飡" 참조.
178 〈천남생묘지명〉의 "年始九歲 卽授先人 父任爲郎 … 年十五 授中裏小兄 十八授中裏大兄 年廿三 改任中裏位頭大兄 廿四兼授將軍" 참조.
179 〈천남산묘지명〉의 "年始志學 本國王敎小兄位 年十八 敎大兄位 十三等之班次 再擧而昇 … 廿三遷位頭大兄" 참조.

여창은 극우에서 시작하였을 것이고, 남산의 경우를 따르면 덕계 관등에서 시작하였을 것이다.

여창이 19~20세에 솔계 관등 이하의 관등을 받았다면 그 시기는 대략 544년 전후가 된다. 이때는 사비로 천도한 지 5~6년 정도 지난 시기이다. 그리고 8~9년이 지나서 5품 한솔을 받았다. 즉 여창은 성왕이 사비로 천도하면서 정비한 관등제의 규정에 따라 관등을 받았던 것이다. 이는 사비 천도 초기에 성왕이 16관등제를 엄격하게 운영하였음을 보여 준다.

그러나 제도의 운영은 현실적인 상황이 바뀜에 따라 변화된다. 대체적으로 초기의 엄격함이 느슨해지고, 제도 운영자의 자의성이 많이 작용하게 된다. 관등제의 경우도 예외는 아니다. 그 사례로 두 가지를 들 수 있다.

첫째, 의자왕이 왕의 서자 41명에게 좌평의 관등을 주고 각각 식읍을 하사하였다는 사실이다.[180] 좌평의 정원은 처음에는 5명이었지만 뒤에는 6명으로 그 수가 제한되어 있었다. 그만큼 좌평제는 엄격하게 운영되었다. 그런데 의자왕은 서자 41명에게 좌평의 관등을 수여하였던 것이다. 수적으로 일단 파격적이다. 이로 말미암아 이 시기에 와서 좌평의 정원제는 의미를 잃었을 것이다.

둘째, 흑치상지黑齒常之가 약관(20세)의 나이가 되지 않았음에도 달솔의 관등을 받았다는 사실이다.[181] 달솔은 제2품 관등으로 정원이 30명으로 정해져 있었다. 약관의 나이 때는 관직에 처음 나가는 것이므로 대개 초사직初仕職을 받는다. 초사직을 맡을 수 있는 관등의 등급은 당연히 낮았다. 그럼에도 불구하고 약관의 나이가 되지 않은 흑치상지는 2품 달솔이라는 고위 관등을 받았다. 왕자 여창이 29세 때 5품 한솔의 관등을 지녔다는 것

---

180 『삼국사기』 권제28 백제본기 제6 의자왕 17년조의 "春正月 拜王庶子四十一人爲佐平 各賜食邑" 참조.

181 〈흑치상지묘지명〉의 "年甫小學 … 未弱官 以地籍授達率" 참조.

과 비교하면 파격적이다.

　이러한 파격적인 변화가 생겨난 배경과 관련하여 주목되는 것이 사비기 후기에 와서 출현한 최고 귀족 가문인 대성8족이다. 대성8족에 대해서는 이 책의 맺는 글에서 다시 설명할 것이다. 최고 귀족 가문은 정치적·사회적으로 특권의식을 가지고 있었고, 이들과 연계된 하위 귀족들도 점차 특권을 누리게 되었다. 이러한 특권의식은 관등제 운영에도 작용하기 마련이다. 그래서 흑치상지는 지적地籍, 즉 가문의 배경으로 약관이 되지 않은 나이에 달솔의 관등을 받을 수 있었던 것이다. 〈천남산묘지명〉에서 남산이 두 번 만에 13등의 반차班次를 뛰어오른 것을 "관은 문지門地로 옮기고 총애는 왕의 서치를 거치지 않았다"고 평하였는데,[182] 이러한 평은 대성8족이 실권을 장악한 백제의 경우에도 해당된다고 할 수 있다. 이렇듯 백제의 16관등제는 후반기로 갈수록 점차 파행적으로 운영되어 갔다.

3. 비상위의 설치

　16관등제가 정비된 이후 그 운영상에서 변화를 보여 주는 또 하나의 사례가 비상위非常位의 설치이다. 비상위는 큰 공을 세운 고위 귀족들에게 예우 차원에서 수여하는 관등으로 정규 관등을 뛰어넘는 것이다.[183] 비상위는 적임자가 있으면 수여되었고, 없으면 수여되지 않았다. 신라는 비상위로 대각간大角干(대일벌간大一伐干)과 태대각간太大角干을 두었다. 대각간의 설치 시기는 〈창녕신라진흥왕척경비〉에 대일벌간이 보이므로[184] 진

---

182 〈천남산묘지명〉의 "官以地遷 寵非王署 …" 참조.

183 『삼국사기』 권제38 잡지 제7 직관 상의 "太大角干(或云太大舒發翰) 文武王八年 滅高句麗 授留守金庾信以太大角干 賞其元謀也 於前十七位及大角干之上 加此位 以示殊尤之禮" 참조.

184 〈창녕신라진흥왕척경비〉의 "屈珎智大一伐干△喙△△智 一伐干△△折夫智 …" 참조.

홍왕 22년(561) 이전이라 할 수 있다.[185] 고구려는 비상위로 태대대로太大對盧를 설치하였다.[186]

백제에도 비상위가 있었음을 추론하게 하는 것이 『삼국사기』 신라본기 무열왕 7년(660)조의 기사이다. 여기에는 같은 해에 상좌평上佐平, 대좌평大佐平, 좌평이 동시에 나온다.[187] 좌평은 제1품의 정규 관등이다. 6좌평도 관품은 모두 1품이었다. 반면에 상좌평과 대좌평은 좌평에서 분화·격상된 것이므로 1품 좌평보다 위계가 높았다. 또 상좌평과 대좌평은 정규 관등이 아니었다. 따라서 이 관등은 1품 좌평 위에 둔 특별한 관등, 즉 비상위로 볼 수 있다.

상좌평은 전지왕 4년(408)에 처음으로 설치되었다. 이때의 상좌평은 좌평보다 상위였으므로 비상위의 성격을 지녔다고 할 수 있다. 그러나 이 상좌평은 이후 웅진기를 거쳐 사비기 초기에는 상좌평, 중좌평, 하좌평, 전좌평, 후좌평이라고 하는 5좌평의 하나가 되었다. 5좌평은 명칭은 달라도 모두 1품의 관등이었다.[188] 따라서 웅진기 및 사비기 초기의 상좌평은 비상위는 아니었다. 사비기 후기에 와서 6좌평제가 실시되면서 중좌평, 하좌평, 전좌평, 후좌평의 명칭은 없어지고 상좌평만 1품의 관등을 넘어서는 비상위로 남게 되었다.

비상위로서의 상좌평 설치는 5좌평제가 6좌평제로 바뀌는 과정과 연동되어 있다. 그 배경은 554년 관산성 대회전의 패배가 가져온 후폭풍이다.

---

185 노중국, 2003, 「삼국의 관등제」, 한국고대사회연구소 편, 『강좌 한국고대사 2—고대국가의 구조와 사회 1—』, 가락국사적개발연구원.

186 『삼국사기』 권제49 열전 제9 개소문전; 〈천남생묘지명〉.

187 『삼국사기』 권제5 신라본기 제5 태종무열왕 7년조의 "秋七月 … 十二日 唐羅軍△△△ 圍義慈都城 … 四道齊振 百濟王子 又使上佐平 致饒餼豊腆 定方却之 王庶子躬與佐平六人 詣前乞罪 又揮之 十三日 義慈率左右 夜遁走 保熊津城 義慈子隆與大佐平千福等 出降" 참조.

188 『주서』 권49 열전 제41 이역 상 백제전의 "左平五人一品" 참조.

이 대회전의 패배로 성왕은 신라군에 붙잡혀 죽고 3만에 가까운 병사들이 전사하였다. 위덕왕은 원로귀족들[耆老]로부터 책임 추궁을 당하여 왕권은 미약해졌다. 그 결과 대성8족으로 대변되는 귀족 중심의 정치 운영이 이루어지게 되었다. 이러한 상황에서 위덕왕은 고위 귀족들을 예우해야 하였고 그 예우의 방법으로 비상위인 상좌평을 설치한 것으로 보인다.[189]

대좌평도 명칭에서 미루어 좌평보다 위계가 높아 비상위라 할 수 있다. 대좌평은 『일본서기』 민달기 12년(583, 위덕왕 30)조에 처음 나오므로[190] 대좌평 설치 시기는 늦어도 583년이다. 상좌평과 대좌평을 비상위로 보면 두 비상위의 상하 위계를 추론하는 데 단서가 되는 것이 둘이다. 하나는 660년에 당군에게 철군을 요청하는 사신을 보낼 때 처음에는 좌평을, 다음에는 상좌평을 보냈고, 의자왕이 나당군에 항복할 때는 대좌평 사타천복이 함께하였다는 사실이다.[191] 다른 하나는 신라의 경우 장군화將軍花를 보면 대장군화-상장군화-하장군화 순이라는[192] 점이다. 이런 사실을 종합하면 대좌평이 상좌평보다 위계가 높았다고 할 수 있다.

상좌평이라는 비상위가 있음에도 대좌평이란 비상위를 설치한 배경으로 580년대를 전후한 시기를 주목할 필요가 있다. 위덕왕은 즉위 초에는 관산성 패전의 후폭풍에 시달렸다. 이 과정에서 상좌평이라는 비상위를 설치하였다. 그렇지만 위덕왕은 564년 이후부터 왕권 강화를 적극 추진하였다. 567년에는 능사를 세워 성왕을 추모하였고, 577년에는 왕흥사지에 죽은 아들을 위한 원찰을 세웠다. 또 대성8족으로 대변되는 귀족 가문

---

189 노중국, 2003, 「삼국의 관등제」, 한국고대사회연구소 편, 『강좌 한국고대사 2—고대국가의 구조와 사회 1—』, 가락국사적개발연구원.

190 『일본서기』 권20 민달기 12년조의 "是歲 … 爾乃以能使使於百濟 召其國王 若不來者 召其太佐平王子等來" 참조.

191 〈대당평백제국비명〉의 "其王扶餘義慈及太子隆 … 幷大首領 大佐平 沙吒千福 …" 참조.

192 『삼국사기』 권제40 잡지 제9 직관 하 무관조의 "大將軍花三副 長九寸 廣三寸三分 上將軍花四副 長九寸五分 下將軍花五副 長一尺".

을 정비하였다. 이 과정에서 공을 세운 자들이 많이 나오게 되자 위덕왕은 이들에게도 일정한 예우를 해 주어야 하였으므로 상좌평 위에 대좌평이란 비상위를 설치하지 않았을까 한다. 이 비상위는 백제 말까지 시행되었다. 의자왕 2년(642)에 사택지적이 대좌평으로 나오고,[193] 의자왕 20년(660)에 사타천복이 대좌평 지위에 있었다는 것 그리고 좌평, 상좌평, 대좌평이 『삼국사기』 태종 무열왕 7년(660)조에 동시에 보이고 있는 것이 이를 말해 준다.

---

193 『일본서기』 권24 황극기 원년조의 "去年十一月 大佐平智積卒 … 秋七月 … 乙亥 饗百濟使人大佐平智積等於朝(或本云 百濟使人大佐平智積及兒達率闕名 恩率軍善)" 참조.

제3부

지방통치조직과 운영

I. 지방통치조직의 편제

1. 한성기: 담로제

(1) 『일본서기』 인덕기 41년조의 "국군강장의 시분"

근초고왕은 백제 제13대 왕이다. 근초고왕은 부왕 비류왕이 정치적 지지 기반을 확장하고, 군사권을 장악하고, 경제적 기반을 확대한 것을 토대로 하여 중앙집권체제를 갖추었다. 이에 따라 부체제 단계의 이원적인 지배체제는 국왕에 의한 일원적인 지배체제로 전환되었고, 부의 장長의 관할 아래 있던 반공지半公地와 반공민半公民은 모두 공지公地와 공민公民이 되어 국왕의 직접 지배를 받게 되었다. 이에 근초고왕은 공지와 공민을 효율적으로 통치하기 위해 지방통치조직을 만들었다.

『삼국사기』에는 백제가 지방통치조직을 만들고 그곳에 지방관을 파견한 사실을 보여 주는 기사는 없지만, 『일본서기』 인덕기 41년조에 참고할 만한 기사가 있다. 여기에는 "기각숙녜紀角宿禰를 백제에 보내 처음으로 국군강장을 나누고[始分國郡疆場] 향토의 소출을 모두 기록하게 하였다"[1]는 내용이 나온다. 이 기사에서 4~6세기에 걸쳐 왜가 한반도 남부 지역을 지배하였다는 이른바 임나일본부설과 관련되어 있는 기각숙녜의 활동 부분을 빼면 그 내용은 백제의 지방통치조직을 이해하는 자료가 된다.[2]

이 기사에서 '국군강장을 나누었다'는 것은 영역을 나누어 행정구역화한 것을, '향토의 소출을 모두 기록하게 하였다'는 것은 조세 수취를 체계화한 것을 의미한다. 그리고 '시분始分'은 글자 그대로 '처음으로 나누었다'는 뜻이므로 지방통치조직이 이때에 와서 처음으로 만들어진 것을 말한다. 구체적인 시기는 인덕기 41년의 연대를 언제로 보느냐에 따라 달라진다.

『일본서기』의 기년 관련 기사는 신공기에서 인덕기까지는 2주갑(120년) 인하하여 보는 것이 일반적이다. 그러면 인덕기 41년(353)은 473년(개로왕 19)이 된다.[3] 이를 근거로 백제에서 지방통치조직을 처음 만든 시기를 개로왕 대로 파악한 견해도 있다.[4] 그러나 백제가 5세기 후반에 와서야 지방통치조직을 만들었다고 보는 것은 백제의 정치 발전 수준을 너무 낮추어 본 것이다. 또 『일본서기』 신공기에서 인덕기까지의 기사 연대를 일률적으로 120년 인하하면 4~5세기 백제의 실상을 보여 주는 내용들이 사상捨象되어 버리는 경우가 많다. 예를 들면 『일본서기』 응신기에 나오는 목만치木滿致의 활동을 120년 인하하여 개로왕 대의 사실로 보면 구이신왕

1 『일본서기』 권11 인덕기 41년조의 "遣紀角宿禰於百濟 始分國郡疆場 俱錄鄕土所出 是時 百濟王之族酒君无禮 由是 紀角宿禰訶責百濟王" 참조.
2 노중국, 1985, 「한성시대 백제의 지방통치체제—담로체제를 중심으로—」, 변태섭박사화 갑기념사학논총간행위원회, 『사학논총』, 삼영사.
3 山尾幸久, 1989, 『古代の日朝関係』(塙選書 93), 塙書房, 119~124쪽.
4 김영심, 1990, 「5~6세기 백제의 지방통치체제」, 『한국사론』 22집, 서울대학교 국사학과; 김기섭, 1998, 「백제 전기의 부에 대한 시론」, 한국상고사학회, 『백제의 지방통치』, 학연문화사.

대의 모습을 놓쳐 버리게 된다. 따라서 인덕기 41년조의 기사는『일본서기』의 기년 그대로 353년(근초고왕 8)으로 보는 것이 타당하다. 그러면 백제는 근초고왕 8년에 지방통치조직을 만든 것이 된다. 이는『삼국사기』백제본기에 근초고왕 3년(348)부터 22년(367)까지 아무런 기사가 없는 공백 기간을 한 부분이라도 메울 수 있게 한다.

지방통치조직을 만들어 지방관을 파견함으로써 근초고왕은 지방민으로부터 조세를 거두고, 노동력을 동원하고, 군사를 징집하고, 사법권을 체계적으로 행사하게 되었다. 토지를 파악하여 소출을 정확히 파악하게 되고 또 인구도 파악하여 호적을 만들 수 있게 되었다. 이렇게 전국을 일원적으로 지배하게 됨으로써 근초고왕은 371년에 평양성을 공격할 때 정병 3만을 동원할 수 있었던 것이다.

(2) 담로제와 도사

근초고왕 대에 지방통치조직이 만들어졌다고 할 때 정리해야 할 하나는 지방통치조직의 명칭과 그곳에 파견된 지방관의 명칭이다. 이에 대해 414년에 세워진 〈광개토대왕비〉에 성과 촌이 나오고『송서宋書』백제전에 왕, 후, 태수가 나오는 것에 근거하여, 4세기 말에는 '성-촌 체제'로, 5세기는 '왕·후·태수제'로 보는 견해가[5] 있다. 그러나 성-촌은 지방통치조직을 구성하는 단위를 나타내는 명칭이어서 4세기 말이라는 특정 시기의 지방통치조직 명칭으로 한정해서 사용할 수 없다. 왕·후·태수는 뒤에 다시 언급하는 바와 같이 중앙귀족에게 수여한 작호이지, 지방통치조직의 명칭이 아니어서 역시 성립하지 않는다.

이 시기 지방통치조직의 명칭과 관련하여 주목되는 것이『양서梁書』백

---

5 武田幸男, 1980,「六世紀における朝鮮三國の國家體制」, 井上光貞 等編,『東アジア世界における日本古代史講座 4─朝鮮三国と倭国─』, 學生社.

제전에 나오는 담로 관련 기사이다.

　　치소성을 불러 고마라고 한다. 읍을 일러 담로하고 하는데 중국의 군현과 같
은 말이다. 그 나라에는 22담로가 있었는데 모두 자제종족을 파견하여 다스리
게 하였다.[6]

　　이 기사의 '담로檐魯'에 대해 '다라'·'드르'의 음사로 보는 견해,[7] '우
리'·'담'의 음사로 파악한 견해[8] 등이 있다. 이 견해들에서 담로의 성격을
'성'이나 '읍'으로 보는 것은 일치한다. 또 담로는 '중국의 군현과 같다'고
하였는데, 군현은 지방통치조직 명칭이다. 따라서 '성'이나 '읍'의 성격을
갖는 담로는 백제의 지방통치조직 명칭으로 보는 것이 타당하다.
　　담로와 관련한 기사는 『양서』 백제전에 처음으로 보인다. 이 점을 강조
하여 담로제의 실시 시기를 웅진기로 파악하는 견해도 있다.[9] 그러나 『양
서』의 기사는 담로제 실시의 하한선을 보여 주는 것이지 상한선을 말하는
것은 아니다. 또 웅진 천도 초기에는 정치적 불안정으로 말미암아 새로운
지방통치조직을 만들 겨를도 없었다.[10] 따라서 담로제의 실시 시기는 한
성기로 올려 보아야 한다. 그렇다면 근초고왕 대에 처음으로 만들어진 지
방통치조직의 명칭은 담로제로 부를 수 있다.
　　이와는 달리 담로와 사비기의 5방이 시기적으로 동시에 존재한 것이어

6　『양서』 권54 열전 제48 제이 백제전의 "號所治城曰固麻 謂邑曰檐魯 如中國之言郡縣也
　　其國有二十二檐魯 皆以子弟宗族分據之" 참조.
7　이병도, 1976, 「풍납토성과 백제시대의 사성」, 『한국고대사연구』, 박영사.
8　유원재, 1999, 「백제의 담로와 담로제」, 『역사와 역사교육』 3·4호 합집, 웅진사학회.
9　이기백, 1973, 「백제사상의 무령왕」, 『무령왕릉 발굴조사보고서』, 문화공보부 문화재관
　　리국.
10　이병도, 1959, 진단학회 편, 『한국사 (고대편)』, 을유문화사, 547쪽.

서 담로제는 5방제의 성립 과정에서 설정된 것으로 보는 견해,[11] 금강 이북에는 부部-성城-촌村으로 이루어진 5부제部制가, 5부에 편제되지 못한 금강 이남 지역에는 담로제가 설정된 것으로 보는 견해도[12] 있다. 그러나 담로와 5방은 지방통치조직이라는 측면에서는 공통되지만, 5방은 그 아래에 군과 성이 설치되어 있음을 전제로 하므로 5방과 담로는 동시에 존재한 것이 아니라 시기가 다른 것이다. 그리고 한성기에 나오는 부部는 부체제 단계에서는 중앙의 지배자 집단을, 중앙집권체제가 갖추어진 이후에는 왕도의 행정조직을 의미하는 것이므로 지방통치조직으로 볼 수 없다. 따라서 한성기의 지방통치조직은 담로제로 보는 것이 타당하다.

담로에 파견된 지방관의 명칭에 대해 왕·후·태수로 보는 견해도 있고,[13] 적현성 성주나 독산성 성주 등을 근거로 하여 성주城主로 보는 견해도 있다. 그러나 왕·후는 중앙의 유력 귀족을 대상으로 한 작호이므로 지방관의 명칭으로 볼 수 없다. 또 성주는 통시대적인 명칭이어서 특정 시기의 지방관의 명칭으로 한정할 수 없다.

담로에 파견된 지방관의 명칭으로 주목되는 것이 도사道使이다. 도사는 『한원』 백제조의 "군의 현에 도사를 두었다[郡縣置道使]"는 기사에서 보듯이 지방관의 명칭이다. 이 도사는 부여 능산리 폐사지(능사)의 초기 배수로에서 출토된 〈지약아식미기〉 목간의 제3면에도 보인다(그림 3-1).[14] 초기

---

11 김영심, 1997, 「백제 지방통치체제 연구—5~7세기를 중심으로—」, 서울대학교 대학원 박사학위논문, 81~94쪽.
12 이용빈, 2002, 『백제 지방통치제도 연구—담로제를 중심으로—』, 서경문화사, 123~139쪽; 이도학, 2003, 『살아있는 백제사』, 휴머니스트, 552~563쪽.
13 武田幸男, 1980, 「六世紀における朝鮮三國の國家體制」, 井上光貞 等編, 『東アジア世界における日本古代史講座 4—朝鮮三国と倭国—』, 學生社.
14 〈지약아식미기〉 목간 제3면.

牟氏

食道[使]△△次如逢悷豬耳其身者如黑也道使[後][後]彈耶方　　　耶

牟[殺]殺

그림 3-1 〈지약아식미기〉
목간 3면의 '도사' 부분
(국립부여박물관 제공)

배수로는 567년에 건축된 능사보다 앞서 만들어졌으므로[15] 이 목간이 사용되다가 폐기된 시기는 동나성이 축조된 538년에서 능사가 만들어진 567년 이전이 된다.

이 목간에 보이는 '도사'는 목간이 제작된 시기에 처음 만들어진 것이 아니라 그 이전에 이미 설치되어 있었다. 따라서 도사를 최초로 설치한 시기는 6세기 전반 이전, 즉 웅진기로 올려 볼 수 있다. 웅진기의 지방통치조직은 담로제였으므로 도사는 담로에 파견된 지방관이 된다. 그렇다면 한성기에 처음으로 설치된 담로에 파견된 지방관도 도사라고 할 수 있다.[16] 이는 신라의 경우 441년에 만들어진 〈포항중성리신라비〉[17]에 도사가 이미 나오고 있다는 사실이 방증한다.

담로의 수는 영역의 확대나 축소에 따라 늘어나거나 줄어들기도 하였다. 담로제가 처음 실시된 근초고왕 8년(353) 무렵의 백제 영역은 북으로는 예성강 이남의 배천, 동으로는 춘천 일대를 포함하는 북한강 상류 지역 및 남한강 상류 일대, 남으로는 노령산맥 이북 지역이었다. 담로는 이 지역에 처음 설치되었다. 그 후 근초고왕은 369년에 남방 경략을 단행하여 남으로 영산강 유역까지 영역을 넓혔다. 또 고구려의 남진에 대응하여 북진 정책

---

15 국립부여박물관 편, 2007,『능사―2007 부여 능산리사지 6~8차 발굴조사보고서―』(국립부여박물관 유적조사보고서 제13책), 323~329쪽.

16 김수태, 1997,「백제의 지방통치와 도사」,『백제의 중앙과 지방』(백제연구총서 제5집), 충남대학교 백제연구소.

17 〈포항중성리신라비〉의 설치 연대를 저자는 441년으로 본다. 이와는 달리 501년으로 보는 견해도 있다. 이에 대해서는 문화재청·국립경주문화재연구소, 2009,『포항 중성리신라비 발견기념 학술심포지엄』; 한국고대사학회, 2010,『한국고대사연구』59집 참조.

을 펴서 북으로는 황해도 신계 지역까지 차지하여 영토를 크게 넓혔다. 그에 따라 담로의 수도 이전에 비해 늘어나게 되었을 것이다.

담로제 실시와 도사 파견은 집권력의 강화를 뒷받침하였고, 집권력 강화는 지방에 대한 통제력을 강화하였다. 지방에 대한 통제력 강화는 재지 수장층의 존재 양태에도 변화를 가져왔다. 지방 수장층은 독자적인 기반이 약화되어 이제 재지 세력으로서 지방통치체제 속에 편제되었다. 그 결과 재지 세력은 지방관의 지방통치를 보좌하는 존재로 바뀌어 갔다.

2. 웅진기: 담로제와 군·성제의 병존

(1) 무령왕의 담로제 운영과 자제종족 파견

475년 백제는 고구려 장수왕의 공격을 받아 왕도 한성이 함락되자 웅진으로 천도하였다. 천도 초기에는 왕실의 권위가 떨어질 대로 떨어졌고 심지어 병관좌평 해구가 문주왕을 시해한 후 반란을 일으켰다가 진압되기도 하였다. 이러한 혼란을 극복하기 위해 동성왕은 금강유역권의 신진 세력들을 등용하여 신구 세력의 힘의 균형 위에서 정치적 안정을 도모하였다. 그렇지만 동성왕은 신진 세력의 대표인 가림성주 백가에 의해 피살됨으로써 개혁의 성과를 거두지 못하였다. 그 뒤를 무령왕이 이었다.

무령왕은 506년 춘궁기에 백성들이 굶주리자 창고를 열어 구휼하였다. 510년 봄에 저수지를 완비하게 하여[18] 농업생산력을 높이고, 금강유역권과 영산강유역권을 적극 개발하였다. 농사 지을 땅이 없어 떠돌아다니는 민들[游食者]을 귀농시켜[19] 농민들의 생활을 안정시켰다. 509년에는 가야 지역으로 도망한 백성들 가운데 3~4세대가 지난 자들도 추쇄推刷하여 관

---

18 『삼국사기』 권제26 백제본기 제4 무령왕 10년조의 "下令完固隄防 …" 참조.
19 『삼국사기』 권제26 백제본기 제4 무령왕 10년조의 "下令 … 驅內外游食者歸農" 참조.

적貫籍(호적)에 올려[20] 노동력을 확보하였다.[21] 이리하여 무령왕 대에는 정치적·사회적 안정을 이루어 문화를 꽃피울 수 있게 되었다.[22] 무령왕이 521년 양나라에 사신을 보내 "다시 강국이 되었다[更爲强國]"고 선언한 것과 무령왕릉에서 출토된 호화롭고 다양한 부장품이 이를 말해 준다.

웅진기의 지방통치조직은 『양서』 백제전에서 보듯이 담로제였다. 이때 담로의 수는 22개였다. 그래서 이를 흔히 '22담로제'라고 부른다. 그러나 담로의 수는 한성기에 비해 줄었다. 한강 유역과 경기도 일대를 고구려에 빼앗겨 영토가 줄어들었기 때문이다. 이 담로에 무령왕은 자제종족을 파견하여[23] 다스리도록 하였다. 자제는 왕의 자식 및 왕과 가까운 혈족을, 종족은 그보다 범위가 넓은 왕족을 일컫는다.[24] 이 자제종족에 의제적인 가족은 물론 이성異姓 귀족도 포함되는 것으로 보는 견해도 있지만[25] 의제적인 가족은 몰라도 이성은 왕성王姓이 아니므로 자제종족에 포함시킬 수 없다.

무령왕이 담로에 자제종족을 파견한 배경에는 웅진 천도 초기의 상황, 즉 왕권이 미약하여 왕족은 정치 일선에서 밀려나고 이성 귀족이 두각을 나타내는 상황이 작용하였다. 동성왕이 남제에 보낸 국서에 나오는 11명의 인물 가운데 3명만 왕족이고 8명이 이성 귀족이었다는 사실이[26] 이를 입증해 준다. 이러한 상황을 타개하기 위해 무령왕은 왕족 우대 정책을 폈

---

20 『일본서기』 권17 계체기 3년조의 "遣使于百濟(百濟本記云 久羅麻致支彌 從日本來 未詳也) 括出在任那日本縣邑百濟百姓 浮逃絶貫三四世者 並遷百濟附貫也" 참조.
21 노중국, 1981, 「사비시대 백제지배체제의 변천」, 한우근박사정년기념사학논총간행준비위원회 편, 『한우근박사정년기념사학논총』, 지식산업사.
22 노중국, 1991, 「백제 무령왕대의 집권력 강화와 경제기반의 확대」, 『백제문화』 21집, 공주대학교 백제문화연구소.
23 『양서』 권54 열전 제48 제이 백제전의 "其國有二十二檐魯 皆以子弟宗族分據之" 참조.
24 노중국, 2008, 「백제의 골족 의식과 골족 범위」, 『한국고대사연구』 50집, 한국고대사학회.
25 김영심, 1990, 「5~6세기 백제의 지방통치체제」, 『한국사론』 22집, 서울대학교 국사학과.
26 『남제서』 권58 열전 제39 동남이 백제전.

116

고 그 일환으로 나온 것이 담로에 자제종족을 파견하는 것이었다. 이리하여 무령왕은 지방에 대한 통제력을 강화할 수 있었다.

(2) 군·성의 설치와 군령·성주의 파견

한편 무령왕은 한강 유역을 상실한 이후 축소된 경제 기반을 확대하기 위해 영토 확장을 적극 추진하였다. 영토 확장 방향은 가야 지역이었다. 이 시기 가야 세력은 통일 왕국을 이루지 못해 고구려나 신라에 비해 그 힘이 상대적으로 약하였기 때문이다. 그래서 512년에 상치리·하치리·사타·모루 등 4현을, 513년에 기문·대사 지역을 가야로부터 빼앗았다.[27] 상치리·하치리는 여수에, 모루는 광양에, 사타는 돌산도에 비정되는데 대체로 오늘날의 광양만·여수만 일대에 비정된다. 기문은 남원·임실 지역에, 대사는 하동 일대로 비정된다.[28] 이 일대가 바로 『일본서기』 흠명기 4년 (543)조에 나오는 임나의 하한下韓이었다. 이와는 달리 기문과 대사를 낙동강 중류 지역인 경북 개령開寧·다사多斯 지방으로 비정하는 견해도 있지만,[29] 이 시기 백제가 소백산맥을 넘어 신라 영역을 차지하는 것은 거의 불가능하므로 받아들이기 어렵다. 이렇게 섬진강 유역 일대와 광양만 일대를 영역으로 편입함으로써 무령왕은 축소된 경제 기반을 어느 정도 회복할 수 있게 되었다.

무령왕이 새로이 영역으로 편입한 지역을 어떻게 통치하였는지를 보여주는 직접적인 자료는 없지만 이를 추론하는 데 단서가 되는 것이 『일본서기』 흠명기 4년(543, 백제 성왕 21)과 5년(544, 백제 성왕 22)조에 보이는

---

27 『일본서기』 권17 계체기 6년조의 "冬十二月 百濟遣使貢調 別表請任那國上哆唎下哆唎娑陀牟婁四縣"; 7년조의 "冬十一月辛亥朔乙卯 於朝庭引列百濟姐彌文貴將軍 … 奉宣恩勅以己汶滯沙賜百濟國" 참조.

28 김태식, 1993, 『가야연맹사』, 일조각, 114~126쪽.

29 천관우, 1978, 「복원 가야사 하」, 『문학과 지성』 31호, 문학과 지성사.

군령郡令과 성주城主이다.[30] 군령은 군郡에 파견된 지방관이고, 성주는 성城에 파견된 지방관이다. 군과 성을 설치하고 여기에 군령과 성주를 파견한 것은 담로제에서는 보이지 않는 새로운 지방 통치 방식이다.

『일본서기』에서 군령과 성주 기사는 543년에 처음 보인다. 그러나 이 시기는 군령과 성주 설치의 하한선이므로 최초로 설치된 시기는 543년 이전이다. 그 시기를 구체적으로 540년대로 추정한 견해도 있다.[31] 그러나 백제가 광양만 및 섬진강 일대를 차지한 것은 512~513년이고 이후 가야제국이 543년에 백제에 사신을 보내 하한에 설치한 군령과 성주의 철수를 요청한 사실에서 미루어 보면 군령과 성주의 설치 시기는 무령왕 대인 512~513년 무렵으로 보는 것이 타당하다. 543년의 기사는 성왕이 부왕이 파견한 군령과 성주를 그대로 유지하였음을 보여 주는 것이다.

신 점령지에 군령과 성주를 파견함으로써 무령왕 대의 지방 통치는 기존 영역에 시행하고 있는 담로제와 새로이 점령한 지역에 설치된 군·성제를 통해 이루어지게 되었다. 이에 따라 비록 일시적이지만 이원적인 지방 지배 방식이 시행되었다. 이를 일원화시킨 것이 사비 천도 이후 성왕이 실시한 방-군-성(현)제이다. 이렇게 보면 군령과 성주의 파견은 기존의 담로제를 방-군-성(현)제로 전환시키는 과도기적 성격을 가졌다고 할 수 있다.

---

30 『일본서기』 권19 흠명기 4년조의 "冬十一月丁亥朔甲午 遣津守連詔百濟曰 在任那之下韓 百濟郡令城主 宜附日本府 … 三佐平等答曰 在下韓之我郡令城主 不可出之 …" 참조.
31 김태식, 1993, 『가야연맹사』, 일조각, 257~259쪽; 김수태, 2002, 「백제 성왕대의 군령과 성주」, 『백제문화』 31집, 공주대학교 백제문화연구소.

3. 사비기: 방-군-성(현)제

(1) 방-군-성(현)제의 실시

538년 성왕은 사비 천도를 단행하였다. 천도 후 성왕은 중앙통치조직과 더불어 지방통치조직도 전면적으로 정비하였다. 지방통치조직의 정비는 두 방향으로 진행되었다. 하나는 웅진기에 일시적으로 시행된 담로제와 군·성제라는 이원적인 지방 지배 방식을 일원화하는 것이었다. 이 원칙에 따라 성왕은 기존의 담로제를 폐지하고 군·성제를 중심으로 지방통치체계를 일원화하였다. 담로제는 오랜 전통성 때문에 왕권 강화에 걸림돌이 된다고 판단한 결과가 아닐까 한다. 다른 하나는 지방통치조직의 수를 확대하고 각 지방통치조직 상호 간의 관계를 체계화하는 것이다. 이렇게 하여 만들어진 지방통치조직이 바로 방-군-성(현)제이다.[32]

방은 최상위 지방통치조직인데 전국을 다섯으로 나누었기 때문에 5방이라 한다. 전국을 5방으로 나눈 것에는 부여족이 '五'를 성수로 여기는 관념이 반영된 것으로 보인다. 중국에서는 방이라는 지방통치조직 명칭이 없으므로 방은 백제식 지방통치조직 명칭이라 할 수 있다. 5방은 백제 후기에 와서 5부部로도 불렸다. 백제 멸망 후 곧장 부흥군을 일으킨 흑치상지 근거지가 서부로 나오는 것과 『구당서』 백제전에서 백제 말기의 상황을 5부-37군-200성이라 한 것이 이를 보여 준다. 방의 치소治所는 방성方城이라 하였다. 방성은 종래 22담로의 치소 가운데 정치적·군사적으로 가장 중요한 곳에 설치되었다.

---

32 『주서』 권49 열전 제41 이역 상 백제전의 "治固麻城 其外更有五方 中方曰古沙城 東方曰得安城 南方曰久知下城 西方曰刀先城 北方曰熊津城 … 五方各有方領一人 以達率爲之 郡將三人 以德率爲之 方統兵一千二百人以下 七百人以上 城之內外民庶及餘小城 咸分隷焉" 참조.

군의 수는 37개였다. 37군은 담로의 치소 가운데 방성이 되지 못한 나머지 17개 담로의 치소와 종래 담로를 구성한 사회 편제 단위로서의 성(촌)들 가운데 전정과 호구가 많고 경제적·군사적으로 중요한 곳 가운데 20여 곳을 군으로 편제하면서 이루어졌다. 이 37군은 규모에 따라 대군, 중군, 소군으로 구분되었다. 이에 대해서는 다시 언급할 것이다.

성은 현으로도 불렸다. 이는 부여 궁남지에서 출토된 목간의 '매라성邁羅城'이 『삼국사기』에 '매라현邁羅縣'[33]으로 표기되고 있는 것과 백제 멸망 당시 지방통치조직의 수에 대해 『구당서』 백제전에 200성이, 부여 정림사지오층석탑에 새겨진 〈대당평백제국비명〉에 250현이 나오는 것에 의해 입증된다. 이에 따라 성(현)의 수는 200~250개로 추정된다. 이 200~250성(현)은 방성과 군성이 되지 못한 나머지 성(촌)들 가운데 전정과 호구가 기준을 충족시키는 곳으로 편제하였다. 『삼국사기』 지리지의 백제 관련 지명을 보면 촌村에 '현' 자를 부가하거나 성城을 의미하는 지知·기己·지只·지支에 '현' 자를 붙인 이름이 다수 나오는데 이는 지역 단위로서의 성(촌)이 성(현)으로 편제된 것을 보여 주는 것이다. 이 현(성) 역시 규모의 대소에 따라 대현과 소현으로 구분되었다. 이에 대해서는 다시 언급할 것이다.

담로제와 비교하였을 때 방-군-성(현)제의 가장 큰 특징은 지방통치조직의 수가 대폭 늘어난 것이다. 그 수는 가장 많았을 때 300개에 가까웠다. 이렇게 많은 수의 지방통치조직을 만들려면 일정한 기준이 있어야 한다. 그 기준을 추론하는 데 단서가 되는 것이 통일 이후 신라가 지방통치조직을 재편할 때의 기준이다. 통일신라는 대동강 이남의 고구려 지역과 백제 고지를 모두 편입하였기 때문에 영토가 크게 늘어났다. 이렇게 늘어난 영토를 효율적으로 다스리기 위해 지방통치조직을 재정비하였다. 이

---

33 『삼국사기』 권제37 잡지 제6 지리4 백제 도독부 13현조의 "嵎夷縣 神丘縣 尹城縣 本悅己 … 邁羅縣 … 龍山縣 本古麻山" 참조.

때 기준으로 삼은 것이 정전田丁(토지)과 호구戶口(인구)였다. 그래서 전정과 호구가 군현이 될 만한 곳은 군현으로 하여 지방관을 파견하고, 그렇지 못한 곳은 향鄕이나 부곡部曲으로 파악하여 지방관이 파견된 주변의 읍에 속하게 하였다.[34] 이를 원용하면 성왕도 군과 성(현)을 재편할 때 사회 편제 단위로서 성(촌)의 전정과 호구가 군으로 할 만한 곳은 군으로, 성으로 할 만한 곳은 성으로 편제하지 않았을까 한다. 다만 군과 성(현)이 되지 못한 곳을 어떻게 편제하였는지는 자료가 없어 알 수 없다.

이와는 달리 방–군–성(현)제는 사비기에 와서 전라남도 지역을 비로소 영역으로 확보함으로써 성립된 것으로 보는 견해도 있다.[35] 이 견해는 전라도 지역에는 본래 마한이 존재하고 있었는데 동성왕이 20년(498)에 공부를 바치지 않는 탐라를 친정하기 위해 무진주(광주)까지 감으로써[36] 백제의 영역이 되었다는 인식이 밑바탕에 깔려 있다. 그러나 『통전』 변한조와 백제조에 의하면 늦어도 동진(317~419) 말에는 삼한은 백제와 신라에 의해 병합되어 마한은 존재하지 않았다.[37] 따라서 웅진기의 22담로제는 전라도 지역까지 포함하여 실시되었고, 사비기의 방–군–성(현)제는 22담로제를 폐지하고 군과 성(현)을 대폭 신설함으로써 이루어진 것으로 보는 것이 타당하다. 방–군–성(현)제를 실시함으로써 성왕은 지방에 대한 통제력을

---

34 『신증동국여지승람』 권7 경기도 여주목 고적조 등신장의 "今按新羅建置州郡時 其田丁戶口 未堪爲縣者 或置鄕 或置部曲 屬于所在之邑" 참조. 고적조 등신장의 사료적 가치와 신빙성에 대해서는 박종기, 1980, 「고려시대 향·부곡의 변질과정―중앙집권화 과정과 관련하여―」, 『한국사론』 6집, 서울대학교 국사학과 참조.

35 임영진, 1996, 「전남의 석실분」, 『전남의 고대 묘제(본문)』, 전라남도·목포대학교박물관; 2012, 「3~5세기 영산강 유역권 마한 세력의 성장 배경과 한계」, 성정용 외, 『백제와 영산강』, 학연문화사.

36 『삼국사기』 권제26 백제본기 제4 동성왕 20년조의 "八月 王以耽羅不修貢賦 親征至武珍州 耽羅聞之 遣使乞罪 乃止(耽羅即耽牟羅)" 참조.

37 『통전』 권185 변방1 동이 상 변한조의 "晉武帝咸寧中 馬韓王來朝 自後無聞 三韓皆爲百濟新羅所吞并"; 백제조의 "自晉以後 吞并諸國 據有馬韓故地" 참조.

강화하고 수취 기반을 확대할 수 있게 되었다.

(2) 방-군-성(현)의 상호 관계

방-군-성(현)제에서 일차적으로 정리해야 할 것은 방과 군, 방과 성
(현), 군과 성(현)의 관계이다. 방과 군의 관계를 보여 주는 것이 『수서』 백
제전이나 『한원』 백제조에 "방에는 많게는 10개의 군이, 적게는 6~7개의
군이 속해 있었다"[38]고 한 기사이다. 이는 군이 방에 통속되었음을 보여
준다. 이 관계를 『삼국사기』 지리지에서는 영군領郡이라 하였다. 웅천주
에 속한 대목악군大木岳郡(현재 충남 천안시 목천읍)에서 탕정군湯井郡(현재
충남 온양시)에 이르기까지 13개의 군을 영군이라 한 것이 이를 보여 준다.
『삼국사기』 지리지의 '주州'는 백제 당시의 방에 해당된다. 따라서 백제에
서도 방에 속한 군을 영군이라 하지 않았을까 한다. 각 방에 소속된 군의
수는 방의 규모나 정치적·군사적 중요도에 따라 차이가 있었다. 그래서
어떤 방에는 10개 군이 속하였고 그렇지 못한 방에는 6~7개 군이 속해 있
었던 것이다. 그 수가 전체 37군이었다.

방과 성(현)의 관계는 『주서』 백제전에 "성의 내외 민서民庶와 나머지
작은 섬은 모두 나누어 예속되었다"[39]는 기사에서 살펴볼 수 있다. 이 기
사의 성城은 방의 치소인 방성을, '나머지 작은 성[餘小城]'은 성(현)으로 변
제된 여러 성을 말한다. 나머지 작은 성들이 방성에 예속되었다는 것은 방
성이 이 성들을 직할하였음을 의미한다. 방에 영속된 성(현)의 수는 방의
규모나 정치적·군사적 중요도에 따라 차이가 있었다. 이는 『삼국사기』 지
리지에 웅천주에는 열야산현熱也山縣과 벌음지현伐音支縣이란 2개의 현

---

38 『수서』 권81 열전 제46 동이 백제전의 "方有十郡"; 『한원』 번이부 백제조의 "每方管郡 多
　　著至十 小著六 七" 참조.
39 『주서』 권49 열전 제41 이역 상 백제전의 "城之內外民庶及餘小城 咸分隷焉" 참조.

이, 완산주에는 두이현豆伊縣, 구지산현仇智山縣, 고산현高山縣이라는 세 현이 직할 영현領縣으로 나오는 것이 방증한다.[40]

군과 성(현)의 관계는 『한원』 백제조에 "군의 현에는 도사를 두었는데 또한 성주라 하였다"[41]는 기사에서 살펴볼 수 있다. 이 기사를 '군과 현에 도사를 두었다'고 해석하는 견해도 있지만, 뒤에 언급하겠지만 군의 장관 은 군장 또는 군령이었으므로 이 견해는 성립할 수 없다. 따라서 이 기사 는 '군의 현, 즉 군 아래 현에는 도사를 두었다'로 해석하고 현의 장관을 도사로 보는 것이[42] 타당하다. 그렇다면 현은 군의 예하에 속하였다고 할 수 있다. 『삼국사기』 지리지에 웅천주 산하의 탕정군 아래에 아술현牙述 縣과 굴지현屈旨縣이 영속領屬되어 있다고 한 것이[43] 이를 방증한다. 군에 영속된 성(현)의 수는 군의 규모나 정치적·군사적 중요도에 따라 차이가 있었음은 물론이다.

이처럼 방에는 직할 성(현)과 영군이 속해 있었고, 군에도 직할 성(현)이 속해 있었다. 따라서 방과 군의 관계, 방과 성(현)의 관계, 군과 현(성)의 관 계는 영속 관계였다. 영속은 행정적·군사적으로 통제를 받는다는 의미이 다. 이러한 구조는 방이 기본적으로 행정구역이면서 동시에 군관구의 성 격을 가지고 있었기 때문에[44] 생겨난 것이다. 그래서 방령은 방성에 주둔 한 700~1,200명의 군대를 거느렸을 뿐만 아니라 유사시에는 군성이나 현 성에 주둔한 군대를 통할하였던 것이다. 이렇게 보면 554년 관산성 대회 전에서 백제가 신라의 진성珍城을 공격하였을 때 동방령東方領 물부막기

---

40 『삼국사기』 권제37 잡지 제6 지리4 백제조의 "熊川州(一云熊津)熱也山縣 伐音支縣"; "完 山(一云比斯伐 一云比自火)豆伊縣(一云往武) 仇智山縣 高山縣" 참조.

41 『한원』 번이부 백제조의 "郡縣置道使 亦名城主" 참조.

42 이종욱, 1974, 「남산신성비를 통하여 본 신라의 지방통치체제」, 『역사학보』 64집, 역사 학회.

43 『삼국사기』 권제37 잡지 제6 지리4 백제조의 "湯井郡 牙述縣 屈旨縣(一云屈直)" 참조.

44 山尾幸久, 1974, 「朝鮮三國の軍區組織」, 朝鮮史研究会 編, 『古代朝鮮と日本』, 龍溪書舍.

무련物部莫奇武連이 거느린 군대는 바로 방성의 군대와 군 및 성(현)에서 동원한 군대라고[45] 할 수 있다.

Ⅱ. 지방통치조직의 운영과 지방관

1. 방에 파견된 지방관: 방령과 방좌

방의 중심지, 즉 치소治所는 방성方城이다. 중방中方의 방성은 고사성인데 현재 전북 고부이다. 중방성이 이름과는 달리 왕도 사비성보다 남쪽에 위치한 것은 사비성이 북쪽에 치우쳐 있음으로 생겨나는 지리적 한계성을 극복하기 위한 조치로 보인다. 동방東方의 방성은 득안성인데 현재 충남 논산시 은진이다. 북방北方의 방성은 웅진성인데 현재 충남 공주시이다. 남방南方의 방성은 구지하성이다. 그 위치에 대해 전북 김제·금구 지역으로 보는 견해가 있지만,[46] 『한원』에 나오는 국남계國南界의 무오산霧五山이 음운상 무등산無等山과 연결되는 점 등을 고려하면 광주광역시로 보는 것이 타당하다.[47] 서방西方의 방성 도선성은 『한원』에 나오는 국서계國西界의 '단나산旦那山'이 충남 예산의 나산奈山에 비정됨으로 예산 대흥의 임존성으로 비정해 볼 수 있다.[48] 임존성이 백제 멸망 후 부흥군의 중심 근거지가 된 것이 이를 방증한다.

각 방성은 산의 험한 곳을 이용하여 축조하였고, 때로는 석축을 하기도

---

45 노중국, 2020, 『역사의 맞수 1─백제 성왕과 신라 진흥왕─』, 지식산업사, 126쪽.
46 천관우, 1979, 「마한제국의 위치 시론」, 『동양학』 9권, 단국대학교 동양학연구원.
47 노중국, 2004, 「백제의 제의체계 정비와 그 변화」, 『계명사학』 15집, 계명사학회.
48 노중국, 2004, 「백제의 제의체계 정비와 그 변화」, 『계명사학』 15집, 계명사학회.

하였다. 방성에 주둔한 군대의 수는 적으면 700명, 많으면 1,200명이었다. 군대의 수에 차이가 있는 것은 방성이 가지는 정치적·군사적 중요도의 경중 때문일 것이다. 그렇다면 이전에 수도였던 북방성(웅진성)이나 위치상 중앙에 해당되는 중방성(고사성)은 다른 방성보다 위상이 높아 주둔하는 군대의 수는 1,200명 정도였을 것이다. 그러면 나머지 방성에는 700명 정도의 군대가 주둔하였을 것이다.

방의 최고책임자는 방령이다. 각 방령의 정원은 1명이었다. 방령은 중국의 도독都督과 같은 성격의 지방관이었다.[49] 도독은 군대를 거느릴 수 있었다. 따라서 방령은 방성에 주둔한 군대뿐만 아니라 유사시에는 방의 관할 아래 있는 군성이나 현성의 군대도 지휘하였다. 방령을 맡을 수 있는 관등은 달솔이었다.

문헌 자료에서 방령의 존재는 두 사례에서 확인된다. 하나는 동방령 물부막기무련이다. 그는 554년 관산성 대회전 때 총사령관이 되어 동방의 군대를 거느리고 함산성函山城, 즉 진성珍城 전투에서 신라군을 격파하였다.[50] 다른 하나는 660년 당시 웅진방령 예식진禰寔進이다. 그는『구당서』소정방전에 나오는 대장 예식禰植과 동일 인물인데 증조부에서 아버지에 이르기까지 대대로 좌평을 배출한 가문 출신이었다.[51] 그러나 그는 사비도성이 나당군에게 함락되자 자기 살길을 찾아 의자왕을 사로잡아 나당군에 항복하였다.[52]

49 『한원』번이부 백제조의 "又有五方 若中夏之都督 方皆達率領之" 참조.
50 『일본서기』권19 흠명기 15년조의 "冬十二月 … 以十二月九日遣攻斯羅 臣先遣東方領物部莫奇武連 領其方軍士 攻函山城 …" 참조.
51 『삼국사기』권제5 신라본기 제5 태종무열왕 7년조의 "秋七月 … 十八日 義慈率太子及熊津方領軍等 自熊津城來降"; 노중국, 2020,『역사의 맞수 1―백제 성왕과 신라 진흥왕―』, 지식산업사, 126쪽 참조.
52 『구당서』권83 열전 제33 소정방전의 "其大將禰植又將義慈來降 太子隆幷與諸城主皆同送款" 참조.

방령을 보좌하는 속료屬僚(요좌僚佐)로 방좌方佐가 있었다. 그러나 방좌를 맡을 수 있는 관등이 무엇인지는 자료가 없어 알 수 없다. 방좌 이외의 속료들도 있었을 가능성이 크지만 역시 자료가 없어 알 수 없다. 참고로 통일신라는 백제의 방에 해당되는 주의 장관인 도독의 보좌관으로 주조州助(주보州輔)와 장사長史 또는 사마司馬를 두었다.[53]

2. 군에 파견된 지방관: 대군장, 군장, 군령과 군좌, 참사군

방 아래의 지방통치조직은 군으로 총 37군이었다. 군의 장관의 명칭으로 『주서』 백제전에는 군장郡將이, 『일본서기』에는 군령郡令이 나온다. 그리고 〈진법자묘지명〉에는 마련대군장麻連大郡將(그림 3-2)과 품달군장稟達郡將이 보인다.[54] 군장은 당나라 주州의 장관인 자사刺史에 비견되었다.[55]

군의 장관과 관련하여 먼저 정리해야 할 것은 '마련대군장'이다. '마련대군장'은 '마련대군의 군장'으로 또는 '마련군의 대군장'으로 읽을 수 있다. 전자로 읽으면 '마련대군'이 군의 이름이 됨으로 '마련대군'이라는 고유명사의 존재를 상정하게 된다.[56] 그러나 지금까지의 자료에 의하면 군 이름에 대군이나 소군을 붙인 경우는 없다. 이는 북위가 군을 대군大郡, 소군小郡 또는 대군, 차군次郡으로 구분하고, 수나라가 군을 상상군上上郡

---

53 『삼국사기』 권제40 잡지 제9 직관 하 외관조의 "都督九人 … 州助(或云州輔)九人 位自奈麻至重阿湌爲之 … 長史(或云司馬)九人 位自舍知至大奈麻爲之" 참조.

54 〈진법자묘지명〉의 "曾祖春本邦太學正 恩率 祖德止 麻連大郡將 達率 父微之 馬徒郡參司軍 德率 … 君淸識邁於觿年 … 解褐 除旣母郡佐官 歷稟達郡將 俄轉司軍 恩率 …" 참조.

55 『삼국사기』 권제44 열전 제4 흑치상지전의 "黑齒常之 … 爲百濟達率兼風達郡將 猶唐刺史云" 참조.

56 김영관, 2014, 「백제 유민 진법자 묘지명 연구」, 『백제문화』 50집, 공주대학교 백제문화연구소.

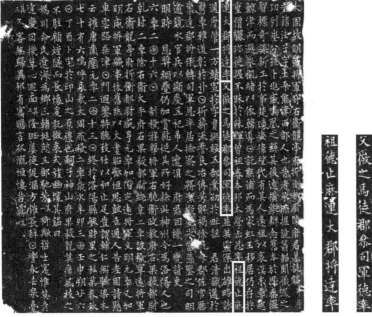

그림 3-2 〈진법자묘지명〉의 '마련대군장'과 '마도군참사군' 부분(김영관 교수 제공)

에서 하하군下下郡에 이르기까지 9등급으로 나누었지만[57] 대군이나 소군 또는 상상군이나 하하군 자체를 고유명사로 하지 않은 것이 방증한다. 군을 대소 또는 상하로 나눈 것은 당나라가 3만 호 이상의 주를 상주上州, 2만 호 이상의 주를 중주中州로 한 것에서[58] 보듯이 인구의 다소에 따른 것이다. 그렇다면 '마련대군장'은 '마련군의 대군장'으로 읽는 것이 타당하

---

57 『위서』 권113 관씨지9 제19 천사 원년조의 "九月 … 王封大郡 公封小郡 … 十二月 … 大郡王二百人 次郡王 上郡公百人 次郡公五十人 …"; 『수서』 권28 지 제23 백관 하 참조.

58 『통전』 권33 직관 15 주군 하 군태수조의 "顯慶元年九月勅 戶滿三萬以上爲上州 二萬以上爲中州 … 至開元十八年三月勅 太平時久 戶口日殷 … 六千戶以上爲上縣 三千戶以上爲中縣 不滿二千戶爲下縣" 참조.

다. 이는 백제가 군을 대군, 소군으로 구분하였음을 보여 준다.[59] 구분 기준은 일차적으로 전정과 호구의 수였을 것이다.

군에 등급이 있었다고 할 때 주목되는 것이 『주서』 백제전에 군의 장관인 군장이 3명으로 나온다는 사실이다. 3명의 군장에 대해 한 군에 군장이 3명 설치되었고 그 직무는 민사, 군사, 감찰을 담당한 것으로 보는 견해,[60] 군장―군령―군좌 또는 군령―참사군―군좌로 추정한 견해[61] 등이 있다. 저자는 이전의 저서에서[62] 군장과 군령은 동일한 실체에 대한 표기의 차이에 지나지 않으며 군의 장관은 3명이라는 복수제였고 각각 정치·행정, 군사, 사법 업무를 맡은 것으로 이해한 바 있다. 그러나 현재까지 백제가 한 관직에 복수의 장관을 두었다는 자료는 없다. 그래서 이 책에서는 3명의 장관은 대군장, 군장, 군령으로 파악해 둔다. 이는 군의 등급에 따라 파견되는 장관이 달랐음을 보여 준다.

대군장大郡將은 군장에서 격상된 것이다. 즉 군장이 기준이 되어 대군장이 나온 것이다. 그렇다면 장관 3명의 위계는 대군장 > 군장 > 군령 순으로 볼 수 있다. 이는 군이 정치적·군사적 중요도에 따라 대군장이 파견된 군, 군장이 파견된 군, 군령이 파견된 군으로 구분되었음을 의미한다.

군郡이라는 지방통치조직 명칭은 중국에서 처음 사용되었다. 백제의 군제는 중국의 군제를 받아들인 것이다. 군의 장관 명칭은 중국에서는 태수太守였지만 백제에서는 군장 또는 군령이라 하였다. 이는 백제가 중국의 군제를 받아들이되 장관의 명칭은 백제식으로 변용하였음을 보여 준다.

---

59 윤선태, 2013, 「신출자료로 본 백제의 방과 군」, 『한국사연구』 163집, 한국사연구회.
60 박현숙, 1998, 「백제 군사조직의 정비와 그 성격―사비시대를 중심으로―」, 『사총』 47집, 고려대학교 역사학연구회.
61 정동준, 2013, 『동아시아 속의 백제 정치제도』, 일지사, 299~300쪽.
62 노중국, 1988, 『백제정치사연구―국가형성과 지배체제의 변천을 중심으로―』, 일조각, 256쪽.

반면에 통일 이후 신라는 군의 장관 명칭을 종래의 당주幢主에서 중국식의 태수로 바꾸었다.

군의 장관에 임명된 자의 관등은 자료에 따라 달솔로 나오기도 하고, 은솔이나 덕솔로 나오기도 한다. 이렇게 관등이 다른 이유에 대해서는 두 가지로 생각해 볼 수 있다. 하나는 군에 파견되는 장관이 대군장이냐, 군장이냐 또는 군령이냐에 따라 관등이 달랐을 것으로 보는 것이다. 그러면 대군장은 달솔의 관등 소지자가, 군장은 은솔의 관등 소지자가, 군령은 덕솔의 관등 소지자가 맡은 것으로 볼 수 있다. 그런데 〈진법자묘지명〉에 의하면 진법자는 품달군장으로 되었다가 얼마 지나지 않아 은솔의 관등을 받았다. 이는 품달군장이었을 때 그의 관등은 은솔 이하였음을 보여 준다. 또 백제 멸망 당시 흑치상지는 달솔로서 풍달군장風達郡將을 맡았다. 따라서 달솔 관등 소지자만 군장이 되었다는 견해는 성립하기 어렵다.

다른 하나는 1관직-복수관등제의 관점에서 살펴보는 것이다. 1관직-복수관등제는 앞에서 언급한 바와 같이 관직과 관등이 1대1로 대응되는 것이 아니라 어떤 관직을 맡을 수 있는 관등을 여럿으로 정해 놓은 것을 말한다. 신라의 경우 주의 장관인 도독은 급찬에서 파진찬까지의 관등 소지자가, 군태수는 사지에서 중아찬까지의 관등 소지자가 임명될 수 있었다. 고구려의 경우 대모달大模達(대당주大幢主)은 조의두대형 이상의 관등 소지자가 맡을 수 있었다. 이를 원용하면 백제에서는 달솔, 은솔, 덕솔의 관등을 소지하는 자가 군의 장관을 맡을 수 있었다고 하겠다. 그러면 〈진법자묘지명〉의 진덕지는 달솔로서 대군장에, 〈흑치상지묘지명〉의 흑치상지는 달솔로서 군장에 임명된 것이 된다.

1관직-복수관등제를 받아들일 때 달솔로서 방령을 맡은 자와 역시 달솔로서 대군장이나 군장을 맡은 자 사이의 관계를 정리하는 것이 필요하다. 둘 다 관등이 같기 때문이다. 이때 전제해야 할 것은 관등이 동일할 경우 관직의 위계가 우선한다는 사실이다. 방령과 군장의 관계는 방이 군을 관할하였으므로 방령의 위계가 높았음은 분명하다. 또 대군장이 파견된 군과 군장이 파견된 군의 경우 대군장이 파견된 군의 위상이 높았다. 따라서 동일한 관등을 가졌더라도 직위의 고하에 의해 상하 통속 관계가 정해진 것으로 볼 수 있다.

군의 장관의 보좌관으로 〈진법자묘지명〉에는 좌관佐官과 참사군參司軍이 확인되고 있다. 이들이 풍달군장인 흑치상지가 거느린 좌우 추장酋長일 것이다. 군의 좌관의 사례로는 〈진법자묘지명〉의 기모군 좌관 외에 〈복암리 406호〉 목간의 '郡佐△△△'를 '郡佐[官]△△'로 보면 또 하나의 사례를 추가할 수 있다. 〈복암리 4호〉 목간에는 쌀을 받는[受米] 내용이 나오고, 중앙관청의 사례지만 부여 쌍북리에서 출토된 〈좌관대식기〉 목간에는 외경부 소속으로 보이는 좌관佐官이 대식貸食 업무를 맡고 있다. 이로 미루어 군의 좌관은 군의 재정 관련 업무를 맡지 않았을까 한다.

참사군의 사례(그림 3-2)는 진법자의 아버지 진미지陳微之가 '마도군의 참사군'으로 나오는 것이 유일하다. 이 참사군에 대해 백제가 중국의 사마와 참군을 통합해서 만든 관직으로 왕도 5부군을 지휘하는 달솔 밑에서 국왕에 대한 호위와 치안을 담당한 것으로 보는 견해,[63] 군장의 요좌로서 민정 업무를 담당한 것으로 보는 견해[64] 등이 있다. 그러나 참사군은 '사군'에 '참參'을 붙인 것이다. 사군은 앞에서 언급한 것처럼 중앙의 사군부에서 감찰을 담당한 군사 관직이었다. 그렇다면 군에 설치된 참사군은 군장의 요좌로서 군사 관련 업무를 감찰한 것으로 보는 것이 타당할 것이다.

---

63 김영심, 2014, 「유민묘지로 본 고구려, 백제의 관제」, 『한국고대사연구』 75집, 한국고대사학회.
64 김영관, 2014, 「백제 유민 진법자 묘지명 연구」, 『백제문화』 50집, 공주대학교 백제문화연구소.

3. 성(현)에 파견된 지방관: 도사와 성주

방과 군에 영속된 것이 성(현)이다. 성(현)의 숫자는 『당서』에는 200성, 〈대당평백제국비명〉에는 250현, 『삼국사기』 지리지에는 104현으로 나온다. 〈대당평백제국비명〉은 백제 멸망 직후인 660년 8월에 소정방에 의해 새겨진 것으로 그 당시의 자료이다. 반면에 『삼국사기』의 104현은 통일 이후 신라가 군현제를 정비하면서 백제 지역에서 전정과 호구가 열악한 군이나 현은 통폐합하여 하나의 현으로 만들기도 하고 또는 향이나 부곡으로 전락시켜 그 수가 크게 줄어든 상황을 보여 준다. 따라서 백제의 성(현)의 수는 200여 개였지만 많았을 때는 250개까지 늘어난 것으로 보는 것이 타당할 것이다. 그러면 방과 군에는 평균 5~6개의 성(현)이 영속된 셈이 된다.

성(현)의 장관 명칭으로 『한원』[65]과 부여 능산리사지에서 출토된 〈지약아식미기〉 목간에는 도사道使가, 『일본서기』에는 성주城主[66]가 나온다. 이는 성(현)에 파견된 지방관이 도사와 성주였음을 보여 준다. 저자는 이전의 연구에서 성(현)의 장관 명칭은 도사였고, 성주는 도사에 대한 다른 표기로 파악하였지만 여기서는 각각 성(현)의 장관 명칭으로 수정해 둔다.

성(현)의 장관 명칭이 둘인 것은 군의 장관 명칭이 군의 등급에 따라 셋으로 나눠진 것과 맥락이 같다. 이를 원용하면 성(현)도 전정과 호구의 차이 등에 의해 도사가 파견된 성(현)과 성주가 파견된 성(현)으로 구분된 것으로 볼 수 있다. 이는 신라에서 현의 장관으로 소수少守(제수制守)와 현령이 있었다는 사실이[67] 방증한다. 그러나 도사와 성주 가운데 어느 쪽의 위

---

65 『한원』 번이부 백제조의 "郡縣置道使" 참조.
66 『일본서기』 권19 흠명기 4년조, 5년조.
67 『삼국사기』 권제40 잡지 제9 직관 하 외관조의 "少守(或云制守)八十五人 位自幢至大奈

상이 높았는지, 도사와 성주에 임명될 수 있는 관등이 무엇인지, 또 성주나 도사를 보좌한 속료의 명칭이 무엇인지는 자료가 없어 알 수 없다.

4. 지방통치조직의 치소

(1) 치소의 구조

지방 통치의 중심지인 치소治所는 그 지방의 중심 도시였다. 방의 치소는 방성이라 하였다. 이로 미루어 군의 치소는 군성郡城, 성(현)의 치소는 현성縣城이라 할 수 있다. 이 치소에는 지방관이 거주하고 집무하는 시설과 여러 관청 건물이 있었고, 성민들이 거주하였다.

방성의 도시 구조는 고부읍성에서 출토된 인장와印章瓦의 '상부상항上阝上巷'과 길이가 150cm나 되는 목재 막대기에 새겨진 '상부상항上阝上巷'(그림 3-3)에서[68] 살펴볼 수 있다. 고부는 백제 당시에는 고사성이었고 중방의 방성이었다. 상부상항은 도시 내의 행정구역 명칭이다. 따라서 중방성(고사성)에는 상부 외에 전부, 중부, 하부, 후부가 있었고 또 각 부 아래에는 상항 외에 전항, 중항, 하항, 후항이 있었다고 할 수 있다. '상부상항' 명문은 도시인 중방성이 수도 사비성과 마찬가지로 5부-5항으로 편제되었음을 보여 준다. 그렇다면 다른 방성의 도시 구조도 5부-5항으로 이루어졌다고 볼 수 있다.

군성의 내부 구조는 〈진법자묘지명〉을 통해 추론할 수 있다. 여기에는 진법자의 아버지 진미지를 칭송하면서 '5부를 어루만져 편안하게 하니[撫綏五部]'라는 구절이 나온다. 진미지는 마도군의 참사군이었다. 따라서 그

麻爲之 縣令二百一人 位自先沮知至沙湌爲之" 참조.

68　김종문·강원종 외, 2007, 『정읍 고부 구읍성 I』, 전북문화재연구원, 96쪽; 전라문화유산연구원, 2021, 「정읍 고사부리성 성벽 정밀발굴조사 현장설명회 자료」.

가 어루만진 5부는 왕도의 5부가 아니라 마
도군의 5부였다. 이는 마도군의 군치郡治,
즉 군성이 5부로 편제되었음을 보여 준다.
군치에 설치된 5부의 명칭은 나와 있지 않
지만 중방성(고사성)처럼 상·전·중·하·후
부였을 가능성이 크다. 그러나 각 부 아래에
상·전·중·하·후항이 있었는지는 자료가
없어 알 수 없다. 다만 군성의 규모가 방성
보다 작다는 점을 고려하면 항은 두지 않았
을 가능성이 크다. 신라의 경우 5소경은 왕
도와 마찬가지로 6부로 편제되었지만[69] 부
아래에 이里를 두었음을 보여 주는 자료는
아직 확인되지 않았다.

**그림 3-3 '상부상항'이
새겨진 목재 막대기**
(고부읍성 출토, 국립부여
문화재연구소 제공)

　성(현)의 치소인 현성은 방성이나 군성보
다 규모가 작았다. 현성의 도시 구조는 〈복
암리 3호〉 목간에서 볼 수 있다(그림 3-4). 여기에는 "전항나솔
오호치前巷奈率烏胡갋"가 나온다. 이 목간의 인명 표기 방법은
항명(전항)–관등명(나솔)–인명(오호치) 순이다. 인명 앞에 항巷
만 나오는 것은 오호치가 유일한 사례이다. 이 전항에 대해 왕도
사비성의 전항으로 보는 견해,[70] 두힐성의 인근 지역에 존재한

69 『삼국사기』 강수열전에 강수를 "中原京 沙梁人也"라 한 것과 서원경이 있었던 청주 상당
　　산성에서 "沙梁部"가 새겨진 기와가 나온 것이 이를 보여 준다.
70 이성시, 2010, 「한국고대사회에서의 나주 복암리 목간의 위치」, 『6~7세기 영산강유역과
　　백제』, 국립나주문화재연구소 개소 5주년 기념 국제학술대회, 국립나주문화재연구소·동
　　신대학교박물관.

그림 3-4 〈복암리 3호〉
목간의 '전항 나솔 오호치'
(국립부여박물관 제공)

항으로 보는 견해,[71] 두힐성에 설치된 하부 지명으로 보는 견해[72] 등이 있다. 그러나 전항은 치소의 행정조직과 연계시켜 보아야 한다.

왕도의 행정구조는 부-항이다. 그래서 인명은 부명-관등명-인명 또는 부명-항명-관등명-인명 순으로 표기하였다. 인명 앞에 항만 붙인 사례는 없다. 따라서 이 목간의 전항은 왕도의 전항으로 볼 수 없다. 또 앞에서 언급한 것처럼 방성의 도시 구조는 5부-5항으로, 군성의 도시 구조는 5부로 이루어졌으므로 방성이나 군성에 거주한 사람은 당연히 부명-인명 순으로 표기되어야 한다. 따라서 이 전항은 방성이나 군성의 전항으로도 볼 수 없다. 부명을 빼고 항명巷名만으로 소속을 표기할 수 없기 때문이다. 그렇다면 이 전항은 성(현)의 치소, 즉 현성의 도시 편제에 사용된 것으로 보는 것이[73] 타당하다.

전항은 상항이나 후항 등의 존재를 전제로 한다. 따라서 현성의 도시 구조는 5항으로만 편제된 것으로 볼 수 있다. 〈복암리 3호〉 목간이 출토된 지역은 복암리에서 출토된 토기에 찍힌 '두힐사豆肹舍' 명문에서 보듯이 두힐豆肹이다. 두힐이 군인지 성(현)인지를

71 김성범, 2010, 「나주 복암리 출토 백제목간의 고고학적 연구」, 공주대학교 대학원 박사학위논문, 126~127쪽.
72 윤선태, 2010, 「나주 복암리 출토 백제목간의 용도」, 『6~7세기 영산강유역과 백제』, 국립나주문화재연구소 개소 5주년 기념 국제학술대회, 국립나주문화재연구소·동신대학교박물관.
73 김창석, 2010, 「나주 복암리 목간의 작성 시기와 대방주의 성격」, 『6~7세기 영산강유역과 백제』, 국립나주문화재연구소 개소 5주년 기념 국제학술대회, 국립나주문화재연구소·동신대학교박물관.

단정하기는 어렵지만 치소의 내부가 항으로만 이루어진 점을 고려하면 두힐성(현)으로 보는 것이 타당할 것이다.

(2) 고고학 자료로 본 치소의 모습

문헌이나 금석문 자료에 보이는 치소의 모습을 보다 구체적으로 보여 주는 것이 고고학 자료이다. 치소는 도시이므로 그 모습은 취락 유적에서 찾아야 한다. 한성기에 확인되는 취락 유적은 크게 주거지+저장 시설+생산 시설+분묘+방어 시설로 이루어진 A유형, 주거지(+저장 시설+생산 시설 +분묘+방어 시설)로 이루어진 B유형, 주거지+저장 시설(+생산 시설+분묘)로 이루어진 C유형, 주거지+저장 시설(+분묘)로 이루어진 D유형, 주거지(+분묘)로 이루어진 E유형으로 나누어진다.[74] 이 가운데 A유형은 치소로, B유형이나 C유형은 담로를 구성한 주요 읍으로, 나머지는 그보다 위상이 떨어지는 읍으로 볼 수 있다.

치소로 추정되는 A유형을 보여 주는 유적 가운데 도시의 내부 모습을 살펴볼 수 있는 것이 세종시 나성리 유적이다(그림 3-5). 이 유적은 금강으로 유입되는 2개의 지천 사이 남북 600m, 동서 300m 정도 되는 나지막한 고지에 위치하고 있다. 조성되기 시작한 시기는 4세기 말이나 5세기 초부터이고, 한성기 말까지 사용되었다. 여기에서 토성, 주거지, 공방지, 저장 시설 등 다양한 시설이 확인되었다.

동쪽에 만들어진 야트막한 언덕을 이용한 나성리 토성은 군사 거점의 성격도 지니고 있으면서 행정 치소의 기능도 동시에 수행한 것으로 판단된다. 서쪽의 송원리 구릉지와 북쪽의 송담리에는 분묘 구역이 조성되어 있고, 그 사이의 낮고 평평한 지역에는 가로세로 2~3조로 구획한 도로망

---

74 윤정현, 2014, 「호서지역 백제 영역화에 따른 취락의 변화양상」, 『백제연구』 59집, 충남대학교 백제연구소.

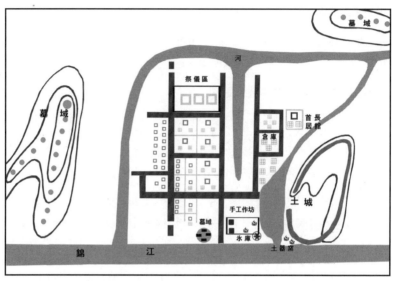

그림 3-5 **세종시 나성리 유적 모식도**(박순발 교수 제공)

과 주구周溝로 둘러싸인 건물지들이 분포하고 있다.

　건물지는 굴립주 혹은 고상식 건물로 추정된다. 건물지들을 둘러싼 도랑(주구)은 배수 시설 겸 대지의 경계 역할도 겸한 것으로 보인다. 구획된 구역은 대략 대, 중, 소 3개의 군으로 구분된다. 대형 구획구는 1개뿐인데 입지나 내부의 건물 배치로 보아 유력자가 머무는 거관居館으로 볼 수 있다. 거관이 위치한 북단부의 서쪽에 있는 토단 형태의 방형 구획 4개는 제의 시설로 보인다. 아마도 사직단을 비롯한 제단일 가능성이 크다. 중형 구획구는 5~6개 정도인데 각급 취락의 상층부 인물들이 살던 거주 구역으로, 상대적으로 수가 많은 소형 구획구는 하층의 인물들이 거주한 구역으로 추정되고 있다. 이곳에는 저장 시설인 고상식 건물이 많다. 이는 이 시설에 수공업 생산품과 많은 재화가 집중되었음을 보여 준다. 금강 남단 변에는 가마를 비롯한 수공업 시설 구역이 있다. 이 가운데 수혈주거지는 장

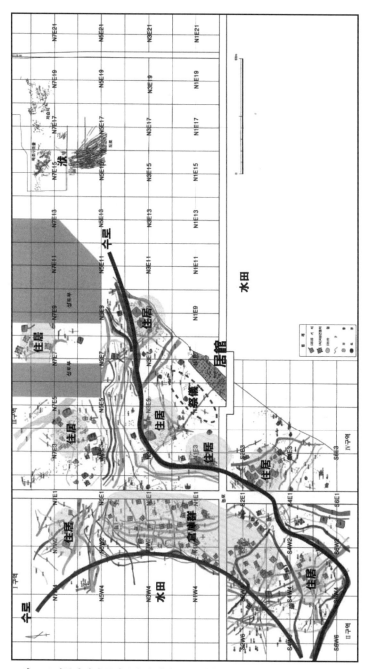

그림 3-6 광주광역시 동림동 유적 취락 구조(이영철 원장 제공)

인들의 숙소나 공방으로 판단된다. 또 이곳에서 확인된 얼음 저장 시설인 빙고冰庫는 현재 우리나라에서 확인된 빙고 가운데 가장 오래된 것이다.[75] 이 유적은 지방도시의 구조를 보여 주는 좋은 사례이다. 저자는 나성리유적을 지방 유력자들의 거점으로[76] 보기보다는 이름을 알 수 없는 담로의 치소로 파악하는 바이다.

이처럼 나성리 유적은 거관을 비롯하여 제의 시설, 재화의 저장 시설, 공방 시설, 군사 방어 시설, 고분군 지역 등을 갖추고 있어 도시 유적임이 분명하다. 이 유적이 조성된 4세기 말~5세기 초에는 이미 담로제가 시행되고 있었으므로 이 유적은 담로의 치소 내부 모습을 보여 주는 것이라 할 수 있다. 따라서 사비기의 방-군-성(현)의 치소도 기본적으로 이러한 구조였을 것이다. 다만 방성의 경우 규모가 크고 인구도 많아 그 내부는 5부-5항으로 편제되는 등 보다 복잡한 도시 구획이 이루어졌을 것이다.

이렇게 보았을 때 또 주목되는 유적이 광주광역시 동림동 유적이다(그림 3-6). 이 유적은 88동의 주거지와 목건물지군, 64동의 창고 시설, 원형 저장 시설, 도수 시설, 우물, 배수로, 수리 시설 등의 주거 단위와 외곽에 경작지가 펼쳐진 취락 유적이다. 도시 중심부에는 5동의 지상식 건물지로 이루어진 65호. 건물지군이 길이 50m, 너비 12m 규모의 구획구區劃溝로 둘러싸여 일반 구성원들의 거주 공간과 구별되어 있다. 이 가운데 가장 큰 건물지는 정면 6칸, 측면 4칸(15×9m)이다. 이 건물지군의 건축 시기는 대략 5세기 3/4분기로 설정된다.[77] 동림동 유적의 모습은 나성리 유적과 흡

75 이상의 서술은 박순발, 2014, 「백제 한성기의 지방도시」, 『백제의 왕권은 어떻게 강화되었나―한성백제의 중앙과 지방―』, 쟁점 백제사 집중토론 학술회의 IV, 한성백제박물관·백제학연구소, 108~111쪽의 내용을 축약한 것이다.
76 이홍종, 2011, 「한성백제기 지방의 도시구획―연기 나성리유적의 검토를 바탕으로―」, 『한일취락연구의 전개』, 한일취락연구회; 권오영, 2012, 「백제 한성기의 도성과 지방도시」, 『고고학』 11-3호, 중부고고학회.
77 이영철, 2016, 「백제 지방도시의 성립과 전개―영산강유역을 중심으로―」, 『한국고대사

사하므로 5동의 건물지군은 지방관의 거관居館이나 통치 시설이었을 가능성이 크다. 그렇다면 동림동 유적도 백제가 영산강 유역에 설치한 어느 담로의 치소가 아니었을까 한다.

Ⅲ. 지방통치조직의 편제 단위와 지방 세력

1. 한성기: 읍락에서 성(촌)으로 편제

지방통치조직은 사회 편제 단위를 토대로 한다. 사회 편제 단위는 전정과 호구를 토대로 만들어진다. 전정과 호구는 농업생산력의 증대와 연동되어 있다. 따라서 농업생산력이 높아져 전정과 호구가 증가하면 사회 편제 단위도 바뀐다.

앞에서 언급한 바와 같이 근초고왕은 지방통치조직으로 담로제를 실시하였다. 담로제의 토대는 백제에 병합되거나 정복된 마한연맹체를 구성하였던 국國이었다. 국은 몇 개의 읍락으로 이루어졌는데 중심 읍락을 국읍이라 하였다. '읍락'은 읍邑과 낙落의 합성어이다. 읍은 산천으로 둘러싸인 일정한 공간으로, 이 공간은 여러 부분部分으로 나누어졌다.[78] 이 나누어진 여러 부분이 부락部落으로서의 낙落이다. 이 국읍-읍락 관계를 토대로 하여 설치된 것이 바로 담로이다. 담로가 설치됨으로써 국읍은 담로의 치소가 되고, 읍락은 담로를 구성하는 사회 편제 단위가 되었다.

이후 중앙집권력이 강화됨에 따라 전쟁이 빈번해지고 또 전쟁의 규모가 커지면서 방어의 필요성이 높아졌다. 이에 백제는 국읍에는 물론 읍락에

연구』 81집, 한국고대사학회.

78 『삼국지』 권30 위서30 동이전 예조의 "其俗重山川 山川各有部分 不得妄相涉入" 참조.

도 크고 작은 성을 축조하였다. 백제에서 군사적 방어 기능을 갖춘 산성의 출현은 3세기부터이고 4세기에 들어오면 축성이 보다 활발하게 이루어졌다.[79] 성은 기본적으로 방어 시설물이지만[80] 성이 축조된 지역의 촌락을 포함하는 일정한 공간을 지칭하는 말이다.[81] 그래서 종래의 읍락 가운데 성이 축조된 곳은 성으로, 성이 축조되지 않은 곳은 촌으로 불렸다.[82] 이를 보여 주는 것이 〈광개토대왕비〉의 영락 6년조 기사이다. 이 기사에 의하면 광개토대왕은 영락 6년(396, 백제 아신왕 5)에 백제를 정벌하여 58성·700촌을 함락하였다. 이 58성·700촌에 대해 경기도는 물론 충청도 일대를 포괄하는 것으로 보는 견해도 있지만,[83] 신계-연천-춘천-한수-남한강 상류로 이어지는 선으로 설정한 견해가[84] 타당하다.

58성과 700촌은 분명히 구별되었다. 58성은 이름 하나하나가 기록되어 있는 반면에 촌의 이름은 전혀 나오지 않는다. 또 성은 수묘호守墓戶를 차출할 때 기준이 되었다. 이는 성이 중심이고, 촌은 성을 구성하는 하위 단위였음을 보여 준다. 성을 구성한 촌의 수는 58성:700촌에서 보듯이 대략 10여 개였다. 그러나 소속된 촌의 수는 각 성이 가지는 정치적·군사적 중요도에 따라 차이가 있었다.

〈광개토대왕비〉에 의하면 고구려는 광개토대왕의 무덤을 지키기 위해 "고모루성의 국연이 둘이고, 간연이 여덟이다古牟婁城 國烟二 看烟八"라

---

79 윤무병, 1990, 「산성·왕성·사비도성」, 『백제연구』 21집, 충남대학교 백제연구소; 서정석, 1992, 「충남지역의 백제산성에 관한 일연구」, 『백제문화』 22집, 공주대학교 백제문화연구소.

80 浜田耕策, 1977, 「新羅の城·村設置と州郡制の施行」, 『朝鮮學報』 84號, 朝鮮學會.

81 이우태, 1981, 「신라의 촌과 촌주―삼국시대를 중심으로―」, 『한국사론』 7집, 서울대학교 국사학과.

82 천관우, 1976, 「삼한의 국가형성 (상)」, 『한국학보』 2권 1호, 일지사.

83 박성봉, 1979, 「광개토호태왕기 고구려 남진의 성격」, 『한국사연구』 27집, 한국사연구회, 19쪽 〈표〉 2, 22~23쪽 〈표〉 3.

84 천관우, 1983, 『인물로 본 한국고대사』, 정음문화사, 123쪽.

거나 "모수성의 3가는 간연이다[車水城三家爲看烟]"라고 한 것에서 보듯이 성을 단위로 수묘호를 차정하였다. 각 성이 바로 노동력 동원의 단위였던 것이다. 백제는 이러한 성을 몇 개 묶어 지방통치조직인 담로를 편제하였다. 이리하여 성은 지방통치조직의 편제 단위가 되었다. 신라의 대성군이 솔이산성率伊山城, 가산현茄山縣(경산성鷩山城), 오도산성烏刀山城 등 3개의 성으로,[85] 수성현이 양성壤城, 구구성句具城, 잉조이성仍助伊城 등 3개의 성으로[86] 이루어진 것이 이를 방증한다.

〈광개토대왕비〉에 나오는 58성·700촌과 신라의 대성군이나 수성현의 사례에서 비추어 볼 때 백제의 사회 편제 단위는 다음과 같이 정리할 수 있다. 한성기 백제의 지방통치조직인 담로의 토대는 성·촌이었다. 이 가운데 자연촌락[部落]으로서의 촌은 성을 구성하는 기본 단위였다. 몇 개의 자연촌락으로 이루어진 '지역 단위'에 방어시설로서 성이 축조되면서 그 지역 단위는 성으로 불렸다. 이러한 지역 단위인 성이 몇 개 모여 하나의 지방통치구역을 이루었다. 이것이 담로이다. 이 가운데 가장 중심이 되는 성이 치소가 되었다. 담로를 구성한 성의 수는 각 담로가 가지는 정치적·군사적 중요도에 따라 차이가 있었다. 백제는 담로의 치소성에 지방관을 파견하여 지방을 통치하였다.

---

85 『삼국사기』 권제34 잡지 제3 지리1 강주 대성군조의 "大城郡本仇刀城境內率伊山城 茄山縣(一云鷩山城) 烏刀山城等三城 今合屬淸道郡" 참조..

86 『신증동국여지승람』 권26 경상도 대구도호부 성씨조의 "賓羅曹秫(周官六翼 壽城古有三城 壽大郡 一名壤城 其姓賓 句具城 其姓羅 仍助伊城 其姓曹秫)" 참조.

2. 사비기: 성(촌)에서 자연촌으로 편제

475년 백제는 고구려 장수왕의 공격으로 한성이 함락되고, 개로왕이 붙잡혀 죽자 황급히 웅진으로 천도하였다. 한강 유역을 비롯한 경기도 일대가 고구려 수중에 들어감에 따라 백제의 경제 기반은 그만큼 축소되었다. 이에 백제는 축소된 경제 기반을 확대하기 위해 금강 및 영산강 유역권을 적극 개발하였다. 무령왕이 제방을 완고完固하게 하라는 명령을 내린 것, 유식자들을 귀농시키는 조치를 취한 것, 섬진강 유역 일대로 진출하여 영역을 확대한 것 등이 이를 잘 보여 준다. 그 결과 생산력은 이전에 비해 크게 증대되었을 것이다. 그리고 사비 천도 후 정치적 안정이 이루어짐에 따라 생산력은 더욱 더 증대되었을 것이다.

생산력의 증대는 성(촌)의 성장을 가져왔고, 전정과 호구를 증가시켰다. 호구의 증가를 간접적으로나마 보여 주는 것이 멸망 당시 백제의 호는 76만 호이고[87] 인구는 620만 명이었다는 사실이다.[88] 멸망 당시 백제의 호수가 고구려의 호수 69만 호보다 7만 호나 더 많았다. 이는 백제의 성·촌이 인구 면에서나 생산 면에서 크게 성장하였음을 말해 준다. 이 토대 위에서 성왕은 사비 천도 후 방-군-성(현)제를 실시할 수 있었던 것이다.

방-군-성(현)제에서 방은 5방, 군은 37군, 성은 200~250성(현)이어서 지방통치조직의 수는 300여 개에 달하였다. 웅진기의 22담로와 비교하면 그 수가 획기적으로 늘어났다. 이는 앞에서 언급한 바와 같이 종래 사회 편제 단위였던 성(촌)을 지방통치조직으로 격상시킨 결과이다. 이에 따라 종래 성(촌)을 구성하였던 자연촌이 이제 사회 편제 단위가 되었다. 촌이 사회 편제 단위가 되었음을 보여 주는 것이 〈복암리 407호〉 목간이다(그

---

87 『구당서』 권199 상 열전 제149 상 동이 백제전의 "… 戶七十六萬" 참조.
88 〈대당평백제국비명〉의 "… 戶卅四萬 口六百卅萬" 참조.

림 3-7). 판독문은 다음과 같다.[89]

앞면

丁一　　　中△△

大祀◎村△弥首△作△△

△丁一　　　牛一

뒷면

涇水田二形 得七十二石　　　在月三十日者

◎畠一形 得六十二石

得耕麥田一形半

※ ◎: 목간에 뚫린 구멍 표시

그림 3-7
〈복암리 407호〉
목간의 '대사촌' 부분
(국립부여박물관 제공)

이 목간은 2면 목간인데 제작 연대는 〈복암리
413호〉 목간에 나오는 경오년과 두힐사명 토기의
연대 등을 고려할 때 610년으로 볼 수 있다.[90] 대사
촌大祀村은 목간에서 확인되는 백제 최초의 촌 이
름인데 두힐성에 속하였다. 이 대사촌에는 경수전涇水田, 전畠, 맥전麥田
이 있었고, 새로이 경작할 수 있게 된 밭[得耕田]도 있었다. 이 토지를 경작
또는 소유한 사람은 '미수△弥首△'였고, 그의 집에는 정丁이 한 명, △정
丁이 한 명, 중中△(중구中口?)가 △명이 있었다. 따라서 대사촌은 자연촌
이라 할 수 있다.

89 권인한·김경호·윤선태 공동편집, 2015, 『한국고대 문자자료 연구: 백제(상)―지역별―』,
(한국목간학회 연구총서 01), 주류성, 473쪽.

90 김성범, 2010, 「나주 복암리 유적 출토 목간의 판독과 의미」, 『6~7세기 영산강유역과 백
제』, 국립나주문화재연구소 개소 5주년 기념 국제학술대회, 국립나주문화재연구소·동신
대학교박물관.

두힐성에는 대사촌만 있는 것은 아니라 대사촌과 비슷한 여러 자연촌들이 있었을 것이다. 그러면 두힐성은 대사촌과 같은 여러 자연촌이 모여 이루어진 것으로 볼 수 있다. 이는 자연촌이 사회 편제 단위가 된 것을 보여준다. 이리하여 사비기에 와서 방-군-성(현)의 사회 편제 단위는 성(촌)에서 자연촌으로 바뀌었다. 그렇다면 웅진기는 사회 편제 단위가 성(촌)에서 자연촌으로 바뀌는 과도기라고 하겠다.

3. 지방 세력의 출현과 편제

(1) 지방 세력의 출현과 존재 양태

지방 세력은 한 지역에 토착하여 그 지역에서 영향력을 가지면서 일정하게 정치적 역할을 하는 세력을 말한다. 그러나 지방 세력은 국왕을 대신하는 지방관을 능가할 수 없었다. 지방 세력은 국가 지배체제 속에 편제되어 지방관이 그 지역을 지배하는 임무를 수행하는 데 보조적 역할을 하였다.

지방 세력의 연원은 마한연맹체의 국國 단계까지 올려 볼 수 있다. 국 단계에서 국읍은 정치의 중심지였고 그 주변에 읍락이 있었다. 국읍 수장들은 '간干'·'대인大人'·'주수主帥' 등으로 불렸는데 이 가운데 가장 유력한 자가 국의 지배자가 되었다. 국의 지배자 칭호는 대국의 경우 신지, 소국의 경우 읍차라 하였고, 읍락 수장은 '거수渠帥'로 불렸다. 그러나 국읍 주수의 통제력이 그다지 강고하지 않아 읍락 거수들을 잘 제어할 수 없었다.[91]

연맹체 단계에 오면 맹주국의 힘이 커짐에 따라 읍락에 대한 통제력은

---

91 『삼국지』권30 위서30 동이전 한조의 "其俗少綱紀 國邑雖有主帥 邑落雜居 不能善相制御" 참조.

국 단계보다는 강화되었다. 이후 맹주국은 강화된 힘을 바탕으로 점차 주변국들을 병합하거나 정복하였다. 이리하여 맹주국은 중앙이 되고 정복된 국들은 지방이 되었다. 이 과정에서 정복된 국의 주수 가운데 일부는 중앙으로 올라와 중앙귀족으로 전화轉化되었다. 이들을 편제한 것이 부체제이다. 그러나 중앙으로 올라가지 못하고 그대로 지방에 남게 된 주수나 읍락의 거수들은 지방 세력이 되었다. 이로써 지방 세력이 출현하게 된 것이다.

지방 세력의 존재 양태는 국가 발전 단계에 따라 달랐다. 부체제 단계에서 이 지방 세력들을 부여에서는 호민豪民으로, 고구려에서는 좌식자坐食者로 불렀다.[92] 호민은 '민 가운데 호강豪强한 민'을 가리키며, 좌식자는 '농경에 종사하지 않고 하호들을 부리는 자'라는 의미이다. 이들은 그 지역 사회에서 민民보다는 위상이 높은 존재였지만 중앙의 입장에서 보면 민의 일부였다. 그래서 '호민'이라 한 것이다. 이들은 집집마다 병장기를 가지고 있으면서[93] 부병部兵으로 활동하였다. 이 부병이 이른바 명망군名望軍이다.[94] 이들은 중앙귀족인 부의 장[部長]의 지휘를 받아 전장에 나갔으며, 획득한 전리품을 나누어 가졌다. 이 때문에 부체제 단계에서는 호민이 지방사회에서 가지는 영향력은 컸다고 할 수 있다.

중앙집권체제가 갖추어지면서 부체제 단계의 반공지와 반공민은 이제 공지와 공민이 되었다. 국왕은 공지와 공민을 효율적으로 지배하기 위해 지방통치조직을 만들었다. 이로써 전 국토에 대한 일원적 지배가 이루어지게 되었다. 백제에서 중앙집권체제를 이루어 지방통치조직을 만든 시기는 근초고왕 대이다. 이때 만들어진 지방통치조직이 앞에서 언급한 담

---

92 『삼국지』 권30 위서30 동이전 부여조의 "邑落有豪民民下戶皆爲奴僕"; 고구려전의 "其國中大家不佃作 坐食者萬餘口 下戶遠擔米糧魚鹽供給之" 참조.
93 『삼국지』 권30 위서30 동이전 부여조의 "家家自有鎧仗" 참조.
94 이기백, 1977, 「한국의 전통사회와 병제」, 『한국학보』 3권 1호, 일지사.

로제이다. 국왕은 담로에 지방관을 파견하여 지방에 대한 통제력을 강화하였다. 한성기 및 웅진기에는 이 지방관을 도사라 하였다.

지방관이 파견됨에 따라 지방 세력의 지위는 이전에 비해 떨어지고 또 지역사회에서의 영향력도 그만큼 약화되었다. 다만 한성기의 담로제는 국을 구성하였던 국읍-읍락을 토대로 하였기 때문에 사회 편제 단위의 규모가 컸다. 그래서 지방 세력이 그 지역에서 미치는 영향력은 상대적으로 컸다고 할 수 있다.

이러한 지방 세력의 힘이 크게 약화된 때가 사비기이다. 성왕은 사비로 천도하면서 왕권 중심의 중앙통치조직을 정비하고 동시에 지방통치조직도 정비하였다. 이 지방통치조직이 바로 5방-37군-200~250성(현)제인데 이들을 합치면 그 수는 300여 개 정도였다. 지방통치조직 수의 확대로 지방통치구역의 규모가 축소되었을 뿐만 아니라 파견되는 지방관의 수가 크게 늘어났다. 그에 따라 지방 세력의 정치적·사회적 영향력이 그만큼 약화되어 지방 세력은 이제 지방관을 보좌하는 존재로 자리매김하게 되었다.

(2) 지방 세력의 편제와 관등 수여

지방 세력은 민과 중앙 세력 사이에 위치하였다. 지방에 파견된 지방관은 민으로부터 조세를 거두고 노동력을 동원하는 데 재지 세력들을 활용하였다. 이를 원활히 하기 위해 중앙정부는 재지 세력들을 지배체제 내에 편제해 넣어야 하였다. 그 방법의 하나가 관등의 수여이다. 관등은 그 사람의 정치적·사회적 지위를 나타내 주는 제도적 장치이다.

한성기의 관등은 근초고왕 대에 정비된 14관등제였다. 이 관등은 도성인에게 수여되었다. 문제는 이 14관등이 지방 세력에게도 수여되었느냐의 여부이다. 수여되지 않았다면 지방 세력을 대상으로 하는 별도의 관등체계가 있어야 한다. 한성기의 지방통치조직인 담로는 이전의 국을 구성한 국읍-읍락을 바탕으로 하였기 때문에 재지 세력의 영향력이 상대적으로 강하게 온존되어 있었다. 이로 미루어 재지 세력을 대상으로 하는 별도의 관등체계를 만들었을 가능성을 상정해 볼 수 있다. 그러나 이를 뒷받침해 주는 자료는 현재까지 발견된 것이 없다. 신라의 경우 지방민을 대상으로 하는 외위를 별도로 만들었다. 외위는 악간-술간-고간-귀간-찬간-상간-간-일벌-일척-피일-아척 등 11등급으로 이루어졌다.

사비기에 와서 성왕은 중앙통치조직을 재정비하면서 16관등제를 정비하고, 방-군-성(현)제라는 지방통치조직도 만들었다. 이 과정에서 지방 세력에게도 16관등이 수여되었다. 이를 보여 주는 자료로는 몇 가지가 있다. 첫째, 〈복암리 405호〉 목간이다. 이 목간의 뒷면에는 전항前巷에 사는 오호치烏胡甾가 나솔을, 인비두釰非頭라는 곳에 사는 마진麻進이 한솔을, 그리고 이름을 알 수 없는 자가 덕솔을 지닌 것으로 나온다.[95] 전항은 두힐성 치소의 행정구역명이고 인비두는 두힐성을 구성한 지명이다.[96] 두힐은 현재 전남 나주시 다시면 회진리 지역이다.

둘째, 〈복암리 414호〉 목간에 나오는 '군나의 덕솔 지안[軍那德率至安]'이다. 군나는 본래 굴나屈奈, 굴내屈乃인데 웅진도독부 시기의 대방주 산하의 군나현이다.[97] 그 위치는 전남 함평군 함평읍에 비정된다. 지안은 군

---

95 목간의 판독문은 다음과 같다. 권인한·김경호·윤선태 공동편집, 2015, 『한국고대 문자 자료 연구: 백제(상)―지역별―』(한국목간학회 연구총서 01), 주류성, 467쪽.
　　×尤尸智次　　　　　前巷奈率烏胡甾
　　夜之間徒　　　　　釰非頭扞率麻進
　　×△將法戸匊次　　又德率△　　　　　(×: 글자의 윗부분이 잘린 표시)
96 전항을 근거로 두힐성을 서방성으로 비정거나(김성범, 2010, 「나주 복암리 출토 백제 목간의 고고학적 연구」, 공주대학교 대학원 박사학위논문, 127쪽), 남방성으로 비정하는 견해(최미경, 2012, 「백제의 나주지역 지배와 남방성」, 고려대학교 대학원 석사학위논문)도 있다. 그러나 중방성인 고부에서 출토된 토기와 목간의 '상부상항'에서 보듯이 방성은 부-항으로 이루어졌으므로 이 견해들은 받아들이기 어렵다.
97 『삼국사기』 권제37 잡지 제6 지리4의 "帶方州本竹軍城 六縣 至留縣 本知留 軍那縣 本屈奈 …" 참조.

나에 거주하는 덕솔의 관등을 가진 자였다.

셋째, 연기(현재 세종시) 비암사 출토 〈계유명아미타불삼존사면석상명〉에[98] 나오는 달솔 신차원身次願이다. 이 불비상이 조성된 시기인 계유년은 673년(신라 문무왕 13)으로 백제가 멸망한 지 13년밖에 되지 않는다. 또 〈사면석상〉의 진무眞武와 〈삼존천불비상〉의 진모씨眞牟氏는 백제의 대성8족에 속하는 진씨이다. 이 불비상을 조성한 집단은 백제 유민이므로[99] 신차원은 백제가 망하기 전에 연기 지역에 살던 달솔의 관등을 지닌 인물로 볼 수 있다.

이러한 자료에 나오는 나솔, 한솔, 덕솔, 달솔 등의 관등을 가진 자들에 대해 왕경인으로 보는 견해도 있다. 그러나 신라가 통일 이후 지방에 대한 통제력이 강화되자 외위체계를 폐지하고 지방인에게도 17관등을 수여한 것에서[100] 미루어 볼 때, 백제도 사비기에 와서 지방 세력에게 16관등을 수여하였다고 보는 것이 타당하다. 이제 지방민도 왕경인처럼 '왕화王化의 대상'이 된 것이다. 이를 보여 주는 것이 익산 미륵사지 서탑에서 출토된 〈사리봉영기〉의 '무육만민撫育萬民'이란 표현이다. '무육'은 제왕이 하는 정치 행위이고, '만민'은 제왕의 영토 내에 살고 있는 모든 사람을 말한다. 이 만민에 왕도인과 더불어 지방민도 포함되었음은 물론이다.

관등을 받은 지방 세력은 지방관을 보좌하여 지방 통치에 일정하게 참여하였다. 백제 멸망 직후 풍달군장인 흑치상지가 부흥군을 일으켰을 때

---

98 석상 명문에 대한 판독문은 국립청주박물관, 2013, 『불비상, 염원을 새기다』 참조.

99 황수영, 1973, 「충남연기석상조사」, 『한국불상의 연구』, 삼화출판사; 김주성, 2020, 「연기 불비상에서 찾은 백제 유민들의 삶」, 최병식 외, 『스러져간 백제의 함성—한국사 최초의 국권회복운동 '백제부흥운동'—』, 주류성.

100 『삼국사기』 권제40 잡지 제9 직관 하 외관조의 "外位 文武王十四年 以六徒眞骨出居於五京九州 別稱官名 其位視京位 嶽干視一吉湌, 述干視沙湌, 高干視級湌, 貴干視大奈麻 選干(一作撰干)視奈麻 上干視大舍 干視舍知 一伐視吉次 彼日視小烏 阿尺視先沮知" 참조.

행동을 같이한 10여 명의 좌우 추장酋長은[101] 바로 풍달군의 재지 세력으로서 군장의 지방행정을 보좌하였다. 그래서 좌우라 하였던 것이다. 보좌관의 수는 최소 10명인데 이들은 관등을 갖고 군정에 참여하였을 것이다. 그러나 이들이 지닌 관등이 무엇이며 맡은 직책의 명칭이 무엇인지는 자료가 없어 알 수 없다. 다만 〈복암리 407호〉 목간에 나오는 대사촌大祀村 다음의 보이지 않는 △를 '주主'로 추독한 견해를 따르면 대사촌주大祀村主라는 '촌주'의 존재를 확인할 수 있다. 그러나 '주'자 판독이 분명하지 않아 현재로서는 추론에 불과하다. 신라의 경우 재지 세력이 맡은 직책은 촌주村主, 군사軍師, 이사吏였다. 이사吏의 사례로는 무진주리武珍州吏 안길安吉을[102] 들 수 있다.

Ⅳ. 호구 파악과 호적제

1. 『일본서기』 계체기 3년조의 관·부도·절관·부관

지방통치조직은 효율적으로 민을 지배하기 위해 만들어졌다. 민은 국가 운영의 토대가 되며 조세와 역역力役의 의무를 졌으며, 국가는 민을 파악하기 위해 호적을 만들었다. 백제도 호적을 만들었다. 백제의 호적과 관련하여 먼저 정리해야 할 것이 『일본서기』 계체기 3년조 기사이다.

---

101 『삼국사기』 권제44 열전 제4 흑치상지전의 "常之懼 與左右酋長十餘人遯去 嘯合遺亡 … 歸者三萬" 참조.
102 『삼국유사』 권제2 기이 제2 문무왕 법민조의 "王一日召庶弟車得公曰 … 公著緇衣 … 出京師 … 至於武珍州(今海陽) 巡行里閈 州吏安吉見是異人…" 참조.

봄 2월에 사신을 백제에 보내어(백제본기에 이르기를 '구라마치기미가 일
본으로부터 왔다'고 하는데 자세하지 않다) 임나 일본현읍에 있는 백제 백성들
가운데 도망가서 호적에서 끊어진 지 3~4세가 된 자들을 괄출하여 아울러 백
제에 옮겨 호적에 넣었다.[103]

이 기사는 백제가 타국으로 도망간 백성들을 추쇄推刷한 것을 보여 준
다. 계체 3년은 509년(무령왕 9)이다. 이 기사의 부도浮逃, 절관絕貫, 부
관附貫은 율령과 관련되는 용어이다. 일본에서 율령은 천무조天武朝
(673~685)에 체계화되었다.[104] 『율령』 호령戶令에는 부도, 절관, 부관이 하
나의 문장 속에 모두 보인다.[105]

이를 근거로 이 기사는 일본에서 율령제가 성립된 이후의 상황을 반영
하는 것이어서 509년 당시의 상황을 보여 주는 것이 아니라는 견해도 있
다. 그러나 백제는 앞에서 언급한 것처럼 근초고왕 대에 이미 율령을 반포
하였을 가능성이 높고 또 무령왕 대에는 율령을 정비하였다. 따라서 이 용
어들은 백제에서 행해진 일련의 일들을 8세기 후반에 제정된 일본 율령의
용어로 표현한 것으로 보는 것이[106] 타당하다. 무엇보다 이 기사는 백제가
무령왕 대에 가야 지역으로 도망한 백성들을 추쇄하여 호적에 올린 것을
보여 준다. 여기서는 이러한 관점에서 관, 부도, 절관, 부관 등의 의미를
정리해 두기로 한다.

---

103 『일본서기』 권17 계체기 3년조의 "春二月 遣使于百濟(百濟本記云久羅麻致支彌 從日本
    來 未詳也) 括出在任那日本縣邑百濟百姓浮逃絶貫三四世者 竝遷百濟附貫也" 참조.
104 井上光貞, 1977, 「日本律令の成立とその注釋書」, 井上光貞 外, 『律令』, 岩波書店,
    746~751쪽.
105 『율령』 영 권제4 호령 제8 17의 "凡浮逃絶貫 及家人奴婢 被放爲良 若訴良得免者 竝於所
    在附貫 若欲還本屬者聽" 참조.
106 노중국, 2010, 『백제사회사상사』, 지식산업사, 215~220쪽.

'관'은 적관籍貫으로[107] 호적을 말한다. 『일본서기』 흠명기에는 진인秦人, 한인漢人 등 외국에서 온 자들을 국군國郡(지방)에 안치한 후 호적에 올린 것을 '편관호적編貫戶籍'이라 하였다.[108] 이 편관호적은 백제 개로왕 대에 도미都彌를 '편호소민編戶小民'이라 한 편호와 〈대당평백제국비명〉의 '각제편호各齊編戶' 부분의 편호와 상통한다.

'부도浮逃'의 '부'는 부랑浮浪을, '도'는 도망逃亡을 말한다.[109] 이는 「당률唐律」에서 '망亡'을 '일을 피해 도망한 것[避事逃亡]'으로, 부랑을 '다른 곳으로 유랑한 것[流在他所]'으로 정의한 것과[110] 동일하다. 부랑과 도망은 본관의 땅을 떠난 것이라는 점에서 공통성을 가지지만 법률적으로는 구분되었다.[111] 구분의 기준은 부역의 납부 여부에 있었다. 그렇지만 실제로는 혼용되는 예도 많았다고 한다.[112] 따라서 양자를 포괄적으로 활용하는 것이 타당할 것이다.

'절관絕貫'은 호적에서 삭제되는 것을 말한다. 『율령』 호령에는 도망호逃亡戶의 경우 5보五保로 하여금 추적해 찾게 하고[追訪], 3년이 지나도 추쇄되지 않으면 계장計帳에서 삭제하도록 하였다.[113] 계장은 당제唐制에서 각호가 매년 호구 등의 내역을 신고하고 주현향리州縣鄕里가 그것을 정리

107 池田溫, 1979, 『中國古代籍帳硏究—槪觀, 錄文—』, 東京大學出版會, 37쪽.
108 『일본서기』 권19 흠명기 원년조의 "八月 … 召集秦人漢人等諸蕃投化者 安置國郡 編貫戶籍 秦人戶數總七千五十三戶" 참조.
109 『율령』 영 권제4 호령 제8 11의 보주 17a의 "(浮者浮浪也 逃者逃亡也)" 참조.
110 『관관 당률소의』 권28 부랑타소조의 "諸非亡而浮浪他所者 十日笞十 … 疏議曰 非亡謂 非避事逃亡 而流在他所者 十日笞十 … 留住亡歸者 亦同浮浪之罪 …" 참조.
111 『관관 당률소의』 권28 제정부잡장재역급공악잡호망자조의 "問曰 有軍名而亡 於他所附 貫 課役如法 惟無軍名 合當何罪 答曰 逃亡之罪 多據闕課 無課之輩 責其浮遊 …"; 제비 망이부랑타소조의 "若營求資財 及學宦者各勿論 關賦役者 各依亡法" 참조.
112 『율령』 영 권제4 호령 제8 11의 보주 17a.
113 『율령』 영 권제4 호령 제8 10의 "凡戶逃走者 令五保追訪 三周不獲除帳 其地還公 未還之間 五保及三等以上親 均分佃食 租調代輸 … 戶內口逃者 同戶代輸 六年不獲亦除帳 地 准上法" 참조.

하여 정서한 문서인 수실手實을 토대로 하여 과구수課口數 등 과역課役 징수에 관계되는 사항을 집계한 문서를 말한다.[114] 계장에서 삭제되면 과역을 매길 수 없다. 그래서 절관이라 한 것이다. 백제의 경우 절관하는 기준이 3년인지의 여부는 알 수 없지만 부도한 자가 일정한 기간이 지나도 돌아오지 않으면 호적에서 삭제하였을 것이다.

'부관附貫'은 본관을 정하여 호적에 올리는 것을 말한다. 「당률」제정부잡장재역급공악잡호망자조에는 "군적에 이름만 있고 도망하여 다른 곳에서 호적에 이름을 붙인 자의 과역은 법대로 한다"로 되어 있다.[115] 『율령』 호령 14 신부호新附戶 규정에는 "새로이 호에 올리거나 본관이 2개 있을 경우 선관先貫을 우선한다"고 하였고,[116] 호령 16에는 몰락한 외번인外蕃人이 돌아왔을 때는 구관舊貫에 의하여 안치하되 구관이 없을 경우 임시로 가까운 친척[近親]에 부관하도록 하고, 귀화인의 경우는 관국寬國에 부관하도록 하였다.[117] 또 호령 17에는 부도절관한 자와 노비였다가 방량된자 및 억울하게 노비가 되었다가 면천된 자들은 소재지에 부관하되 원할경우 본속本屬에 돌아가는 것도 허락한다고 하였다.[118] 본속은 「당률」의 본소本所와[119] 같은 것으로 부도하기 전의 본적지를 말한다.

이러한 점들을 고려할 때 백제도 부도절관한 자들을 추쇄하여 호적에 올

114 『율령』영 권제4 호령 제8 18의 보주 18a.
115 『관관 당률소의』권28 제정부잡장재역급공악잡호망자조의 "問日 有軍名而亡 於他處附貫 課役如法 惟無軍名 合當何罪" 참조.
116 『율령』영 권제4 호령 제8 14의 "凡新附戶 … 若有兩貫者 從先貫爲定" 참조.
117 『율令』영 권제4 호령 제8 16의 "凡沒落外蕃得還 及化外人歸化者 … 化外人 於寬國附貫 安置 沒落人依舊貫 無舊貫 任於近親附貫 …" 참조.
118 『율령』영 권제4 호령 제8 17의 "凡浮逃絶貫 及家人奴婢 被放爲良 若訴良得免者 並於所在附貫 若欲還本屬者聽" 참조.
119 『관관 당률소의』권28 제정부잡장재역급공악잡호망자조의 "問日 有軍名而亡 於他處附貫 課役如法 惟無軍名 合當何罪 答日 逃亡之罪 多據闕課 … 逃亡自首 減罪二等坐之 仍勒還本所" 참조.

린 것으로 볼 수 있다. 호적에 올릴 때 일차적으로 구관에 의거하고, 구관이 없을 경우 근친에게 부관하거나 소재지에 부관하였을 것이다. 이때의 '관貫'은 오늘날의 본관을 의미하는 것이 아니라 호적이 되어 있는 곳, 즉 본래 살고 있던 지역을 의미하는 '본소本所'나 '본속本屬'과 같은 것이다.

2. 호적제 실시

백제가 가야 지역으로부터 추쇄해 온 백제 백성들을 관貫에 올렸다는 것은 호적대장을 만들었음을 보여 준다. 호적대장은 호적제에 의해 만들어진다. 백제가 호적을 만들었음은 『삼국사기』 의자왕조에 나오는 "적호구籍戶口"와[120] 〈대당평백제국비명〉의 '각제편호各齊編戶'에 의해 확인된다. 두 기사는 백제가 멸망한 직후 당나라가 실시한 조처이다. 그러나 이 시기에 당은 백제부흥군과의 전쟁에서 고전을 면치 못하여 그 통치력이 실제 미칠 수 있는 지역은 매우 제한되어 있었다. 이로 말미암아 당이 백제고지 전역에 걸쳐서 호구 파악을 한다는 것은 불가능하였다. 따라서 당이 실시한 '적호구'와 '편호'는 멸망 이전에 백제가 파악한 호구를 재정리한 것으로 보는 것이[121] 타당하다.

백제에서 호적과 관련한 최초의 자료는 『삼국사기』에 도미都彌를 '편호 소민編戶小民'이라 한 기사[122]이다. 편호는 담세할 능력이 되지 않는 자연호를 몇 개 합쳐 담세할 수 있는 호로 만든 행정호行政戶를 말한다. 이 편호는 하나의 자연호로 이루어질 수도 있고 2개 이상의 자연호를 묶어서

---

120 『삼국사기』 권제28 백제본기 제6 의자왕 20년조.
121 노명호, 1988, 「나말여초 친족조직의 변동」, 우인김용덕박사정년기념사학논총간행위원회, 『우인김용덕박사정년기념논총』, 태광문화사.
122 『삼국사기』 권제48 열전 제8 도미전.

만들 수도 있다.[123] 도미는 비자婢子를 거느리고 있었으므로 그 자체로 편호가 될 수 있었다. 편호소민은 개로왕 대에 이미 호적이 만들어졌고 편호제도 실시되었음을 보여 준다.[124]

그러나 편호소민 기사는 백제에서 호적제 실시의 하한선을 보여 주는 것이지 상한선이 아니다. 따라서 호적제를 최초로 실시한 시기는 개로왕 이전으로 올려야 한다. 그 시기를 추정하는 데 단서가 되는 것이 지방통치조직의 설치이다. 지방통치조직은 조세 수취와 노동력 동원을 원활하게 하기 위해 설치되었기 때문이다.

앞에서 언급한 바와 같이, 백제는 근초고왕 8년(353)에 지방통치조직인 담로제를 실시하였다. 담로제를 통해 백제는 전국의 토지를 파악하여 소출을 기록하고 인구를 파악하여 호적을 만들 수 있었다. 따라서 백제에서 호적제의 실시는 늦어도 근초고왕 대로 파악하는 것이 타당하다. 이 호적을 『일본서기』 중외기에는 '도적圖籍'이라 하였다.[125]

475년 고구려 장수왕의 공격을 받아 왕도가 함락되자 문주왕은 웅진으로 천도하였다. 그러나 문주왕은 황급히 천도하는 바람에 통치에 필요한 도적圖籍들을 하나도 챙기지 못하였다. 왕실을 따라 남으로 이동해 온 한성 지역의 민들은 연고가 없는 여러 곳에 분산 정착하게 됨으로써 그 실제 삶을 구체적으로 파악하기 어려웠다. 여기에 더하여 귀족들 사이의 정쟁은 정치 질서를 어지럽게 하였다. 따라서 호구 파악이 제대로 이루어지지 못하였을 것이다.

그러나 무령왕은 9년(509)에 다른 지역으로 도망간 자들을 추쇄해 오는

123 김기흥, 1991, 『삼국 및 통일신라 세제의 연구―사회변동과 관련하여―』, 역사비평사.
124 양기석, 1986, 「삼국사기 도미열전 소고」, 이원순교수화갑기념사학논총간행위원회, 『이원순교수화갑기념사학논총』, 교학사.
125 『일본서기』 권9 신공기 9년조의 "封重寶府庫 收圖籍文書 … 高麗百濟二國王 聞新羅收圖籍 降於日本國" 참조.

인구 추쇄 작업을 하였다. 10년(510)에는 저수지 제방을 튼튼하게 하도록 명령을 내리고 또 서울과 지방[內外]의 유식자들을 귀농시켜[126] 이들을 호적대장에 올렸다. 이리하여 웅진 천도 초기에 혼란스럽게 된 호적제가 다시 정비되었다.

사비기에 와서 호구 파악과 호적 작성은 보다 체계적으로 이루어졌다. 이 시기 왕도는 5부-5항으로 편제되었고, 지방통치조직은 방-군-성(현) 제로 정비되었다. 따라서 호구 파악은 왕도에서는 부가 맡았고, 지방에서는 방-군-성(현)이 담당하였다. 부여 궁남지에서 출토된 〈서부후항〉 목간은 왕도의 서부가 호구 파악의 책임을 맡았음을, 나주 복암리 출토 호구목간은 두힐성이 호구 파악 업무를 맡았음을 보여 준다. 이는 〈남산신성비〉에서 보듯이 중고기의 신라가 왕경에서는 부部를 단위로, 지방에서는 성촌城村을 단위로 노동력을 동원한 것이[127] 방증한다. 이렇게 파악된 호구를 총괄하여 관리한 관청이 외관 10부의 하나인 점구부點口部였다.

3. 목간이 보여 주는 호구 파악의 실제

백제가 호구를 파악한 구체적인 모습은 목간을 통해 살펴볼 수 있다. 호구 파악을 보여 주는 목간으로는 부여 궁남지에서 발굴된 〈서부후항〉 목간(그림 3-8)과 나주 〈복암리 407호〉 목간이 있다.

---

126 『삼국사기』 권제26 백제본기 제4 무령왕 10년조의 "春正月 下令完固隄防 驅內外游食者 歸農" 참조.
127 진홍섭, 1965, 「남산신성비의 종합적 고찰」, 『역사학보』 26집, 역사학회; 이종욱, 1974, 「남산신성비를 통하여 본 신라의 지방통치체제」, 『역사학보』 64집, 역사학회.

〈서부후항〉 목간 판독문[128]

앞면

西阝◎阝夷

뒷면

西阝後巷巳達巳斯丁 依活△△△丁

◎

歸人中口四 小口二 邁羅城法利源水田五形

〈복암리 407호〉 목간 판독문[129]

앞면

丁一 　　中△△

大祀◎村△弥首△作△△

△丁一　　牛一

뒷면

涇水田二形 得七十二石　　　　在月三十日者

◎畠一形得 六十二石

그림 3-8 〈서부후항〉 목간　　得耕麥田一形半
(국립부여문화재연구소 제공)

※ ◎: 목간에 뚫린 구멍 표시

　　이들 목간에는 정丁, 중구中口가 나오고 소구小口도 보인다. 이는 민을
연령 등급으로 나누었음을 보여 준다. 연령 등급은 연령을 일정한 구간으

128　최맹식·김용민, 1995, 「부여 궁남지 내부 발굴조사개보─백제목간 출토 의의와 성과─」,
　　『한국상고사학보』 20, 한국상고사학회; 권인한·김경호·윤선태 공동편집, 2015, 『한국고
　　대 문자자료 연구: 백제(상)─지역별─』(한국목간학회 연구총서 01), 주류성, 89쪽.
129　김성범, 2009, 「나주 복암리 유적 출토 백제목간과 기타 문자 관련 유물」, 『백제학보』 창
　　간호, 백제학회; 권인한·김경호·윤선태 공동편집, 2015, 『한국고대 문자자료 연구: 백
　　제(상)─지역별─』(한국목간학회 연구총서 01), 주류성, 472~475쪽.

로 나누어 인구를 파악하는 방법의 하나이다. 궁남지 출토 〈서부후항〉 목
간의 제작 시기는 6세기 중후반이다. 이 시기는 남조의 양梁 대, 진陳 대,
북조의 북제北齊 대이다.

　북제는 하청 3년(564)에 15세 이하를 소小, 16세 이상 17세 이하를 중中,
18세 이상 65세 이하를 정丁, 66세 이상을 노老로 파악하였다.[130] 수나라
는 3세 이하를 황黃, 10세 이하를 소, 17세 이하를 중, 18세 이상을 정, 60
세 이상을 노로 파악하였다.[131] 당나라의 경우 무덕 7년(624)에 남녀 모두
3세 이하를 황, 4세를 소, 16세를 중, 21세를 정, 60세를 노로 파악하였지
만, 신룡 원년(705)에 22세를 정, 58세를 노로 파악하기도 하였고, 천보 3
년(744)에는 18세를 중남, 22세를 정으로 파악하기도 하였다.[132]

　백제 위덕왕은 17년(570)과 19년(572)에 북제에 사신을 보냈고, 북제는
571년에 위덕왕을 동청주자사東青州刺史로 책봉하였다. 이는 두 나라가
밀접하게 교섭과 교류를 하였음을 보여 준다. 이로 미루어 백제는 북제의
제도를 본으로 하여 연령 등급을 소, 중, 정, 노의 네 등급으로 나누지 않
았을까 한다.[133] 일본의 경우 당의 율령을 거의 그대로 받아들여 연령에 따
라 인구를 황(3세 이하)-소(16세 이하)-중(20세 이하)-정(21세)-노(61세)-
기耆(66세)의 6등급으로 나누었고,[134] 신라의 경우 7세기 말의 〈신라촌락

130　『수서』권24 지 제19 식화의 "至河淸三年定令 … 男子十八以上六十五已下爲丁 十六已
　　上十七已下爲中 六十六已上爲老 十五已下爲小" 참조.
131　『수서』권24 지 제19 식화의 "武帝保定二年正月 … 及受禪 又遷都 發山東丁 … 仍依周
　　制 役丁爲十二番 … 男女三歲已下爲黃 十歲已下爲小 十七已下爲中 十八已上爲丁 丁從
　　課役 六十爲老乃免" 참조.
132　『구당서』권48 지 제28 식화 상의 "武德七年 始定律令 … 男女始生者爲黃 四歲爲小
　　十六爲中 二十一爲丁 六十爲老 每歲一造計帳 三年一造戶籍 … 神龍元年 … 上表請
　　以二十二爲丁 五十八爲老 制從之 及韋氏誅 復舊 至天寶三年 又降優制 以十八爲中男
　　二十二爲丁" 참조.
133　노중국, 2010, 『백제사회사상사』, 지식산업사, 222쪽.
134　『율령』권제4 호령 제8 6의 "凡男女 三歲以下爲黃 十六以下爲小 廿以下爲中 其男
　　二十一爲丁 六十一爲老 六十六爲耆 無夫者爲寡妻妾" 참조.

장적)에는 연령 등급을 소자·소녀자-추자·추녀자-조자·조녀자-정·정 녀-노공·노모-제공·제모라 하여 6등급으로 나누었다.

　연령 등급의 일차 기준은 정의 연령이다. 백제에서 정의 연령을 보여 주는 직접적인 자료는 없다. 중국의 경우 정의 연령 상한선은 나라별로 상이하다. 북제는 65세까지였으며, 북주의 경우 부세 부과는 64세까지, 역 부과는 59세까지였으며, 수의 경우 59세까지 역이 부과되었다. 그런데 위덕왕은 577년에 북주에 사신을 보내는 등 북주와도 교섭과 교류를 하였을 뿐만 아니라 북주의 주례주의를 바탕으로 제도 개혁을 하였다.[135] 이로 미루어 백제는 북주의 제도를 본받아 정의 연령을 20세에서 59세까지로 하지 않았을까 한다.[136] 이와는 달리 백제의 정의 연령을 20~60세로 보는 견해도[137] 있다.

　중구中口의 경우 북제는 16~17세였지만, 수나라는 11~17세였다. 그런데 백제는 15세 이상을 동원하여 성을 축조하였다.[138] 북제에서도 15세 이상의 남자는 경작에, 여성은 잠상蠶桑에 동원되었다.[139] 이로 미루어 백제의 중구는 15~17세로 볼 수 있다. 그러면 소구는 14세 이하, 노는 60세 이상이 된다. 소와 노는 역을 지지 않았다.

　호적을 만들어 파악한 백제의 호구에 대해 『구당서』 백제전에는 76만 호로 나오지만[140] 〈대당평백제국비명〉에는 24만 호에 620만 구로 나온다.

135　양기석, 1990, 「백제 위덕왕대 왕권의 존재형태와 성격」, 『백제연구』 21집, 충남대학교 백제연구소.

136　노중국, 2010, 『백제사회사상사』, 지식산업사, 223쪽.

137　이용현, 1999, 「부여 궁남지 출토 목간의 연대와 성격」, 『궁남지』(국립부여문화재연구소 학술연구총서 제21집), 국립부여문화재연구소.

138　『삼국사기』 권제26 백제본기 제4 동성왕 12년조의 "秋七月 徵北部人年十五歲已上 築沙峴耳山二城" 참조.

139　『수서』 권24 지제19 식화의 "至河淸三年定令 … 自春及秋 男十五已上 皆布田畝 桑蠶之月 婦女十五已上 皆營蠶桑" 참조.

140　『구당서』 권199 상 열전 제149 상 동이 백제전의 "其國舊分爲五部 統郡三十七 城二百

두 자료는 호수에 큰 차이가 난다. 620만 구를 24만 호와 대비하면 1호당 인구는 25~26명 정도가 되고, 76만 호와 대비하면 1호당 인구는 8명 내외가 된다. 24만 호는 〈대당평백제국비명〉의 '각제편호各齊編戶'에서 보듯이 편호이므로 76만 호는 자연호가 된다. 그렇다면 백제는 자연호 3호 정도를 하나의 편호로 편제한 것 같다.

호적을 작성하여 파악한 인구는 군역과 요역徭役에 동원되었다. 군역의 대상은 정丁이었다. 그래서 목간에도 정이 가장 많이 나온다. 부여 능산리사지 출토 목간 296호의 '마력용정麻力用丁'과 목간 307호의 '자정資丁', 부여 현내들 유적 출토 목간 85-8호의 '정丁'과 '주정酒丁' 그리고 173-3번지 출토 목간 223호의 '정丁', 부여 쌍북리 201-4번지 출토 목간의 '형습리정兄習利丁' 등이 그 예이다.

군역에 나가는 정의 복무 기간을 보여 주는 자료는 없다. 그런데 『고려사』에 백제 속악으로 나오는 「선운산가禪雲山歌」에는[141] 정역征役에 나간 장사인長沙人이 기한이 지나도 돌아오지 않았다고 하였다. 이는 군 복무 기간이 정해져 있었음을 보여 준다. 그러나 기한이 지나도 돌아오지 않았다는 것에서 보듯이 이 원칙이 지켜지지 않은 경우도 있었다. 이에 대해서는 제4부에서 다시 언급할 것이다.

요역은 산성 축조, 도로 개설, 저수지 제방 축조, 능묘 축조 등과 같은 토목공사가 주를 이룬다. 요역에 동원되는 노동력은 중구 이상의 나이였다. 전지왕이 15세 이상의 동부인東部人과 북부인北部人을 징발하여 사구성을 쌓은 것,[142] 동성왕이 15세 이상의 북부인을 징발하여 사현성과 이산성

戶七十六萬"참조. 동일한 내용이 『삼국사기』 권제28 백제본기 제6 의자왕 20년조에 나온다.

141 『고려사』 권71 지 권제25 악2 삼국속악 백제조의 "禪雲山 長沙人征役 過期不至 其妻思之 登禪雲山 望而歌之"참조.

142 『삼국사기』 권제25 백제본기 제3 전지왕 13년조의 "秋七月 徵東北二部人 年十五已上

을 축조한 것과 무령왕이 15세 이상의 한북의 주군민을 징발하여 쌍현성을 쌓은 것[143] 등이 이를 보여 준다. 그렇다면 무령왕이 제방을 완고하게 하기 위해 동원한 노동력도 15세 이상이었을 것이다.

국가는 이러한 인적 구성을 갖는 개별 호에 조세와 역역을 부과하였다. 그 과정은 다음과 같이 정리할 수 있다. 중앙정부에서는 방과 군 그리고 성(현)에 수취해야 할 각종 조세와 역역을 부과하였다. 그러면 방성과 군성 그리고 각 성(현)에서는 사회 편제 단위로서의 촌에 세역稅役을 부과하였다.[144] 이때 촌 내부의 사정에 밝은 재지 유력층은 조세 수취와 노동력 동원이 원활히 되도록 지방관을 도왔을 것이다.

　　築沙口城 使兵官佐平解丘監役"참조.
143 『삼국사기』 권제26 백제본기 제4 무령왕 23년조의 "王幸漢城 命佐平因友 達率沙烏等 徵漢北州郡民 年十五歲已上 築雙峴城"참조.
144 김영심, 1998, 「백제의 성, 촌과 지방통치」, 『백제연구』 28집, 충남대학교 백제연구소.

제4부

군사제도와 운영

I. 국왕의 집권력 강화와 군사권의 일원화

1. 비류왕의 부병 해체와 군사권 강화

군사제도는 군사를 징집하고, 훈련하여 전투에 이용하기 위한 제도로 병제兵制라고도 한다. 『고려사』 병지兵志 서문에서는 "병兵이란 외적을 방어하고 내란을 토벌하기 위한 것으로 천하天下와 국가를 가진 자는 반드시 폐지할 수 없는 것이고, 병제兵制의 득실得失에 국가의 안위가 달려 있는 것이다"[1]라고 하였다. 이는 군사제도를 압축적으로 표현한 것이다. 이처럼 군사조직은 밖으로는 외침에 대비하면서 영토를 확장하고, 안으로는 체제의 존속이나 변화에 영향을 미치는 핵심적인 권력 기구였다.

백제에서 군사조직이 본격적으로 정비되기 시작한 것은 부체제 단계에

---

1 『고려사』 권81 지 권제35 병1 병조 서문의 "兵者 所以禦暴誅亂 有天下國家者 固不可廢 而兵制之得失 國家之安危係焉" 참조.

이르러서이다. 앞에서 언급한 것처럼 백제가 부체제를 성립시킨 것은 3세기 후반인 고이왕 대이다. 이 시기 군사조직은 국왕 직속의 군사조직과 부部의 장長들이 중심이 된 군사조직으로 이루어졌다. 국왕 직속의 군사조직 운용에서 핵심적인 역할을 한 것은 좌장이었다. 좌장은 고이왕 7년(240)에 설치되었다. 고이왕은 종래 좌보와 우보가 관장하던 군사권(내외병마사)을 좌장에게 맡김으로써[2] 군사권을 왕권 아래에 둘 수 있게 되었다.

그러나 이 시기에 부의 장들은 부여에서 '적이 있으면 제가諸加들이 스스로 싸웠다'고 한 것에서 보듯이 스스로 군대를 거느리고 전쟁에 나갔다. 부의 장들은 일정하게 군사적 자율권이 있었다. 부의 장들이 거느린 군대가 바로 부병部兵이다. 부병은 좌식자坐食者, 즉 호민豪民으로 이루어졌다. 이들은 농경에 종사하지 않고 하호下戶들을 거느렸으며, 각각의 집에 병장기를 마련해 두었다.[3] 전장에 나가 싸워 승리하면 그 대가로 전리품을 독차지하였다. 그래서 부병은 명망군名望軍이라 할 수 있다.[4] 반면에 하호들은 식량을 운반해 주는 역할을 하였다.

부병의 토대는 부의 장들이 별도로 주관한[別主] 반공지半公地와 반공민半公民이었다. 부의 장들은 반공지에 살고 있는 민들을 징발하여 부병을 조직하였고, 상황에 따라 독자적으로 군사 활동을 하였다. 초고왕 대에 북부 진과眞果가 부병 1,000명을 거느리고 말갈과 싸운 것이[5] 그 예이다. 이처럼 부체제 단계에서 군사조직은 이원적으로 운영되었다. 따라서 중앙집권체제의 확립은 군사권의 일원화와 맞물려 있다.

---

2 『삼국사기』 권제24 백제본기 제2 고이왕 7년조의 "夏四月 拜眞忠爲左將 委以內外兵馬事" 참조.

3 『삼국지』 권30 위서30 동이전 부여조의 "… 以弓矢刀矛爲兵 家家自有鎧仗 … 有軍事亦祭天 殺牛觀蹄 以占吉凶 … 有敵諸加自戰" 참조.

4 이기백, 1977, 「한국의 전통사회와 병제」, 『한국학보』 3권 1호, 일지사.

5 『삼국사기』 권제23 백제본기 제1 초고왕 49년조의 "秋九月 命北部眞果領兵一千 襲取靺鞨石門城" 참조.

백제에서 부의 장들이 지닌 군사력을 해체하여 국왕 중심으로 일원화해 나간 시기로 주목되는 것이 비류왕 대이다. 비류왕은 구원 북쪽에서 전렵할 때 사슴을 쏘아 잡을 정도로 무예에 능하였다.[6] 17년(320)에 궁궐 서쪽에 사대를 만들어 매달 보름과 그믐에 활쏘기 연습을 하는[7] 등 군사 훈련에도 힘을 기울였다. 사대를 궁궐 서쪽에 만든 것은 오행사상의 영향이다. 오행사상에서 서쪽은 무武에 해당된다. 이는 군사 훈련이 체계적으로 이루어지고 있었음을 보여 준다.

그러나 비류왕 24년(327) 9월 뜻밖의 일이 발생하였다. 내신좌평에 임명된 서제 우복優福이 북한산성을 근거로 반란을 일으킨 것이다. 백제사에서 왕족이 반란을 일으킨 것은 이것이 처음이다. 이 반란군은 우복과 그에게 협조한 부의 유력자들이 지닌 군사력이었을 것이다. 비류왕은 이 반란을 평정하였다.

이후 비류왕이 왕권 안정을 위해 취한 조치를 추론하는 데 단서가 되는 것이 신라 신문왕이 681년에 소판 김흠돌金欽突의 반란을 평정한 이후 취한 조치이다. 김흠돌은 왕의 장인이었을 뿐만 아니라 통일 전쟁 과정에서 대당大幢장군을 맡아 큰 공을 세웠다. 그렇지만 그는 파진찬 흥원興元, 대아찬 진공眞功 등과 함께 반란을 일으켰다. 우복의 반란과 김흠돌의 반란은 왕의 최측근 인물이 일으킨 반란이라는 점에서 공통점이 있다. 따라서 반란을 평정한 이후의 후속 조치도 비슷하였을 것이다.

신문왕은 일차적으로 반란에 가담한 자들은 모조리 찾아내어 죽인 후 병부령을 맡은 이찬 군관軍官이 역모를 알고도 알리지 않았다는 죄목으로

---

6 『삼국사기』 권제24 백제본기 제2 비류왕 즉위년조의 "强力善射"; 22년조의 "十一月 王獵於狗原北 手射鹿" 참조.

7 『삼국사기』 권제24 백제본기 제2 비류왕 17년조의 "秋八月 築射臺於宮西 每以朔望習射" 참조.

적자嫡子와 함께 스스로 목숨을 끊도록 하였다. 그리고 왕의 호위대인 시위부의 감監을 혁파한 후 장군 6명을 두어 시위대를 강화였다.[8] 그 조치의 핵심은 반군 세력을 철저하게 단죄하면서 왕권에 저항하는 세력을 제거하는 것이었다. 이를 통해 신문왕은 통일 이후의 왕권을 안정시켰다. 이로 미루어 비류왕도 반란에 가담한 세력들을 철저히 응징하고 나아가 왕권에 걸림돌이 되는 세력마저 제거하였을 것이다. 이 과정에서 비류왕은 부의 장들의 군사적 기반을 해체하고, 부병을 왕권 아래의 공병公兵으로 전환시키고, 나아가 국왕 시위대도 강화하였을 것이다.[9]

한편 비류왕은 진의를 내신좌평에 임명하고 또 진의의 딸로 추정되는 진씨 출신의 여성을 아들 근초고의 부인으로 삼아 정치적 지지 기반을 확대하였다. 또 벽골제를 축조하여 농업생산력을 높임으로써 왕정의 물적 기반을 확대하였다.

2. 군사조직 정비

부왕 비류왕이 이룩한 정치적·경제적·군사적 안정의 토대 위에서 근초고왕은 중앙집권체제를 갖추어 나갔다. 여기에는 군사조직의 정비가 필수적이었다. 이에 근초고왕은 부체제 단계의 이원적인 군사 운용 체계를 개편하여 왕권 중심으로 일원화하였다. 그 결과 이 시기 군사조직은 질적으로나 규모 면에서나 종래의 부병과는 완전히 다르게 재편되었다. 이를

---

8 『삼국사기』권제8 신라본기 제8 신문왕 원년조의 "八月 … 八日 蘇判金欽突 波珍湌興元 大阿湌眞功等 謀叛伏誅 … 下敎曰 … 欽突等惡積罪盈 所謀發露 … 是以追集兵衆 欲除梟 獍 … 然尋枝兗葉 並已誅夷 三四日間 囚首蕩盡 … 二十八日 誅伊湌軍官 敎書曰 … 兵部 令伊湌軍官 因緣班序 … 乃與賊臣欽突等交涉 知其逆事 曾不告言 … 冬十月 罷侍衛監 置 將軍六人" 참조.
9 노중국, 2018, 『백제정치사』, 일조각, 190~191쪽.

몇 가지로 정리하면 다음과 같다.

첫째, 군대는 국왕의 군대임을 분명히 하였다. 근초고왕은 24년(369) 9월 고구려와의 전쟁에서 승리하자 겨울 11월에 한수 남쪽에서 승리를 기념하는 열병식[大閱]을 크게 열었다. 이때 군대의 깃발은 모두 황색으로 하였다.[10] 오행사상에서 황색은 중앙을 상징한다. 군대의 모든 깃발을 황색으로 한 것은 최고의 군령권자인 근초고왕 자신이 천하의 중심이며, 백제군은 국왕의 군대임을 과시한 것이다. 이는 〈광개토대왕비〉에 광개토대왕이 고구려군을 왕당王幢 또는 관군官軍이라 한 것과 같은 맥락이다.

둘째, 군사동원체제를 정비하였다. 부체제 단계에서 군사는 좌식자나 호민으로 이루어진 명망군이었다. 명망군 운영은 규모가 크지 않은 전쟁에서는 가능하였다. 그러나 중앙집권체제가 갖추어지면서 전쟁의 규모는 크게 확대되었다. 근초고왕이 371년에 고구려 평양성을 공격할 때 3만의 정병을 동원한 것이 이를 보여 준다. 명망군만으로 대규모의 전쟁을 치를 수 없게 되면서 보다 많은 병력 자원을 확보하는 것이 필요하였다. 이에 근초고왕은 지방통치조직인 담로에 지방관[도사道使]을 파견하여 인구를 파악하고 호적을 만들도록 하였다.[11] 그리고 종래 반공민이었던 하호들에게도 병역 의무를 부여하였다. 이른바 국민개병제國民皆兵制를 실시한 것이다. 아신왕이 8년(399)에 고구려를 공격하기 위해 병마를 크게 징발하였다는 것이[12] 국민개병제를 입증해 준다. 국민개병제를 통해 근초고왕은 대규모의 병력을 동원할 수 있게 되었다.

셋째, 지방군사조직을 정비하였다. 이는 지방통치조직의 편제와 연동

---

10 『삼국사기』 권제24 백제본기 제2 근초고왕 24년조.

11 노중국, 2018, 『백제정치사』, 일조각, 205~207쪽.

12 『삼국사기』 권제25 백제본기 제3 아신왕 8년조의 "秋八月 王欲侵高句麗 大徵兵馬 民苦於役 多奔新羅 戶口衰滅" 참조.

되어 있다. 지방관은 국왕을 대신하여 조세를 거두고, 노동력을 동원하고, 사법권을 행사하였을 뿐만 아니라 군대도 지휘하였다. 담로에 설치된 군부대는 담로의 장인 도사가 지휘하였다. 이렇게 보면 평양성 공격에 나선 3만의 정병 가운데는 지방에서 동원된 군대도 포함되었을 것이다. 3만의 정병 모두를 중앙군으로 볼 수 없기 때문이다. 이는 지방군사조직도 정비되었음을 의미한다.

3. 정복 활동의 전개

(1) 남방 경략

군사조직을 정비하여 군사력을 강화시킨 근초고왕은 주변국에 대한 정복 활동을 전개하였다. 이 정복 활동은 크게 남방 경략과 북진으로 나눌 수 있다. 이 시기 남방에는 신라와 가야제국 그리고 영산강 유역의 심미다례忱彌多禮(신미국新彌國)를 중심으로 한 세력들이 있었다. 근초고왕은 북진에 앞서 남방의 안전을 도모하는 것이 필요하였고, 이를 위해 369년에 남방 경략을 단행하였다. 이 남방 경략을 보여 주는 것이『일본서기』신공기 49년조의 기사이다.[13] 이 기사에 의거해 남방 경략 과정을 정리하면 다음과 같다.

남방 경략을 맡은 총사령관은 장군 목라근자木羅斤資였다. 목라근자가 이끈 백제군은 먼저 저항하는 신라군을 격파한 후 '약위형제約爲兄弟' 관

---

13 『일본서기』권9 신공기 49년조의 "春三月 以荒田別鹿我別爲將軍 則與久氐等共勒兵而度之 … 卽命木羅斤資沙沙奴跪(是二人不知其姓人也 但木羅斤資者百濟將也) 領精兵與沙白盖盧共遣之 俱集于卓淳 擊新羅而破之 因以平定比自㶱南加羅喙國安羅多羅卓淳加羅七國 仍移兵西廻 至古爰津 屠南蠻忱彌多禮 以賜百濟 於是 其王肖古及王子貴須 亦領軍來會 時比利辟中布彌支半古四邑 自然降服" 참조.

계를 맺었다.[14] 이 관계는 신라가 고구려에 기울어지지 않도록 하는 정도의 관계였다. 다음으로 비자발, 남가라, 안라, 가라 등 가야 7국에 대해 무력시위를 하여 '부형父兄-자제子弟' 관계를 맺었다.[15] 부형-자제 관계는 형제 관계보다 구속력이 있었다. 그래서 가야제국은 백제가 요청할 때 군사 지원을 하였다. 〈광개토대왕비〉의 400년 전쟁 때 가야제국(임나가라任那加羅)이 왜와 함께 백제를 도와 신라를 공격한 것이 이를 보여 준다.

다음으로 심미다례 세력에 대한 평정에 나섰다. 이 시기에 심미다례 세력은 스스로를 마한이라 칭하면서 중국 왕조에 사신을 파견하는 등 독자적인 행동을 하였다.[16] 근초고왕은 이 세력들을 '남만南蠻'으로 부르고 정복하기로 하였다. 심미다례 세력에 대한 공격은 두 방향으로 이루어졌다. 가야제국을 평정한 목라근자가 그 군대를 거느리고 서쪽으로 돌아가 공격하는 작전과 근초고왕이 왕자 근구수와 함께 군대를 이끌고 공격에 나서는 작전이었다. 왕이 친정親征에 나선 것은 이 세력을 정복하는 것이 그만큼 중요하였음을 보여 준다. 백제군은 마침내 심미다례를 도륙屠戮하였다. 그러자 주변의 비리, 벽중, 포미지, 반고 등 네 읍이 스스로 항복하였다. 항복을 받은 후 백제는 영산강 유역 일대를 영역으로 편입하였다. 이리하여 심미다례를 중심으로 한 마한 잔여 세력은 소멸되고 말았다. 〈광개토대왕비〉에 영산강 유역에 기반을 둔 국명이 보이지 않는 것이 이를 말해 준다.

---

14 『삼국사기』 권제3 신라본기 제3 내물이사금 18년조의 "百濟禿山城主 率人三百來投 王納之 分居六部 百濟王移書曰 兩國和好 約爲兄弟 今大王納我逃民 甚乖和親之意 非所望於 大王也 請還之 …"참조.

15 『일본서기』 권19 흠명기 2년조의 "夏四月 … 聖明王曰 昔我先祖速古王貴首王之世 安羅 加羅卓淳旱岐等 初遣使相通 厚結親好 以爲子弟 乃謂任那曰 昔我先祖速古王貴首王與 故旱岐等 始約和親 式爲兄弟 於是 我以汝爲子弟 汝以我爲父兄 …"참조.

16 『진서晉書』 권36 열전 제6 장화전의 "東夷馬韓新彌諸國 依山帶海 … 歷世未附者二十餘 國 並遣使朝獻"참조.

이와는 달리 영산강 유역의 고고학적 상황, 즉 전용 옹관을 사용하는 등의 독특한 고분 문화를 강조하여 영산강 유역 세력은 마한을 칭하면서 6세기 전반까지 존재하였고 이들이 남긴 문화를 마한문화로 보는 견해가 있다.[17] 그러나 『통전』 변한조의 "진 무제 함령 연간(275~279)에 삼한은 백제와 신라에 병탄되었다"[18]라는 기사와 백제조의 "진나라 이후 백제가 마한의 고지를 점령하였다"[19]라는 기사 및 『양서』 백제전의 "조위 대까지는 마한, 진한이라는 이름으로 중국과 교섭이 행해졌지만 동진 대[晉過江]에는 백제라는 이름으로 교섭하였다"[20]는 기사가 보여 주듯이 마한은 늦어도 동진(317~419) 말에는 소멸되었다. 따라서 6세기 전반까지 마한이 존재하였다고 보는 견해는 성립할 수 없다.

(2) 북진 정책의 추진과 평양성 전투

3세기 말 4세기 초에 한반도는 격동의 시기였다. 313년에 낙랑군이, 314년에 대방군이 고구려에 의해 소멸되었다.[21] 낙랑군과 대방군의 소멸은 군현 중심으로 이루어진 고대 동아시아의 교역 체계에 큰 변화를 가져왔다. 이러한 변화 속에서 백제는 자국 중심의 교역 체계를 형성하려 하였다 이때 가장 큰 걸림돌이 된 것이 낙랑군·대방군의 소멸로 국경을 접하게 된 고구려와의 긴장 관계였다.

---

17 임영진, 1995, 「마한의 형성과 변천에 대한 고고학적 고찰」, 『한국고대사연구』 10집, 한국고대사학회; 임영진, 2010, 「침미다례의 위치에 대한 고고학적 고찰」, 『백제문화』 43집, 공주대학교 백제문화연구소.
18 『통전』 권185 변방1 동이 상 변진조의 "晉武帝咸寧中 馬韓王來朝 自後無聞 三韓蓋爲百濟新羅所呑并" 참조.
19 『통전』 권185 변방1 동이 상 백제조의 "自晉以後 呑并諸國 據有馬韓故地" 참조.
20 『양서』 권54 열전 제48 제이 백제전의 "魏時朝鮮以東馬韓辰韓之屬 世通中國 自晉過江泛海 東使有高句麗百濟 而宋齊間常通職貢 梁興又有加焉" 참조.
21 『삼국사기』 권제17 고구려본기 제5 미천왕 14년조의 "冬十月 侵樂浪郡 虜獲男女二千餘口" 참조.

4세기에 들어와 고구려는 처음에는 요동 지역 진출을 적극 추진하였다. 그래서 미천왕은 12년(311)에는 요동 서안평을 차지하였고, 20년(319)과 21년(320)에는 요동을 둘러싸고 전연前燕의 모용씨 세력과 충돌하였다.[22] 이러한 상황에 큰 변화를 가져온 것이 전연의 모용황慕容皝이 342년(고국원왕 12)에 단행한 고구려 공격이다. 이 공격에서 전연은 고구려 수도를 함락한 후 왕의 아버지 미천왕의 무덤을 파헤쳐 시체를 가져가고, 왕모를 비롯하여 남녀 5만여 명을 포로로 잡아갔다.[23] 고구려로서는 참담한 패배였다. 고국원왕은 왕부의 시체를 돌려받기 위해 수많은 보물을 전연에 바치고 신하를 칭하면서 입조하였다[稱臣入朝].[24] 왕모의 귀환을 위해 인질을 보내고, 전연으로부터 정동대장군영주자사征東大將軍營州刺史의 작호를 받았다.[25] 고구려가 중국 왕조로부터 작호를 받은 것은 이것이 처음이다. 이로 말미암아 고구려의 서진 정책은 일단 좌절되었다.

서진이 좌절되자 고국원왕은 남쪽으로의 진출을 도모하였다. 이는 국경을 접한 근초고왕에게는 큰 압력으로 다가왔다. 이에 대응하기 위해 근초고왕은 먼저 앞에서 언급한 것처럼 남방 경략을 통해 후방의 안전을 확보하였다. 그리고 고구려의 남진에 적극 대응하였다. 369년 9월 고구려 고국원왕이 몸소 보기 2만 명을 거느리고 치양에 진을 친 후 군대를 나누어 백제의 민호를 침탈하자 근초고왕은 태자 근구수를 보내 고구려 군대

---

22 『삼국사기』 권제17 고구려본기 제5 미천왕 12년, 20년, 21년조 참조.
23 『삼국사기』 권제18 고구려본기 제6 고국원왕 12년조의 "韓壽曰 高句麗之地 不可戍守 今其主亡民散 潛伏山谷 大軍旣去 必復鳩聚 收其餘燼 猶足爲患 請載其父尸 囚其生母而歸 俟其束身自歸 然後返之 撫以恩信 策之上也 皝從之 發美川王墓 載其尸 收其府庫累世之寶 虜男女五萬餘口 燒其宮室 毁丸都城而還" 참조.
24 『삼국사기』 권제18 고구려본기 제6 고국원왕 13년조의 "春二月 王遣其弟 稱臣入朝於燕 貢珍異以千數 燕王皝乃還其父尸 猶留其母爲質" 참조.
25 『삼국사기』 권제18 고구려본기 제6 고국원왕 25년조의 "冬十二月 王遣使詣燕 納質修貢 以請其母 燕王雋許之 遣殿中將軍刁龕 送王母周氏歸國 以王爲征東大將軍營州刺史 封樂浪公 王如故" 참조.

를 격파하고 5,000여 명을 포로로 잡았다.[26] 백제군은 퇴각하는 고구려군을 수곡성(황해도 신계) 서북까지 추격하여 이 지역까지 영역으로 편입하였다. 치양성 전투에서 대승을 거둔 근초고왕은 포로들을 장사들에게 나누어 주어 그 공로를 포상하였고, 한수 남쪽에서 전승을 기념하는 열병 행사를 크게 하였다.

371년 고국원왕이 다시 군대를 일으켜 공격해 오자 근초고왕은 패하가에 군사를 매복해 두었다가 급히 쳐서 승리를 거두었다. 내친김에 근초고왕은 371년 겨울에 친히 태자와 함께 고구려 공격에 나섰다. 이때 정예 군사 3만이 동원되었다. 평양성 전투에서 백제는 고국원왕을 전사시키는 전과를 올렸다. 강대한 고구려를 이겼을 뿐만 아니라 왕까지 전사시킨 것이다. 이 승리로 백제는 자부심이 더 강해졌다. 개로왕이 북위에 보낸 국서에서 "고국원왕[釗]의 목을 효참梟斬하니 고구려가 감히 남쪽으로 내려올 생각을 못하였다"[27]고 자랑한 것이 이를 보여 준다.

Ⅱ. 군사조직의 운영

1. 군사 지휘권과 지휘관

(1) 군령권과 군정권

군사조직의 운영은 크게 두 부분으로 나누어진다. 하나는 군사를 소집

---

26 『삼국사기』 권제24 백제본기 제2 근초고왕 24년조.
27 『위서』 권100 열전 제88 백제전의 "又云 臣與高句麗 源出夫餘 先世之時 篤崇舊款 其祖釗 輕廢隣好 親率士衆 陵踐臣境 臣祖須整旅電邁 應機馳擊 矢石暫交 梟斬釗首 自爾已來 莫敢南顧" 참조.

하여 훈련을 시키고, 병법을 익히게 하는 업무이다. 이를 군정권軍政權이라 한다. 다른 하나는 유사시에 훈련된 군사를 이끌고 전장에 나가 싸우는 것이다. 이를 군령권軍令權이라 한다.

부체제 단계에서는 군정권과 군령권이 제대로 구분되지 않았다. 비록 좌장과 외병마外兵馬를 관장하는 병관좌평이 있었지만 부의 유력자들이 독자적으로 군사를 운용할 수 있었기 때문이다. 그러나 중앙집권체제가 갖추어진 근초고왕 대에 와서 새로운 변화가 나타났다. 369년 3월 장군 목라근자는 왕명을 받아 남방 경략에 나섰고, 369년 9월 태자 근구수는 왕명을 받아 고국원왕이 이끈 고구려군을 추격하여 수곡성에까지 이르렀다. 둘 다 왕명을 받아 군령권을 행사한 것이다. 이는 근초고왕 대에 군령권과 군정권이 이미 분리되어 있었음을 보여 준다.

이후 군령권은 주로 좌장을 통해 행사되었다. 아신왕 2년(393)에 왕의 장인 진무眞武가 좌장이 되어 병마를 관장하면서[28] 왕명을 받아 1만의 군대를 거느리고 고구려를 공격한 것이 그 예가 된다. 반면에 군정권은 뒷날 6좌평의 하나가 된 병관좌평이 수행하였다. 사비기에 와서는 외관 10부의 하나인 사군부가 군정권을 맡았다.

군령권에 의한 군사 출동은 두 가지 형태로 이루어졌다.[29] 하나는 왕이 친히 군대를 이끌고 출정하는 것이다. 이를 친솔親率이라 한다. 〈광개토대왕비〉에는 '궁솔躬率'이라 하였다. 근초고왕이 왕자 근구수와 함께 3만의 정병을 친히 이끌고 고구려 평양성을 공격한 것이 친솔의 모습을 잘 보여 준다. 다른 하나는 왕명을 받은 자가 군대를 이끌고 출동하는 것이다. 〈광개토대왕비〉에는 이를 '교견敎遣'이라 하였다. 좌장 진무가 왕명을 받

---

28 『삼국사기』 권제25 백제본기 제3 아신왕 2년조의 "春正月 謁東明廟 又祭天地於南壇 拜眞武爲左將 委以兵馬事" 참조.

29 이문기, 1997, 『신라병제사연구』, 일조각, 274~281쪽.

아 고구려를 공격한 것이 그 예이다.

교견의 경우 대개는 좌장이 국왕의 명을 받아 수행하였지만,[30] 좌평이나 달솔의 관등을 지닌 자도 왕명을 받아 군령권을 행사하기도 하였다. 진사왕 대에 달솔 진가모眞嘉謨가 왕명을 받아 고구려를 공격하여 도곤성을 함락한 것과 삼근왕 대에 좌평 진남眞男이 왕명을 받아 2,000명을 거느리고 병관좌평 해구의 반란 진압에 나선 것이 그 예이다.

왕명을 받아 군대를 이끌고 전장에 나간 장수는 일정한 범위 내에서 형정刑政을 독단적으로 처리할 수 있는 권한을 부여받기도 하였다. 군령을 어긴 자에 대한 처벌이나 군공을 세운 자에 대한 포상을 장수가 먼저 행하고 나중에 왕의 제가를 얻는 것이 그것이다. 이러한 권한을 편의종사권便宜從事權이라 한다. 편의종사권의 행사 범위는 출동할 당시 국왕의 명령에 의해 규정된다.[31] 신라의 경우지만 김유신이 고구려를 공격하는 당군에게 군량을 공급한 후 공을 세운 열기裂起와 구근仇近에게 급찬의 관등을 준 것을 '편의便宜'라 한 것이[32] 그 예이다. 백제의 경우 편의종사권에 대한 구체적인 사례는 없다. 그러나 전장에 나간 군사들이 명령을 따르지 않고 퇴군을 할 경우 참형을 가하였다는 것은[33] 편의종사권 행사의 편린을 보여 준다.

(2) 군부대와 군관

각종 군부대

군軍은 병사들로 이루어진 군부대와 이를 지휘하는 지휘관으로 구성된

---

30 강종원, 1999, 「백제 좌장의 정치적 성격」, 『백제연구』29집, 충남대학교 백제연구소.
31 이문기, 1997, 『신라병제사연구』, 일조각, 300~301쪽.
32 『삼국사기』 권제47 열전 제7 열기전의 "庚信告王曰 裂起仇近天下之勇士也 臣以便宜許位級湌 而未副功勞 願加位沙湌" 참조.
33 『주서』 권49 열전 제41 이역 상 백제전의 "其刑罰反叛退軍及殺人者斬" 참조.

다. 백제의 군부대는 크게 국왕 시위군, 왕도 수비군, 중앙군, 지방군으로 나눌 수 있다.[34] 국왕을 시위하는 부대의 명칭은 기록에 없지만, 위사좌평이 '숙위하는 군대를 관장한다[掌宿衛兵馬]'는 것에서 미루어 '숙위부宿衛府'라 하지 않았을까 한다. 숙위부는 위사좌평이 지휘하였지만 편제의 형태와 군관 조직은 알 수 없다. 신라의 경우 시위부侍衛府는 3도徒로 편제되었고 지휘관으로 장군, 대감大監, 대두隊頭, 항項, 졸卒 등을 두었다.[35]

사비기에 왕도의 수비와 치안을 담당하는 부대는 왕도 5부군五部軍이었다. 5부는 왕도의 행정구역인 상부, 전부, 중부, 하부, 후부를 말한다. 각 부에는 500명의 군대가 배치되어 있었다. 이 5부군은 왕도 5부에 거주하는 민들 가운데 용맹한 자들을 선발하여 충원하였을 것이다. 지휘관은 달솔 관등의 소지자가 맡았지만 군관의 명칭은 알 수 없다.

중앙군은 평소 중앙에 주둔하고 있는 상비군을 말한다. 이 중앙군은 국민개병제에 의해 군역의 의무를 부과받은 민들로 충원하였으며, 왕도 주변의 산성에 배치하였다.[36] 중앙군은 유사시 출동해야 하는 핵심 전력이었다. 중앙군이 출동할 때 왕이 친히 나서기도 하였지만, 대개는 왕으로부터 군령을 받은 좌장이나 장군이 거느리고 출정하였다. 『삼국사기』 백제본기에 의하면, 출동 당시 군대의 규모는 대개 1만 명에서 7,000명 정도였다. 따라서 중앙군의 수는 1만 명을 상회하였을 것이다.[37] 그러나 중앙군이 몇 개의 부대로 이루어졌는지는 알 수 없다.

34 이문기, 1998, 「사비시대 백제의 군사조직과 그 운용」, 『백제연구』 28집, 충남대학교 백제연구소.

35 『삼국사기』 권제40 잡지 제9 직관 하 무관조의 "侍衛府 有三徒 眞德王五年置 將軍六人 … 大監六人 … 隊頭十五人 … 項三十六人 … 卒百十七人 …" 참조.

36 이문기, 1998, 「사비시대 백제의 군사조직과 그 운용」, 『백제연구』 28집, 충남대학교 백제연구소.

37 김주성, 1992, 「백제 지방통치조직의 변화와 지방사회의 재편」, 『국사관논총』 35집, 국사편찬위원회.

지방군은 방성에 주둔한 700~1,200명의 상비군과 군성이나 현성에 배속된 군대로 이루어졌다. 방성에 주둔한 부대는 방령이 지휘하였다. 현성에 주둔한 군사의 수는 분명하지 않지만 다루왕이 39년(66)에 신라의 와산성을 공취한 후 200명을 남겨 두어 지키게 한 사실과[38] 근초고왕 28년(373)에 독산성주가 300명을 이끌고 신라로 달아난 사례에서[39] 미루어 200~300명으로 추정해 볼 수 있다. 그렇다면 위계가 방성보다는 낮고 현성보다는 높은 군성에 주둔한 군대는 500명 정도가 아니었을까 한다.[40] 군성과 현성에 주둔한 군대는 평소에는 각기 군장(군령)이나 도사(성주)가 지휘하였지만 유사시 대규모 군사 동원 명령이 내려질 때는 방령의 지휘를 받았다.[41]

백제가 군부대를 어떻게 불렀는지는 자료가 없다. 고구려의 경우 〈광개토대왕비〉에 왕당王幢이 보인다. 신라의 경우 왕경에 주둔한 군부대를 대당大幢, 9서당九誓幢이라 하였고, 지방에 주둔한 부대를 6정六停이라 하였다. 정停은 영營(군사가 진을 치고 머무는 가옥假屋)에 대한 신라식 표현이다.[42] 이로 미루어 백제도 왕도에 둔 부대나 방성과 군성 등에 배치한 부대는 각각 '~당' 또는 '~영'으로 부르지 않았을까 한다.

군부대의 병종兵種은 보병, 기병, 수군, 궁수대, 특수병 등으로 나눌 수 있다. 보병은 주력 병종이다. 고분에서 출토되는 병장기의 대다수가 칼이

---

38 『삼국사기』 권제23 백제본기 제1 다루왕 39년조의 "攻取蛙山城 留二百人守之 尋爲新羅所敗" 참조.
39 『삼국사기』 권제24 백제본기 제2 근초고왕 28년조의 "秋七月 … 禿山城主率三百人 奔新羅" 참조.
40 김종수, 2007, 「백제 군제의 성립과 정비」, 『역사교육』 103집, 역사교육연구회.
41 이문기, 1998, 「사비시대 백제의 군사조직과 그 운용」, 『백제연구』 28집, 충남대학교 백제연구소.
42 『삼국사기』 권제40 잡지 제9 직관 하 무관조의 "諸軍官 … 漢山停(羅人謂營爲停)三人 完山停三人" 참조.

나 창이다.[43] 이는 보병 부대가 도부수와 창수로 편제되었음을 보여 준다.

기병의 존재는 『삼국사기』에 종종 보이는 보기步騎라는 표현과 『주서』 백제전의 "풍속에서는 말 타고 활 쏘는 것을 중히 여겼다[俗重騎射]"[44]는 기사에서 확인된다. 기병은 국왕 직속의 정예 기병[精騎]과 일반 기병으로 구분되었다. 〈백제금동대향로〉에 새겨진 기마인물상은 백제 기병의 한 모습을 보여 준다.

수군의 존재는 『대동지지大東地志』 충청도 면천군조의 "백제 때 석두 동쪽(즉 가리저이다)에 창고를 설치하고 곡식을 쌓아 수군의 군량으로 하였다"[45]는 기사와 『남제서南齊書』 백제전의 동성왕이 남제에 보낸 국서에 "목간나는 전에도 군공이 있었는데 또 대방을 공발하였다"[46]는 기사에서 확인된다. 대방臺舫은 수군 기지에 정박해 있는 배를 말한다. 백제의 수군 기지가 어디 있었는지는 자료가 없어 정확히 알기 어렵지만, 성충이 감옥에서 죽으면서 올린 상서에 "이국병이 공격해 올 때 수군은 기벌포 해안에 들지 못하게 해야 합니다"라고 한 말과[47] 부안 변산에 궁실 건축과 배 만드는 데 좋은 목재가 났다는 사실,[48] 그리고 면천군 석두에 수군 창고가 설치되어 있었다는 사실 등에서 미루어 금강 하구, 부안의 변산, 당진의 면천 등에 수군 기지가 있었을 가능성이 크다.

궁수대는 근초고왕 26년(371)에 백제가 고구려 평양성을 공격하였을 때

---

43 김기웅, 1985, 「무기와 마구―백제―」, 『한국사론』 15집, 국사편찬위원회; 김성태, 1996, 「백제의 병기―칼·창·촉의 기초적 분석―」, 『백제연구』 26집, 충남대학교 백제연구소.

44 『주서』 권49 열전 제41 이역 상 백제전의 "兵有弓箭刀槊 俗重騎射" 참조.

45 『대동지지』 권5 충청도 면천군 전고조의 "百濟時置倉於石頭東(卽加里渚) 積粟爲水軍之資" 참조.

46 『남제서』 권58 열전 제39 동남이 백제전의 "木干那前有軍功 又拔臺舫" 참조.

47 『삼국사기』 권제28 백제본기 제6 의자왕 16년조의 "成忠痩死 臨終上書曰 … 若異國兵來 陸路不使過沉峴 水軍不使入伎伐浦之岸 …" 참조.

48 『신증동국여지승람』 권34 전라도 부안현 산천조의 "邊山(在保安縣 距今治西二十五里 … 岩谷深邃 宮室舟船之材 自高麗皆取於此 … ○李奎報記 邊山國之材府也)" 참조.

고국원왕이 백제군의 유시流矢에 맞아 돌아갔다고 하는 기사에서[49] 확인 된다. 고분에서 출토되는 수많은 화살촉은 궁수대의 존재를 입증해 준다.

특수한 병기를 다루는 부대로는 운제雲梯를 전문적으로 사용하는 부대, 석투石投를 전문적으로 하는 부대 등이 있었다. 부흥백제군이 나당점령군 의 진영을 공격할 때 운제를 사용하기도 하고 석투를 전문적으로 하는 부 대와 궁수대를 사용하였다는 것이[50] 이를 입증해 준다. 이외에 노弩를 전 문적으로 다루는 부대(신라의 노당弩幢), 성문을 깨뜨리는 역할을 하는 전 문 부대(신라의 충당衝幢)도 있었을 것이다.[51] 노를 다루는 부대의 경우 비 유왕이 송에 요청하여 요노腰弩를[52] 받으면서 새롭게 편제되고 그 기능도 강화되었을 것이다.

한편 특수 병종으로는 승병을 들 수 있다. 백제가 망한 후 곧바로 일어 난 부흥군을 이끈 장군 가운데 한 사람이 승려 도침이었다. 그는 승군僧軍 을 조직하여 부흥 활동을 펼쳤던 것 같다.[53] 백제 승군의 존재는 고구려가 승군 3만 명을 동원하여 당나라 군대를 격파하였다는 사실과[54] 신라에도 '치군緇軍(승군)'이 있었다는 사실이[55] 방증한다.

군부대는 군복의 색깔이나 휘장으로 부대를 표시한다. 근초고왕이 371 년에 대열병을 할 때 군대의 깃발은 모두 황색이었다. 이로 미루어 크고

---

49 『삼국사기』 권제24 백제본기 제2 근초고왕 26년조의 "冬 王與太子帥精兵三萬 侵高句麗 攻平壤城 麗王斯由力戰拒之 中流矢死" 참조.

50 〈당유인원기공비〉의 "布柵連營 攻圍留連 雲梯俯瞰 地道旁通 擊石飛矢 星奔雨落" 참조.

51 신라에서는 雲梯幢·石投幢·弩幢·衝幢을 四設幢이라 하였다(『삼국사기』 권제40 잡지 제9 직관 하 무관조).

52 『송서』 권97 열전 제57 이만 동이 백제전의 "七年 百濟王餘毗 … 表求易林式占腰弩 太祖 竝與之" 참조.

53 성주탁, 1992, 「백제승 도침의 사상적 배경과 부흥활동」, 『은산별신제 한·일학술대회(요 지집)』, 은산별신제보존회.

54 『고려사』 권113 열전 권제26 제신 최영전의 "瑩欲造戰艦 發諸道軍 又募僧徒 召語僧錄曰 … 唐太宗征本國 本國發僧軍三萬擊破之 今若造戰艦禦寇 功豈細哉" 참조.

55 이홍직, 1971, 「나말의 전란과 치군」, 『한국고대사의 연구』, 신구문화사.

작은 보병 부대, 기병 부대, 궁수대와 운제당 등 특수 부대는 각각의 깃발과 휘장이 있었을 것이다. 그러나 구체적 모습은 자료가 없어 알 수 없다. 신라의 경우 '금衿'으로 부대를 표시하였다. 금은 휘직徽織인데 새의 문양을 짜서 장수 이하에 모두 붙였다. 그 색깔은 청색, 적색 등이었고 모양은 반월형이었으며, 계罽를 옷 위에 붙였다고 한다.[56] 백제도 이러한 형태로 군부대를 표시하지 않았을까 한다.

각종 군사 지휘관

각 군부대에는 군사 지휘관이 있다. 지휘관의 수나 위상은 각 부대의 위상이나 규모에 따라 달랐다. 지휘관은 출동 명령을 받으면 군대를 이끌고 전장에 나갔다. 신라는 이 지휘관들을 제군관諸軍官이라 하였다.[57] 이로 미루어 백제도 지휘관을 총괄해서 군관이라 하지 않았을까 한다.

군관 가운데 장군은 군을 지휘하고 통솔하는 최고 지휘관이다. 장군은 국왕으로부터 명령을 받아 출동할 때 주어졌다. 백제에서 장군에 대한 기사는 기루왕이 49년(125)에 말갈의 공격을 받은 신라를 구원하기 위해 5명의 장군을 보낸 것이 최초이다.[58] 그러나 이 시기는 십제국 단계여서 장군이란 칭호는 후대의 용어를 빌린 표현으로 보는 것이 타당하다. 따라서 장군의 설치 시기는 이후로 보아야 한다.

그 시기를 추정하는 데 단서가 되는 것이 근초고왕 24년(369) 3월 목라근자가 남방 경략을 위해 군대를 이끌고 출동할 때 '장將', 즉 '장군'이었

---

56 『삼국사기』 권제40 잡지 제9 직관 하 무관조의 "衿 蓋書傳 所謂徽織 詩云 織文鳥章 箋云織 徽織也 鳥章 鳥隼之文章 將帥以下衣皆著焉 … 徽織所以相別 在國以表朝位 在軍又象其制而爲之 … 羅人徽織 以靑赤等色爲別者 其形象半月 罽亦著於衣上 其長短之制未詳" 참조.

57 『삼국사기』 권제40 잡지 제9 직관 하 무관조의 "諸軍官 將軍共三十六人 …" 참조.

58 『삼국사기』 권제23 백제본기 제1 기루왕 49년조의 "新羅爲靺鞨所侵掠 移書請兵 王遣五將軍救之" 참조.

다는 사실과[59] 369년 9월 태자 근구수가 고구려군을 추격하여 수곡성에 이르렀을 때 장군 막고해莫古解가 『도덕경』의 "지족불욕 지지불태知足不辱知止不殆"의 구절을 인용하면서 태자로 하여금 더 이상 진격하지 말도록 간언하였다는 사실이다.[60] 이는 장군직이 늦어도 근초고왕 대에는 설치되었음을 보여 준다. 이후 장군은 백제 말기까지 존재하였다. 660년 신라군이 탄현을 넘었을 때 의자왕이 계백으로 하여금 5,000명의 결사대를 이끌고 황산벌로 출동하도록 하면서 장군으로 삼았다는 것이[61] 이를 보여준다.

장군의 수는 『삼국사기』 기루왕 49년조의 '5장군五將軍'에서 보듯이 복수였다. 그 수는 군부대의 설치가 늘어남에 따라 늘어났겠지만 구체적인 숫자는 자료가 없어 알 수 없다. 참고로 신라의 경우 대당大幢을 비롯한 6정停과 녹금당綠衿幢을 비롯한 9서당誓幢에 둔 장군의 수는 총 36명이었다.[62] 평균하면 각 정과 당에 배속된 장군의 수는 2~3명이다.

장군의 수가 많아지고 동시에 여러 부대가 출동함에 따라 상위의 장군호가 만들어졌다. 그중 하나가 대장군이다. 660년 나당군이 백제를 공격할 때 웅진성을 지키던 방령 예식禰植(예식진禰寔進)이 '대장大將'으로 나온다.[63] 대장은 대장군의 줄인 말이다. 대장군은 여러 장군들이 거느리는 부대가 동시에 출동할 때 이 부대들을 총괄하는 최고 지휘관에게 수여되

---

59 『일본서기』 권9 신공기 49년조의 "春三月 以荒田別鹿我別爲將軍 … 至卓淳國 將襲新羅 … 請增軍士 卽命木羅斤資沙沙奴跪(是二人 不知其姓人也 但木羅斤資者 百濟將也) 領精兵與沙白盖盧共遣之" 참조.

60 『삼국사기』 권제24 백제본기 제2 근구수왕 즉위년조의 "將軍莫古解諫曰 嘗聞道家之言 知足不辱 知止不殆 今所得多矣 何必求多 太子善之止焉" 참조.

61 『삼국사기』 권제28 백제본기 제6 의자왕 20년조의 "… 遣將軍堦伯 帥死士五千 出黃山" 참조.

62 『삼국사기』 권제40 잡지 제9 직관 하 무관조의 "諸軍官 將軍共三十六人 掌大幢四人 貴幢四人 … 綠衿幢二人 …" 참조.

63 『구당서』 권83 열전 제33 소정방전의 "其大將禰植 又將義慈來降" 참조.

었다. 총사령관은 전장에서는 원수元帥로도 불렸다.[64] 그런데 백제는 앞에서 언급한 것처럼 비상위로서 상좌평 위에 대좌평을 두었다. 이로 미루어 대장군 외에 상장군도 두었을 가능성이 있다. 신라에서는 상장군上將軍, 하장군下將軍이 대장군보다 서열이 낮았다. 이로 미루어 백제가 상장군을 두었다면 그 서열은 대장군보다 낮았을 것이다.

장군은 조정에 배알할 때와 국가 제사 때에는 관冠의 양측[兩廂]에 깃을 꽂았지만 융사戎事, 즉 전쟁이 일어나 전장에 나갈 때는 깃을 꽂지 않았다.[65] 이는 평시와 전시의 군복이 달랐음을 보여 준다. 신라의 경우 대장군, 상장군을 비롯하여 각급 지휘관들은 지휘관을 상징하는 깃대 위에 장식품을 달았다. 대장군의 깃대 위에 단 장식품은 대장군화大將軍花라고 불렀으며, 상장군의 경우에는 상장군화上將軍花라고 하였다.[66] 그렇다면 백제에서도 대장군, 상장군, 장군의 위상을 보여 주는 깃대 위에도 장식품을 달았을 것이다. 그러나 구체적 모습은 자료가 없어 알 수 없다.

장군 이외의 군관으로는 왕명을 받아 군령권을 행사한 좌장, 중앙군의 감찰을 맡은 사군司軍, 지방군의 감찰을 맡은 참사군參司軍 등이 있었다. 이 군관직에 대해서는 제3부에서 언급하였다.

---

64 『삼국사기』 권제47 열전 제7 관창전의 "官昌 … 爲賊所虜 生致百濟元帥階伯前 …" 참조.
65 『주서』 권49 열전 제41 이역 상 백제전의 "其衣服男子略同於高麗 若朝拜祭祀 其冠兩廂 加翅 戎事則不" 참조.
66 『삼국사기』 권제40 잡지 제9 직관 하 무관조의 "大將軍花三副 長九寸 廣三寸三分 上將軍 花四副 長九寸五分 下將軍花五副 長一尺 大監花 大虎頰皮 長九寸 廣二寸五分 鈴黃金 圓 一尺二寸 …" 참조.

2. 군사 훈련과 작전, 포상

(1) 군사 훈련

군대 조직이 제대로 움직이려면 평소에 충원된 군사들에 대한 훈련이 잘 이루어져야 한다. 사서에 보이는 군사 훈련으로는 습사習射(활쏘기 연습), 열병閱兵, 전렵田獵 등이 있다. 습사는 주로 궁수대가 하였다. 고이왕은 서문에서 활쏘기를 참관하였고,[67] 비류왕은 궁궐 서쪽에 사대射臺를 만들어서 매달 보름과 그믐[朔望]에 활쏘기를 연습하였다.[68] 아신왕은 왕도 사람들을 모아 서대西臺에서 습사하였다.[69]

열병은 군사 훈련의 일종으로 군대를 정렬하고 그 위용과 사기, 훈련 상태 따위를 검열하는 것을 말한다. 고이왕은 대도大島에서 크게 열병하였다.[70] 근초고왕은 한수 남쪽에서 크게 열병하였는데 군대의 모든 깃발은 황색으로 하였다. 열병 때에는 보병, 기병, 궁수대 등이 모두 참여하였을 것이고, 대도에서 행한 열병에는 수군도 참여하였을 것이다.

전렵은 본래 사냥을 하여 얻은 사냥물로 산천에 제사를 지내는 의식이지만[71] 군사 훈련도 부수적으로 행해졌다. 고구려가 매년 3월 3일 전렵할 때 5부五部의 군대를 동원한 것이[72] 그 예이다. 군사들은 사냥감을 몰이하는 과정에서 대오를 이루고, 산악을 타고, 활을 쏘고, 말을 달리고, 칼이나 창을 썼다. 이 자체가 군사 훈련인 것이다. 이로 미루어 백제의 전렵도 군

---

67 『삼국사기』 권제24 백제본기 제2 고이왕 9년조.
68 『삼국사기』 권제24 백제본기 제2 비류왕 17년조의 "秋八月 築射臺於宮西 每以朔望習射" 참조.
69 『삼국사기』 권제25 백제본기 제3 아신왕 7년조의 "九月 集都人習射於西臺" 참조.
70 『삼국사기』 권제24 백제본기 제2 고이왕 7년조.
71 김영하, 1990, 「백제·신라왕의 군사훈련과 통수」, 『태동고전연구』 6집, 태동고전연구소.
72 『삼국사기』 권제45 열전 제5 온달전에 "高句麗常以春三月三日 會獵樂浪之丘 以所獲猪鹿 祭天及山川神 至其日 王出獵 羣臣及五部兵士皆從 …" 참조.

사 훈련의 성격을 가졌다고 할 수 있다.

군사 훈련은 병법에 따라 행해진다. 백제에 병법이 있었다는 것은 663년 부흥백제국이 망한 후 왜로 망명한 백제 망명객 가운데 곡나진수谷那晉首, 목소귀자木素貴子, 억례복류憶禮福留, 답발춘초荅㶱春初가 병법에 밝아[閉兵法] 대산하大山下의 관위冠位를 수여받은 사실에서[73] 확인된다. 이들은 백제 당시에 병법을 익혔고 그 실력을 왜에서 인정받아 왜의 관료가 되었던 것이다. 다만 이들이 익힌 병법의 이름은 자료가 없어 알 수 없다. 신라의 경우 설수진薛秀眞이 펼쳐 보인 육진병법六陣兵法이[74] 있었다.

병법에 밝은 답발춘초는 왜의 장문국長門國에 성을 쌓는 일을, 억례복류와 사비복부는 축자국筑紫國에 대야성大野城과 연성椽城을 축조하는 일을 맡았다.[75] 이는 병법과 축성이 긴밀한 관계를 가지고 있음을 보여 준다. 그렇다면 전지왕 13년(417)에 사구성沙口城 축조를 감독[監役]한 병관좌평 해구解丘도[76] 병법에 밝았다고 볼 수 있다. 군 지휘관들은 병법을 익힌 후 병법에 따라 군사를 훈련하고 또 방어 시설들을 만들었을 것이다.

(2) 작전과 포상·처벌

군사조직은 전쟁이 일어날 때 그 기능을 발휘한다. 출동한 부대는 상대 편과 공방전을 벌였다. 백제군의 전투 모습을 개략적으로나마 보여 주는 것이 371년에 벌어진 평양성 전투, 553년 백제군과 고구려군 사이에 벌어진 백합야새百合野塞 전투 그리고 660년 계백이 거느린 5,000명의 결사대

---

73 『일본서기』 권27 천지기 10년조의 "春正月 … 是月 … 以大山下授達率谷那晉首(閉兵法) 木素貴子(閉兵法) 憶禮福留(閉兵法) 荅㶱春初(閉兵法) …" 참조.

74 『삼국사기』 권제7 신라본기 제7 문무왕 하 14년조의 "觀阿湌薛秀眞六陣兵法" 참조.

75 『일본서기』 권27 천지기 4년조의 "秋八月 遣達率荅㶱春初 築城於長門國 遣達率憶禮福留 達率四比福夫於筑紫國 築大野及椽二城" 참조.

76 『삼국사기』 권제25 백제본기 제3 전지왕 13년조의 "秋七月 徵東北二部人年十五已上 築沙口城 使兵官佐平解丘監役" 참조.

와 신라 김유신이 거느린 5만의 군대가 맞붙은 황산벌 전투 등이다. 평양성 전투에서 고구려 고국원왕은 백제 궁수대의 유시流矢에 맞아 사망하였다. 황산벌 전투에서 백제군은 네 합에 걸쳐 신라군을 물리쳤지만 결국 패하고 말았다.

이 가운데 양군이 대결하는 모습을 상대적으로 잘 보여 주는 것이 백합야새 전투이다. 이때 고구려 진영에서 목 갑옷을 입고 말을 탄 한 사람, 요鐃(작은 징)를 꽂고 말을 탄 두 사람, 표범의 꼬리를 귀고리로 하고 말을 탄 두 사람 모두 합해서 5명이 고삐를 나란히 하고 나왔다. 이들은 여창에게 "나와 더불어 예로써 문답할 자의 성명, 나이, 관등을 알고 싶다"고 하였다. 여창은 "성은 동성이고 관위는 한솔이며, 나이는 29세"라고 대답하였다. 여창이 그대로 반문하니 고구려 장수도 똑같은 방식으로 대답하였다.[77] 전투를 하기 전에 상대편 지휘관들과 먼저 관등성명을 주고받는 것은 전투를 치르는 과정의 한 단면이라 할 수 있다.

통성명한 다음 양군은 기旗를 세우고 싸웠다. 그 전투가 어떠한 형태로 전개되었는지를 추론하는 데 단서가 되는 것이 백합야새란 지명에 나오는 '백합百合'이다. 고대 동양의 전투에서 '합合'은 한 번 맞붙어 싸웠다가 일단 뒤로 물러나는 것을 의미한다. 승부를 가리지 못했기 때문이다. 그렇다면 '백합'은 양군 사이에 백 번으로 표현될 정도로 여러 차례 전투가 벌어졌음을 시사해 준다. 성채 이름이 백합야새로 불린 것도 이에서 비롯되지 않았을까 한다.[78]

백합야새 전투의 마지막 장면은 다음과 같다. 백제 군사가 창으로 고구

77 『일본서기』 권19 흠명기 14년조의 "冬十月庚寅朔己酉 … 會明 有着頸鎧者一騎 插鐃者(鐃字未詳)二騎 珥豹尾者二騎并五騎 連轡到來問曰 小兒等言 於吾野中 客人有在 何得不迎禮也 今欲早知 與吾可以禮問答者姓名年位 餘昌對曰 姓是同姓 位是扞率 年廿九矣 百濟反問 亦如前法 而對答焉" 참조.
78 노중국, 2020, 『역사의 맞수 1—백제 성왕과 신라 진흥왕—』, 지식산업사, 118~119쪽.

려 용사를 찔러 말에서 떨어뜨려 목을 베었다. 그리고 그 목을 창끝에 꽂고 돌아와 군사들에게 보였다. 백제 군사들의 사기는 높아졌다. 이를 본 고구려 장군과 병사들은 분노하여 백제 진영으로 돌진하였다. 백제군도 천지가 찢어지는 듯 크게 소리를 질렀다. 이리하여 양군 사이에 격전이 벌어졌다. 이때 백제의 한 장수[偏將]가 북을 치며 질풍같이 달리며 싸웠다. 이를 보고 용기백배한 백제군이 성난 파도처럼 공격하였다. 그 결과 고구려왕은 동성산東聖山 위로 퇴각하였다.[79] 백합야새 전투는 백제군의 대승으로 끝났다.

전쟁에서는 작전이 중요하다. 군사 작전은 미리 계획되기도 하고, 전선의 상황에 맞게 구사되기도 한다. 이를 보여 주는 것이 부여 관북리 연못 안 바닥층에서 출토된 〈관북리 1차〉 목간이다. 판독문은 다음과 같다.[80]

앞면

△[城]自中可△

◎[馬]△△ △城自中△

뒷면

攻舟嶋◎城中阝 △△

攻負△[城] 中阝 △[盾]

△   △

※ ◎: 목간에 뚫린 구멍 표시, [ ] : 추독한 글자

---

79 『일본서기』권19 흠명기 14년조의 "冬十月庚寅朔己酉 … 遂乃立標而合戰 於是 百濟以鉾刺墮高麗勇士於馬 斬首 仍刺擧頭於鉾末 還入示衆 高麗軍將憤怒益甚 是時 百濟歡叫之聲可裂天地 復其偏將打鼓疾鬪 追却高麗王於東聖山之上" 참조.

80 권인한·김경호·윤선태 공동편집, 2015, 『한국고대 문자자료 연구: 백제(상)—지역별—』 (한국목간학회 연구총서 01), 주류성, 75쪽.

앞면의 내용은 말[馬]이 나오는 것에서 미루어 기병에 의한 공격일 가능성이 크다. 뒷면에는 주도성舟嶋城에 대한 공격과 '부△[성]負△[城]'에 대한 공격이 나온다. 주도성은 명칭에서 미루어 섬이나 바닷가에 위치한 것 같다. 이 공격에 앞장선 사람은 중부의 △△였다. 부△[성] 공격에는 역시 중부의 '△순△[盾]'이 앞장섰다. 중부는 왕도 5부의 중부이므로 이들은 중부에 배속된 5부군이 아니었을까 한다. 이 목간은 군대의 이동 경로와 공격 대상별 담당 인물의 이름을 적은 군사 행정 목간일 가능성이 높다.[81] 이 목간은 군사 작전이 사전에 치밀하게 짜여졌음을 보여 준다.

전투의 승패는 군사들의 사기에 달려 있다. 그래서 지휘관은 병사들의 사기를 높이기 위해 포상이나 처벌을 비롯한 여러 가지 방법을 사용하였다. 그 방법의 하나가 병사들의 마음을 격분시키는 것이다. 660년 장군 계백은 출정에 앞서 처자식을 죽이고 결의를 다졌다. 그리고 5,000명 결사대에게 "옛날 구천句踐은 5,000명으로 오나라 70만 군사를 격파하였다. 오늘은 마땅히 각자 용기를 다하여 싸워 이겨 국은에 보답하자"고 격려하여 5만의 신라군을 네 합이나 물리쳤다.[82] 이런 사기 진작의 모습을 보여주는 것이 〈궁남지 2차 보고서 2호〉 목간이다. 판독문은 다음과 같다.[83]

앞면

△君前軍日今[敵]白惰之心△[之]△

81 권인한·김경호·윤선태 공동편집, 2015, 『한국고대 문자자료 연구: 백제(상)—지역별—』 (한국목간학회 연구총서 01), 주류성, 89쪽.
82 『삼국사기』 권제47 열전 제7 계백전의 "… 階伯爲將軍 簡死士五千人拒之 … 遇新羅兵將戰 誓衆曰 昔句踐以五千人 破吳七十萬衆 今之日 宜各奮勵決勝 以報國恩 遂鏖戰 無不以一當千 羅兵乃却 如是進退 至四合 …" 참조.
83 권인한·김경호·윤선태 공동편집, 2015, 『한국고대 문자자료 연구: 백제(상)—지역별—』 (한국목간학회 연구총서 01), 주류성, 155쪽.

뒷면

死所可依故背△作弓轂[日]間[落]

※ [ ] : 추독한 글자

앞면은 "△군이 군사들 앞으로 나와 말하기를 '지금 적은 업신여기는 마음을 드러내었고 …'"로 해석된다. 뒷면은 "죽는 것은 고사에 의거할 수 있는 바이기 때문에 △을 등지고 활을 만들어 해가 떨어질 때 함락하였다"로 해석된다.

△군君은 인명인데 관등이 표시되지 않아 병사로 볼 수 있다. △군이 한 말의 내용은 뒷면과 연결된다. 그 내용은 적이 아군을 가벼이 여기는 상태를 강조하여 군사들의 사기를 북돋워 죽음을 두려워하지 않고 싸워 이기는 모습을 보여 준다. 이는 『삼국사기』 열전에 관창이나 반굴盤屈을 비롯한 신라의 어린 화랑들이 선봉에 서서 죽기로 싸워 군사들의 사기를 북돋운 것과 유사한 모습이다.[84] 따라서 이 목간은 전장에 나간 군사들이 목숨을 아끼지 않고 활동한 모습을 보고하거나 평가한 것으로 볼 수 있다.[85]

전쟁에서 승리하면 전공을 세운 군사들에게는 포상하였다. 사기를 돋우기 위함이다. 포상의 내용은 다양하다. 근초고왕은 붙잡은 포로들을 장사將士들에게 나누어 주었다.[86] 이 포로들은 노비로 전락하였음은 물론이

---

84 『삼국사기』 권제47 열전 제7 김영윤전의 "令胤曰 臨陣無勇 禮經之所誠 有進無退 士卒之 常分也 丈夫臨事自決 何必從衆 遂赴敵陣 格鬪而死"; 관창전의 "官昌曰 向吾入賊中 不能 斬將搴旗 深所恨也 再入必能成功 以手掬井水 飮訖 再突賊陣疾鬪"; 김흠운전의 "歆運曰 大丈夫旣以身許國 人知之與不知一也 豈敢求名乎 强立不動 從者握轡勸還 歆運拔劍揮之 與賊鬪 殺數人而死" 참조.

85 권인한·김경호·윤선태 공동편집, 2015, 『한국고대 문자자료 연구: 백제(상)—지역별—』 (한국목간학회 연구총서 01), 주류성, 162쪽.

86 『삼국사기』 권제24 백제본기 제2 근초고왕 24년조의 "秋九月 高句麗王斯由帥步騎二萬 … 王遣太子 以兵徑至雉壤 急擊破之 獲五千餘級 其虜獲分賜將士" 참조.

다. 포로가 된 신라의 부산 현령 조미갑이 좌평 임자任子의 가노가 되었다는 것이 이를 보여 준다.[87] 신라의 경우 고위 지휘관들에게는 검이나 극戟을 내리거나 관등을 높여 주기도 하였고, 하급 지휘관들에게는 곡식을 내리기도 하였다.[88] 백제에서도 군공을 세운 장사들에게 이러한 포상을 하였을 것이다.

반면에 전장에 나간 군사들이 목숨을 구하기 위해 도망하거나 명령이 없는 데도 불구하고 퇴군할 경우 지휘관은 명령 위반자를 퇴군죄로 처벌하였다.[89] 처벌의 정도는 반란反亂(叛亂)과 동일하게 참형이었다. 이는 퇴군죄가 그만큼 중죄였음을 보여 준다.

군사 작전에는 위급을 미리 알려 주는 봉후烽候도 중요하다. 대가야(가라)의 경우 봉후를 설치하였다는 기사가 나온다.[90] 또 전북 장수 지역에는 가야의 봉수가 확인되고 있다.[91] 봉후는 군사 작전과 방어에 꼭 필요한 시설이다. 현재 남아 있는 문헌에는 백제가 봉후를 설치하였다는 기록은 없다. 그러나 백제도 이러한 시설을 설치하였을 가능성은 높다. 앞으로의

---

87 『삼국사기』 권제42 열전 제2 김유신 중조의 "先是 租未坤級湌爲夫山縣令 被虜於百濟 爲佐平任子之家奴" 참조.

88 『삼국사기』 권제6 신라본기 제6 문무왕 상 원년조의 "九月十九日 … 至二十七日 … 論功 賜角干伊湌爲摠管者劍 迊湌波珍湌大阿湌爲摠管者戟 已下各一品位 …"; 8년조의 "冬十月二十二日 賜庾信位太大角干 仁問大角干 已外伊湌將軍等並爲角干 蘇判已下並增位一級 大幢少監本得 蛇川戰 功第一 … 黑嶽令宣極 平壤城大門戰 功第一 並授位一吉湌 賜租一千石 … 軍師南漢山北渠 平壤城北門戰 功第一 授位述干 賜粟一千石 軍師斧壤仇杞 平壤南橋戰 功第一 授位述干 賜粟七百石 …" 참조.

89 『주서』 권49 열전 제41 이역 상 백제전의 "反叛退軍及殺人者斬" 참조.

90 『일본서기』 권17 계체기 8년조의 "三月 伴跛築城於子呑帶沙 而連滿奚 置烽候邸閣 以備日本" 참조. 이 문장은 『삼국지』 권15 위서15 장기전의 "築郵塞 致烽候邸閣 以備胡"와 문장 구조가 같아 『삼국지』의 문장을 윤색하였을 가능성이 크다(백승옥, 2020, 「반피국 위치 재론」, 『전북사학』 58집, 전북사학회). 그렇다고 하더라도 대가야가 봉후 저각을 설치하였을 가능성은 열어 두어야 한다.

91 곽장근, 2008, 「호남 동부지역 산성 및 봉수의 분포양상」, 『영남학』 13집, 경북대학교 영남문화연구원.

고고학적 조사에서 백제의 봉후 시설이 확인되기를 기대한다.

3. 군사 충원과 군수 조달

(1) 군사 충원과 복무 기간

군사조직에서 중요한 것의 하나는 군사 충원이다. 군사 충원이 제대로 이루어져야 군사조직이 효율적으로 운영된다. 군사 충원은 국가 발전 단계에 따라 달랐다. 앞에서 언급한 바와 같이 부체제 단계에서는 읍락의 유력자인 호민이나 좌식자坐食者만이 군사가 될 수 있었다. 따라서 이 시기의 군대는 전쟁에 나가는 것이 영광이면서 권리요 의무로 여기는 일종의 명망군名望軍이었다. 이들은 각각 자기 집에 갑옷과 병장기를 갖추고 있었다.[92] 이로 미루어 부체제 단계의 백제에서도 호민이나 좌식자로 이루어진 명망군이 있었고 이들은 각자 병장기를 마련하지 않았을까 한다.

중앙집권체제가 갖추어지면서 군사조직의 운용에도 변화가 생겼다. 무엇보다도 전쟁의 규모가 커짐에 따라 동원되는 군대의 규모도 커졌기 때문이다. 근초고왕이 371년에 평양성을 공격할 때 3만의 정병을 동원한 것이 이를 보여 준다. 대규모의 군대 동원은 명망군만으로 감당할 수 있는 것이 아니다. 이에 근초고왕은 종래 부의 장들이 별도로 주관하였던 반공지와 반공민을 모두 공지와 공민으로 전환시킨 후 영토 내의 모든 민들을 군역의 대상으로 하였다. 이른바 국민개병제를 실시한 것이다.

민을 군대로 충원하기 위해서는 민에 대한 파악이 먼저 이루어져야 한다. 이를 추론하는 데 단서가 되는 것이 백제 말기의 호수와 인구수이다. 앞에서 언급한 바와 같이 『구당서』 백제전에는 멸망 다시 백제의 호수가

---

92 『삼국지』 권30 위서30 동이전 부여조의 "… 以弓矢刀矛爲兵 家家自有鎧仗 …"참조.

76만 호로 나오고, 〈대당평백제국비명〉에는 24만 호에 인구는 620만이라 하였다. 〈대당평백제국비명〉의 24만 호는 '각제편호各齊編戶'라는 기사에서 보듯이 편호된 호였다. 따라서 『구당서』의 76만 호는 자연호라고 할 수 있다.

편호를 한 것은 한 호의 인구수가 동일하지 않아 호 단위로 노동력을 동원할 때 생겨나는 불균형을 해소하기 위해서였다. 편호의 기준이 무엇인지는 분명하지 않지만 자연호 76만 호와 편호 24만 호를 대비해 보면 자연호 셋을 하나의 편호로 한 것으로 볼 수 있다. 그러나 모든 편호가 일률적으로 3호로 이루어진 것은 아니었다. 하나의 자연호가 편호로서의 조건을 갖추면 하나의 편호로 하였다.

편호는 군호軍戶의 성격을 가지고 있어서 군역의 징발과 밀접한 관련을 가진다. 백제는 기본적으로 3개의 자연호로 이루어진 편호를 토대로 민들에게 군역을 부과하였다.[93] 그러면 편호를 이룬 세 호 가운데 한 호가 군역을 부담하고 나머지 두 호는 군역을 맡은 호에 대한 재정적 지원을 하지 않았을까 한다. 이는 고려의 족정제足丁制나[94] 조선의 봉족제奉足制와[95] 유사하다고 하겠다.

이 시기에 군사로 동원되는 자들은 정丁이었다. 정의 연령은 대개는 19세에서 59세까지였다. 동원된 군사들의 의무 복무 기간은 『고려사』에 수록된 「선운산가禪雲山歌」에서 추정해 볼 수 있다.[96] 이 노래의 제작 시기에 대해 장사長沙가 경덕왕 대(742~765)에 백제의 상로현上老縣을 개칭한 것

---

93 김종수, 2007, 「백제 군제의 성립과 정비」, 『역사교육』 103집, 역사교육연구회.
94 『고려사』 권81 지 권제35 병1 병제조의 "(恭愍王) 五年六月 下敎日 … 國家以田十七結 爲一足丁 給軍一丁 …" 참조.
95 『경국대전』 병전 급보조의 "京外軍士 給保有差 二丁爲一保 … 騎正兵 … 一步一丁 … 步正兵 … 一保" 참조.
96 『고려사』 권71 지 권제25 악2 삼국속악 백제조의 "百濟禪雲山 長沙人征役 過期不至 其妻思之 登禪雲山 望而歌之" 참조.

이라는 데에 주목하여 통일신라시대나 그 이후로 보기도 한다.[97] 그러나 곡명을 백제 속악이라 한 것에서 미루어 이야기의 줄거리는 백제에서 나온 것임이 분명하다. 그렇다면 「선운산가」는 백제의 자료로 사용해도 좋을 것이다.

노래 내용의 핵심은 '정역征役에 나간 장사인長沙人이 기한이 되어도 돌아오지 않았다'는 것이다. 정역은 군역을 말한다. '기한이 되어도 돌아오지 않았다'는 것은 백제에서 군역 복무 기간이 있었음을 의미한다. 신라의 경우 진평왕 대에 사량부의 소년 가실嘉實이 사랑하는 설씨녀薛氏女의 아버지를 대신하여 정곡正谷으로 방추防秋하러 갈 때 3년을 기약하였다.[98] 이는 복무 기간이 3년임을 보여 준다. 이를 원용하면 백제의 군 복무 기간도 3년이었을 것이다. 그러나 상황에 따라 복무 기간이 지켜지지 않기도 하였다. 「선운산가」에 정역에 나간 사람이 기한이 지나도 돌아오지 않았다는 것과 가실이 약속한 3년 기한을 넘겨 6년이 되어서야 돌아온 사실이 이를 보여 준다.

(2) 병장기와 군량 조달

군사들은 무기를 들고 전장에 나아가 싸운다. 무기가 제대로 공급되어야만 전쟁에서 승리할 수 있다. 문헌 자료에 보이는 백제군의 무기로는 요노腰弩,[99] 활과 화살[弓箭]과 칼刀, 창矟(삼지창) 등이[100] 있다. 이외에 위신품의 성격을 갖는 명광개明光鎧, 철갑조부鐵甲彫斧, 금갑조부金甲彫斧 등이

---

97 전덕재, 2012, 「고대의 백희잡기와 무악」, 『한국고대사연구』 65집, 한국고대사학회.

98 『삼국사기』 권제48 열전 제8 설씨녀전의 "眞平王時 … 沙梁部少年嘉實 … 會國有故 不使人交代 淹六年未還 父謂女曰 始以三年爲期 今旣踰矣" 참조.

99 『송서』 권97 열전 제57 이만 동이 백제전의 "表求易林式占腰弩 太祖並與之" 참조.

100 『주서』 권49 열전 제41 이역 상 백제전의 "兵有弓箭刀矟 俗重騎射" 참조.

있다.[101]

고분 발굴에서 출토된 무기로는 화살, 칼, 창, 모, 장식대도, 갑옷 등 다양하다. 이 가운데 장식대도는 위신품인데 천안 용원리 고분군, 공주 무령왕릉, 공주 수촌리 고분군, 나주 반남면 신촌리 9호분 등 여러 곳에서 출토되었다.[102]

보병이 주로 사용한 칼, 창, 모 등의 무기를 만들기 위해서는 무엇보다도 철의 확보가 중요하다. 백제의 제철 유적지로는 진천 석장리 제철 유적,[103] 충주 칠금동 야철 유적[104] 등이 대표적이다. 문헌 기록에는 곡나철산이 나온다.[105] 이러한 제철 유적에서 생산해 낸 철로 백제는 도, 검, 극, 모등 각종 무기를 만들었다. 이 무기를 만드는 일을 총괄하는 부서가 내관 12부의 하나인 도부刀部로 보인다.

기병에는 군마가 필수적이다. 군마의 조달을 위해 설치한 것이 목장이다. 백제가 목장을 설치하였음을 보여 주는 것이 신라 문무왕이 9년(669)에 목장 174곳을 왕실과 고위 귀족들에게 사여한 사실이다.[106] 이 목장은 백제 멸망 이후 사여한 것이므로 백제가 설치한 목장으로 보는 것이 타당

---

101 『삼국사기』 권제27 백제본기 제5 무왕 27년, 38년, 40년조 참조.
102 백제의 무기와 마구 등의 체계와 변화에 대해서는 성정용, 2000,「고대 전쟁기술의 변화 —마한·백제지역의 무기·마구체계의 변천을 중심으로—」,『역사학보』 165집, 역사학회 참조.
103 국립청주박물관·포항산업과학연구원, 1997,『한국고대 철생산유적 발굴조사—진천석장리유적—』; 신종환, 1996,「진천 석장리 철생산유적의 조사성과」,『신라고고학의 제문제』, 한국고고학회.
104 중원문화재연구원·조록주·차용걸·김병희, 2008,『(충주 칠금동 400-1번지 개인주택 설립부지내) 충주 칠금동 제철유적』, 중원문화재연구원.
105 『일본서기』 권9 신공기 52년조의 "臣國以西有水 源出自谷那鐵山" 참조.
106 『삼국사기』 권제6 신라본기 제6 문무왕 상 9년조의 "頒馬阹凡一百七十四所 屬所內二十二 官十 賜庾信太大角干六 仁問太角干五 角干七人各三 伊湌五人各二 蘇判四人各二 波珍湌六人 大阿湌十二人各一 以下七十四所 隨宜賜之" 참조.

하다. 신라의 경우 섬에서 목축하였고,[107] 또 절영산(부산의 영도)에 목장을 설치하였다.[108] 이로 미루어 백제도 섬들에 목장을 설치하였을 것이다. 그렇다면『수서』백제전에 "나라 서남쪽에 사람이 사는 섬이 15곳이 있으며 모두 성읍이 있다"[109]고 한 이 섬에도 목장이 설치되지 않았을까 한다. 이 목장과 국마를 관리하는 관청이 내관 12부의 하나인 마부였고, 그 아래에 여러 속사들과 관직을 두었을 것이다. 근초고왕 대에 국마國馬를 기른 사기斯紀와 관련한 기사가[110] 이를 말해 준다.

방어용 무구로는 갑옷과 투구가 있다. 갑옷으로는 서울 몽촌토성에서 뼈로 만든 찰갑이(그림 4–1), 공주 공산성 내의 왕궁 관련 유적에서 가죽에 옻칠을 한 갑옷과 철제 찰편으로 만든 마갑이 출토되었다.[111] 마갑은 신라의 경우 경주 쪽샘 지구에서, 안라국(아라가야)의 경우 함안 도항리 고분군의 마갑총에서도 출토되었고, 고구려의 경우 고분벽화에 마갑과 마면주를 한 그림이 그려져 있다. 이는 삼국이 공통으로 마갑을 만들어 사용하였음을 알 수 있다. 그리고 전남 고흥군 안동 고분군에서는 챙이 있는 철제 투구가 출토되었다(그림 4–2).[112] 갑주와 마갑의 제작 책임은 사군부에서 맡았을 것이다.

궁수弓手에게는 안정적인 화살 공급이 필요하다. 화살은 화살촉과 화살대로 만들어졌다. 그러나 발굴지에서는 석촉石鏃이든 철촉鐵鏃이든 화살

107 『신당서』권220 열전 제145 동이 신라전의 "畜牧海中山 須食 乃射" 참조.
108 『삼국사기』권제43 열전 제3 김유신 하 적손 윤중전의 "嫡孫允中 … 遂賜允中密坐 言及 其祖平生 日晚告退 賜絕影山馬一匹 …" 참조.
109 『수서』권81 열전 제46 동이 백제전의 "國西南人島居者十五所 皆有城邑" 참조.
110 『삼국사기』권제24 백제본기 제2 근구수왕 즉위년조의 "高句麗人斯紀 本百濟人 誤傷國 馬蹄 懼罪奔於彼 至是還來" 참조.
111 이남석, 2012, 「공산성출토 백제 칠찰갑의 명문」, 『목간과 문자』9집, 한국목간학회.
112 전남대학교박물관·호남문화재연구원·문화재청·고흥군, 2015, 『고흥 길두리 안동고분』(전남대학교 박물관총서 100), 전남대학교 박물관.

그림 4-1 몽촌토성 출토 골제 찰갑편(왼쪽)과 복원된 갑옷(오른쪽)(한성백제박물관 제공)

그림 4-2 고흥 안동 고분군 출토 철제 투구
(임영진 교수 제공)

축은 많이 출토되지만 활과 화살대는 거의 출토되지 않았다. 그런데 춘천 천전리 유적 가 지구 47호 청동기시대 주거지에서 다량의 석촉과 함께 화살대가 국내 최초로 출토되었다. 화살대는 대나무였다.[113] 읍루의 경우 화

---

113 강원문화재연구소, 2016, 『춘천 천전리 78-1번지 유적: 춘천시 천전리 78-1번지 건물 신축부지 내 유적 문화재 발굴조사 보고서』, 강원문화재연구소.

살대는 싸리나무이고 촉은 청석촉이며 독을 발라 사용하였다.[114] 왜의 경우 목궁木弓이 있었는데 화살대는 대나무로 만들었고 활촉은 철촉이거나 골촉이었다.[115] 동예의 경우 낙랑단궁樂浪檀弓에서 보듯이 화살대는 박달나무로 만들었다.

백제가 사용한 화살대의 수종이 무엇인지는 실물 자료가 남아 있지 않아 알기 어렵다.[116] 그러나 남쪽 지방에 대나무가 많이 자라고 있으므로 화살대의 재료는 주로 대나무였을 것이다. 이 대나무가 전죽箭竹(죽전竹箭)이다. 전죽은 삼과 같이 곧게 자라기 때문에[117] 화살대를 만들기에 적합하다. 『신증동국여지승람新增東國輿地勝覽』에 의하면 철 생산지와 전죽은 그 위치가 일일이 기록되어 있다. 철과 전죽은 무기를 만드는 데 필수품이어서 그 생산지를 빠짐없이 기록한 것이다.[118] 이로 미루어 백제에서도 철 생산지와 전죽 생산지를 파악하여 관리하였을 것이다. 그 책임을 맡은 부서는 사비기에는 외관의 경우 사군부, 내관의 경우 도부가 아니었을까 한다.

병기는 흉기이므로 함부로 사용하지 못하도록, 또 반군叛軍의 손에 들어가지 않도록 잘 관리해야 한다. 병기 관리는 국가 발전 단계에 따라 엄격성에 강약의 차이가 있었다. 앞에서 언급한 것처럼 부체제 단계에서 명망군은 집집이 갑옷과 병장기를 갈무리해 두었다가 전장에 나갈 때 무장하고 나갔다. 그러나 4세기 중엽 이후 중앙집권체제가 갖추어지고 군사

---

114 『삼국지』권30 위서30 동이전 읍루조의 "其弓長四尺 力如弩 矢用楛 長尺八寸 青石爲鏃 古之肅愼氏之國也 善射 射人皆入 因矢施毒 人中皆死" 참조.

115 『삼국지』권30 위서30 동이전 왜인조의 "兵用矛楯木弓 木弓短下長上 竹箭或鐵鏃或骨鏃" 참조.

116 백제 화살과 성시구盛矢具의 복원 모습에 대해서는 육군사관학교 육군박물관 편, 1994, 『한국의 활과 화살』, 육군사관학교, 45~46쪽 및 59쪽 참조.

117 『대동지지』권11 전라도 부안 산수조의 "邊山(西三十里 一云楞伽山 一云瀛州山 … 又 箭竹如麻)" 참조.

118 노중국, 2003, 『백제부흥운동사』, 일조각, 165~166쪽.

동원이 국민개병제로 바뀌면서 무기의 공급과 관리에도 점차 변화가 생겼다. 무기를 중앙과 관청에서 관리한 것이다. 이를 보여 주는 것이 관북리 3차 833호 〈병여기〉 목간이다. 판독문과 해석문은 다음과 같다.[119]

판독문

中方向殳

二月十一日兵与記

해석문

중방이 날 없는 창(殳)를 구하다.

2월 11일 병기를 분여하는 것을 기록하다.

중방은 5방의 하나로 방성은 고사성(전북 정읍시 고부)이다. 고사성에는 1,200명의 군대가 주둔해 있었다.[120] '향向'에는 '향하다'는 뜻도 있지만 '구하다'는 뜻도 있다. '殳'는 '杸'와 같은 글자로 '날 없는 창', '8개의 모가 있는 창' 또는 '죽창'이라는 의미도 있다.[121] '병여기兵与記'는 '병기를 대여하는 기록'이라는 의미이다.

이 목간에 의하면, 무기는 중방에서 요청하였다. 요청한 주체는 당연히 중방의 방령이었을 것이고, 그 요청에 따라 무기를 지급하도록 한 중앙의 관청은 군정을 담당한 사군부였을 것이다. 무기 지급 명령을 받은 하위의 해당 관청에서는 무기를 지급한 후 이를 기록으로 남겼다. 이것

---

119 권인한·김경호·윤선태 공동편집, 2015, 『한국고대 문자자료 연구: 백제(상)—지역별-』(한국목간학회 연구총서 01), 주류성, 95쪽.

120 『한원』 번이부 백제조의 "括地志曰 … 又國南二百六十里 有古沙城 城方百五十步 此其中方也 方統兵千二百人" 참조.

121 권인한·김경호·윤선태 공동편집, 2015, 『한국고대 문자자료 연구: 백제(상)—지역별-』(한국목간학회 연구총서 01), 주류성, 95쪽.

이 바로 〈병여기〉 목간이다. 그런데 이 목간은 상단에 구멍이 뚫려 있는 꼬리표 목간이므로 이 꼬리표가 붙은 장부는 별도로 있었을 것이다. 그렇다면 이 장부는 사군부에서 무기 관리를 위해 반출하고 반입한 것을 일일이 기록한 문서라고 할 수 있다.

한편 공주 공산성 왕궁 관련 시설 지구에서 목곽고 내에 마갑을 비롯하여 창, 화살촉 등 많은 무기가 출토되었다. 이곳은 왕실이 사용할 무기를 보관하는 무기고였을 것이다. 앞으로 다른 지역에서도 이러한 무기고들이 발굴되기를 기대한다.

그러나 모든 무기들이 무기고에 보관된 것은 아니었다. 이를 보여 주는 것이 4세기 이후에 만들어진 고분에서 칼, 화살, 창, 장식대도, 갑옷 등이 다수 나오고 있다는 사실이다. 출토된 무기 가운데 실용성이 없는 의례용 무기도 있지만 실용적인 무기도 있다. 실용의 무기를 개인의 무덤에 부장하였다는 것은 무덤의 주인이 평소에 이 무기를 소지하고 있었음을 의미한다. 이는 무기 관리가 국가에 의해 철저하게 관리되지 않았음을 보여 주는 것이다. 앞으로 이에 대한 연구가 더 필요하다. 참고로 당나라의 경우 사가私家에서 갑옷, 활, 창[甲弩矛矟] 등을 갖고 있는 것을 금하였고,[122] 만약 소장하고 있는 무기[器械]가 있다면 마땅히 경조부京兆府에 보인 후 관사에 반납하게 하였다.[123] 일본의 경우 조용하고 넓은 곳에 병고兵庫(무기고)를 만들어 각 지방[國郡]의 칼, 갑옷, 활, 화살을 거두어 모았다고[124] 한다. 이는 중국, 일본이 무기를 국가 차원에서 관리하였음을 보여 준다.

---

122 仁井田陞, 1964, 『唐令拾遺』, 東京大學出版會, 軍放令 제19, 25(開25)의 "諸私家不合(合日本令作得)有甲弩矛矟具裝等" 참조.

123 『책부원귀』 권64 제왕부발호령조의 "貞元 … 八年六月 詔曰 鎧甲之屬 不畜私家 … 如聞京城士庶之加 所藏器械 宜令京兆府宣示 俾納官司 他如律令" 참조.

124 『일본서기』 권25 대화 원년조의 "又於閑曠之所 起造兵庫 收聚國郡刀甲弓矢 邊國近與蝦夷接境處者 可盡數集其兵 而猶假授本主" 참조.

전쟁에서 승리하기 위해서는 잘 훈련된 군사들이 있어야 하며, 성능 좋은 무기의 공급과 더불어 군량 조달이 원활히 이루어져야 한다. 군량은 조세로 거둔 세곡 가운데 일부를 군창軍倉에 저장해 두었다가 필요할 때 공급하였다. 군창은 군대 주둔지에 설치하기 마련이다. 중앙군의 경우 왕도 5부군이 주둔한 곳에 군창이 있었을 것이다. 그러나 그 위치는 아직 확인되지 않았다.

지방군의 군창은 일차적으로 방성이나 군성, 현성에 마련되었을 것이다. 그리고 군대가 주둔한 산성에도 군창을 두었다. 옹산성(현재 대전광역시 계족산성)에 주둔한 백제부흥군이 '이곳은 군대의 수도 많고 먹을 것도 풍족하다[兵食俱足]'고 한 말과 동성왕 23년(501)에 축조된 가림성(현재 충남 부여군 임천면 성흥산성)[125] 안에 3개의 우물과 군창이 있었다고 한 것이[126] 이를 말해 준다. 성흥산성 발굴에서 문지 3곳, 우물 1곳, 샘 3곳, 저수시설 1곳, 다수의 건물지가 확인되었는데,[127] 건물지 가운데 군창지도 있었을 것이다.

수군의 경우 병선兵船이 정박해 있는 해안가에 군창이 마련되었다. '면천군의 석두 동쪽에 백제시대의 저장이 설치되어 있었는데 수군의 군수물자를 저장하기 위해 만들어진 것'이라고 한 『대동지지』의 기사가 이를 보여 준다. 면천은 통일신라시대에는 혜성군이었는데 백제의 혜군이었다.[128] 백제가 산성이나 해안가에 둔 군창의 이름을 무엇이라 불렀는지는

---

125 『삼국사기』 권제26 백제본기 제4 동성왕 23년조의 "八月 築加林城 以衛士佐平苩加鎭之" 참조.

126 『신증동국여지승람』 권17 충청도 임천군 성곽조의 "聖興山城(石築 周二千七百五尺 高十三尺 險阻 內有三井 又有軍倉)" 참조.

127 안승주·서정석, 1996, 『성흥산성 문지발굴조사보고서』, 충남발전연구원·충청남도, 110~117쪽.

128 『삼국사기』 권제36 잡지 제5 지리3 웅주 혜성군조의 "槥城郡 本百濟槥郡 景德王改名 今因之" 참조.

자료가 없어 알 수 없다. 신라의 경우 문무왕 대에 남산신성에 군창을 두었는데 이를 장창長倉이라 하였다.[129] 발굴 결과 중창, 좌창, 우창이 확인되었다.[130] 대가야의 경우 『일본서기』에 저각邸閣으로 나온다.[131]

---

129 『삼국사기』 권제6 신라본기 제6 문무왕 상 3년조의 "春正月 作長倉於南山新城 築富山城" 참조.

130 김호상·최진욱, 2009, 「신라 왕경 연구 Ⅱ―왕실 창고와 산성 창고를 중심으로―」, 『경주사학』 30집, 경주사학회.

131 『일본서기』 권17 계체기 8년조의 "三月 伴跛築城於子呑帶沙 而連滿奚 置烽候邸閣 以備日本" 참조.

제5부

작호제·의관제·식읍제와 그 운영

Ⅰ. 작호제와 그 운영

1. 왕·후호제

　신분제 사회에서 왕족과 귀족들의 지위와 위신을 보여 주는 칭호가 작호爵號(작위爵位)이다. 작호를 제도화한 것이 작호제이다. 작호제는 중국에서 비롯되었다. 『주례』 천관 총재에는 "작爵으로써 귀貴를 다스리고, 녹祿으로써 부富를 다스린다"[1]고 하였다. 즉 작은 상하 질서를 보여 주고, 녹은 부를 담보해 주는 것이었다. 그래서 왕, 후 등의 작호를 받으면 그에 대한 반대급부로 녹이 주어졌다. 『예기』 왕제에 의하면 왕의 녹작 제도는 공작, 후작, 백작, 자작, 남작의 5등급이었고, 제후의 녹작은 상대부, 하대부,

---

1　『주례』 천관 총재 제1의 "大宰 以八柄詔王馭羣臣 一曰爵以馭其貴 二曰祿以馭其富 三曰予以馭其幸 …" 참조.

상사, 중사, 하사의 5등급이었다.[2] 공, 후 등은 천자와 제후국 사이에 형성된 상하 질서를, 대부와 사 등은 제후국 내에서의 상하 질서를 보여 준다.

백제에도 작호제가 있었다. 『송서』 백제전에 나오는 개로왕이 신하들에게 수여한 왕·후호와 장군호,[3] 『남제서』 백제전에 나오는 동성왕이 신하들에게 수여한 왕·후호와 장군호가[4] 그것이다. 개로왕과 동성왕은 이 왕·후호와 장군호를 중국 왕조로부터 정식으로 제수받았다. 그래서 이를 '조작朝爵'이라 하였다. 이는 왕·후호와 장군호가 작호라는 것과 백제의 작호제가 왕·후호제와 장군호제로 이루어졌음을 보여 준다. 왕·후호제와 장군호는 백제 관제의 특징으로 삼국 가운데 백제에서만 보인다.

백제의 왕·후호로는 『송서』 백제전에 좌현왕左賢王과 우현왕右賢王이 보이고, 『위서魏書』 백제전과 『삼국사기』에 불사후弗斯侯가[5] 보인다. 그리고 『남제서』 백제전에 불사후, 면중왕面中王, 도한왕都漢王, 팔중후八中侯, 아착왕阿錯王, 매라왕邁羅王, 벽중후辟中侯, 불중후弗中侯, 면중후面中侯

<hr />

2 『예기』 왕제 제5의 "王者之制祿爵 公侯伯子男 凡五等 諸侯之上大夫卿下大夫上士中士下士 凡五等" 참조.

3 『송서』 권97 열전 제57 이만 동이 백제전의 "(大明)二年 慶遣使上表曰 臣國累葉偏受殊恩 文武良輔 世蒙朝爵 行冠軍將軍右賢王餘紀等十一人 忠勤宜在顯進 伏願垂愍 並聽賜除 仍以行冠軍將軍右賢王餘紀爲冠軍將軍 以行征虜將軍左賢王餘昆 行征虜將軍餘暈並爲征虜將軍 …" 참조.

4 『남제서』 권58 열전 제39 동남이 백제전의 "… 寧朔將軍面中王姐瑾 歷贊時務 武功竝列 今假行冠軍將軍都將軍都漢王 建威將軍八中侯餘古 弱冠輔佐 忠効夙著 今假行寧朔將軍阿錯王 建威將軍餘歷 忠款有素 文武烈顯 今假行龍驤將軍邁盧王 廣武將軍餘固 忠効時務 光宣國政 今假行建威將軍弗斯侯 … 去庚午年 獫狁弗悛 擧兵深逼 … 鯨暴韜凶 今邦宇謐靜 實名等之略 尋其功勳 宜在褒顯 今假沙法名行征虜將軍邁羅王 贊首流爲行安國將軍辟中王 解禮昆爲行武威將軍弗中侯 木干那前有軍功 又拔臺舫 爲行廣威將軍面中侯 伏願天恩 特愍聽除 …" 참조.

5 『위서』 권100 열전 제88 백제전의 "延興二年 其王餘慶始遣使上表曰 臣建國東極 豺狼隔路 … 謹遣私署冠軍將軍駙馬都尉弗斯侯長史餘禮 …"; 『삼국사기』 권제25 백제본기 제3 개로왕 18년조의 "遣使朝魏 上表曰 … 謹遣私署冠軍將軍駙馬都尉弗斯侯長史餘禮 … 搜徑玄津 託命自然之運" 참조.

등 여러 왕·후호가 나온다.

이 가운데 좌현왕과 우현왕은 한족漢族 왕조에는 보이지 않고 흉노 등 북방민족이 사용한 관호官號이다. 이 관호는 유연劉淵이 세운 전조前趙(304~329), 선비족 모용씨가 세운 전연前燕(337~370), 강족羌族 요장姚萇이 세운 후진後秦(384~417), 저족氐族 여광呂光이 세운 후량後凉(386~403), 흉노족계인 혁련발발赫連勃勃이 세운 대하大夏(407~431) 등에서는 널리 사용되었다. 그리고 436년에 북연을 멸망시켜 화북 지역을 통일한 북위도 효문제가 491년에 대대적인 한화漢化 정책을 실시하기 이전까지는 좌현왕·우현왕제를 시행하였던 것 같다. 좌현왕·우현왕은 증토축성법烝土築城法과 더불어 백제가 16국 및 북위와 교섭·교류를 하였음을 보여 준다.[6]

좌현왕과 우현왕을 제외한 나머지 작호, 예를 들면 매라왕, 면중후의 '매라'와 '면중'은 지명이다. 이 작호들은 앞에 지명이 붙어 있는 것이 특징이다. 이 지명을 담로檐魯가 설치된 지역으로 보고 왕·후호를 담로의 장을 일컫는 명칭으로 이해하는 견해도[7] 있다. 그러나 담로는 중국의 군현과 같은 지방통치조직의 명칭이고 왕·후호는 '조작'에서 보듯이 작호이다. 담로의 장은 지방관이지만 왕·후호를 받은 사람은 중앙의 고위 귀족이어서 그 성격이 다르다. 따라서 중앙의 고위 귀족들에게 예우 차원에서 수여한 작호로서의 왕·후호를 지방관의 명칭으로 볼 수 없다.

현재 남아 있는 자료에 의하면, 백제에서 왕·후호가 나오는 가장 빠른 사례는 458년(개로왕 4)의 좌현왕과 우현왕이고, 다음은 472년(개로왕 18)의 불사후이다. 이를 근거로 왕·후호는 개로왕 대에 와서야 실시된 것으로 보기도 한다. 그러나 개로왕이 458년에 송에 보낸 국서에는 "여러 대

---

6 노중국, 2012, 『백제의 대외 교섭과 교류』, 지식산업사, 183~188쪽.
7 김영심, 1997, 「백제의 지방통치체제 연구—5~7세기를 중심으로—」, 서울대학교 대학원 박사학위논문.

그림 5-1 〈칠지도〉의
'왜왕' 부분
(한성백제박물관 제공)

에 걸쳐 편애를 받았다[累葉偏愛]"는 구절과 "대대로 조정의 작호를 받았다[世蒙朝爵]"는 구절이 나오는데, '누엽累葉'과 '세몽世蒙'은 개로왕 이전 시기를 가리킨다. 따라서 왕·후호제는 개로왕 이전부터 시행된 것으로 보는 것이 타당하다.

그 시기를 추정하는 데 단서가 되는 것이 현재 일본 나라현 이소노카미신궁石上神宮에 보관되어 있는 〈칠지도七支刀〉 명문이다(그림 5-1). 〈칠지도〉는 동진 태화 4년(369, 근초고왕 24)에 백제가 만들어[8] 372년에 〈칠자경七子鏡〉 1면과 함께 왜에 보낸 것인데[9] 실물의 유물과 문헌 기록이 일치하는 희귀한 사례이다. 〈칠지도〉 앞면에 "의공공후왕宜供供侯王"이 새겨져 있는데 '후왕侯王'은 '제후왕'을 말한다.

제후왕은 중국에서 먼저 사용되었다. 한 무제는 중앙집권체제를 확립하면서 천자의 아들을 명목적으로 지방의 왕으로 건봉建封하면서 후왕이란 칭호를 사용하였다. 이후 후왕은 후대로 갈수록 실질적 의미는 점차 없어지고 단순히 고귀한 특권 지위에 있는 자를 지칭하는 명칭으로 바뀌었다.[10] 이를 강조하여 〈칠지도〉의 '후왕'을 중국 금석문에 종종 나오는 길

---

8 한국고대사회연구소 편, 1992, 『역주 한국고대금석문』 제1권(고구려·백제·낙랑편), 가락국사적개발연구원; 주보돈, 2011, 「백제 칠지도의 의미」, 『한국고대사연구』 62집, 한국고대사학회.

9 『일본서기』 권9 신공기 52년조의 "秋九月丁卯朔丙子 久氐等從千熊長彦詣之 則獻七枝刀一口 七子鏡一面及種種重寶" 참조.

10 吉田晶, 2001, 「七支刀の謎を解」, 『四世紀後半の百濟と倭一』, 新日本出版社, 36~37쪽.

상구吉祥句의 하나로, 자손이 잘되기를 바라는 형식적인 성격의 문투로 보아야 한다는 견해도 있다.[11]

'후왕'이 백제에서 비록 길상구로 사용되었다고 하더라도 제후적 존재를 가리키는 것은 분명하다. 또 신하가 올라갈 수 있는 최고의 지위임은 부정할 수 없다. 백제는 3세기 후반 이후 중국과 빈번히 접촉하였다. 이 과정에서 백제는 후왕이 제후를 지칭하는 것임을 알았고 그래서 후왕이란 표현을 쓴 것으로 보는 것이 타당하다. 의미도 모른 채 길상구만 그대로 따왔다고 하는 것은 백제의 문화 수준을 낮추어 보는 것이어서 받아들이기 어렵다.

어떤 제도든 먼저 국내에서 시행되고 그 후 국외로 확대된다. 후왕제도 예외는 아니다. 먼저 백제 국내에서 후왕제가 실시되고 그 연장선상에서 백제는 왜왕을 후왕으로 불렀던 것이다. 그렇다면 백제의 왕·후제는 늦어도 근초고왕 대에는 성립된 것으로 볼 수 있다. 이는『일본서기』응신기에 왜에 파견된 왕족 주군酒君의[12] '군군'이라는 작호를 통해[13] 방증할 수 있다.

근초고왕의 후왕제 실시는 중앙집권체제 정비와 연동되어 있다. 앞에서 언급한 바와 같이 근초고왕은 왕비족인 진씨 세력과 연대하여 지배 세력을 재편제하고, 지방통치조직인 담로제를 실시하여 지방에 대한 중앙의 통제력을 강화하였다. 또한 유교정치이념을 강조하면서 율령을 반포하여 일원적인 법체계를 확립하였다. 남으로는 영산강 유역 일대, 북으로는 수곡성(황해도 신계) 지역까지를 영역으로 하였다. 열병 때 모든 깃발을

---

11 神保公子, 1975, 「七支刀の解釋をめぐつて」, 『史學雜志』 84-11, 東京大學 史學會; 鈴木靖民, 1983, 「石上神宮七支刀銘についての一試論」, 國学院大學文学部史学科編, 『日本史學論集』 上, 吉川弘文館.

12 『일본서기』 권11 인덕기 41년조의 "春三月 … 是時百濟王之族酒君无禮 由是紀角宿禰訶責百濟王 時百濟王懼之 以鐵鎖縛酒君 附襲津彦而進上 爰酒君來之" 참조.

13 김영심, 「백제의 '군'호에 대한 시론적 고찰」, 『백제연구』 48집, 충남대학교 백제연구소.

황색으로 하여 왕이 천하의 중심이고 귀족들 위에 군림하는 존재임을 과시하였다.

체제 정비 과정에서 공로를 세운 자들이 많이 나오게 되었다. 공을 세우면 포상을 해야 한다. 근초고왕이 고구려군을 치양에서 크게 격파한 공을 세운 장사들에게 노획한 포로들을 나누어 준 것이[14] 그 예이다. 이로 미루어 근초고왕은 즉위 이후 공을 세운 고위 귀족들에게 포상의 일환으로 왕·후호를 수여하지 않았을까 한다. 『삼국사기』 근초고왕본기에 재위 3년부터 20년까지의 기사가 전혀 없는데 왕·후호 수여 같은 이런 조치들이 이 기간에 있었을 가능성을 열어 두어야 한다. 이후 개로왕 대에 오면 신하들에게 수여한 작호를 중국 왕조로부터 정식으로 인정받는 형태로 운영되었고, 이러한 운영 방식은 동성왕 대로 이어졌다. 이리하여 백제왕은 휘하에 왕과 후를 거느린 대왕으로 군림하게 되었다. 아신왕이 대왕으로 불린 것이[15] 이를 보여 준다.

2. 장군호제

백제왕은 중국 왕조와 조공-책봉 관계를 맺은 후 왕호와 더불어 장군호를 받았다. 장군호의 경우 여구餘句(근초고왕)가 372년에 동진으로부터 받은 진동장군鎭東將軍이 최초의 사례이다.[16] 이후 백제왕은 중국 왕조로부터 진동대장군, 정동대장군, 영동대장군 등의 장군호를 받았다.

---

14 『삼국사기』 권제24 백제본기 제2 근초고왕 24년조의 "王遣太子 以兵徑至雉壤 急擊破之 獲五千餘級 其虜獲分賜將士" 참조.
15 『삼국사기』 권제25 백제본기 제3 전지왕 즉위년조의 "腆支王 … 阿莘之元子 … 漢城人解忠來告曰 大王棄世 …" 참조.
16 『진서晉書』 권9 제기 제8 간문제 함안 2년조의 "六月 遣使拜百濟王餘句為鎭東將軍領樂浪太守" 참조.

중국 왕조로부터 장군호를 받은 백제왕은 한 걸음 더 나아가 자신의 신하들에게도 장군호를 수여하였다. 수여된 장군호로는 개로왕이 458년 송에 보낸 국서에 관군장군·정로장군·보국장군·용양장군·영삭장군·건무장군 등 여섯 장군호가 보이고, 동성왕이 남제에 보낸 국서에 앞의 여섯 장군호 외에 건위장군·광무장군·선위장군·안국장군·무위장군·광위장군·진무장군·양무장군 등 보인다. 근래에 고창 오호리 유적 3호 석실분에서 '복의장군伏義將軍'이 새겨진 동인銅印이 출토되어[17] '복의장군' 호가 더해졌다.

장군호제는 중국에서 시작되었다. 따라서 백제 장군호제의 성립을 이해하기 위해서는 중국에서 장군호제가 성립하여 변화한 과정을 살펴보는 것이 필요하다. 중국의 경우 한대漢代에는 장군호의 종류가 많지 않았다. 그러나 후한 말에 이르러 정치가 혼란해지자 자위自衛의 여건을 갖추고 사병집단을 거느린 각지의 유력자들(호족)이 자신들의 사병집단을 합법화하기 위해 장군호를 지니게 되면서 그 수는 늘어났다. 이 과정에서 '호위虎威'니 '분위奮威'니 하는 미칭을 붙인 장군호들이 나왔다. 장군호를 지닌 자들은 영병권領兵權을 가지고 있었다.[18]

이후 삼국을 통일한 진晉 무제는 목수牧守(자사刺史와 군태수郡太守)와 장군을 분리하여 주군州郡의 영병권을 폐지하고 별도로 임명된 도독都督과 장군將軍만이 군부軍府를 개설하여 군사를 거느릴 수 있도록 하였다. 그러나 무제 사후 일어난 8왕의 난 등 빈번한 전란과 유목 민족들의 침입으로 서진은 멸망하고 강남에서 동진이 성립하였다. 서진에서 동진으로 전환되는 과정에서 황제권은 미약하여 호족들이 발호하였다. 이에 동진

---

17 전북문화재연구원, 2009, 『고창 석교리·오호리 유적』(유적조사보고 제38책); 조윤재, 2009, 「고창출토 동인고」, 『한국고고학보』 71집, 한국고고학회.

18 이주현, 1998, 「군부체제로 본 위진남북조사」, 『중국학보』 38집, 한국중국학회.

의 황제는 호족들을 지배질서에 편입하기 위해 유공자에 대한 포상의 수단으로 장군호를 이용하였다. 이로 말미암아 장군호의 남발은 심화되고 고급 장군호를 경쟁적으로 추구하는 경향이 확산되었다. 이리하여 장군호에도 관품의 구분이 반영되어 나타났다.[19]

백제는 근초고왕 대에 중앙집권체제를 확립하여 왕권을 강화하였지만 여기에 변화를 가져온 것이 전지왕의 즉위이다. 405년 아신왕이 죽자 백제에서는 왕위 계승을 둘러싸고 왕의 막냇동생 혈례碟禮를 지지하는 세력과 왜에 파견되어 있던 태자 전지를 지지하는 세력 사이에 왕위 계승전이 벌어졌다. 혈례는 전지가 귀국하기 전에 섭정을 맡고 있던 형 훈해訓解를 죽이고 스스로 왕위에 올랐다. 정변을 일으킨 것이다. 그러나 태자 전지를 지지하는 왕족 여신餘信과 해씨 세력은 혈례를 제거하고 태자 전지를 옹립하였다.

전지왕은 왕위 계승전을 치르고 옹립된 왕이었기 때문에 즉위 초에는 공신들의 입김이 강하였다. 이에 공신 세력들은 자신들의 입지를 보다 공고히 하기 위해 상좌평을 설치하여 왕으로 하여금 군국정사軍國政事를 맡기도록 하였다. 그 결과 정치 운영의 실권은 공신 세력들이 장악하게 되었다.[20] 이는 황제권이 흔들린 남조의 양상과 유사하였다. 이러한 상황에서 전지왕은 유력 세력들을 포용하는 방법의 하나로 왕·후호제와 더불어 장군호제를 받아들여 신하들에게 장군호를 수여하지 않았을까 한다. 그렇다면 백제의 장군호제는 전지왕 대에 실시된 것으로 볼 수 있다.

현재 남아 있는 자료에 의하면, 백제에서 장군호를 받은 사람은 28명 확인된다. 이 가운데 왕족이 12명, 이성異姓 귀족이 16명이다. 귀족들의 출신을 보면 원백제 출신이 8명, 한인漢人(중국인) 계통이 8명이다. 수적 분

---

19 이주현, 1998,「군부체제로 본 위진남북조사」,『중국학보』38집, 한국중국학회.
20 노중국, 2018,『백제정치사』, 일조각, 258~260쪽.

포는 비교적 고른 편이지만 한인계의 경우 용양장군 이상의 장군호를 받은 경우가 없다. 이는 한인계에게 일정한 제약이 있었음을 시사한다.[21]

3. 작호제의 운영

왕호와 장군호는 작호이다. 백제의 작호제 운영과 관련하여 『송서』 백제전에 "대대로 조정의 작호를 받았다[世蒙朝爵]"는 내용이 있다. 『남제서』 백제전에 의하면 동성왕은 영삭장군 면중왕 저근姐勤을 관군장군 도장군 도한왕으로, 건위장군 팔중후 여고餘古를 영삭장군 아착왕으로 삼았다. 이러한 사실은 백제에서 작호제가 임시적으로 사용된 것이 아니라 제도적으로 운영되고 있었음을 보여 준다. 백제의 왕·후호제의 운영은 다음과 같이 정리할 수 있다.

첫째, 왕·후호는 국가에 큰 공로를 세운 자에 대한 포상으로 수여되었다. 480년대에 행해진 저근, 여고餘古, 여력餘歷, 여고餘固에 대한 왕·후호 책봉 사유는 지조와 용맹으로 충효를 다하고 국난을 제거하여 나라의 간성干城이 되었다는 것이다. 495년에 행해진 사법명沙法名, 찬수류贊首流, 해례곤解禮昆, 목간나木干那에 대한 왕·후호 책봉 사유도 위로魏虜(북위北魏)의 공격을 크게 물리쳐서 나라를 평안하게 하였다는 것이다. 즉 전쟁에서 세운 큰 공로가 왕·후호 책봉의 중요한 이유였다.

둘째, 왕·후호는 한 번 받으면 끝나는 것이 아니라 개봉改封될 수 있었다. 485년(동성왕 7) 이전에 면중왕이었던 저근이 485년에 도한왕으로 개봉된 것과 팔중후 여고가 아착왕으로 개봉된 것이 그 예이다.

셋째, 왕·후호는 기본적으로 세습되지 않았다. 485년에 여력에게 수여

---

21 정동준, 2013, 『동아시아 속의 백제 정치제도』, 일지사, 132쪽.

된 매라왕이 495년에 사법명에게 수여된 사실과 472년에 여례餘禮가 받은 불사후를 495년에 여고餘固가 받았다는 사실이 이를 보여 준다. 여례와 여고는 비록 부여씨로 성이 같지만 직계라는 증거가 없다. 또 여력과 사법명은 성씨가 다르다. 따라서 작호는 세습되지 않았다고 보는 것이 타당하다.

넷째, 왕호는 후호보다 격이 높았다. 따라서 왕호를 받은 자는 후호를 받은 자보다 정치적 위상이 높았다. 그러면 똑같이 면중面中이란 지명이 붙어 있지만 면중왕 저근은 면중후 목간나보다 정치적 위상이 높았다고 할 수 있다.

한편 장군호의 경우 『송서』백관지에는 대장군 이하 총 93개의 장군호가 품계에 따라 나온다. 백제의 장군호 관품을 송의 관품표에 의거해 정리하면 다음과 같다.

제2품: 대장군

제3품: 정로장군, 관군장군, 보국장군, 용양장군

제4품: 영삭장군, 건위장군, 건무장군, 진무장군, 양무장군, 광무장군

제5품: ?

제6품: ?

제7품: ?

제8품: 선위장군,[22] 광위장군

제9품: 복의장군

이를 토대로 백제의 장군호제 운용을 정리하면 다음과 같다. 첫째, 중국

---

22 선위장군의 경우 북위에서는 제6품이다.

왕조로부터 장군호를 받은 백제왕은 장군부를 개설하였다. 이는 중국에서 5품 이상의 장군호를 받은 장군들이 '군사를 거느리고 장군부를 연 것[領兵開府]'을 본받은 것이다. 이 장군부에 장사, 사마, 참군 등의 관리를 두었다. 이를 부관府官이라 한다. 백제왕이 개설한 장군부의 부관으로는 비유왕이 송에 파견한 장위張威와 동성왕이 남제에 파견한 고달高達이 지닌 장사長史, 동성왕이 남제에 파견한 양무楊茂가 지닌 사마司馬 그리고 회매會邁가 지닌 참군參軍 등을 들 수 있다.

이 부관에 대해 동아시아 여러 나라의 왕들이 막부를 설치하여 국정을 운영하였다는 증거가 없다는 입장에서 대중국 외교를 위한 허직虛職에 불과한 것으로 보는 견해도 있다.[23] 그러나 전지왕, 개로왕, 동성왕 대에 걸쳐 장사, 사마 등이 나오고 있다. 또 고구려도 광개토대왕 대에 장사, 사마, 참군을 설치해 운영하였다.[24] 이로 미루어 부관은 허직이 아니라 실직實職으로 보는 것이 타당할 것이다. 동성왕 대에 남제에 파견된 사신들이 부관을 지닌 것에서 보듯이 이 부관들은 주로 대중국 외교에서 활동하였다.

둘째, 장군호는 승진이 가능하였다. 『남제서』 백제전에 나오는 485년 이전 4품 영삭장군이었던 저근이 490년에 3품 관군장군 도장군이 된 것이 대표적 사례이다. 이로 미루어 다른 귀족 관료들도 공로의 대소나 정치적 위상의 변동에 따라 상위의 장군호를 받거나 다른 장군호를 받기도 하였을 것이다.

셋째, 신하들이 받은 장군호는 3품과 4품이 주류를 이루고 있지만 이들이 장군부를 열었다는 사례는 아직 확인되지 않고 있다. 이는 중국의 경우

---

23 이성규, 2003, 「한국 고대국가의 형성과 한자 수용」, 『한국고대사연구』 32집, 한국고대사학회.

24 『양서』 권54 열전 제48 제이 고구려전의 "垂死子寶立 以句驪王安爲平州牧 … 安始置長史司馬參軍官" 참조. 고구려왕 안安은 연대에서 미루어 보면 광개토대왕(391~413)이다.

5품 이상의 장군호를 가진 자들이 장군부를 개설하여 군사권을 행사할 수 있던[領兵置府] 것과는[25] 다르다. 이로 미루어 백제의 장군호는 영병領兵보다는 관료들의 상하 위계를 보여 주는 무산계武散階로 운영된 것으로 보는 편이 타당하지 않을까 한다.

Ⅱ. 의관제와 그 운영

1. 의관제의 실시

신분제 사회에서 왕과 대소 신료들이 공회 석상에 모였을 때 그 지위와 신분을 눈으로 볼 수 있는 것이 의관衣冠이다. 의관의 핵심은 위신품威身品이다. 위신품은 "공식 석상에서 귀족 관료들의 상하 서열 관계를 보여 주는 물품"이고, 의관제는 "귀족 관료들의 신분과 지위에 맞도록 위신품을 규정해 놓은 제도"이다.[26] 그 바탕은 사회적 계층화에 따른 예제禮制이다. 귀족 관료들은 예제에 따라 위신품을 착용하여 자신들의 지위를 공식적으로 나타냈다.

백제에서 위신품은 고이왕이 28년(261) 춘정월 초길初吉에 남당南堂에 앉아 정사를 볼 때의 복장에서 찾아볼 수 있다. 이때 고이왕은 자색의 소매가 큰 포[紫大袖袍]와 푸른 비단 바지[靑錦袴]를 입고 금화로 장식한 검은 비단 관[烏羅冠]을 쓰고 흰 가죽대[素皮帶]를 띠고 검은 가죽신[烏韋履]을 신었다.[27] 이 기사는 공식 모임에서 입고 착용하는 왕의 위신품이 옷, 관冠,

25 이주현, 1998, 「군부체제로 본 위진남북조사」, 『중국학보』 38집, 한국중국학회.
26 노중국, 2006, 「백제의 관제와 그 성격」, 『계명사학』 17집, 계명사학회.
27 『삼국사기』 권제24 백제본기 제2 고이왕 28년조의 "春正月初吉 王服紫大袖袍 靑錦袴 金

대, 신발임을 보여 준다. 여기에 고분에서 많이 출토되는 장식대도를 추가할 수 있다. 이러한 위신품들은 색깔이나 재질, 장식으로 구별되었다.

의관제는 고정된 것이 아니라 국가 발전 단계에 따라 변화하였다. 국國 및 국연맹 단계에서는 강기綱紀가 적어 국읍에는 비록 우두머리인 주수主帥가 있었지만 읍락에 잡거하였기 때문에 읍락의 거수渠帥들을 잘 제어하지 못하였다. 그래서 궤배跪拜의 예가 없었다고 한다.[28] 따라서 이 시기에는 의관제가 성립되지 않았다고 본다.

부체제 단계에 와서 국왕의 권한이 강화되면서 병합되거나 정복된 국國의 수장들 일부는 중앙귀족으로 전화되었다. 이후 중앙귀족의 수가 점차 늘어나자 지위의 고하나 신분의 귀천을 분명히 하는 제도적 장치를 마련하였다. 고구려의 경우 공회 석상에서 중앙귀족인 대가와 주부들은 책幘을, 소가는 고깔과 같은 절풍折風을 쓰도록 하였으며,[29] 부여의 경우 대인들은 호리유백흑초狐狸狖白黑貂의 갓옷을 걸치고 금과 은으로 관모를 장식하여[30] 상하 지위를 구분하였다는 것이 이를 보여 준다. 이로 미루어 의관제는 부체제 단계에서 성립한 것으로 볼 수 있다.

백제에서 부체제는 고이왕 대 후반에 성립되었다. 그렇다면 백제의 의관제도 고이왕 대 후반에는 실시된 것으로 볼 수 있다. 그러나 고이왕 대의 의관제를 보여 주는 28년(261)조의 기사는 앞에서 이미 언급한 바와 같이 사비기의 의관제 기사를 그대로 옮겨 온 것이어서 고이왕 대의 사실로 볼 수 없다. 따라서 고이왕 대 의관제의 구체적인 모습은 별도로 살펴보아

花飾烏羅冠 素皮帶 烏韋履 坐南堂聽事"참조.

28 『삼국지』권30 위서30 동이전 한조의 "其俗少綱紀 國邑雖有主帥 邑落雜居 不能善相制御 無跪拜之禮"참조.

29 『삼국지』권30 위서30 동이전 고구려조의 "其公會衣服 皆錦繡金銀以自飾 大加主簿頭著 幘 如幘而無後 其小加著折風 形如弁"참조.

30 『삼국지』권30 위서30 동이전 부여조의 "大人加狐狸狖白黑貂之裘 以金銀飾帽"참조.

야 한다. 이때 주목되는 것이 마한의 여러 나라들이 의책衣幘을 좋아하였고, 금과 은보다는 구슬[瓔珠]을 귀히 여겼다는 사실과[31] 장례를 지낼 때 죽은 자를 천상으로 날리기 위해 새 깃을 사용하였다는 사실이다.[32] 백제도 마한의 한 나라로 성장해 왔다. 따라서 백제도 의책을 좋아하고, 구슬을 귀히 여겼을 것이다. 이로 미루어 고이왕 대에 백제의 의관은 책幘에 구슬을 장식하거나 새 깃을 꽂은 모양이 아니었을까 한다.

2. 한성기: 의관제의 정비

(1) 과대와 금동관

4세기 중반에 들어와 백제는 중앙집권체제를 갖추었다. 그에 따라 고이왕 대에 만들어졌을 의관제도 변화하였다. 이 시기의 의관제와 관련하여 주목되는 것이 금동관金銅冠의 사용이다. 백제 지역에서 금동관이 나온 곳은 나주 반남면 신촌리 9호분 을관, 익산 입점리 고분 1호분, 천안 용원리 9호 석곽, 공주 수촌리 고분 II-1호와 II-4호분, 서산 부장리 5호분, 고흥 길두리 고분, 화성 요리 고분 등이다. 이 관들의 연대는 신촌리 9호분 출토 관은 5세기 말,[33] 입점리 고분 출토 관은 5세기 중엽 무렵,[34] 천안 용원리 고분 출토 관은 4세기 중반에서 4세기 말 무렵,[35] 수촌리 II-1호분 출

---

31 『삼국지』권30 위서30 동이전 한조의 "其俗好衣幘 下戶詣郡朝謁 皆假衣幘 自服印綬衣幘 千有餘人 … 以瓔珠爲財寶 或以綴衣爲飾 或以縣頸垂耳 不以金銀錦繡爲珍" 참조.

32 『삼국지』권30 위서30 동이전 한조의 "以大鳥羽送死 其意欲使死者飛揚" 참조.

33 국립광주박물관, 1988, 『나주 반남고분군―종합조사보고서―』, 국립광주박물관·전라남도·나주군.

34 문화재연구소, 1989, 『익산 입점리 고분』, 93쪽; 최완규·이영덕, 2001, 『익산 입점리 백제 고분군―입점리 1호분 봉토조사』, 원광대학교 마한·백제문화연구소.

35 이남석·공주대학교박물관·천안온천개발·고려개발, 2000, 『용원리 고분군』, 공주대학교 박물관.

토 관은 4세기 중후반, 4호분 출토 관은 5세기 초이다.[36] 서산 부장리 5호 분구묘의 관은 수촌리 II-1호분보다는 늦은 4세기 말 내지 5세기 초로, 화성 요리 고분의 관은 5세기 1/4분기로,[37] 고흥 길두리 고분의 관은 5세기 2/4분기에서 3/4분기로[38] 추정되고 있다.

이 가운데 연대가 가장 빠른 것은 4세기 중후반의 수촌리 II-1호분의 관이다. 이 연대는 금동관이 만들어진 시기의 하한선으로 보아야 한다. 앞으로 이보다 연대가 빠른 금동관이 나올 가능성이 있기 때문이다. 그렇다면 금동관이 처음으로 만들어진 시기는 4세기 중반 이전으로 보는 것이 타당하다. 이와 관련하여 주목되는 것이 서울의 풍납토성과 몽촌토성 그리고 경기도 화성 사창리에서 출토된 과대금구銙帶金具이다.

과銙는 대帶에 붙이는 것인데 이를 위해 금으로 만든 장식품이 금구이다. 풍납토성 출토 금구는 중국 광저우廣州 대도산묘大刀山墓 출토 대금구와 유사하다. 몽촌토성 출토 대금구는 중국 후베이성 한양현 웅가령熊家嶺 동진묘에서 출토된 과대금구와 황해도 안악 3호분 벽화의 장하독帳下督이 착용하고 있는 과대금구와도 흡사하다. 대도산 출토 대금구는 324년에 만들어진 것이고, 웅가령 출토 과대금구는 서진시대(265~317)의 것이며(그림 5-2), 안악 3호분의 과대금구는 무덤 주인의 사망일이 '영화永和 13년'으로 미루어 357년에 그려진 것이다. 이를 종합하면 풍납토성 및 몽촌토성 출토 과대금구의 연대는 4세기 초엽 또는 중엽 무렵으로 볼 수 있다.[39]

36 이훈, 2005, 「수촌리고분군 출토 백제 마구에 대한 검토」, 『4~5세기 금강유역의 백제문화와 공주 수촌리 유적』, 충청남도역사문화원 제5회 정기심포지엄, 충청남도역사문화원.

37 이한상, 2018, 「화성 요리 목곽묘 출토 금동관과 금동식리 검토」, 『화성 요리고분군』, 한국문화유산연구원. 이 금동관의 연대를 5세기 4/4분기로 보는 견해(박보현, 2019, 「화성 요리 출토 금동관의 연대와 상징성」, 『고고학탐구』 23, 고고학탐구회)도 있다.

38 전남대학교박물관·호남문화재연구원·문화재청·고흥군, 2015, 『고흥 길두리 안동고분』 (전남대학교박물관 학술총서 100), 전남대학교 박물관, 88~89쪽.

39 박순발, 2001, 『한성백제의 탄생』, 서경문화사, 184~185쪽; 박순발, 2004, 「한성기 백제 대

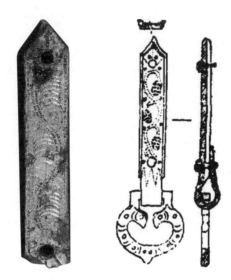

그림 5-2 진식과대금구와 실측도(이한상 교수 제공)

과대는 관과 더불어 의관제의 중요 요소이다. 과대금구의 연대가 4세기 초엽 또는 중엽 무렵이라면 백제에서 금동관도 4세기 전반 무렵에는 만들어진 것으로 볼 수 있다. 4세기 전반은 비류왕 대(304~344)이다. 비류왕은 낙랑과의 충돌을 자제하여 북쪽 국경 지역에서의 긴장을 완화하였고, 남으로 징복 활동을 전개하여 전북 지역까지 영역으로 확보하였다. 북한산성에서 반란을 일으킨 서제 우복의 난을 평정하여 왕권에 위협을 가할 수 있는 세력을 제거하였으며, 진씨 출신의 여자를 아들 근초고의 부인으로 맞아 세력 기반을 확대하였다. 김제에 거대한 벽골제를 축조하여 농업생산력을 높여 왕정의 물적 기반을 든든히 하였다. 이 토대 위에서 비류왕은 의관제를 정비하면서 금동관과 금동과대 및 금구를 만들지 않았을까 한다.

중교섭 일례—몽촌토성 출토 금동과대금구 추고—」, 『호서고고학』 11집, 호서고고학회.

(2) 관의 모양과 장식

4세기 전반 무렵에 만들어지기 시작한 금동관은 이전 시기의 관제와 다른 면이 있다. 첫째, 구슬보다는 금과 은을 귀히 여겼다. 현재까지 출토된 금동관모에 옥구슬 장식이 없다는 것이 이를 보여 준다. 반면에 3세기 후반으로 편년되는 충남 천안 청당동 유적에서 출토된 금박유리제옥金箔琉璃製玉과[40] 경기도 연천 학곡리 적석총에서 출토된 금박유리에서[41] 보듯이 금이 사용되고 있다. 금은을 귀히 여기게 된 것은 고구려의 영향일 가능성이 크다. 그래서 백제도 금과 금동으로 관과 과대금구를 만들지 않았을까 한다. 둘째, 관의 기본 모양이 책幘에서 변弁으로 바뀌었다. 수촌리, 부장리, 입점리, 길두리의 관모가 모두 변의 형태라는 것이 이를 말해 준다.

그러나 금동관은 삼한시기의 관과 연결되는 요소도 없지 않다. 관의 장식을 새 날개 모양으로 만든 것이 그것이다. 공주 수촌리 II-1호분과 II-4호분에서 출토된 금동관이 대표적이다(그림 5-3). 복원된 II-4호분의 관의 모습을 보면 정면에는 중앙과 좌우 측면에 각각 금동제 장식이 붙어 있고, 후면에는 수발垂鉢이 세워져 있고 뒤에 원판 모양의 달개가 장착되어 있다.[42] 앞에 붙어 있는 금동제 장식은 새 날개 모양이고, 뒤의 원판 모양의 달개는 새 꼬리 모양이다.[43] 이는 삼한시기에 관을 새 깃으로 장식한 것과 같은 것이다.

이렇게 백제는 4세기 전반 무렵에 일부는 종래의 관제를 따르면서 일부는 변형시켜서 새로운 금동관을 만들었다. 문제는 왕도 한성에서는 아직

---

40 국립중앙박물관, 1995, 『청당동 II』(국립박물관 고적조사보고 제27책), 63쪽.

41 경기도박물관, 2006, 『한성백제—묻혀진 백제문화로의 산책—』, 38쪽의 도 15 참조.

42 이훈, 2010, 「금동관을 통해 본 4~5세기 백제의 지방통치」, 공주대학교 대학원 박사학위 논문.

43 노중국, 2013, 「백제의 왕·후호제와 금동관 부장자의 실체—귀장을 중심으로—」, 『한국 고대사연구』 70집, 한국고대사학회.

그림 5-3 **공주 수촌리 II-1호분 금동관 복원품**(왼쪽) **수촌리 II-4호분 금동관 복원품**(오른쪽)
(충청남도역사문화연구원 제공)

까지 금관은 물론 금동관도 출토되지 않아 왕관의 모습을 알 수가 없다는
점이다. 그러나 이를 추론하고자 할 때 단서가 되는 것이 서울 석촌동 3호
분 동편과 4호분 주변에서 출토된 4점의 금제보요金製步搖이다. 이 보요
의 평면 형태는 요凹 자 형태보다 앞서므로 제작 연대는 수촌리 II-1호분
보다 빠르다고 한다. 보요는 전연, 후연, 고구려에서 관의 장식으로 널리
사용되었다. 이 유행이 백제에 들어온 것이다.[44] 그 시기는 비류왕 대에 해
당된다. 이로 미루어 비류왕의 관은 금관에 보요를 장식한 형태가 아니었
을까 한다. 앞으로 서울에서도 백제의 관이 출토되기를 기대해 본다.

---

44 이귀영, 2011, 「백제관 상징체계의 변화양상」, 『백제의 국제성과 무령왕』, 무령왕릉 발굴
    40주년 국제학술회의, 공주대학교 백제문화연구소·백제학회.

3. 웅진기: 의관제의 변화

475년 수도 한성이 고구려에 의해 함락되고 개로왕이 전사하자 문주왕은 웅진으로 천도하였다. 천도 초기에는 문주왕의 피살, 어린 삼근왕의 즉위, 병관좌평 해구의 천권과 반란에서 보듯이 정치적으로 매우 혼란하였고, 귀족들은 분열을 거듭하였다. 이에 동성왕은 금강유역권에 기반을 둔 세력들을 신진 귀족으로 등용하여 신구 귀족 사이의 세력 균형을 이루어 정치적 안정을 도모하였다. 그러나 말년에 대표적인 신진 세력인 백가에 의해 피살되고 말았다.

동성왕의 뒤를 이어 즉위한 무령왕은 체제 정비에 박차를 가하였다. 정치적으로 왕족들을 중용하고, 지방의 담로에 왕족과 자제종족을 파견하여 지방에 대한 통제력을 강화하였다. 경제적으로는 수리 시설을 완비하고 농토를 떠나 떠돌아다니는 사람[遊食者]들을 귀농시켜 농민 생활의 안정을 도모하였다. 군사적으로는 고구려에 대해 공세적 입장을 취하여 선제공격을 하기도 하고 위천 전투에서는 고구려군을 크게 격파하기도 하였다. 나아가 가야 지역으로 진출하여 광양만 일대와 섬진강 일대를 차지하여 한강 유역의 상실로 말미암아 축소된 경제 기반도 어느 정도 회복하였다. 이 토대 위에서 무령왕은 양나라의 문화를 적극적으로 받아들여 백제의 문화 수준을 높여 다시 강국이 되었음[更爲强國]을 선언하였다.

무령왕은 이렇게 왕권을 안정시켜 가는 과정에서 의관제도 정비하였다. 웅진기의 의관제를 보여 주는 것이 무령왕릉에서 출토된 왕과 왕비의 금제관식金製冠飾이다(그림 5-4). 관冠은 천으로 만들어졌기 때문에 관식만 출토되었다. 관을 천으로 만든 것은 부여 능산리 공설운동장 신축 예정 부지의 36호 무덤에서 출토된 철제 삼각형 모자 심에 천이 붙어 있고 또

그림 5-4 무령왕릉 출토 왕(왼쪽)과 왕비(오른쪽)의 관식
(국립공주박물관 제공)

말아 감아서 실로 꿰맨 흔적이 있는 것에서 입증된다.[45]

천으로 관을 만든 것은 금동관의 모관帽冠이 금동으로 만들어졌다는 것과 분명히 다르다. 중국에서는 일찍부터 관을 천으로 만들었기 때문에 금관이나 금동관이 없다. 양나라의 관도 천으로 만들었다. 무령왕은 양나라와 교섭·교류를 하면서 양나라의 문화를 적극적으로 받아들였다. 이 과정에서 무령왕은 양나라 관제를 본받아 천으로 관을 만든 것으로 보인다. 이리하여 관 자체의 모양에 변화가 생겼다.

그러나 무령왕 대의 관은 완전히 양나라식이 아니라 천으로 만든 모관에 금제관식으로 장식하였다. 금제관식은 백제적 전통이다. 그렇다면 무령왕 대의 관은 전통적인 관식과 양나라의 관을 종합하여 변용하여 만든 백제식 관으로 볼 수 있다. 그래서 백제는 모帽를 관冠으로 부른 것[46] 같다. '모'를 '관'으로 부른 것은 백제 관제의 특징이다.

---

45 국립부여문화재연구소·부여군, 1998, 『능산리; 부여 능산리 공설운동장 신축 예정부지 ─백제고분 1·2차 긴급발굴조사보고서─』(국립부여문화재연구소 학술연구총서 제18집), 199~200쪽 및 539쪽.

46 『양서』 권54 열전 제48 제이 백제전의 "今言語服章略與高驪同 … 呼帽曰冠 … 其言參諸夏 亦秦韓之遺俗云" 참조.

4. 사비기: 의관제의 재정비

(1) 관제

관리들의 관제

무령왕 대에 다져진 정치적·경제적 안정 위에 성왕은 538년에 사비로 천도를 단행하였다. 천도를 계기로 성왕은 5좌평 16관등제와 22부제 등 중앙통치조직을 정비하였고, 5부−5항으로 이루어진 왕도조직과 5방−37군−200~250성(현)으로 이루어진 지방통치조직을 정비하였다. 이렇게 체제를 정비하는 과정에서 의관제도 재정비하였다.

재정비된 관제冠制에서 왕의 관은 금화로 장식한 검은색 비단 관[金花飾烏羅冠]이었다. 좌평에서 나솔까지의 관등 소지자들의 관의 재질이 무엇인지에 대한 자료는 없다. 이를 추론하는 데 단서가 되는 것이 부여 능안골 36호분에서 출토된 은제관식을 세워 붙일 수 있는 철제 테이다. 여기에 붙어 있는 천은 주紬, 사紗, 겸縑, 나羅였다.[47] 이로 인해 관이 천으로 만들어졌다는 것과 신분의 귀천과 관등의 고하에 따라 천의 재질이나 색깔에 차별이 있었음을 알 수 있다. 고구려의 경우 귀한 신분[貴者]은 자주색 비단[紫羅]으로 만든 관을 사용하였다.[48] 백제에서 좌평부터 나솔까지의 관등 소지자들은 고위 귀족이다. 그렇다면 좌평~나솔의 관등 소지자들은 자주색 비단 관을 착용하지 않았을까 한다.

7품 장덕에서 16품 극우까지의 관등 소지자들의 관 색깔은『수서』백제전 기사에서 추론해 볼 수 있다. 이에 의하면 장덕의 자주색 대[紫帶]부터 극

---

47 민길자·고부자·심연옥, 1998,「백제시대 직물에 대한 고찰」, 국립부여문화재연구소·부여군,『능산리; 부여 능산리 공설운동장 신축 예정부지−백제고분 1·2차 긴급발굴조사 보고서−』(국립부여문화재연구소 학술연구총서 제18집), 국립부여문화재연구소.

48 『수서』권81 열전 제46 동이 고려전의 "貴者冠用紫羅 飾以金銀" 참조.

우의 흰색 대[白帶]까지 언급한 후 '그 관제는 아울러 같다[其冠制竝同]'고[49] 하였다. 이는 관의 색깔이 대의 색깔과 같음을 말해 준다. 그렇다면 장덕은 자주색의 관을, 시덕은 검은색[皁色]의 관을, 고덕은 적색의 관을, 계덕은 청색의 관을, 대덕 이하는 황색의 관을, 그리고 문독과 무독 및 좌군, 진무, 극우는 흰색의 관을 착용한 것으로 볼 수 있다.[50]

관에는 장식이 붙었다. 관장식으로는 금화관식과 은화관식이 있다. 금화관식은 왕의 관에 장식하였다. 금화관식의 사례는 현재까지 무령왕릉에서 출토된 왕과 왕비의 금제관식이 유일하다. 금화관식은 웅진기의 관제가 사비기에도 이어졌음을 보여 준다.

은화관식은 1품 좌평부터 6품 나솔까지의 관등 소지자들이 장식하였다. 은화관식이 출토된 곳은 충남 논산 육곡리, 전북 남원 척문리, 전남 나주의 흥덕리·복암리 3호분, 충남 부여의 하황리·염창리·능산리 공설운동장 신축 예정 부지 고분군 등이다.[51] 최근에는 경남 남해군 남치리 고분에서도 은화관식이 출토되어 주목을 끌었다.[52]

은화관식은 기본적으로 얇은 은판을 길게 오려 줄기를 만들고 중앙의 꼭대기와 줄기의 좌우 곁가지에 꽃봉오리 모양을 하였다. 줄기의 곁가지에 장식한 꽃봉오리의 수가 양쪽에 1개씩만 있는 것과 2개씩 있는 것이 있다. 1개씩 있는 것은 부여 염창리에서 출토된 은화관식이고, 2개씩인 것은 논산 육곡리, 나주 복암리 16호실, 남원 척문리, 부여 하황리, 부여 능산리

49 『수서』 권81 열전 제46 동이 백제전의 "次將德 服紫帶 次施德 皁帶 次固德 赤帶 次李德 靑帶 次對德以下 皆黃帶 次文督 次武督 次佐軍 次振武 次尅虞 皆用白帶 其冠制竝同 唯奈率以上飾以銀花" 참조.

50 김영심, 1998, 「백제 관등제의 성립과 운영」, 『국사관논총』 82집, 국사편찬위원회.

51 국립부여박물관, 2005, 『백제인과 복식』, 국립부여박물관 특별전 도록.

52 류창환, 2014, 「남해 남치리 1호분 발굴조사 성과」, 『백제문화』 51집, 공주대학교 백제문화연구소; 하승철, 2017, 「남해 남치리 백제고분의 출현과 그 배경」, 『백제학보』 19집, 백제학회.

그림 5-5 은화관식(왼쪽: 나주 복암리 출토, 가운데: 부여 하황리 출토,
오른쪽: 부여 능산리 능안골 출토)(이한상 교수 제공)

능안골 36호분 동편에서 출토된 은화관식들(그림 5-5)이다.[53]

　은화관식의 꽃봉오리 수의 차이는 관 착용자의 신분 차이와 연계시켜
볼 수 있다. 사비기 전기에 좌평의 정원은 5명이고, 달솔의 정원은 30명이
었다. 정원이 정해져 있다는 것은 그만큼 오르기 어렵다는 의미이다. 그
러면 솔계 관등도 달솔 이상과 그 이하로 나누어진다. 이로 미루어 꽃봉오
리가 2개 이상인 관식은 달솔 이상의 관등 소지자가, 1개인 것은 은솔부
터 나솔까지의 관등 소지자가 착용하지 않았을까 한다.

　7품 장덕 이하부터 16품 극우까지의 관등 소지자의 경우 관의 장식에
대한 언급이 없으므로 관식을 하지 않은 것으로 볼 수 있다. 이는 1품 좌

53　국립부여박물관, 2005, 『백제인과 복식』, 국립부여박물관 특별전 도록.

평부터 6품 나솔까지의 관등을 가진 자들이 핵심 귀족으로서 관식을 하였음을 보여 준다.

관의 장식은 그 관을 쓰고 참석하는 의례에 따라 달랐다. 백제의 경우 조배朝拜와 제사 때에는 관의 양쪽 가에 깃[翅]을 더하였지만 전쟁 때는 그렇게 하지 않았다.[54] 조배는 원단元旦과 같은 큰 행사 때 관원이 군주에게 무릎을 꿇고 머리를 숙여 절하는 것을 말한다. 제사는 종묘나 사직 등에 드리는 국가 제사를 말한다. 조배와 제사 때 관에 꽂은 깃은 금화관식 및 은화관식과는 별도이다. 이는 금화 및 은화로 장식한 관은 제의용이 아니라 일상적인 공식 행사 때 착용하였음을 보여 준다. 한편 전쟁에 나갈 때 깃을 꽂지 않았다는 것은 깃은 큰 제사 때만 꽂는 것임을 보여 준다. 〈백제금동대향로〉에 새겨진 사냥하는 기마 인물에 깃이 보이지 않는 것은 이러한 이유 때문일 것이다. 이는 고구려의 벽화에서 기마 무사가 깃을 단 관[鳥羽冠]을 쓴 것과는 비교된다. 이렇게 보면 백제의 관은 조배 및 제사 때 쓰는 관, 일상의 공식 행사 때 쓰는 관, 전쟁에 나갈 때 쓰는 관으로 구분되어 있었다고 할 수 있다.

여성의 관제

관은 여성도 착용하였다. 이는 무령왕릉에서 출토된 왕비의 금제관식과 부여 능산리 능안골 36호분의 여성 인골이 놓인 서편에서 은화관식, 철제 삼각형 모자 심이[55] 출토된 것에서 입증된다. 그렇다면 백제에도 이른바 '내명부제內命婦制'가 있었고, 이 질서에 따라 왕실의 여성과 귀족 부

---

54 『주서』 권49 열전 제41 이역 상 백제전의 "其衣服 男子略同於高麗 若朝拜祭祀 其冠兩廂 加翅 戎事則不" 참조.

55 국립부여문화재연구소·부여군, 1998, 『능산리; 부여 능산리 공설운동장 신축 예정부지 ―백제고분 1·2차 긴급발굴조사보고서―』(국립부여문화재연구소 학술연구총서 제18집), 207~219쪽.

인들은 각자의 지위에 맞는 관을 착용하지 않았을까 한다.

내명부제에서 여성의 사회적 지위는 남편의 지위에 의해 규정된다. 남성은 좌평부터 나솔까지의 관등 소지자는 은화관식을 하였다. 따라서 아내도 남편이 좌평부터 나솔까지의 관등을 소지한 경우 은화로 장식한 관을 착용하였을 것이다. 이는 신라에서 진골과 6두품 출신 여성은 관을 썼지만 4~5두품 출신 여성은 관을 쓰지 못한 것이[56] 방증한다.

한국 고대 사회는 기본적으로 남성 중심의 사회였으므로 남성의 위계질서와 내명부의 위계질서에 차이가 있었다. 백제의 경우에도 마찬가지였다. 이를 보여 주는 것이 부여 능산리 능안골 36호분에서 출토된 2개의 은화관식이다. 동편에서 나온 남성의 은화관식은 줄기의 좌우에 2개의 꽃봉오리를 장식한 반면에 서편에서 나온 여성의 은화관식은 중앙 줄기의 꼭대기에 꽃봉오리가 하나만 장식되어 있으며, 남성의 은화관식이 더 화려하다. 이는 여성의 지위가 남편의 지위에 의해 정해지더라도 남성과 여성의 차별이 있었음을 보여 주는 것이다.

(2) 복색과 대색제

복제는 의관제에서 귀족 관료들의 지위의 고하나 신분의 귀천을 보여 주는 중요한 요소이다. 복제는 크게 의복과 관대官帶와 신발로 이루어졌는데, 이는 다시 재질과 색깔로 구분된다. 사비기 의복에 대해 중국 사서에는 아무런 기록이 없으므로 『삼국사기』 고이왕 27년(260)조의 기사를 원용할 수밖에 없다. 여기에는 자주색 옷[紫服], 다홍색 옷[緋服], 푸른색 옷[靑服]이라는 이른바 삼색三色공복제가 나온다.

---

56 『삼국사기』 권33 잡지 제2 색복조의 "眞骨大等 幞頭任意 … 眞骨女 … 冠禁瑟瑟鈿 … 六頭品女 … 冠用總羅紗絹 … 五頭品女 … 無冠 … 四頭品女 … 無冠 … 平人 幞頭只用絹布 …" 참조.

백제의 삼색공복제의 정비 시기를 유송劉宋 대(420~479)에 자색, 비색, 청색의 공복제가 보이는 것에 근거하여 개로왕 대를 상한으로 보는 견해도 있고,[57] 당의 영향으로 무왕 대에 정비된 것으로 보는 견해도 있다.[58] 그러나 삼색공복은 16관등제 및 관제冠制와 연동되어 있다. 16관등제와 금제 및 은제 관식의 관제는 사비 천도와 더불어 정비되었다. 따라서 삼색공복제도 사비 천도와 더불어 정비된 복제로 볼 수 있다.

정비된 복제에 의하면 1품 좌평과 2품 달솔부터 6품 나솔까지의 솔계 관등을 지닌 자는 자주색 옷(자복)을, 7품 장덕부터 11품 대덕까지의 덕계 관등 소지자는 다홍색 옷(비복)을, 12품 문독 이하부터 16품 극우까지의 관등 소지자는 푸른색 옷(청복)을 입었다. 그리고 6품 나솔 이상의 관등 소지자는 은화로 관을 장식하여[59] 그 이하의 관등 소지자와 구별하였다.

대帶는 재질과 색깔로 구분되었다. 사비기의 대색제를 보면 왕은 흰 가죽 대[素皮帶]를 착용하였고,[60] 장덕 이하 관등 소지자들의 대색은 여섯 가지로 구분되었다. 그래서 자주색 대는 7품 장덕이, 검은색 대는 8품 시덕이, 붉은색 대는 9품 고덕이, 푸른색 대는 10품 계덕이, 황색 대는 11품 대덕이, 흰색 대는 12품 문독이 착용하였다. 13품 무독, 14품 좌군, 15품 진무, 16품 극우는 흰색 대를 착용하였다. 이는 대제가 관등과 연동되어 운영됨에 따라 장덕 이하의 관등은 색깔로 구분한 것을 보여 준다. 그런데 현재 남아 있는 자료에는 1품 좌평에서 6품 나솔까지의 대에 대해 아무런 기록이 없다. 그 이유가 무엇인지는 분명히 알기 어렵다.

---

57 나용재, 2017, 「백제 관복제의 정비 시기와 변천과정 검토」, 『백제학보』 21, 백제학회.

58 정동준, 2019, 「백제 색복제 관련사료의 재검토」, 『역사와 담론』 90, 호서사학회.

59 『삼국사기』 권제24 백제본기 제2 고이왕 27년조의 "二月 下令六品已上服紫 以銀花飾冠 十一品已上服緋 十六品已上服青" 참조.

60 『구당서』 권199 상 열전 제149 상 동이 백제전의 "王服大袖紫袍 … 素皮帶 烏革履" 참조.

5. 의관제의 운영: 위신품과 작호제

(1) 무령왕릉 출토 묘지석의 '영동대장군백제사마왕'과 위신품

작호를 가진 귀족 관료들은 공회 석상에서 관冠, 의복, 대帶, 신[履] 그리고 장식대도와 같은 위신품威身品으로 자신의 지위와 권위를 드러냈다. 그러나 옷, 신발 등은 천이나 가죽으로 만들었기 때문에 실물이 남아 있지 않다. 금동신발의 경우 부장용이기 때문에 실제 생활에서의 위신을 보여주는 위신품이 아니다. 따라서 발굴 자료에서 실물을 볼 수 있는 위신품은 금, 은, 금동 등으로 만든 관, 대, 장식대도 정도이다.

위신품은 고위 귀족들의 작호와도 관계가 있다. 그 관계를 엿볼 수 있는 것이 무령왕릉의 부장품이다. 이 부장품에는 묘지석 외에 금제관식, 은제과대, 용문환두대도, 금동신발, 중국제 도자기 등 고급스럽고 격조 높은 유물들이 포함되어 있다. 이 가운데 금동용문환두대도는 과학적인 분석 결과 형태는 공주 수촌리 유적, 천안 용원리 유적에서 출토된 환두대도와 유사하고, 환두 부분에 새겨진 용 무늬는 왕비의 은팔찌 용과 비슷하며, 붉은색 안료를 이용한 장식 기법은 무령왕릉의 다른 장식품과 같아 백제에서 제작된 것임이 밝혀졌다.[61]

무령왕의 칭호는 〈무령왕릉묘지석〉(이하 묘지석)에서 보듯이 '영동대장군백제사마왕寧東大將軍百濟斯麻王'이었다(그림 5-6). 영동대장군은 장군호로서 무적인 성격을 지니는 작호이다. 칼은 기본적으로 무적인 성격을 지닌 위신품이다. 따라서 장군호와 칼은 성격이 통한다. 무령왕릉에서는 용문환두대도 외에 다른 대도는 출토되지 않았다(그림 5-6). 따라서 영동

---

61 국립공주박물관, 2011, 『무령왕릉을 격물하다』, 무령왕릉 발굴 40주년 기념 특별전 도록, 100쪽; 최기은, 2014, 「제작기술로 통해 본 무령왕릉 출토 장식도의 제작지 검토」, 『백제학보』 12집, 백제학회.

그림 5-6 〈무령왕릉 묘지석〉(왼쪽)과 무령왕릉 출토 용문환두대도(오른쪽)
(국립공주박물관 제공)

대장군의 지위와 권위를 상징해 주는 위신품은 금동용문환두대도라고 할
수 있다.

금동용문환두대도를 영동대장군과 연결시킨다면 유물 가운데 '왕'의 위
신을 보여 주는 대표적 위신품은 금제관식과 은제과대이다. 특히 왕이 머리
에 쓴 관을 장식한 금제관식은 왕호를 상징해 주는 위신품이라 할 수 있다.

(2) 왕·후호와 금동관, 장군호와 장식대도

백제의 관은 한성기에는 금동관이었다. 금동관은 4세기 중반에서 6세
기 초반까지 사용되었다. 귀족들이 받은 왕·후호도 4세기 중반 이후 6세
기 전반까지의 기록에 나온다. 금동관이 만들어져 사용된 시기와 왕·후
호제가 실시된 시기는 대체로 일치한다. 따라서 금동관이 출토되는 무덤
의 피장자는 왕호나 후호를 받은 자로 보아도 좋을 것이다.[62]

---

62 문안식, 2006, 「백제의 왕, 후제 시행과 지방통치방식의 변화」, 『역사학연구』 27집, 호남

왕호는 후호보다 격이 높다. 격이 높은 자와 낮은 자가 착용한 관은 구별되어야 한다. 그 차이는 현재로서는 금동관의 모양에서 추론해 볼 수밖에 없다. 백제 금동관의 모관帽冠에는 용 모양 무늬, 비늘 모양 무늬, 연화문, 당초문, 인동문 등 다양한 문양을 투조, 압날, 타출, 조금 등의 기법으로 새겼고,[63] 모관과 대관帶冠의 전후, 좌우에는 금동제 장식을 붙였다.

장식의 형태는 크게 조익형鳥翼形(새 날개형) 장식과 수지형樹枝形(나뭇가지형) 장식으로 나눌 수 있다. 조익형 관식의 대표적 사례로는 충남 공주 수촌리 II-1호분과 II-4호분에서 출토된 금동관 장식과 충남 서산 부장리에서 출토된 금동관 장식을 들 수 있다. 수지형 장식의 대표적 사례로는 대관帶冠에 수지형 장식이 붙어 있는 전남 나주 신촌리 금동관을 들 수 있다. 입점리 1호분의 금동관과 신덕 고분 출토 금동관도 비록 파편으로 남아 있지만 수지형 장식이다.[64]

조익형 장식과 수지형 장식에 대한 지금까지의 연구는 관의 제작 시기와 연계하여 이루어졌다. 그러나 관의 장식과 모양의 차이는 제작 시기의 차이일 수도 있지만 착용자의 지위와 신분에 따른 차이일 수도 있다. 즉 착용자의 지위와 신분 고하에 따라 관의 장식이 조익형 장식이 될 수도 있고 수지형 장식이 될 수도 있는 것이다.

조익형 장식은 백제 국호의 별칭이 응준鷹隼인 것으로 미루어 매를 상징한 것으로 볼 수 있고, 수지형 장식은 〈칠지도〉의 모양이 수목을 형상화한 것처럼 수목 숭배와 연관성이 있다고 볼 수 있다. 이로 미루어 조익

사학회.

63 이한상, 2009, 『장신구 사여체제로 본 백제의 지방지배』, 서경문화사; 이훈, 2010, 「금동관을 통해 본 4~5세기 백제의 지방통치」, 공주대학교 대학원 박사학위논문; 국립공주박물관, 2011, 『백제의 관』(국립공주박물관 연구총서 제24책), 국립공주박물관.

64 국립공주박물관, 2011, 『백제의 관』(국립공주박물관 연구총서 제24책), 국립공주박물관; 국립광주박물관, 2021, 『함평 예덕리 신덕고분—비밀의 공간, 숨겨진 열쇠—』, 국립광주박물관 특별전 도록.

형은 새 숭배 사상, 수지형은 수목 숭배 사상의 산물이라 할 수 있다.[65] 매는 공중을 비상하므로 하늘을 상징하고 나무는 땅을 상징한다. 또 매는 백제 국호의 별칭으로도 사용되었다. 따라서 매를 형상화한 조익형 장식이 나무를 상징하는 수지형 장식보다 그 위상이 높다고 볼 수 있다. 그렇다면 조익형 장식의 관은 왕호를 받은 자가, 수지형 장식의 관은 후호를 받은 자가 착용하지 않았을까 한다.

장군들의 위신품인 장식대도는 무령왕릉을 비롯하여 공주 수촌리, 천안 용원리, 나주 신촌리 등 여러 곳에서 출토되고 있다. 장식대도 환두 안의 문양은 삼엽三葉, 삼루三累, 용, 봉, 용봉 등이고, 바탕은 금장, 은장, 동지금장銅地金粧, 철지은장鐵地銀粧 등이다. 장식대도는 용봉환두대도를 정점으로 삼엽환두대도, 소환두대도 순으로 등급을 매길 수 있다. 이 등급을 다시 세분하면 용봉환두대도는 금장과 은장의 두 등급으로, 삼엽환두대도는 금장, 은장, 철장의 세 등급으로 나눌 수 있다.[66] 이를 종합하면 백제 장식대도의 등급은 금장용봉환두대도－은장용봉환두대도－동지금장삼엽환두대도－철지은장삼엽환두대도－철지삼엽환두대도－소환두대도－대도 순이 된다.[67]

백제왕이 귀족 관료들에게 사서私署한 장군호는 3품에서 9품까지였다. 이 장군호는 다시 5품을 기준으로 상위의 장군호와 하위의 장군호로 나누어진다. 장식대도는 고급 위신품이므로 5품 이상의 장군호를 지닌 자가 찬 것으로 보아야 한다. 이러한 관점에서 장식대도의 등급과 장군호의 등

65 노중국, 2010, 「백제 금동관모 장식의 상징성—조형과 수목형 장식을 중심으로—」, 『백제논총』 9집, 백제문화개발연구원.
66 穴澤和光·馬目順一, 1976, 「용봉문환두대도 시론—한국 출토 예를 중심으로 하여—」, 『백제연구』 7집, 충남대학교 백제연구소.
67 박순발, 1997, 「한성백제의 중앙과 지방」, 충남대학교 백제연구소 편, 『백제의 중앙과 지방』(백제연구논총 제5집). 충남대학교 백제연구소.

급을 연계시켜 보면 다음과 같다.

금장용봉환두대도: 2품 영동대장군(진동대장군)

은장용봉환두대도: 3품 정로장군, 관군장군, 보국장군, 용양장군

동지금장삼엽환두대도: 4품 영삭장군, 건위장군, 건무장군, 진무장군, 양무장
    군, 광무장군

철지은장삼엽환두대도: 5품 ?

철지삼엽환두대도: 6품~9품 선위장군(8품), 광위장군(8품), 복의장군(9품)

이렇게 보면 장군호를 받은 백제 귀족들은 장군호의 품品에 따라 그 품
에 맞는 장식대도를 착용하였다고 할 수 있다. 따라서 장식대도는 이를 부
장한 주인공이 생시에 어떤 장군호를 받았는지를 추론할 수 있게 한다.

(3) 왕·후호와 장군호의 겸대와 금동관·장식대도

금동관과 장식대도가 고분에서 출토되는 양상을 보면 두 위신품이 함께
출토되는 경우와 장식대도만 출토되는 경우로 나누어진다. 수촌리 고분
군의 경우 II-1호분과 II-4호분에서는 금동관과 장식대도가 함께 출토
되었지만 나머지 고분들에서는 장식대도만 출토되었다. 나주 신촌리 9호
분에서는 수지형 금동관과 네 자루의 장식대도가 함께 출토되었다.[68]

한편 작호를 받은 자를 보면 왕·후호와 장군호를 모두 받은 자와 장군
호만 받은 자로 나누어진다. 『송서』 백제전에 나오는 11명의 고위 귀족
가운데 관군장군 우현왕 여기餘紀와 정로장군 좌현왕 여곤餘昆은 왕호와
장군호 모두를 가졌지만 나머지 9명의 귀족은 장군호만 지녔다. 『남제서』

---

68 국립광주박물관, 1988, 『나주 반남고분군—종합조사보고서—』, 국립광주박물관·전라남
    도·나주군; 국립중앙박물관, 1999, 『특별전 백제』.

백제전에 의하면, 관군장군 도장군 면중왕 저근姐瑾과 건위장군 팔중후 여고餘古는 왕·후호와 장군호를 모두 가진 반면에 여력餘歷은 건위장군 호만 가지고 있다가 뒤에 용양장군 매라왕이 되었고, 여고餘固는 광무장 군호만 가지고 있다가 뒤에 건위장군 불사후가 되었다.

이처럼 고위 귀족들이 왕·후호와 장군호를 함께 지니기도 하고, 장군호 만 받기도 한 것은 금동관과 장식대도가 함께 출토되는 경우도 있고, 장식 대도만 출토되는 경우도 있는 양상과 대응된다. 양자를 연결시켜 보면 금 동관과 장식대도가 함께 출토된 고분의 피장자는 왕·후호와 장군호를 모 두 받은 인물로, 장식대도만 출토된 피장자는 장군호만 받은 인물로 볼 수 있다. 이렇게 보면 수촌리 고분군 가운데 조익형 금동관과 은상감장식대 도가 함께 출토된 II-1호분과 II-4호분의 피장자는 생시에 왕호와 3품 의 장군호를 받은 귀족 관료로, 그 외에 장식대도만 출토된 고분의 피장자 는 장식대도가 보여 주는 등급의 장군호만 받은 귀족으로 파악할 수 있다.

한편 나주 반남면 신촌리 9호분의 금동관은 수지형이다. 따라서 이 고 분의 주인이 받은 작호는 후호이다. 함께 출토된 네 자루의 장식대도의 등 급은 은장단봉환두대도-철지금동장단봉환두대도-봉황문환두대도-삼 엽문환두대도 순으로 정리된다(그림 5-7).[69] 이를 종합해 보면, 이 무덤의 주인은 처음에는 6품 이하의 장군호를 받아 삼엽문환두대도를 착용였다 가 승진하여 5품의 장군호를 받으면서 봉황문환두대도를, 다시 4품의 장 군호를 받아 철지금동장단봉환두대도를, 최종적으로 후호를 받으면서 동 시에 3품의 장군호를 받아 수지형 금동관을 쓰고 은장단봉환두대도를 패 용하지 않았을까 한다. 그렇다고 하면 이 무덤 주인의 최후 관직은 후호와 3품 장군호로 추정해 볼 수 있다.

---

69 박순발, 1997, 「한성백제의 중앙과 지방」, 충남대학교 백제연구소 편, 『백제의 중앙과 지 방』(백제연구논총 제5집). 충남대학교 백제연구소.

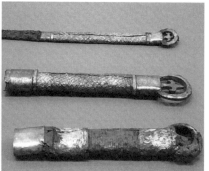

그림 5-7 **나주 반남면 고분군 9호분 을관 출토 금동관**(왼쪽)**과 장식대도**(오른쪽)
(국립나주박물관 제공)

장식대도만 부장한 경우 한 고분에 1개만 나오는 경우도 있지만 둘이나 셋 이상 나오는 경우도 있다. 하나만 부장된 경우 이 장식대도는 무덤 주인공이 받은 최후의 장군호를 보여 주는 것으로 볼 수 있다. 둘 이상의 장식대도가 부장된 경우는 장군호의 승진과 연계시켜 볼 수 있다. 장군호는 처음에는 낮은 등급의 것이 수여되고 그 후 공로를 세우거나 지위가 높아지게 되면 높은 등급의 장군호가 수여되었기 때문이다. 『남제서』 백제전에 저근이 4품의 영삭장군에서 3품의 관군장군 도장군으로 승격한 것이 그 예이다. 이에 따라 한 개인은 생시에 둘 또는 셋 이상의 장식대도를 소지할 수 있었던 것 같다. 이는 장군호의 승진이 한두 번 이상 있었음을 보여 준다. 그렇다면 위신품이 출토되지 않은 고분의 피장자는 지방 세력으로 보아도 좋을 것이다. 이들은 작호를 받을 수 있는 세력이 아니었기 때문이다.

III. 식읍제와 그 운영

1. 식읍제의 실시

『예기』왕제에 의하면, 왕자王者는 녹과 작을 제정하였다. '작'은 작위(작호)인데 공작, 후작, 백작, 자작, 남작의 5등급이었다.[70] '녹'은 작위에 따른 경제적 보수였다. 경제적 보수가 바로 식읍食邑이었다. 중국에서 식읍제는 봉건제도의 한 변형으로 시작되어 발달하였다. 이 식읍은 진·한 대에는 중앙집권체제 확립의 일환으로 왕족과 공신들을 중앙에 있게 하는 대신에 그들을 회유·우대하기 위한 경제적 뒷받침으로 사용되었다.[71]

백제도 이 식읍제를 받아들여 실시하였다. 이를 보여 주는 자료가 둘이다. 하나는 의자왕이 17년(657)에 왕의 서자 41명을 좌평으로 삼은 후 각각에게 식읍을 하사하였다는 기사이다.[72] 다른 하나는 〈흑치상지묘지명〉의 부여씨 왕실에서 갈라져 나온 흑치상지의 조상이 흑치黑齒 지역에 봉封함을 받았다는 기사이다.[73] 흑치 지역은 현재 충남 예산 대홍 지역이다.[74] 흑치 지역에 봉함을 받았다는 것은 흑치 지역을 식읍으로 하였다는 의미이다.

백제에서 식읍제를 실시하였다고 할 때 처음으로 시행된 시기가 언제인지를 직접 보여 주는 자료는 없다. 이를 추론하는 데 단서가 되는 것이 작호제이다. 식읍제는 '녹과 작'이라는 말에서 보듯이 작호제와 긴밀한 관

---

70 『예기』왕제 제5의 "王者之制祿爵 公侯伯子男 凡五等" 참조.

71 하현강, 1965, 「고려식읍고」, 『역사학보』 26집, 역사학회.

72 『삼국사기』권제28 백제본기 제6 의자왕 17년조의 "春正月 拜王庶子四十一人爲佐平 各賜食邑" 참조.

73 〈흑치상지묘지명〉의 "其先出自扶餘氏 封於黑齒 子孫因以爲氏焉" 참조.

74 노중국, 2010, 『백제사회사상사』, 지식산업사, 185~186쪽.

계를 갖고 있다. 백제에서 작호제는 앞에서 언급한 바와 같이 근초고왕 대에 시행되었다. 그렇다면 작호를 받은 자에 대한 경제적 반대급부인 식읍제도 근초고왕 대에 실시된 것으로 보아도 좋을 것이다.

이후 식읍의 사여는 지속적으로 실시되었다. 계백씨의 조상은 475년 이전 어느 시기에 개백현 지역, 즉 오늘날의 경기도 고양시 행주幸州 일대를 식읍으로 받았다.[75] 이는 한성기 후기에도 식읍제가 실시되었음을 보여 준다. 또 흑치씨 가문은 흑치 지역을 식읍으로 받았으며, 부여씨 왕실에서 갈라져 나온 귀실복신의 귀실씨鬼室氏 가문도 귀실 지역을 식읍으로 받았다. 그 시기는 대략 550년 전후이다.[76] 이는 사비기에도 식읍제가 실시되었음을 보여 준다.

2. 식읍제의 내용

중국에서의 식읍은 옛날의 채지采地(채읍采邑)와 같은 것이다.[77] 채지는 해당 지역의 토지와 인민은 소유하지 못하고 조세만을 수취할 수 있었으므로[78] 식읍도 처음에는 받은 토지에서 조세 수입만을 취득할 수 있었다. 한 대에 와서 분봉分封의 대상은 봉토封土, 즉 토지에서 봉호封戶로 바뀌었다. 이후 당 대에는 황후·제왕·공주 및 공신 등에게 응분의 실봉實封이 지급되었다. 이를 식실봉食實封이라 한다. 과호課戶가 주어진 실봉은 형식상의 식봉食封과는 엄격히 구별되었다.[79]

한국 고대 사회에서 식읍주가 수취할 수 있는 범위에 대해 일정 지역의

---

75 노중국, 2010, 『백제사회사상사』, 지식산업사, 192~194쪽.
76 노중국, 2010, 『백제사회사상사』, 지식산업사, 186~190쪽.
77 『사원』 식읍 항의 "食邑言食其邑之租入 如古之采地也" 참조.
78 『춘추공양전』 양공 15년 한 하휴주의 "所謂采者 不得有其土地人民 采取其租稅爾" 참조.
79 하현강, 1965, 「고려식읍고」, 『역사학보』 26집, 역사학회.

조세·공부·역역을 취식取食하는 것으로 보는 견해도[80] 있고, 정해진 봉호에서만 조용조를 수취할 수 있다는 견해도[81] 있다. 전자의 경우는 식읍의 구성 단위를 토지로 보았고, 후자의 경우는 호戶로 보았다.

『삼국사기』에 의하면 고구려의 경우 명림답부明臨答夫에게 좌원坐原과 질산質山을, 밀우에게 거곡巨谷과 청목곡靑木谷을, 유옥구劉屋句에게 압록원鴨淥原과 두눌하원杜訥河原을, 고노자에게 곡림鵠林을 식읍으로 주었다.[82] 이는 2세기 후반부터 3세기 중반까지 일정 지역을 식읍으로 지급한 것을 보여 준다. 신라의 경우 지증왕으로 추정되는 김왕金王의 왕자가 6세기 초에 설薛 지역을 식읍으로 받았고,[83] 법흥왕은 항복해 온 금관국주 김구해에게 항복의 반대급부로 금관 지역을 식읍으로 주었다.[84] 이는 신라도 통일 이전에는 일정한 지역을 식읍으로 준 것을 보여 준다.[85] 그러나 7세기 이후부터 식읍은 봉호수로 수여하는 형태로 바뀌고 있다. 이로 미루어 삼국시대에는 일정 지역을 식읍으로 사여하다가 7세기에 들어오면서 봉호의 수를 정해 주고 정해진 수의 봉호에서만 조용조를 수취하도록 바뀐 것으로 볼 수 있다.[86] 당의 경우 식읍은 '식읍 몇 호에 식실봉食實封 몇 호'라

---

80 강진철, 1965, 「한국토지제도사 상」, 고려대학교 민족문화연구소, 『한국문화사대계』 II, 고려대학교 아세아문화연구소.
81 이경식, 1988, 「고대·중세의 식읍제의 구조와 전개」, 손보기박사정년기념논총간행위원회, 『(손보기박사 정년기념)한국사학논총』, 지식산업사.
82 『삼국사기』 권제16 고구려본기 제4 신대왕 8년조의 "賜答夫坐原及質山爲食邑"; 권제17 고구려본기 제5 동천왕 20년조의 "王復國論功 以密友紐由爲第一 賜密友巨谷青木谷 賜屋句鴨淥杜訥河原 以爲食邑"; 권제17 고구려본기 제5 봉상왕 2년조의 "王喜 加高奴子爵 爲大兄 兼賜鵠林爲食邑" 참조.
83 〈설요묘지명薛瑤墓誌銘〉의 "姬人姓薛氏 本東明國王金氏之胤也 昔金王有愛子 列食於薛 因姓焉" 참조.
84 『삼국사기』 권제4 신라본기 제4 법흥왕 19년조의 "金官國主金仇亥 與妃及三子 長曰奴宗 仲曰武德 季曰武力 以國帑寶物來降 王禮待之 授位上等 以本國爲食邑" 참조.
85 노중국, 1999, 「신라시대 성씨의 분지화와 식읍제의 실시—설요묘지명을 중심으로—」, 『한국고대사연구』 15집, 한국고대사학회.
86 노중국, 2000, 「백제의 식읍제에 대한 일고찰」, 『경북사학』 23집, 경북사학회.

는 형식으로 수여되었는데 식실봉이 실제로 받은 식읍의 액수이다.

　백제의 경우 식읍제의 내용을 분명히 보여 주는 자료는 없다. 그러나 흑
치상지의 조상이 늦어도 동성왕 대에는 흑치 지역을 봉지로 받았고, 계백
씨의 조상은 늦어도 한성기 말에는 개백현 지역을 식읍으로 받았다. 이러
한 사실들에서 미루어 한성기에서 웅진기까지는 일정 지역을 식읍으로
주었을 것으로 추론할 수 있다.

3. 식읍의 사여와 운영

　'식읍'은 '작'을 받은 자에게 주는 '녹'의 하나였다. 백제에서 작호는 왕·
후호와 장군호였다. 왕·후호를 받은 작호자에게 식읍이 수여되었다. 수여
된 식읍지가 어디인지는 정확히 알기 어렵지만 이를 추론하는 데 단서가
되는 것이 왕·후호 앞에 붙은 지명이다.

　이 지명에 대해 지방통치조직인 담로를 가리키는 것으로 보고 왕·후호
를 담로의 장으로 파악하는 견해도 있다. 그러나 앞에서 언급한 바와 같이
왕·후호는 중앙의 유력 귀족을 대상으로 한 작호이고, 담로는 지방민을
통치하기 위한 지방통치조직이어서 양자를 연결시킬 수 없다. 당의 경우
작호는 봉작령에 의해 규정되고 있는데, 작호인 '~군공郡公', '~현공縣公',
'~현후縣侯', '~현백縣伯'의 군과 현은 작호를 받은 자의 식읍지를 보여 준
다.[87] 백제의 식읍제는 중국의 제도를 본받은 것이다. 따라서 작호인 왕·
후호 앞에 붙은 지명은 식읍지로 보는 것이 타당하다.

　이렇게 볼 때 주목되는 것이 건위장군 여력餘歷이 용양장군 매라왕邁羅
王으로 책봉된 사실과 건위장군 팔중후 여고餘古가 영삭장군 아착왕阿錯

---

87 仁井田陞, 1964, 『唐令拾遺』 封爵令 第12, 二甲(唐), 二乙(開7), 六(開7), 東京大學出版會,
　304~318쪽.

王으로 책봉된 사실이다. 여력은 장군호만 갖고 있다가 왕호를 받았고, 여고는 후에서 왕으로 승진되었다. 여력이 왕호를 받으면서 받은 식읍지가 매라이고, 여고가 후에서 왕으로 승진하면서 받은 식읍지가 아착이었던 것이다.

매라왕과 아착왕이 나오는 동성왕 대(479~501)의 지방통치조직은 담로제였다. 담로는 치소가 되는 성(촌)을 중심으로 다수의 성(촌)으로 구성되었다. 사회 편제 단위로서의 성(촌)은 사비기에 와서 방-군-성(현)제가 정비되면서 지방통치조직의 성으로 편제되었다. 이 지명을 왕이나 후 앞에 붙인 것이다. 그렇다면 담로를 구성한 사회 편제 단위가 왕호나 후호를 받은 자에게 사여된 식읍지라고 할 수 있다.

식읍은 고위 귀족들에게 수여한 경제적 반대급부이다. 따라서 식읍의 사여에는 일정한 기준이 있기 마련이다. 그 기준은 몇 가지로 정리할 수 있다. 첫째, 식읍 사여의 주요 대상은 왕족이었다. 이는 의자왕이 서자 41명에게 식읍을 수여하고 있다는 것에서 확인된다.

둘째, 이성 귀족들도 왕·후호를 받으면 식읍 사여의 대상이 되었다. 근초고왕 대에 남방 경략에 공을 세운 목라근자가 공주 수촌리 지역을 식읍으로 받았을 가능성이 크다는 것과[88] 왕실에서 갈라져 나와 흑치씨를 칭한 흑치씨 가문이 흑치 지역을 식읍으로 받은 것이 그 예이다.

셋째, 의자왕은 서자들을 먼저 좌평으로 임명한 후 식읍을 수여하고 있다. 이로 미루어 식읍을 받을 수 있는 관등은 좌평이 아니었을까 한다. 그렇다면 흑치상지의 조상이 흑치 지역을 봉지로 받았을 때의 관등도 좌평이었을 것이다.

식읍을 받기 위해서는 내정에서나 대외 정복 활동에서 큰 공로를 세워

---

88 노중국, 2000, 「백제의 식읍제에 대한 일고찰」, 『경북사학』 23집, 경북사학회.

야 하였다. 식읍은 고위 귀족들이 세운 공로에 대한 경제적 반대급부의
성격을 지니고 있기 때문이다. 『남제서』 백제전에 의하면 면중왕 저근은
"대대로 시무를 도와 무공이 아울러 펼쳐졌다[歷贊時務 武功竝列]"고 하였
고, 팔중후 여고餘古는 "약관의 나이에 보좌하여 충효가 일찍 드러났다[弱
冠輔佐 忠孝夙著]"고 하였다. 아착왕 여력은 "충성이 평소에도 있어 문무가
열렬히 드러났다[忠款有素 文武烈顯]"고 하였다. 매라왕에 임명된 사법명,
벽중왕에 임명된 찬수류, 불중후에 임명된 해례곤, 면중후에 임명된 목간
나 등은 "북위군을 공격해 크게 격파하여 나라가 조용하게 되었다[率衆襲
擊虜軍 大破之 … 今邦宇靜謐 實名等之略]"고 하였다. 그래서 이들은 왕·후
호를 받았고 그에 따라 식읍도 수여받았던 것이다.

넷째, 작호는 개봉改封되기도 하였다. 『남제서』 백제전에 의하면 저근
은 면중왕에서 도한왕으로, 여고餘古는 팔중후에서 아착왕으로 개봉되었
다. 472년 여례가 불사후에 책봉되었지만, 480년에 여고餘固가 불사후에
책봉되었다. 또 면중의 앞에 붙는 작호에는 면중왕도 있고 면중후도 있
다. 작호 앞에 붙은 지명은 식읍지를 나타낸다. 따라서 작호가 바뀌면 식
읍지도 바뀌게 마련이다. 이는 한번 받은 식읍지가 그대로 유지되지 않을
뿐만 아니라 세습되지도 않았음을 의미한다. 비록 신라의 사례이지만 고
인이 된 대탁각간大琢角干 박유朴紐의 식읍을 국가가 환수하였다가 김인
문에게 다시 사여하고 있는 것이[89] 이를 방증한다.

---

89 『삼국사기』 권제44 열전 제4 김인문전의 ""摠章元年 … 文武大王以仁問英略勇功 特異常
倫 賜故大琢角干朴紐食邑五百戶" 참조.

제6부

율령과 문서행정

Ⅰ. 율령의 시행

1. 율령의 반포

(1) 율령의 존부 문제

율령은 성문법전으로 국가 통치의 공법公法체계이고, 국가 지배조직을 법적으로 뒷받침하는 기본 법전이다. 율령을 편찬하고[撰定] 반포하였다는 것은 중앙집권적인 일원적 지배체제가 성립되고 사회 운영의 기본 틀이 마련된 것을 의미한다. 법제사적으로는 국가와 사회 운영이 관습법적 운영에서 성문법에 의한 운영으로 이행되었음을 의미한다.

삼국의 율령 반포 시기는 각각 달랐다. 고구려는 소수림왕 3년(373)에 율령을 반포하였다. 신라는 법흥왕 7년(520)에 율령을 반포하였다. 신라의 율령 반포는 고구려보다 무려 140여 년이나 늦었다. 국가 발전의 정도가 달랐기 때문에 시간 차이가 난 것이다.

백제의 경우 율령을 반포하였다는 기록은 없다. 그렇지만 고구려와 신라가 율령을 반포하고 시행한 사실에서 미루어 볼 때 백제도 율령을 반포하고 시행하였을 가능성은 충분히 있다. 이를 뒷받침해 주는 자료가 무령왕릉 출토 묘지석의 매지권買地券에 나오는 '부종율령不從律令'이다.

매지권을 무덤 속에 묻는 것은 중국의 매지 풍습을 받아들인 것이다. 그러나 남조의 매지권 대다수는 마지막 문장이 "급급여율령急急如律令"이나 "여율령如律令"으로 끝나고 있으므로 '부종율령'은 〈무령왕릉묘지석〉의 특징이라 할 수 있다.[1] 반면에 중국 난징 서선교西善橋에서 출토된 양나라 보국장군의 묘지 제27행 "씨득사약 부종후령氏得私約 不從侯令"의 '侯'를 '律'의 오기로 보고 남조에서도 '부종율령'의 표현을 사용하였다고 보는 견해도 있다.[2]

무령왕릉 출토 매지권의 '율령'은 백제사에서 최초로 확인되는 율령 표현이다. 백제는 율령이 무엇을 의미하며, 이 율령이 사회에서 어떻게 작용하고 있는가를 알고 있었기 때문에 매지권에 '부종율령'이란 표현을 썼던 것이다. 이와는 달리 '부종율령'은 다분히 형식적인 것으로 백제가 율령의 의미를 모른 채 중국 매지권의 형식과 문투를 본뜬 것이므로 율령 실시의 구체적인 증거로 삼을 수 없다는 견해도 있다. 그러나 이러한 견해는 백제의 문화 능력을 너무 낮추어 보는 것이어서 받아들이기 어렵다.

'부종율령'의 율령에 대해 '천제天帝의 율령'으로 보고 '천제의 율령은 따르지 않아도 된다'고 보는 견해도 있고, '세간의 법령'으로 보고 '세간의 법령에 구애받지 않아도 된다'는 뜻으로 해석하기도 한다.[3] 그런데 이 매

1 임창순, 1973, 「매지권에 대한 고찰」, 『무령왕릉 발굴조사보고서』, 문화공보부 문화재관리국.
2 권오영, 2002, 「상장제를 중심으로 한 무령왕릉과 남조묘의 비교」, 『백제문화』 31집, 공주대학교 백제문화연구소; 2005, 『고대 동아시아 문명 교류사의 빛 무령왕릉』, 돌베개, 83쪽.
3 임창순, 1973, 「매지권에 대한 고찰」, 『무령왕릉 발굴조사보고서』, 문화공보부 문화재

지권은 인간과 지하의 신 사이에 맺어진 것이므로 '율령'은 세간의 법령으로, '부종율령'은 '세간의 법령을 따르지 않는다'라고 해석하는 것이 타당할 것이다.

이 율령을 세간의 율령으로 보았을 때 주목되는 것이 백제 왕실이 전 일만문一萬文으로 장지인 신지申地의 땅을 지하세계의 신들로부터 사서[買地], 문서를 만들었다[立券]는 사실이다. 인간과 신 사이의 토지 매매와 매매 문서 작성은 현실에서의 토지 매매와 매매 문서 작성을 전제로 한다.[4]

현실 세계에서 토지를 사고팔면 문서를 만들어야 한다. 그래야만 법적인 보호를 받을 수 있다. 법적인 효력은 율령에 의해 뒷받침된다. 〈무령왕릉 묘지석〉의 '매지', '입권', '율령'은 모두 율령과 관련되는 용어이다. 따라서 이러한 용어들은 무령왕 대에 율령이 시행되고 있었음을 보여 준다. 그렇다고 하여 무령왕 대에 백제가 처음으로 율령을 반포한 것으로 볼 수는 없다. 무령왕 대는 율령 시행의 하한선이며, 최초로 반포된 시기는 무령왕 대 이전으로 올려 보아야 한다.

(2) 율령 반포 시기

중국에서 성문법전의 효시는 전국시대의 위魏 문후文侯의 사士인 이리李悝가 찬한 『법경육편法經六篇』이다. 그러나 이 책은 위찬僞撰일 가능성이 높다고 한다.[5] 이 『법경육편』의 '법法'을 '율律'로 개칭한 사람이 진秦의 상앙商鞅이었다.[6] 이후 율령은 춘추시대와 전국시대를 거치는 과정에서 법가적인 성격을 강하게 띠었다. 그러나 한 무제가 유교를 국교로 하고 모

　관리국.

4　이희관, 1997, 「무령왕릉 매지권을 통하여 본 백제의 토지 매매 문제」, 『백제연구』 27, 충남대학교 백제연구소.

5　仁井田陞, 1964, 『唐令拾遺』, 東京大學出版會, 3쪽.

6　曾我部靜雄, 1971, 『中國律令史の研究』, 吉川弘文館, 7쪽.

든 문물 제도를 유가사상을 바탕으로 정비함에 따라 율령의 성격은 유가적인 것으로 바뀌었다.

진秦·한漢 대까지만 하여도 율이 법의 중핵을 이루고, 영이나 격식은 율에서 파생된 보조적인 법에 지나지 않았다. 그 내용에는 형벌법적인 것이 많이 포함되어 있었다.[7] 그러나 진晉 대에 들어와서 「태시율泰始律」이 반포되면서 율과 영은 분리되어 율은 형벌법전이, 영은 비형벌적인 민정법전이 되었다.[8] 그 결과 율령은 유가사상을 기본으로 하면서 율과 영이 구분되는 구조를 가지게 되었다.

이 율령이 주변국들에게 전해져 고구려와 신라가 율령을 반포하였다. 백제도 중국으로부터 율령을 받아들였음은 물론이다. 그 시기에 대해 『삼국사기』 고이왕 29년(262)조의 "관리로서 재물을 받거나 도둑질을 한 자는 세 배를 징수하고 종신토록 금고한다"[9]는 기사를 근거로 3세기 중엽 무렵으로 보는 견해도 있다.[10] 그러나 이 기사는 『구당서』 백제전의 내용과 동일한 것이어서 한성기의 사실을 보여 주는 것이 아니다. 또 3세기 중엽까지 백제는 부체제 단계를 벗어난 것이 아니어서 강력한 중앙집권화를 이루지 못하였다. 따라서 이 시기에 율령이 반포되어 시행된 것으로 보기 어렵다.

중국으로부터 율령을 받아들여 반포하기 위해서는 두 가지 조건을 갖추어야 한다.[11] 하나는 율령의 기본 사상인 유학에 대한 이해가 있어야 한다. 율과 영의 본지本旨는 '인'의 실천에 있기 때문이다. 이는 「태시율泰始律」

---

7 池田溫, 1970, 「律令官制の形成」, 『岩波講座 世界歷史 古代 5: 東アジア世界の形成 2』, 岩波書店.

8 曾我部靜雄, 1971, 『中國律令史の硏究』, 吉川弘文館, 11쪽.

9 『삼국사기』 권제24 백제본기 제2 고이왕 29년조의 "凡官人受財及盜者 三倍徵贓 禁錮終身" 참조.

10 이종욱, 1978, 「백제의 좌평」, 『진단학보』 45호, 진단학회.

11 노중국, 1979, 「고구려 율령에 관한 일시론」, 『동방학지』 21집, 연세대학교 국학연구원.

찬정에 참여한 두예杜預가 "교유敎喩를 종宗으로 하는 영과 징정徵正을 본으로 하는 율의 목적은 유교사상의 근본이념인 '인'의 실천에 있다"[12]고 한 말에서 알 수 있다. 다른 하나는 율령을 제정·반포하여 시행할 수 있는 강한 중앙집권력과 그것을 뒷받침할 수 있는 지배체제가 성립되어 있어야 한다. 율령에 의한 통치는 전국을 일원적인 법체계에 의해 다스리는 것이다. 이 법이 제대로 기능하려면 그것을 뒷받침해 주는 힘이 있어야 한다. 그 힘은 왕권 중심의 중앙집권력의 확립에서 나오는 것이다.

이를 잘 보여 주는 것이 고구려이다. 고구려 소수림왕은 율령 반포에 앞서 태학太學이라는 유교 교육기관을 설치하였다.[13] 이는 당시 고구려가 유교에 대한 이해가 깊었고, 유교사상이 널리 퍼져 있었음을 보여 준다. 또 고구려는 미천왕 대를 거쳐 고국원왕 대에는 중앙집권화를 진척시켜 강력한 중앙집권국가체제를 갖추었다. 그 바탕 위에서 소수림왕은 373년에 율령을 반포할 수 있었던 것이다.[14]

율령 반포의 이러한 전제 조건을 생각할 때 주목되는 것이 근초고왕 대이다. 앞에서 언급한 것처럼 근초고왕은 왕의 이름이 초고왕에 '근近' 자를 붙여 이루어진 것에서 보듯이 초고왕계의 왕위 계승권을 확립하였다. 지배 귀족 중에서 가장 유력한 귀족인 진씨 출신의 여자를 왕비로 맞이하여 지배 기반을 확대하였다. 14관등제를 정비하여 중앙귀족들을 일원적인 관등체계 내로 편제하였고, 담로제라는 지방통치조직을 만들어 지방에 대한 통제력을 강화하였다. 이러한 사실들은 근초고왕 대에 중앙집권적 지배체제가 갖추어졌음을 보여 준다. 한편 근초고왕은 박사 고흥으로

---

12 曾我部靜雄, 1971, 『中國律令史の硏究』, 吉川弘文館, 12쪽의 "凡令以敎喩爲宗 律以徵正 爲本 此二法雖前後異時 並以仁爲旨也" 참조.
13 『삼국사기』 권제18 고구려본기 제6 소수림왕 2년조의 "夏六月 秦王苻堅 遣使及浮屠順道 送佛像經文 王遣使廻謝 以貢方物 立大學 敎育子弟"; 3년조의 "始頒律令" 참조.
14 노중국, 1979, 「고구려 율령에 관한 일시론」, 『동방학지』 21집, 연세대학교 국학연구원.

하여금 역사서인 『서기』를 편찬하게 하였고, 박사 왕인을 왜에 보내『천
자문』과『논어』를 전해 주었다. 이는 백제가 유학에 대한 이해 수준이 이
미 상당하였음을 보여 준다. 이로 미루어 백제에서 율령은 근초고왕 대에
반포된 것으로 볼 수 있다.[15]

이와는 달리 개로왕 대에 처음 보이는 왕·후호제를 지방통치제도의 일
환으로 보고 왕·후제에 의한 지방 지배가 시행된 개로왕 대에 율령제가
실시된 것으로 보는 견해도 있다.[16] 그러나 백제의 지방통치조직인 담로
제는 이미 근초고왕 대에 실시되었다. 또 왕·후제는 중앙귀족에게 주는
작호이지 지방통치조직은 아니다. 설혹 지방 지배와 관련된다고 하더라
도 지방 통치의 본령이 아니다. 따라서 이 견해는 받아들이기 어렵다.

이렇게 반포된 율령이 실제로 기능하였음을 보여 주는 것이 근초고왕
대의 인물인 사기斯紀가 국마國馬의 발굽을 다치게 한 죄를 범하자 고구려
로 도망간 사건이다.[17] 이 기사는 백제에 국마 제도가 있었다는 것, 국마를
다치게 하면 죄가 된다는 것, 죄를 범했을 경우 일정한 처벌을 받아야 한
다는 것이 주된 내용이다. 죄와 벌은 율령의 기본이다. 사기의 도망 사건
은 죄와 벌이 규정되어 있었고 그것이 실제로 집행되고 있었음을 보여 주
는 것이다.

근초고왕 대에 반포된 율령의 모법母法이 무엇인지는 단정하기 어렵지
만 이를 추론하는 데 단서가 되는 것이 근초고왕 24년(369)에 만들어진〈칠
지도〉의 명문에 동진의 연호인 태화泰和가 나온다는 사실이다. 태화 연호

---

15 노중국, 1986, 「백제 율령에 대하여」, 『백제연구』 17집, 충남대학교 백제연구소.

16 홍승우, 2009, 「백제 율령 반포 시기와 지방지배」, 『한국고대사연구』 54집, 한국고대사
학회.

17 『삼국사기』 권제24 백제본기 제2 근구수왕 즉위년조의 "先是 高句麗國岡王斯由 親來侵
近肖古王遣太子拒之 至半乞壤將戰 高句麗人斯紀 本百濟人 誤傷國馬蹄 懼罪奔於彼 至是
還來 告太子日 …" 참조.

는 366~371년까지 사용되었다. 중국 연호의 사용은 그 연호를 제정한 나라와 교섭이 있었음을 의미하므로, 〈칠지도〉의 '태화 4년'은 백제가 늦어도 369년 이전에 동진과 교섭·교류를 하였음을 보여 준다. 이 시기 동진에서는 진晉 무제武帝 태시 4년(268)에 반시頒示된 「태시율泰始律」이 사용되고 있었다. 이로 미루어 백제의 율령은 「태시율」을 모법母法으로 하였다고 볼 수 있다. 이와는 달리 진·한의 원시율령이 대방군을 통해 들어와 백제의 율령에 영향을 준 것으로 보는 견해도[18] 있다. 그러나 『진서晉書』에서 보듯이 마한은 277년 이후 289년에 이르기까지 빈번히 서진에 사신을 보냈다. 이 사신단에는 백제국도 포함되어 있음은 물론이다. 또 서울의 풍납토성과 몽촌토성 그리고 경기도 화성시 사창리에서 출토된 대구帶鉤는 진식대구晉式帶具를 본받은 것이다. 이렇게 백제가 진과 빈번하게 접촉하였으므로 백제의 율령은 「태시율」의 영향을 받은 것으로 보는 것이 타당하다. 이는 고구려 율령의 모법이 진의 「태시율」이었을 것으로 추론한 견해가[19] 방증한다.

2. 율령의 내용 추정과 특징

(1) 율령의 변화와 그 배경

근초고왕 대에 반포되었을 율령의 내용이나 그 후의 변화 모습은 상고할 자료가 없어 구체적으로 파악하기 어렵다. 그러나 율령이란 현실 여건의 변화에 따라 수정되고 보완되기 마련이다. 신라 문무왕이 유조遺詔에

---

18 정동준, 2017, 「백제 율령에 미친 중국왕조의 영향—소위 '태시율령 계수설' 비판—」, 『동국사학』 62집, 동국역사문화연구소.

19 전봉덕, 1968, 「신라율령고」, 『한국법제사연구—암행어사연구 기타—』, 서울대학교출판부.

서 "율령과 격식이 현실적으로 불편한 것이 있으면 곧 고쳐서 원근, 즉 서울과 지방에 포고하도록 하였다"는 『삼국사기』 기사가[20] 좋은 사례이다. 따라서 백제의 율령도 반포 이후 현실 여건의 변화에 따라 그 내용이 바뀌었을 것이다.

한성기에 율령의 변화를 가져온 사건으로는 진사왕·아신왕 대의 고구려의 남하 압력에 의한 정세 변화, 전지왕의 즉위를 둘러싼 왕위 계승 분쟁, 전지왕 4년의 상좌평 설치와 군국정사의 위임 등을 들 수 있다. 특히 상좌평의 설치는 관직 체계와 정치 운영에 큰 변화를 가져온 조치였다. 이에 따라 백제 율령에도 개편이 있었을 것이다.

그러나 무엇보다도 백제 사회에 가장 큰 변화를 가져온 것은 475년 한성 함락에 따른 황급한 웅진 천도이다. 이로 말미암아 지배체제는 동요되었을 뿐만 아니라 병관좌평 해구에 의한 문주왕의 피살과 반란, 가림성주 백가에 의한 동성왕의 피살과 반란으로 왕권은 약화되었다. 한강 유역을 비롯한 경기도 일대의 상실로 왕실과 귀족의 경제적 기반은 축소되었고, 왕실의 정신적 구심 역할을 하던 시조묘와 종묘·사직을 비롯하여 국가 제사의 대상이 되는 주요 산천들은 모두 고구려의 수중에 들어가 버리고 말았다. 이와 같은 상황은 기존 율령에 의한 국가 통치를 어렵게 하였다.

웅진 천도 이후 백제 왕실의 최대 과제는 정치 정세의 불안을 종식시키고, 경제력을 회복하여 왕권를 강화하고 무너진 지배질서를 확립하는 것이었다. 이를 위해 동성왕은 금강유역권에 기반을 둔 신진 세력을 등용하여 한성에서 남래해 온 귀족들과의 세력 균형을 이루어 왕권 강화를 도모하였다. 이후 무령왕은 수리 시설의 완비와 유식자의 귀농 조치 등을 통해 농업생산력을 높이고, 금강유역권은 물론 영산강 유역의 호남 지역도 적

---

20 『삼국사기』 권제7 신라본기 제7 문무왕 21년조의 "律令格式有不便者 即便改張 布告遠近 令知此意 主者施行" 참조.

극 개발하여 위축된 경제력의 회복에 노력하였다. 가야권에 속하는 섬진강 유역으로 진출하여 이 지역을 확보함으로써 경제 기반도 확대하였다. 천지신에 대한 제사 등을 통해 제의 체계도 정비하였다. 이에 따라 율령도 점차 정비되었다. 무령왕릉 매지권에 '율령', '매지', '입권'이란 용어도 이러한 배경에서 나온 것이다.

무령왕이 이룩한 체제 안정 위에서 성왕은 사비 천도를 단행하여 통치 조직을 정비함으로써 왕권 중심의 지배체제를 확립하였다. 이에 따라 율령도 재정비되었다. 6좌평 16관등제와 22부제로 대표되는 중앙관제, 방-군-성(현)으로 대표되는 지방관제, 형벌 관계 기사, 제의 관계 기사 등은 바로 사비기의 정비된 율령의 내용을 보여 주는 것이다.

(2) 율령의 내용 추정

한성기에 반포된 백제의 율령은 웅진기와 사비기를 거치면서 변화하였다. 그러나 법전이 남아 있지 않기 때문에 율령의 구체적인 내용은 파악할 수가 없다. 그나마 남아 있는 자료는 사비기의 것이 대부분이다. 여기서는 사비기를 중심으로 내외 사서에서 보이는 국가체제 및 형벌 관계 기사를 분석하여 백제 율령의 대략적 내용을 추론해 둔다.

율령은 크게 율律과 영令으로 구분되고 그 내부에 격格과 식式이 있었다. 격과 식은 시행세칙이다. 율은 다시 죄罪와 형刑으로 나누어진다. 죄가 정해지면 그에 따라 형벌이 가해진다. 먼저 내외 사서에서 율과 관계되는 기사를 추려서 죄와 형으로 나누어 정리하면 다음과 같다.

『삼국사기』 백제본기

① 고이왕 29년조: 春正月 下令 凡官人受財及盜者 三倍徵贓 禁錮終身

② 근구수왕 즉위년조: 高句麗人斯紀 本百濟人 誤傷國馬蹄 懼罪奔於彼 至是

還來

③ 삼근왕 2년: 佐平解仇與恩率燕信聚衆 據大豆城叛 王命佐平眞男 以兵二千
討之 不克 更命德率眞老 帥精兵五百 擊殺解仇 燕信奔高句麗 收其妻子 斬於
熊津市

④ 무령왕 즉위년조: 春正月 佐平苩加據加林城叛 王帥兵馬 至牛頭城 命扞率
解明討之 苩加出降 王斬之 投於白江

⑤ 의자왕 20년조: 時佐平興首得罪 流竄古馬彌知之縣

『주서』 백제전 및 『북사』 백제전

① 其刑罰 反叛退軍及殺人者斬
② 盜者流 其贓兩倍徵之
③ 婦犯姦 沒入夫家爲婢

『구당서』 백제전

① 其用法 叛逆者死 籍沒其家
② 殺人者 以奴婢三贖罪
③ 官人受財及盜者 三倍追贓 仍終身禁錮

『신당서新唐書』 백제전

① 其法 反逆者誅 籍其家
② 殺人者 輸奴婢三贖罪
③ 吏受賕及盜 三倍償 錮終身

『증보문헌비고』 권133 형고7 상언 백제조

① 百濟多婁王二年 飭諸縣死罪 不得便決 悉移京獄 按覆事盡 然後取奏裁 令死

罪者五奏以決

이 자료들을 중심으로 죄의 종류를 정리하면 다음과 같다.

- 모반죄(謀反 · 謀叛 · 謀逆罪): 『삼국사기』 ③ ④, 『주서』 ①, 『구당서』 ①, 『신당서』 ①
- 퇴군죄退軍罪: 『주서』 ①
- 살인죄殺人罪: 『주서』 ①, 『구당서』 ②, 『신당서』 ②
- 도죄盜罪: 『삼국사기』 ①, 『주서』 ②, 『구당서』 ③, 『신당서』 ③
- 수구죄受賕罪: 『삼국사기』 ①, 『구당서』 ③, 『신당서』 ③
- 범간죄犯姦罪: 『주서』 ③
- 상국마죄傷國馬罪: 『삼국사기』 ②
- 칭량 위반죄稱量違反罪: 『증보문헌비고』 ①

이 자료들을 중심으로 형의 종류를 정리하면 다음과 같다.

- 참형斬刑: 『삼국사기』 ② ③, 『주서』 ①, 『구당서』 ①, 『신당서』 ①
- 사형死刑: 『증보문헌비고』 ①
- 유형流刑: 『주서』 ②, 『삼국사기』 ⑤
- 기시형棄市刑: 『삼국사기』 ③
- 적몰형籍沒刑: 『구당서』 ①, 『신당서』 ①, 『주서』 ③
- 금고형禁錮刑: 『삼국사기』 ①, 『구당서』 ③, 『신당서』 ③
- 배상형賠償刑: 『삼국사기』 ①, 『주서』 ②, 『구당서』 ③, 『신당서』 ③
- 속형贖刑: 『구당서』 ②, 『신당서』 ②

내외 사서 및 금석문과 목간 자료에서 영令과 관련되는 사항들을 정리하면 다음과 같다. 대다수의 내용은 『주서』 백제전에 나오므로 번거로움을 피하기 위해 『주서』 백제전 이외의 자료만 각주로 표시하였다.

① 1품 좌평~16품 극우의 16관등제를 주 내용으로 하는 관등과 관련되는 영

② 전내부부터 도시부에 이르기까지 22부의 직장·관직·관원 수, 관직과 관등의 관계 등 직원령職員令과 관계되는 영

③ 방-군-성(현)제라는 지방통치조직의 관직·관원 수 등과 관계되는 영

④ 관원의 복색과 대색 및 관제冠制 등 의관과 관련되는 영

⑤ 시조묘와 천신·산천신 등의 제사에 따른 사령祠令과 관련되는 영

⑥ 상복, 복제 기간 등 상장喪葬과 관련되는 영

⑦ 부세·역역 등과 관련되는 영

⑧ 태학, 태학정, 박사 등 교육기관 및 교육 내용과 관련되는 영[21]

⑨ 표·소, 관인官印 등과 관련되는 영[22]

⑩ 구휼 등을 포함한 진대와 관련되는 영[23]

⑪ 연령 급단, 인구 파악 및 호적 작성 등 호구와 관련되는 영[24]

⑫ 초사직初仕職 수여, 관료 선발, 관등 수여 등 선거選擧와 관련되는 영[25]

⑬ 왕·후호 수여, 식읍 사여 등 봉작封爵과 관련되는 영[26]

---

21 『삼국사기』 권제24 백제본기 제2 근초고왕 30년조; 『일본서기』 권10 응신기 15년조; 권17 계체기 7년·10년조; 권19 흠명기 15년조; 『고사기』 중권 응신기조; 〈진법자묘지명〉.

22 『구당서』 권199 상 열전 제149 상 동이 백제전; 〈복의장군동인〉.

23 『삼국사기』 권제26 백제본기 제4 동성왕 21년조; 무령왕 6년조; 〈좌관대식기 목간〉.

24 〈서부후항 목간〉; 〈나주 복암리 출토 목간2〉.

25 〈흑치상지묘지명〉; 〈진법자묘지명〉.

26 『송서』 권97 열전 제57 이만 동이 백제전; 『남제서』 권58 열전 제39 동남이 백제전; 『삼국사기』 권제28 백제본기 제6 의자왕 17년조.

⑭ 의박사, 채약사 등 의료 조직 및 의학 교육과 관련되는 영[27]

⑮ 시장에서의 매매, 칭량 위반자에 대한 처벌 등과 관련되는 영[28]

이상에서 살펴본 율과 영의 내용은 법속 관계의 기사에서 추출한 것이어서 추론의 범주를 벗어날 수 없다. 더구나 구체적인 편목의 경우 법전이 없어서 설정해 볼 수 없다. 따라서 백제 율령에 대한 보다 체계적인 정리는 새로운 자료가 나오기를 기다릴 수밖에 없는 실정이다.

(3) 백제 율령의 특징

앞에서 개략적으로 살펴본 것처럼 백제의 율과 영은 시대적 상황에 따라 변화하였다. 변화의 모습은 대체로 형벌이 중심이 되는 율과 관계되는 것이 많다. 그 변화의 특징은 몇 가지로 정리할 수 있다.

첫째, 살인죄의 경우 『주서』 및 『북사』에서는 모반죄와 함께 참형을 가하는 것으로 되어 있다. 그렇지만 『구당서』와 『신당서』에는 3명의 노비로 속죄케 하는 속죄형贖罪刑으로 나온다. 살인자에 대해 그에 상응하는 보응으로 사형이 가해진 것은 고조선의 금법에 이미 보이고 있다.[29] 이런 오랜 전통을 가지는 사형이라는 형벌이 속죄형으로 전환된 것이다. 이는 재산에 대한 가치 관념의 변화, 즉 재산을 중시하는 현상에서 나온 것으로 보인다. 다만 사형 대신 바쳐야 하는 속물贖物은 중국의 경우 조위에서는 금이나 견絹이었고, 실위室韋나 북위 등 북방 민족에서는 마소였다.[30] 그러나 백제는 노비를 속물로 하였다. 이는 백제 형제刑制의 특징이라 할 수

---

27 『일본서기』 권19 흠명기 14년, 15년조; 〈지약아식미기 목간〉.

28 『증보문헌비고』 권132 형고6 금제2 잡금 백제조.

29 『한서』 권28 하 지리지 제8 하.

30 『위서』 권100 열전 제88 실위국전의 "殺人者責馬三百匹"; 『위서』 권111 지 제16 형벌7의 "民相殺者 聽與死家馬牛四十九頭" 참조.

있다.[31]

둘째, 반역反逆(또는 반역叛逆者)에 대해『주서』에서는 해당자만 참형을
가한 것으로 되어 있다. 그렇지만『구당서』에는 당사자를 참형하는 것 외
에 가족을 적몰籍沒하는 적몰형이 가해지고 있다. 국가 안위와 관계되는
모반죄(謀反罪, 謀叛罪)에 대해 당사자 외에 그 가족까지 형벌을 확대한 것
은 일종의 연좌제이다. 연좌제의 사례로는 해구의 반란에 적극 가담하였
던 연신燕信이 고구려로 도망가자 그의 가족을 웅진 저자에서 참한 것을
들 수 있다.[32] 적몰형이 덧붙여진 것은 이 시기에 집권체제가 확립되면서
국가 및 왕실의 안위를 해치는 어떠한 행위도 용납하지 않겠다는 보다 강
한 의지의 표명이라 할 수 있다.

셋째, 도둑질한 죄[盜罪]에 대해서『주서』에는 유형과 더불어 장물의 두
배를 추징하는 부가형이 병과並科되어 있다. 그러나『구당서』에는 유형은
보이지 않고 세 배의 추징으로 되어 있으며, 다만 관리의 경우에는 세 배
의 추징 외에 종신금고형이 가해지고 있다. 도죄에 대한 처벌을 유형 대신
추징 비율을 두 배에서 세 배로 늘린 것은 살인죄에 대해 참형 대신 속형
을 가한 것과 마찬가지로 재산을 중시하는 풍조와 관련이 있다고 본다.

넷째,『주서』에 의하면 범간한 부인은 남편 집의 계집종으로 삼았다. 범
간한 부인에 대한 처벌 규정은 가부장적 가족 윤리의 확립과 그것을 유지
하려는 의도에서 나온 것으로 보인다.

다섯째,『구당서』에는 관리가 뇌물을 받았을 경우 세 배를 추징하고 종
신금고형에 처하는 내용이 새롭게 보인다. 이 기사는『삼국사기』고이왕
29년조에도 그대로 나오지만 앞에서 언급한 바와 같이 사비기의 사실이

---

31 한영화, 2011,「한국 고대의 형률 연구」, 성균관대학교 대학원 박사학위논문, 124~125쪽.
32 『삼국사기』권제26 백제본기제6 삼근왕 2년조의 "春 佐平解仇與恩率燕信聚衆 據大豆城
叛 … 燕信奔高句麗 收其妻子 斬於熊津市"참조.

고이왕 대로 소급·부회된 것이다. 관리의 수회收賄 행위에 대해 추징형과 더불어 종신토록 관직에 나아갈 수 없는 종신금고형을 함께 부과한 것은 사비기에 와서 관료기구의 확대와 관료제도의 정비에 따라 관료들에 대한 기강 확립 차원에서 나온 것이다.[33]

백제 율령의 내용 변화를 보면 후대로 갈수록 국가 안위와 관련되는 범죄 행위에 대해서는 그 형벌이 보다 무거워지고 있다. 반면에 그렇지 않은 범죄 행위, 예를 들면 살인죄의 경우 노비를 포함한 재산으로 배상토록 하고 있다. 그에 따라 처벌의 경중과 처벌 내용에도 변화가 있었다.

백제 율령의 형종刑種과 죄종罪種은 고구려의 그것과 대체적으로 비슷하지만 내용 면에서 다소 차이가 있다. 예를 들면 도죄에 대한 처벌에서 백제는 유배형流配刑과 두 배의 추징을 함께 부과하고 있는 반면에 고구려는 12배의 배상형을 가하고 있다.[34] 같은 도죄에 대해 백제가 고구려보다 배상의 폭은 낮추고 그 대신 유배형을 추가하고 있는 것이다. 살인죄의 경우 고구려는 시종 참형을 가하는 것으로 되어 있는 것에[35] 비해 백제에서는 참형에서 속형으로 바뀌고 있다. 뇌물죄의 경우 백제는 관리가 뇌물을 받으면 세 배의 추징형과 종신금고형을 함께 부과하였다. 이는 고구려에는 보이지 않는 죄종으로 백제 관료제 운영의 특색을 엿보게 하는 자료로 주목된다.

율령을 집행함에는 문서행정이 따르게 된다. 국왕과 해당 관청의 장에게 보고를 하여 재가를 받아야만 집행할 수 있기 때문이다. 이러한 문서행정도 율령에 의해 규정된다. 백제의 문서행정의 일단을 보여 주는 것이 『구당서』 백제전의 "표表와 소疏는 아울러 중화의 법을 따랐다"는 기사이

---

33 주보돈, 1984, 「신라시대의 연좌제」, 『대구사학』 25집, 대구사학회.
34 『주서』 권49 열전 제41 이역 상 고려전; 『수서』 권81 열전 제46 동이 고려전.
35 『구당서』 권199 상 열전 제149 상 동이 고려전; 『수서』 권81 열전 제46 동이 고려전.

다.[36] 이는 백제가 중국 문물을 수용하여 중국식 문서행정을 시행하였음을 보여 준다. 그러나 모든 문서가 중국식으로 이루어진 것은 아니었다. 부여 지역에서 출토된 〈좌관대식기〉 목간, 〈병여기〉 목간, 〈지약아식미기〉 목간이 보여 주는 '기記' 문서는 중국의 문서행정에는 보이지 않는다. 이는 백제가 중국의 문서행정 형식을 차용하면서 동시에 백제 나름의 문서 형식도 만들어 사용하였음을 보여 준다. 이 또한 백제 율령의 특징의 하나라고 하겠다.

3. 형벌의 집행과 절차

율령은 누구나 지켜야 하는 법이다. 국가와 사회의 질서를 유지하기 위해서이다. 지키지 않을 경우 처벌한다. 이를 율령의 운영이라 할 수 있다. 율령의 운영에서 핵심은 형벌의 집행과 절차이다. 백제의 법 집행 과정을 보여 주는 자료로 주목되는 것이 『증보문헌비고』에 나오는 다음 기사이다.

> 백제 다루왕 2년에 사사로이 저울과 말을 만드는 것을 금하였다. 시장에서 가지고 사용할 때 증가시키거나 감소시키면 죄를 주었다.[37]

이 기사는 백제가 도량형을 제정한 후 칭량 위반자에 대해 처벌하는 것을 보여 주는 유일한 자료이다. 그러나 이 기사는 『삼국사기』 백제본기 다루왕 2년(29)조에는 보이지 않기 때문에 기사의 신빙성부터 먼저 따져 보아야 한다.

---

36 『구당서』 권199 상 열전 제149 상 동이 백제전의 "又表疏並依中華之法" 참조.
37 『증보문헌비고』 권132 형고6 금제2 잠금 백제조의 "百濟多婁王二年 禁私作秤斗 在市執用 有增減者決罪" 참조.

『증보문헌비고』는 세 차례의 편찬 과정을 거쳐 완성되었다. 영조 46년 (1770) 홍봉한 등이 왕명을 받아 처음 편찬한 것이 100권으로 만들어진 『동국문헌비고』이다. 『동국문헌비고』는 약 반년 만에 급히 만든 것이어서 사실이 틀린 부분과 누락된 부분이 많았다. 또 시대가 내려갈수록 법령과 제도가 많이 변경되었다. 그래서 정조는 6년(1782)에 박학다식으로 유명한 이만운李萬運에게 명하여 이를 보편補編하게 하였다. 그러나 이것은 출판되지 못하였다. 고종 대에 들어와 일본과 서양의 문물을 수입하여 사회의 모든 제도를 근본적으로 개혁하였다. 이 때문에 『문헌비고』의 각 항목을 다시 증보하지 않을 수 없었다. 이에 고종은 광무 7년(1903)에 찬집청撰集廳을 설치하고 박용대 등 30여 명의 문사에게 명하여 이를 보수하게 하였고, 순종 융희 2년(1908)에 총 16고 250권의 『증보문헌비고』가 출판되었다.[38]

세 차례의 편찬 과정을 거쳐 이루어진 『증보문헌비고』의 기사를 보면 '보補' 자와 '속續' 자가 붙은 경우가 종종 나온다. '보' 자는 정조 때 증보한 것을, '속' 자는 고종 때 보완한 기사이다. 따라서 '보' 자나 '속' 자가 붙지 않은 것은 영조 때의 원문이라 할 수 있다. 백제의 칭량稱量 관계 기사에는 '보' 자나 '속' 자가 붙어 있지 않아 영조 때의 기사임이 분명하다. 그렇다면 영조 때의 『동국문헌비고』 편찬자들은 어디에선가 백제의 칭량 관계 자료를 확보하여 수록하지 않았을까 한다. 따라서 이 기사는 버리기보다는 비판적으로 검토하여 활용하는 것이 좋겠다.

도량형은 개인과 개인 사이에 이루어지는 교환이나 개인과 국가 사이에 이루어지는 조세 수취와 납부 등의 토대가 된다. 도량형이 제대로 지켜지지 않으면 시장의 거래 질서는 문란해지고 수취체계도 흩어져 이에

---

38 동국문화사 영인, 1959, 『증보문헌비고』 상에 수록된 신석호의 「증보문헌비고 영인 서」.

따른 갈등이 일어나 사회는 혼란에 빠지게 된다. 그래서 국가는 도량형 관리에 매우 엄격하였다. 당의 경우 양기量器는 관청에서 만들되 테두리를 철로 하고 거기에 감수를 받았다는 도장을 찍은 후 사용하도록 하였다는 것이[39] 이를 보여 준다. 동시에 도량형을 함부로 만들거나 멋대로 크게 만들거나 눈금을 속이는 등 도량형을 위반하면 국가가 일정한 제재를 가하였다.

『증보문헌비고』에 수록된 이 기사는 백제의 도량형에 대해 몇 가지 중요한 사실들을 전해 준다. 첫째, 도량형은 국가에서 만들어 보급하였지만 사사로이 도량형을 만들어 사용하는 사람도 있었다는 것이다. 둘째, 사사로이 만든 도량형을 시장에서 사용하거나 유통시킨 사람도 있었다는 것이다. 셋째, 도량형을 함부로 증감하여 사용한 사람에 대해 국가에서는 일정하게 제재를 가하였다는 사실이다.[40]

백제가 칭량 위반자에 대해 처벌을 할 때 그 절차를 보여 주는 것이 『증보문헌비고』에 나오는 다음 기사이다.

백제 다루왕 2년에 여러 현에 조칙을 내려 사죄는 멋대로 결정할 수 없게 하고 모두 서울의 옥으로 옮겨 일을 다 살핀 후 아뢰어 결제를 얻는다. 사죄는 다섯 번 아뢰게 하여 결정한다.[41]

이 기사 역시 『삼국사기』 다루왕 2년조에 나오지 않아 기사의 신빙성이 문제가 된다. 그렇지만 앞에서 언급한 바와 같이 이해하면 이 기사도 한성

---

39 仁井田陞, 1964, 『唐令拾遺』, 東京大學出版會 倉庫令 第24의 "二(開7) 諸量函 所在官造 大者五斛 中者三斛 小者一斛 以鐵爲緣 勘平印書 然後給用" 참조.

40 노중국, 2010, 『백제사회사상사』, 지식산업사, 272~275쪽.

41 『증보문헌비고』 권133 형고7 상언 백제조의 "百濟多婁王二年 飭諸縣死罪 不得便決 悉移京獄 按覆事盡 然後取奏裁 令死罪者五奏以決" 참조.

기에 죄지은 사람에 대해 처벌하는 원칙과 절차를 보여 주는 자료로 활용할 수 있다. 이 기사에 의하면 형옥은 기본적으로 지방관이 맡아서 처리하지만 사죄死罪의 경우 중앙으로 보내야 하였다. 중앙에서는 다시 사실을 파악한 후 형을 왕께 아뢰어 집행하도록 하였다. 사죄로 결정되었다고 하더라도 그 집행은 다섯 번 아뢴 후 하도록 하였다.

이러한 형옥 집행 절차에서 미루어 볼 때 칭량법을 위반한 자의 경우도 일차적으로 수도에서는 시장을 관할하는 관청인 도시부都市部에서 죄의 경중에 따라 처리하고, 지방에서는 지방관이 맡아 처리하였을 것이다. 그렇지만 그 죄가 사형에 해당될 정도로 무거울 경우 지방관은 중앙에 보고해야 하였다. 칭량법 위반자에 대한 이러한 법 집행 절차는 다른 법 위반자들에게도 그대로 적용되었을 것이다.[42]

II. 문서행정·관인제와 그 운영

1. 문서행정과 운영

(1) 문서행정의 체계화와 '이층'의 성립

중앙집권체제가 갖추어지면서 중앙과 지방에는 여러 관청이 만들어졌다. 각 관청에는 업무들을 처리하는 관직이 설치되고, 이 관직을 맡아 업무를 처리하는 관료들이 임명되었다. 관청의 업무를 수행하는 것이 행정이다. 행정은 국왕과 관청 사이, 관청과 관청 사이, 중앙관청과 지방관청 사이, 관청과 민 사이 등에서 다양하게 이루어진다.

---

42 노중국, 2010, 『백제사회사상사』, 지식산업사, 272~275쪽.

이러한 행정 업무를 수행함에는 공문서의 수발이 따른다. 공문서에 의한 행정을 문서행정이라 한다. 문서행정의 실무를 담당한 관리가 이吏였다. '이'는 관아의 속료屬僚, 즉 실무 관료인데 후대에는 아전衙前이라 하였다. 백제에도 문서행정이 있었고, 행정의 실무를 담당하는 이가 있었다. 한성기는 물론 웅진기 및 사비기에 출토되는 벼루들과 사비기에 집중적으로 출토되는 목간 그리고 목간을 깎는 데 사용되는 삭도削刀 등이 '이'의 존재를 보여 주는 물적 증거이다.

행정의 실무를 담당하는 '이'가 처음 설치된 시기를 직접 보여 주는 자료는 없지만 이와 관련하여 주목되는 것이 『삼국지』 동이전 한조의 "이역전유동이吏譯轉有同異"에 나오는 이역吏譯이다. '역譯'에 대해 허신許慎의 『설문해자』에서는 '사이의 말을 전하는 사람[傳四夷之語者]'이라 하였다. 이른바 통역을 말한다. 나라와 나라 사이에 통역하는 모습은 낙랑군이 진한을 공격하려고 하였을 때 항복해 온 염사착廉斯鑡을 통역으로 삼은 것,[43] 왜의 30여 국이 사역使譯을 통해 중국과 교섭하였다는 것[44] 등에서 살펴볼 수 있다.

'역譯'이 통역이므로 '이'는 통역을 맡은 관리, 즉 통역관을 말한다. 중국에서는 통역관을 역관譯官이라 하였고[45] 부여에서는 역인譯人이라 하였다.[46] 한韓 세력은 한대漢代에 들어와 낙랑군에 사철 조알朝謁하였다.[47] 조알로 표현된 나라와 나라 사이의 교섭은 사신이 하지만 여기에는 통역관이 있어야 한다. 또 낙랑군과 대방군에 철을 공급하는 것과 같은 교역에도

---

43 『삼국지』 권30 위서30 동이전 한조의 "廉斯鑡爲辰韓右渠帥 … 鑡因將戶來出 詣含資縣 … 郡卽以鑡爲譯" 참조.
44 『삼국지』 권30 위서30 동이전 왜인조의 "倭人在帶方東南大海之中 … 今使譯所通三十國" 참조.
45 『한서』 권19 하 백관공경표 제7 상의 "典客名大鴻臚 屬官有行人譯官" 참조.
46 『삼국지』 권30 위서30 동이전 부여조의 "譯人傳辭" 참조.
47 『삼국지』 권30 위서30 동이전 한조의 "漢時屬樂浪郡 四時朝謁" 참조.

역관이 있어야 한다. 따라서 이때의 '이'는 중국인 통역관[譯官]을 가리킬 뿐만 아니라 마한의 통역관도 가리키는 것으로 볼 수 있다. 그러면 마한의 통역관은 이역이라 할 수 있다.[48]

이 통역관들의 통역에 문제가 있어 사단이 벌어진 시기는 정시 연간(240~248)이다. 이는 3세기 중엽 무렵 마한에는 통역을 맡은 실무자들이 있었음을 보여 준다. 이들은 280년에서 290년에 이르기까지 마한연맹체가 빈번하게 낙랑군·대방군에 사신을 보냈을 때[49] 또 하호들이 인수를 차고 의책衣幘을 입고 군현에 드나들 때[50] 통역을 맡았을 것이다. 그렇다면 백제에서 '이'의 출현은 늦어도 3세기 중엽 무렵으로 볼 수 있다.

백제는 근초고왕 대에 와서 중앙집권체제를 갖추면서 부체제 단계의 이원적이었던 지배조직을 일원화하였다. 여러 관청들을 설치하여 업무를 분담시켰다. 이에 따라 실무 관료들이 각 관청에 배치되고 그 조직도 정비되었을 것이다. 이 실무 관료 조직이 바로 '이층吏層'이다. 이리하여 행정 업무는 보다 체계적으로 이루어지게 되었을 것이다.

사비기에 백제의 '이층' 모습을 구체적으로 보여 주는 것이 『수서』 백제전의 "백제 사람들은 경서와 사서[書史]를 읽고 이사吏事에도 능하였다"라는 기사이다. 경서와 사서를 읽는 사람은 고위 귀족이고, 이사에 능한 사람은 실무 관료, 즉 '이吏'였다. 이는 정책을 결정하는 관료와 정책을 집행하는 실무 관료가 구분되었음을 보여 준다. 실무 관료들은 고위 관료들이 정책을 결정하여 국왕의 재가를 받으면 집행하였다. 또 『주서』 백제전에

48 백승옥, 2009,「한과 가야의 역인」,『역사교육논집』42집, 역사교육학회.
49 『진서晉書』 권97 열전 제67 사이 동이 마한조의 "武帝太康元年二年 其主頻遣使入貢方物 七年八年十年 又頻至 太熙元年 詣東夷校尉何龕上獻 咸寧三年 復來 明年 又請內附" 참조.
50 『삼국지』 권30 위서30 동이전 한조의 "其俗好衣幘 下戶詣郡朝謁 皆假衣幘 自服印綬衣幘 千有餘人" 참조.

는 "백제에서는 속문屬文(문장 짓기)도 잘하였다"라는 기사가 있다. 이 기사는 한문자를 아는 지식인들이 백제에 많이 있었을 뿐만 아니라 문장도 잘 지었음을 보여 준다. 이 지식인들에는 고위 관료뿐만 아니라 이층도 포함되었음은 물론이다. 그래서 이층은 행정에 필요한 문서를 만들고 수발受發하였다. 목간에 나오는 '기記' 문서가 이를 입증해 준다. 이로 미루어 사비기에는 문서행정이 조직적, 체계적으로 이루어졌다고 할 수 있다.

(2) 문서의 종류

행정은 문서로 이루어진다. 문서는 율령에 규정된 형식으로 작성되어야만 문서로서 기능하게 된다. 오가는 문서에는 문서 명칭이 있다. 문서 명칭은 문서를 발급하는 기관의 위상과 직무에 따라 달랐다.

백제의 문서 명칭을 직접 보여 주는 자료는 거의 없지만 이를 추론하는 데 단서가 되는 것이 『구당서』 백제전의 "백제의 표表와 소疏는 아울러 중화의 법을 따랐다"라고 한 기사이다. 이 기사는 백제의 문서에 표와 소가 있었고 이러한 문서는 중국의 문서 양식을 차용하였음을 보여 준다. 그렇다면 백제에서 사용된 문서는 중국의 문서를 통해 추론해 볼 수 있다.

당나라의 경우 문서는 크게 상급 기관에서 하급 기관으로 내리는 하행 문서, 하급 기관에서 상급 기관으로 올리는 상행 문서, 대등한 관청 사이에서 주고받는 상질相質 문서로 나누어진다. 문서의 종류는 발급 기관인 상서도성尚書都省, 중서성中書省, 문하성門下省에 따라 차이가 있었다.

상서도성에서 하급 기관으로 내리는 문서로는 제制, 칙敕, 책册, 영令, 교教, 부符가 있었다. 제, 칙, 책은 천자가 내리는 문서이다. 영은 황태자가 내리는 문서를, 교는 친왕과 공주가 내리는 문서를 말한다. 부는 상서도성에서 주州로, 주에서 현縣으로, 현에서 향鄕으로 내리는 문서를 말한다. 상행 문서로는 표表, 장狀, 전箋, 계啓, 사辭, 첩牒이 있다. 표는 천자에게 올리는 문서이고, 장은 천자의 근신에게 올리는 문서이다. 전과 계는 황태자나 상관에게 올리는 문서인데 공문으로 시행하는 것은 아니었다. 유품有品 이상의 공문은 모두 첩이라 하였고, 서인이 말하는 것은 사辭라 하였다. 관청끼리 문의하는 공문으로는 관關, 자刺, 이移가 있었다. 관은 그 일에 관통하는 것을 말하고, 자는 그 일을 꼭 집어내는 것을 말하고, 이는 그 일을 다른 관청에 맡기는 것을 말한다. 다른 관청에 맡길 경우 그 일을 통판通判한 관리는 모두 연서連署하였다.[51]

황제의 명령[帝命]의 출납을 관장하는 문하성의 문서로는 아래에서 위로 통할 경우에는 주초奏抄, 주탄奏彈, 노포露布, 의議, 표表, 장狀이 있었다.[52] 노포 이상은 곧 살펴보고, 그 나머지는 다시 아뢰어 재가를 얻으면 상서성에 주어 시행하였다.[53]

중서성에서 관장하는 문서 종류는 책서冊書, 제서制書, 위로제서慰勞制書, 발칙發敕, 칙지敕旨, 논사칙서論事敕書, 칙첩敕牒이 있었다.[54] 책서는 황후, 황태자를 세우거나 제왕을 봉할 때 사용하였다. 제서는 크게 상벌을 내리거나 죄수를 사면할 때 사용하였다. 위로제서는 공로를 포상할 때 사용하였다. 발칙은 주현의 치폐, 관리의 증감, 군대의 발동, 관작의 면제 등

---

51 『구당서』 권43 지제23 직관2의 "尙書都省 … 凡都省掌擧諸司之綱紀與百僚之程式 以正邦理 以宣邦敎 凡上之所以迮下 其制有六 日制 敕 冊 令 敎 符(天子曰制 曰敕 曰冊 皇太子曰令 親王公主曰敎 尙書省下於州 州下縣 縣下鄕 皆曰符也) 凡下之所以達上 其制亦有六 曰表 狀 箋 啓 辭 牒(表上於天子 其近臣亦爲狀 箋啓上皇太子 然於其長亦爲之 非公文所施 有品已上公文 皆曰牒 庶人言曰辭也) 諸司自相質問 其義有三 關 刺 移(關謂關通其事 刺謂刺擧之 移謂移其事於他司 移則通判之官 皆連署也)" 참조.

52 『구당서』 권43 지 제23 직관2의 "門下省 … 侍中之職 掌出納帝命 緝熙皇極 總典吏職 贊相禮儀 以和萬邦 以弼庶務 … 凡下之通上 其制有六 一曰奏抄, 二曰奏彈, 三曰露布 四曰議 五曰表 六曰狀 皆審署申覆而施行焉" 참조.

53 『신당서』 권47 지 제37 백관2 문하성 참조.

54 『구당서』 권43 지 제23 직관2의 "中書省 … 中書令之職 掌軍國之政令 … 凡王言之制有七 一曰冊書 二曰制書 三曰慰勞制書 四曰發敕 五曰敕旨 六曰論事敕書 七曰敕牒 皆宣署申覆而施行之" 참조.

에 사용하였다. 칙지는 백관의 주청을 시행할 때 사용하였다. 논사칙서는 신하를 계칙誡勅할 때 사용하였다. 칙첩은 일에 따라 명을 받아 행하는데 옛 제도를 바꾸지 않고 사용하였다.[55]

중서성의 문서는 모두 황제가 내리는 것이고, 문하성의 문서는 하급 관청이나 관리가 황제에게 올리는 것이었다. 따라서 관청과 관청 사이의 일상적인 문서행정은 상서도성을 중심으로 이루어졌다. 상서도성에서의 문서 발급 절차는 다음과 같다. 제칙은 문안이 완성되면 일정을 정하고 초략鈔略해 두었다. 서울의 여러 관청[諸司]들이 여러 주[諸州]에 내릴 부, 이, 관, 첩이 있으면 반드시 상서도성을 경유하여 보냈다. 문안이 이루어지면 구사勾司(검토하는 관청)가 살펴본 후 문서의 상단에 쓰고 연월일을 표기한 후 창고에 납입하였다. 시행하는 공문에 도장을 찍는 일은 감인관監印官이 맡았는데 일의 목록[事目]을 살펴 차착이 없는 것을 확인한 후 도장을 찍고 달력에 써 두고 그 달이 끝나면 문서고에 납입하였다.[56]

참고로 조선시대에는 상급 관청·관원에게는 첩정牒呈을, 동급 이하의 관청·관원에게는 관關을, 7품 이하의 관청·관원에게는 첩牒을 사용하였다. 관부의 모든 문서는 뒷날의 빙고憑考를 위하여 입안立案을 보존하도록 하였다.[57]

중국에서 시행된 문서 양식 가운데 백제에서 확인되는 것으로는 먼저 표表를 들 수 있다. 450년에 비유왕이, 458년에 개로왕이 송에 사신을 보

55 『신당서』권47 지 제37 백관2 중서성 참조.
56 『구당서』권43 지 제23 직관2의 "尙書都省 … 凡內外百司所受之事 皆印其發日 爲之程限 凡尙書省施行制敕 案成則給程以鈔之 若急速者 不出其日 若諸州計奏達于京師 量事之大 小與多少 以爲之節 凡京師諸司 有符移關牒下諸州者 必由於都省以遣之 凡文案旣成 勾司 行硃施訖 皆書其上端 記年月日 納諸庫 凡施行公文應印者 監印之官考其事目無差 然後印 之 必書於曆 每月終納諸庫" 참조.
57 한우근·이성무·민현구·이태진·권오영, 1986, 『역주 경국대전─주석편─』, 한국정신문화연구원, 514쪽 주 892의 用文字式 참조.

내 상표上表한 것과[58] 495년에 모대왕(동성왕)이 남제에 사신을 보내 상표한 것이 그것이다. 『문관사림』에는 의자왕이 당에 보낸 문서가 표로 나온다. 표는 백제왕이 중국 황제에게 보낸 상행 문서이다. 그렇다면 백제 국내에서 여러 관청이나 관리가 국왕에게 올리는 문서는 표로 볼 수 있다.

다음은 소疏이다. '소'에는 '통하게 하다'라는 뜻이 있다. 문서의 형식으로는 주의류奏議類에 속하는데 신하가 임금에게 올리는 글을 통칭하는 문서 이름이다. 전국시대 이전에는 '상서上書', 진秦나라 때는 '주奏'라고 하였고, 한漢나라 때는 '상소上疏'라 하였다. 백제의 소는 중국의 소를 모범으로 하였으므로 신하가 임금에게 올리는 문서라고 할 수 있다. 그러나 구체적인 사용 사례를 보여 주는 자료는 아직까지 없다.

표와 소 외에 신라와 고구려의 사례를 원용하면 백제에도 사용되었을 것으로 추론되는 문서로는 다음과 같은 것이 있다. 첫째, 교教이다. 교는 〈광개토대왕비〉, 〈울진봉평리신라비〉, 〈포항냉수리신라비〉, 〈포항중성리신라비〉 등에 나온다. 이 교는 왕이 신하들에게 내리는 명령 문서이다. 이로 미루어 백제에서도 왕의 명령 문서를 '교'라 하였을 것이다.

둘째, 제制이다. 〈광개토대왕비〉에는 '제制', '제령制令' 등이 나온다.[59] 제는 황제가 사용하는 하행 문서이므로 〈광개토대왕비〉의 '제'도 하행 문서라 할 수 있다. 익산 미륵사지 서탑 출토 〈사리봉안기〉에는 무왕을 '대왕폐하大王陛下'라고 불렀다. 이로 미루어 백제왕도 '제'를 사용하였을 가능성이 크다. 그렇다면 죄수를 사면할 때 내린 명령 문서는 제서라고 할 수 있다.

---

58 『송서』 권97 열전 제57 이만 동이 백제전의 "元嘉二年 太祖詔之曰 … 其後每歲遣使奉表獻方物 … 二十七年 毗上書獻方物 私假臺使馮野夫西河太守 表求易林式占腰弩 太祖並與之 毗死子慶代立 世祖大明元年 遣使求除授 詔許 二年 慶遣使上表日 …"참조.

59 〈광개토대왕비〉의 "又制 守墓人自今以後 不得更相轉賣 雖有富足之者 亦不得擅買 其有違令 賣者刑之 買人制令守墓之"참조.

셋째, 첩牒이다. 첩의 사례는 신라에 보인다. '집사성청주첩執事省菁州牒'[60]과 안압지 출토 15호 목간에 보이는 '급사첩急使牒'이[61] 그것이다. '집사성청주첩'은 청주가 올린 문서에 대한 왕의 판판을 집사성이 청주에 내린 문서이다. 청주는 강주康州라고도 하는데 지금의 경남 진주이다. '급사첩'은 중앙에서 고성에 내린 문서이다. 첩은 장狀과 함께 널리 사용된 문서이다. 당의 경우 첩식 문서는 상행 문서뿐만 아니라 하행 문서에도 사용되었다. 중국 둔황頓煌에서 발견된 『공식령잔권公式令殘卷』에 상서성이 예하 관부에 발신한 문서가 부식符式이 아니라 첩식牒式으로 되어 있는 것이[62] 그 예이다. 한편 신라의 집사부執事府와 일본의 대재부大宰府 사이에 주고받은 문서도 '첩'이라 하였다. 764년에 집사부가 일본의 대재부에 보낸 '집사첩執事牒'과 일본 대재부가 신라 집사부에 보낸 '대재부보첩大宰府報牒',[63] 836년에 집사성執事省이 일본의 태정관太政官에게 보낸 '집사성첩執事省牒'이[64] 그 예이다. 이러한 사례로 미루어 백제에도 상급 관청에서 하급 관청으로 내리는 공문, 하급 관청에서 상급 관청으로 올리는 문서를 '첩'이라 하지 않았을까 한다.

넷째, 책서이다. 책서는 황후나 황태자를 세우거나 제왕을 봉할 때 사용

---

60 윤선태, 2002, 「신라의 문서행정과 목간—첩식문서를 중심으로—」, 한국고대사회연구소 편, 『강좌 한국고대사 5—문자생활과 역사서의 편찬—』, 가락국사적개발연구원.

61 李鎔賢, 1999, 「統一新羅の傳達體系と'北海通'—韓國慶州雁鴨池出土の15号木簡の解釋—」, 『朝鮮學報』 171輯, 朝鮮學會.

62 윤선태, 2002, 「신라의 문서행정과 목간—첩식문서를 중심으로—」, 한국고대사회연구소 편, 『강좌 한국고대사 5—문자생활과 역사서의 편찬—』, 가락국사적개발연구원.

63 『속일본기』 권25 폐제 순인천황 천평보자 8년조의 "七月甲寅 新羅使大奈麻金纔伯等 九十一人 到着大宰博多津 … 金纔伯等言曰 唐國勅使韓朝綵 自渤海來云 送日本國僧戒融 令達本鄕已畢 若平安歸鄕者 當有報信 … 其消息欲奏天子 仍齎執事牒 參大宰府 … 本國 謝恩使蘇判金容爲取大宰報牒 寄附朝綵 在京未發 問曰 比來彼國投化百姓言 … 其事虛實 如何 對曰 … 事旣不虛 及其歸日 大宰府報牒新羅執事曰 檢案內 被乾政官符稱 得大宰府 解稱 得新羅國稱依韓內常侍 請欲知僧戒融達不 府具狀申上者 …" 참조.

64 『속일본후기』 권5 인명천황 승화 3년 12월 을미.

한 문서이다. 백제에서는 태자를 세우는 것을 "입위태자立爲太子"라 하였다. 이때 내린 태자 책봉 문서를 '책서'라 하지 않았을까 한다.

한편 백제 목간에는 문헌 자료에 보이지 않는 문서도 있다. 그것이 '기記'이다. '기'는 부여 쌍북리에서 출토된 〈병여기〉 목간, 〈지약아식미기〉 목간, 〈좌관대식기〉 목간에 나온다. 이 '기'들은 내용에서 미루어 볼 때 어떤 물건들을 내주고 받은 것을 기록한 문서이다. 그런데 중국의 문서에는 '기'가 없다. 신라에서도 '기'라는 이름을 붙인 문서는 아직 확인되지 않았다. 따라서 '기'는 백제식 문서라고 하겠다.[65]

(3) 목간을 통해 본 문서행정

문서행정은 종이 등에 문자를 써서 하는 행정이다. 필기도구는 벼루와 붓이다. 현재까지 알려진 최초의 붓은 경남 창원 다호리 유적에서 출토된 다섯 자루의 붓이다. 붓의 길이는 23cm이고 양 끝에 붓털이 달렸다.[66] 백제의 붓은 아직까지 확인되지 않았다. 그러나 한성기부터 벼루는 종종 보인다. 서사 재료는 비단, 종이, 금석, 나무 등이다. 비단은 가볍고 또 많은 내용을 기록할 수 있는 장점이 있지만 값이 비싸 일반적으로 사용되지는 못하였다. 금석은 글자를 새기는 것이 쉽지 않고 또 무게 때문에 전달하기 어려운 점이 있다. 그래서 문서행정의 서사 자료로는 대개 종이나 나무가 많이 사용되었다.

문서에 사용된 비단이나 종이는 현재 남아 있지 않기 때문에 백제의 문서행정의 대부분은 목간 자료를 통해 살펴볼 수밖에 없다. 목간은 만들기도 쉬우며, 이미 쓴 것을 깎아 내용을 정정하거나 다른 내용을 적을 수도 있고 또 재사용할 수도 있다. 이때 사용되는 칼을 삭도削刀라고 한다. 창

---

65 윤선태, 2007, 『목간이 들려주는 백제이야기』, 주류성, 168쪽.
66 이건무, 1992, 「다호리유적 출토 붓에 대하여」, 『고고학지』 4집, 한국고고미술연구소.

원 다호리 유적에서는 붓과 함께 삭도도 출토되었다.

　백제 목간이 출토된 곳은 사비도성이었던 부여의 관북리, 구아리, 궁남지, 능산리사지, 쌍북리 유적이다. 지방의 경우 금산의 백령산성과 나주 복암리 유적이다. 그 수는 총 104점 정도이다.[67] 이 목간들은 내용을 중심으로 하면 크게 전적 목간, 문서 목간, 기타 용도의 목간으로 나눌 수 있고, 사용 방법을 중심으로 하면 제첨축 목간, 물품꼬리표[符札, 荷札] 목간 등으로 나눌 수 있다.

　이 가운데 문서행정과 관련하여 주목되는 것이 문서 목간과 꼬리표 목간이다. 문서 목간은 수발문서 목간, 장부 목간, 기록 목간으로 나눌 수 있다. 꼬리표 목간은 표지용 꼬리표 목간, 세금 징수용 꼬리표 목간, 창고 정리용 꼬리표 목간, 일반 물품용 꼬리표 목간으로 나눌 수 있다. 또 작성자가 누구냐에 따라 공문서와 사문서로 나눌 수 있다.[68] 여기서는 공문서를 중심으로 정리하기로 한다.

'기記' 문서

　• 〈지약아식미기支藥兒食米記〉 목간: 일당 지급 문서

　이 목간은 부여 능사의 서편 수로에서 출토되었는데 4면 목간이다. '지약아支藥兒'의 '지支'는 '지급하다'는 의미의 동사이고, 지급받는 대상은 약아이다. '약아藥兒'는 당나라의 상약국尙藥局에 설치된 약동藥童에서 미루어 의약 관련 관직이다. 약아의 직무는 약재를 갈고, 깎고, 찧고, 체로 치는 일[刮削搗簁]을 하는 것이었다. '식미食米'는 먹는 쌀이다. '기記'는 '기록' 또는 '기록부'라는 의미이다. 따라서 '지약아식미기'는 약아에게 쌀

67　오택현, 2020, 「백제 목간에는 어떤 것들이 있나」, 백제학회 한성백제연구모임, 『목간으로 백제를 읽다―나뭇조각에 담겨 있는 백제인의 생활상―』, 사회평론아카데미.
68　윤선태, 2007, 『목간이 들려주는 백제 이야기』, 주류성, 77~88쪽.

을 지급한 기록 문서라고 할 수 있다. 양을 재는 단위는 두斗(말), 승升(되), 대승大升(큰 되)이다. 여기에는 초일에서 9일까지 약아들에게 매일 지급한 일당이 기록되어 있다.[69]

• 〈좌관대식기佐官貸食記〉 목간: 대식 문서

이 목간은 부여 쌍북리에서 발굴되었는데 2면 목간이다. 이 목간은 무인년, 즉 무왕 19년(618)에 만들어졌다.[70] 좌관佐官은 대식을 맡은 관직인데 왕실 재정을 맡은 내관 12부 가운데 하나인 외경부 소속으로 보인다. 대식貸食은 먹을 것을 빌려주는 것이다. 빌려준 곡식은 6월에서 미루어 보리일 가능성이 크다. 고순몽固淳夢, 지부止夫 등은 모두 곡식을 대여받은 사람들의 이름이다. 대貸는 곡식을 대여하는 것, 상上은 빌린 것을 갚은 것을, 미未는 아직 갚지 못한 것을, 병幷은 총액을, 득得은 상환된 액수의 합계를 말한다. 빌려주고 갚은 것과 갚지 못하고 이월된 것 등을 종합하면 이율은 33~50% 정도가 된다. 이 목간은 곡식 대여 문서의 편린을 보여준다. 따라서 이 문서는 고구려가 춘궁기에 곡식을 빌려주었다가 추수기에 약간의 이자를 붙여 받은 진대법賑貸法과 유사한 진대 문서라고 할 수 있다.[71]

• 〈병여기兵与記〉 목간: 병장기 지급 문서

이 목간은 부여 관북리에서 출토되었는데 2면 목간이다. 내용은 중방에

---

69 판독문은 노중국, 2020, 「약재를 채취하여 병을 고치다―지약아식미기 목간」, 백제학회 한성백제연구모임, 『목간으로 백제를 읽다―나뭇조각에 담겨 있는 백제인의 생활상―』, 사회평론아카데미 참조.

70 박태우, 2009, 「목간자료를 통해 본 사비도성의 공간구조―'외경부'명 목간을 중심으로―」, 『백제학보』 창간호, 백제학회; 이용현, 2008, 「좌관대식기와 백제 대식제」, 국립부여박물관, 『백제목간―소장품조사자료집―』, 국립부여박물관, 61쪽.

71 노중국, 2010, 『백제사회사상사』, 지식산업사, 307~311쪽; 김기섭, 2020, 「나라가 먹을 것을 빌려주고 받은 기록―좌관대식기 목간」, 백제학회 한성백제연구모임, 『목간으로 백제를 읽다―나뭇조각에 담겨 있는 백제인의 생활상―』, 사회평론아카데미.

서 날 없는 창을 구하자 병장기를 분여하였다는 것이다. 중방은 5방의 하나로 방성은 고사성(전북 정읍시 고부)이다. 중방성에 주둔한 군대는 1,200명 정도로 추정된다. '병여기兵与記'는 중앙정부에서 중방성에 병기를 분여한 기록이라는 의미이다. 이 목간은 꼬리표 목간이므로 무기고武器庫를 관리하고, 무기의 반출과 반입을 날짜별, 장소별, 종류별로 기록한 문서라 할 수 있다.[72]

• 〈외경부〉 목간: 대여물 수납 문서

이 목간은 부여 쌍북리에서 출토되었는데 2면 목간이다. 형태는 꼬리표 목간으로 추정된다. 내용은 외경부가 철을 대여한 대가로 면綿 10냥을 창고에 거두어들였다는 것이다.[73] 경椋은 다락식 목제 창고를 말한다. 외경부는 왕실 재정을 담당한 내관 12부 가운데 하나인데 그 업무의 하나가 곡식이나 철물 등을 대여해 주는 것이다. 이 목간에는 '기'라는 표현은 없으나 외경부가 대여한 물건과 되돌려 받은 물건을 기록하였으므로 '기' 문서의 일종으로 볼 수 있다.

호구 관련 문서: 〈서부후항〉 목간과 〈복암리 404호〉 목간

〈서부후항〉 목간은 부여 궁남지에서 출토되었는데 1면 목간이다.[74] '사달사사巳達巳斯'와 '의활依活△△△'는 이름이고, '귀인歸人'은 농토를 떠

---

72 권인한·김경호·윤선태 공동편집, 2015, 『한국고대 문자자료 연구: 백제(상)—지역별—』(한국목간학회 연구총서 01), 주류성, 95쪽.

73 박태우, 2009, 「목간자료를 통해 본 사비도성의 공간구조—'외경부'명 목간을 중심으로—」, 『백제학보』 창간호, 백제학회; 정동준, 2020, 「중앙행정기구를 움직이다—외경부 목간」, 백제학회 한성백제연구모임, 『목간으로 백제를 읽다—나뭇조각에 담겨 있는 백제인의 생활상—』, 사회평론아카데미.

74 최맹식·김용민, 1995, 「부여 궁남지 내부 발굴조사개보」, 『한국상고사학보』 20집, 한국상고사학회; 권인한·김경호·윤선태 공동편집, 2015, 『한국고대 문자자료 연구: 백제(상)—지역별—』(한국목간학회 연구총서 01), 주류성, 138쪽.

났다가 귀농한 사람이라는 뜻이다.[75] 정丁, 중구中口, 소구小口는 인구 파악을 위한 연령 등급이다. 〈복암리 404호〉 목간은 나주 복암리 1호수혈에서 출토되었는데 2면 목간이다.[76] 내용은 호주와 그 가족에 관한 기록인데, '형兄'은 호주의 형이고, '부婦'는 호주의 부인이고, '매妹'는 호주의 누이로 보인다. 정, 중구, 소구는 연령 등급이다.

두 목간은 호구 파악과 관련한 문서 목간이다. 하나는 왕도 사비성에서, 다른 하나는 지방인 나주 지역의 두힐성에서 출토되었다. 이는 백제의 인구 파악이 왕도와 지방에서 모두 이루어졌음을 보여 준다. 그 방식은 연령별로 파악하는 것이다. 백제의 호적제에서 연령 등급은 앞에서 언급한 바와 같이 소(15세 이하), 중(15~18세), 정(18~59세), 노(60세 이상)의 네 등급이었다.[77] 다만 〈복암리 404호〉 목간의 '제공除公'이 〈신라촌락장적〉의 '제공'과 같은 것이라고 하면 백제에서도 노老 위에 제공이라는 연령 등급을 설정해 볼 수 있다. 앞으로 검토가 필요한 사항이다.

재정 및 토지 관련 문서: 〈복암리 406호〉 목간, 〈복암리 412호〉 목간, 〈복암리 407호〉 목간

〈복암리 406호〉 목간은 나주 복암리 1호수혈에서 출토되었는데 2면 목간이다.[78] 앞면에 나오는 군좌郡佐는 방령의 보좌관인 방좌方佐와 연계시

---

75 귀인을 귀화인으로 보는 견해(박현숙, 1996, 「궁남지 출토 백제 목간과 왕도 5부제」, 『한국사연구』 92집, 한국사연구회)도 있다. 귀화는 외국인이 타국으로 갔을 때에 사용하는 것인데 그러면 小口도 귀화인이 되기 때문에 귀인을 귀화인으로 보는 이 견해는 성립되지 않는다.

76 국립나주문화재연구소, 2010, 『나주 복암리 유적 1-1~3차 발굴조사보고서—』, 511쪽; 권인한·김경호·윤선태 공동편집, 2015, 『한국고대 문자자료 연구: 백제(상)—지역별—』 (한국목간학회 연구총서 01), 주류성, 462쪽.

77 노중국, 2010, 『백제사회사상사』, 지식산업사, 222쪽.

78 국립나주문화재연구소, 2010, 『나주 복암리 유적 1-1~3차 발굴조사보고서—』, 516쪽; 권인한·김경호·윤선태 공동편집, 2015, 『한국고대 문자자료 연구: 백제(상)—지역별—』

키면 군의 장관을 보좌하는 관직이다. 군은 복암리에서 출토된 두힐사豆
肹舍 명문 토기에 의하면 두힐성으로 볼 수 있다. 목간의 내용은 쌀을 받
아서 기록하고 또 보고하는 날 지급하라는 명령을 내린 것이다. 군에서 받
은 쌀은 중앙에 올려 보낼 수 있고, 군의 재정으로도 쓸 수 있다. 그러나
보고하는 날 지급하라는 명령을 내린 것에서 볼 때 지방의 재정으로 썼을
가능성이 크다. 따라서 이 목간은 두힐성에서 필요한 쌀을 받고 지출한 것
을 보여 주는 재정 관련 문서 목간이라 할 수 있다.

　〈복암리 412호〉 목간은 〈복암리 406호〉 목간과 함께 나주 복암리 1호
수혈에서 출토되었는데 2면 목간이다.[79] 앞면의 '군득분郡得分'은 '군이
얻은 몫(분량)'을 말한다. 미米는 군에서 획득한 쌀을 의미한다. 따라서 이
목간은 군의 재정 관련 문서 목간이라 할 수 있다.

　〈복암리 407호〉 목간도 나주 복암리 1호수혈에서 출토되었는데 2면 목
간이다.[80] 앞면의 '대사촌大祀村'은 촌 이름이다. '미수△弥首△'는 인명이
다. '경수전涇水田'은 봇물을 댈 수 있는 논을, '전畠'은 밭을, '맥전麥田'은
보리밭을 말한다. '형形'은 전답의 단위이다. 그 면적에 대해 복암리 목간
의 수확량을 근거로 하여 백제의 1형은 신라의 2~3결에 해당하는 것으로
보는 견해도[81] 있다. 목간의 앞면에는 인물과 가족 구성원, 소 한 마리가
나오고, 뒷면에는 경작지와 소출액이 나온다. 호구와 토지 면적 및 소출량

　　(한국목간학회 연구총서 01), 주류성, 489쪽.

79　국립나주문화재연구소, 2010, 『나주 복암리 유적 1—1~3차 발굴조사보고서—』, 523쪽;
　　권인한·김경호·윤선태 공동편집, 2015, 『한국고대 문자자료 연구: 백제(상)—지역별—』
　　(한국목간학회 연구총서 01), 주류성, 483쪽.

80　국립나주문화재연구소, 2010, 『나주 복암리 유적 1—1~3차 발굴조사보고서—』, 517쪽;
　　권인한·김경호·윤선태 공동편집, 2015, 『한국고대 문자자료 연구: 백제(상)—지역별—』
　　(한국목간학회 연구총서 01), 주류성, 472쪽.

81　전덕재, 2020, 「삼국의 양제와 백제 전적제에 대한 고찰」, 『목간과 문자』 24집, 한국목간
　　학회.

을 함께 적은 것은 이 목간이 처음이다. 따라서
이 목간은 호적 대장과 토지 대장 작성의 기초
가 되는 문서 목간이라고 할 수 있다.

추포 문서: 〈복암리 403호〉 목간

이 목간은 나주 복암리 수혈 내부 남동편 암
회색 사질점토층에서 출토되었는데 1면 목간
이다(그림 6-1).[82] 연대는 '~年'의 앞부분이 깎
여 나가 알 수 없다. '감監'은 감독자를 말하는
데 그 수는 4명이었다. '출배자出背者'는 달아난
사람을 말한다. 달아난 자들을 붙잡은 곳은 동
방의 방성인 득안성(충남 논산시 은진면)이다. 이

그림 6-1 〈복암리 403호〉
추포 목간(국립나주문화재
연구소 제공)

목간은 두힐성과 득안성 사이의 협조로 도망한 자를 붙잡은 것을 기록한
추포 문서라 할 수 있다.[83]

2. 관인제와 운영

(1) 관인 사용 이전의 의사 전달 수단
각목위신

한문자漢文字를 소수만 알고 있고, 한문자에 대한 지식이 널리 보급되지
못한 시기에 의사 전달의 일차적인 방법은 직접 만나 구두로 전달하는 것

---

82 국립나주문화재연구소, 2010, 『나주 복암리 유적 1―1~3차 발굴조사보고서―』, 509쪽;
    권인한·김경호·윤선태 공동편집, 2015, 『한국고대 문자자료 연구: 백제(상)―지역별―』
    (한국목간학회 연구총서 01), 주류성, 460쪽.
83 平川南, 2010, 「日本古代の地方木簡と羅州木簡」, 『6~7세기 영산강유역과 백제』, 국립나
    주문화재연구소.

이다. 그러나 말은 전달하는 과정에서 과장되기도 하고, 내용이 변경되기도 하여 객관성을 담보하기 어렵다. 또 한번 전한 말은 시간이 지나면 기억에서 사라질 수도 있다. 그래서 의사 전달 수단의 하나로 사용된 것이 기호記號이다. 기호는 서로가 그 의미를 공유함으로써 기능을 발휘한다.

한국 고대 사회에서 기호가 가지는 기능을 잘 보여 주는 것이 『양서』 신라전의 "문자는 없고 나무에 새겨 신호로 하였다"[84]는 기사이다. 신라가 양나라에 사신을 보낸 시기는 521년(법흥왕 8)이다. 이 기사대로라면 521년에도 신라는 한문자를 모르는 국가가 되는 셈이다. 그러나 441년에 만들어진 〈포항중성리신라비〉에서[85] 보듯이 신라는 441년 이전에 이미 한문자를 사용하고 있었다. 따라서 521년 당시 신라에 문자가 없었다는 이기사는 사실과 달라 받아들일 수 없다.

다만 이 기사에서 중요한 것은 문자를 사용하기 이전에 나무에 무엇인가를 새겨 의사소통을 하였다는 것이다. '각목위신刻木爲信'은 문자가 없는 시기에 의사소통하는 주된 방법이라는 것을 보여 준다. 백제도 건국 초기에는 한문자를 아는 지식인들이 별로 없었을 것이다. 있었다고 하더라도 그 수는 얼마 되지 않았을 것이다. 따라서 초기백제 시기의 의사소통은 대개는 직접 만나 뜻을 전하든가 아니면 '각목위신'하는 형태로 이루어졌을 가능성이 크다. 그렇다면 '각목위신'은 국과 국 사이에 이루어지는 의사 전달의 중요한 수단으로 이용되었을 것이다.

인수와 의책

후한은 2세기 중후반인 환제(146~168)와 영제(168~189) 말기에 환관들의 발호로 정치가 혼란스러웠다. 이로 말미암아 중앙정부는 지방 군현을

---

84 『양서』 권54 열전 제48 제이 신라전의 "無文字 刻木爲信" 참조.
85 〈포항중성리신라비〉의 건립 연대를 501년으로 보는 견해도 있다.

지원해 주기가 어려웠다. 이러한 상황은 낙랑군의 경우도 예외가 아니었다. 중앙정부의 지원이 원활하지 못하여 낙랑군의 통제력이 약해지자 한반도에서는 한과 예가 강성해지기 시작하였다. 그에 따라 많은 군현민들이 낙랑군을 이탈하여 한의 여러 나라로 들어오는 상황까지 벌어졌다.[86] 3세기 전반 내지 중반이 중심 연대인 경기도 화성 기안리 제철 유적에서 출토된 낙랑계 토기는[87] 이러한 주민 이동의 결과로 볼 수 있다. 이 유적은 낙랑군 지역에서 이주해 온 주민들이 정착해 남긴 유적으로 볼 수 있기 때문이다. 이주해 온 군현민의 부류는 다양하였을 것이고 그 가운데는 한문자를 아는 사람들도 많았을 것이다. 이들의 영향으로 한韓 사회에는 점차 한문자를 아는 지식인들이 다수 생겨나게 되었다.

2세기 말 3세기 초에 요동 지역의 패자가 된 공손씨 세력은 미약해진 낙랑군의 힘을 보완하기 위해 둔유현 이남의 황지에 대방군을 설치하고 빠져나간 민들을 다시 불러들였다.[88] 이리하여 중국 군현의 상황은 이전에 비하여 어느 정도 안정되었다.

이후 조위曹魏는 요동의 공손씨 세력을 평정하여 낙랑군과 대방군을 차지하였다. 그리고 군현을 보다 안정시키기 위해 삼한 각국의 수장들에게 읍군邑君 또는 읍장邑長이란 칭호를 주고 동시에 인수印綬를 수여하였다.[89] 한韓 세력을 회유하기 위해서였다. 상주에서 출토된 '위솔선한백장

---

86 『삼국지』 권30 위서30 동이전 한조의 "桓靈之末 韓濊彊盛 郡縣不能制 民多流入韓國" 참조.

87 김무중, 2004, 「화성 기안리제철유적 출토 낙랑계 토기에 대하여」, 『백제연구』 40집, 충남대학교 백제연구소.

88 『삼국지』 권30 위서30 동이전 한조의 "建安中 公孫康分屯有縣以南荒地 爲帶方郡 遣公孫模張敞等 收集遺民 興兵伐韓濊 舊民稍出 是後倭韓遂屬帶方" 참조.

89 『삼국지』 권30 위서30 동이전 한조의 "景初中 明帝密遣帶方太守劉昕 樂浪太守鮮于嗣 越海定二郡 諸韓國臣智 加賜邑君印綬 其次與邑長" 참조.

魏率善韓伯長'동인銅印이[90] 그 예이다. 이렇게 인수를 수여하는 전통은 진晉에게 이어졌다. 경북 포항시 신광면에서 출토된 '진솔선예백장晉率善濊佰長'이 새겨진 청동인靑銅印이[91] 이를 보여 준다.

인수와 의책은 본래 중국 왕조로부터 작호를 받은 사람의 권위와 지위를 나타내 주는 위신품이다. 인수에서 '인印'은 도장이고 '수綬'는 인을 매는 장식 끈이다. 인을 찍으면 그 자체가 문서로서 효력을 갖는다. 그런데 한韓의 하호는 군현에 드나들 때 모두 의책을 빌려서 스스로 인수를 차고 의책을 입고 왔다. 그 수는 1,000여 명이나 되었다.[92] 인을 찍은 문서 대신 인 자체를 차고 간 것이다. 이는 두 가지 사실을 말해 준다. 하나는 이 시기에 인수와 의책이 군현에 드나들 수 있는 통행 증명서, 즉 행정 행위의 증명 수단으로 사용되었다는 것이다.[93] 다른 하나는 3세기 전반까지 백제와 중국 군현과의 사이에는 관인을 찍은 증명서를 사용하는 문서행정이 행해지지 않았다는 것이다. 그렇다면 이 시기에 백제에서도 아직 관인을 찍은 문서행정이 이루어지지 않았다고 하겠다.

(2) 관인제의 실시와 정비

백제는 부체제 단계에 이르면 집권력이 보다 강화되고 중앙과 지방이 생겨나게 되었다. 중앙귀족들의 상하 서열을 보여 주는 관등제도 만들어졌고, 중요한 국사를 논의하고 결정하는 귀족회의체인 제솔회의도 설치되었다. 국의 규모가 커지고 사회가 복잡해지면서 귀족회의와 관청 사이,

---

90 이현혜, 1984, 『삼한사회형성과정연구』, 일조각, 107쪽의 주 18 참조.
91 岡崎敬, 1968, 「夫租濊君銅印をめぐる諸問題」, 『朝鮮學報』 46輯, 朝鮮學會.
92 『삼국지』 권30 위서30 동이전 한조의 "其俗好衣幘 下戶詣郡朝謁 皆假衣幘 自服印綬衣幘 千有餘人" 참조.
93 윤용구, 2007, 「중국 군현과의 관계」, 충청남도역사문화연구원, 『백제의 기원과 건국』 (백제문화사대계 연구총서 2), 충청남도역사문화연구원.

중앙과 지방 사이, 주변국들과의 교섭·교류 등에서 신뢰성이 있고 효율성이 있는 행정이 필요하게 되었다. 이 과정에서 관인으로 문서의 내용을 담보하는 체계가 만들어졌다.

이를 추론하는 데 단서가 되는 것이 둘이다. 하나는 앞에서 언급한 정시 연간(240~248)에 중국과의 교섭에 통역을 담당하는 '이吏'가 있었다는 사실이다. 다른 하나는 마한주馬韓主가 280년에서 290년에 이르기까지 여러 차례에 걸쳐 서진에 사신을 보냈다는 사실이다.[94] 이 마한주는 백제 고이왕으로 추정되고 있다. 마한주(고이왕)의 사신 파견은 공식적인 외교 행위이다. 외교에는 상대국에 보내는 국서가 있어야 하며, 이 국서는 마한주가 보냈다는 것이 보증되어야 한다. 이를 보증하는 것이 관인官印이다. 이로 미루어 볼 때 백제는 3세기 후반에 중국 왕조와 빈번하게 공식적인 교섭·교류를 하면서 자연스레 관인을 사용하지 않았을까 한다. 이는 국내의 행정에도 관인제가 실시될 수 있는 토대가 되었다고 할 수 있다.

이후 백제는 근초고왕 대에 와서 중앙집권체제를 확립하였다. 지방통치조직인 담로를 설치하여 지방관을 파견함으로써 지방에 대한 통제력을 강화하였다. 호적제를 정비하고 국민개병제를 실시하여 군사조직도 정비하였다. 유교 이념을 토대로 하는 율령도 반포하였다. 이렇게 중앙과 지방의 통치조직이 정비됨에 따라 관인제도 정비되었을 것이다.

이 시기 백제의 관인은 아직 확인되지 않았지만 관인의 사용을 방증해주는 것이 부절符節이다. 부절은 돌이나 나무, 옥 따위로 만든 물건에 글자를 새겨 다른 사람과 나누어 가졌다가 나중에 다시 맞추어 증거로 삼는 물건을 말한다. '절節'은 소유자의 자격을 증명하는 표시로 목적에 따라 여러 가지 재질로 다양한 모양으로 만들어졌다. 절은 제후 외에 각 부서

---

94 『진서晉書』 권97 열전 제67 사이 동이 마한조의 "武帝太康元年二年 其主頻遣使入貢方物 七年八年十年 又頻至 太熙元年 詣東夷校尉何龕上獻 咸寧三年 復來 明年 又請內附" 참조.

에서도 발급하고 관리하였다. '부符'는 절과 마찬가지로 증명서, 확인물로 사용되었다. 그러나 절과는 달리 부는 제후만 발급하였으며 또 완전히 합치하는가 여부를 따지는 합험合驗을 하였다. 이처럼 부와 절은 본래 별개였지만 동일한 기능을 가졌다. 그래서 관인제도가 제대로 기능하는 한漢대에 와서 '부절'이라는 용어가 성립하였다.[95]

중국 왕조가 백제에 사여한 부절로는 "천왕조여백제왕동호부제△天王詔與百濟王銅虎符第△"가 있다(그림 6-2).[96] 이 명문의 '천왕'은 한족漢族 왕조에는 없는 제도로 유목민족이 세운 16국시대 각국의 최고 지배자가 사용한 칭호이다. 이 동호부가 어느 왕조의 것인지를 추론하는 데 단서가 되는 것이 두 번에 걸친 신라의 전진前秦으로의 사신 파견이다. 첫 번째는 377년이고 두 번째는 382년이다. 그런데 『태평어람』에 의하면, 382년에 전진에 간 신라 사신 위두衛頭는 미녀를 바쳤는데 이 기사 다음에 "신라는 백제의 동쪽에 있다"[97]고 하였다. 신라의 위치를 백제를 기준으로 말한 것은 신라 사신이 전진으로 갈 때 백제가 안내하였기 때문일 가능성이 크다. 또 부견符堅의 동생인 부락苻洛은 반란을 일으킬 때 백제에 군사 원조를 요청하였다. 이러한 사실들은 백제가 377년 이전에 이미 전진과 교섭·교류를 하였음을 보여 준다. 이로 미루어 이 '동호부'는 전진왕 부견이 근초고왕에게 보낸 것으로 볼 수 있다.[98]

군사를 동원할 때 부절은 군사 동원 명령의 진위 여부를 판단하는 제일 중요한 증거이다. 그래서 부절은 반으로 나누어 하나는 국왕이 가지고, 다

---

95 片岡一忠, 2008, 『中國官人制度研究』, 東方書店, 22~27쪽.
96 방선주, 1973, 「예, 백제관계 호부에 대하여」, 『사총』 17·18합집, 고려대학교 사학회.
97 『태평어람』 권781 동이 신라조의 "秦書曰 苻堅建元十八年 新羅國王樓寒 遣使衛頭 獻美女 國在百濟東" 참조.
98 방선주, 1973, 「예, 백제관계 호부에 대하여」, 『사총』 17·18합집, 고려대학교 사학회; 노중국, 2012, 『백제의 대외 교섭과 교류』, 지식산업사, 155~159쪽.

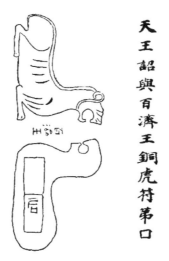

그림 6-2 〈백제왕동호부〉 그림과 명문
(방선주, 1973)

른 하나는 군권을 행사할 수 있는 지위에 있는 자에게 수여하였다. 이 둘을 합쳐서 완전한 하나가 될 때[合驗] 군사를 동원할 수 있었다. 전진으로부터 부절을 받음으로써 백제는 부절의 의미와 기능을 알게 되었을 것이다. 근초고왕은 이를 본받아 군사권을 행사하는 지방관을 파견할 때 또는 전장에 출동하는 부대의 지휘관에게 군 지휘권의 징표로 부절을 수여하지 않았을까 한다.

이 부절도 관인제의 일종이다. 부절을 통해 백제는 관인제가 가지는 의미를 충분히 이해하였을 것이다. 관인제는 군사 업무에만 사용되는 것은 아니라 일반 행정에도 사용된다. 이로 미루어 근초고왕 대에는 중앙의 관청과 관청 사이에, 중앙 관청과 지방 관청 사이에, 국왕과 군부대 사이에 이루어진 행정에 관인제가 보다 체계적으로 사용되지 않았을까 한다.

(3) 관인의 종류

인印에는 관리가 사용하는 관인官印과 민들이 개인적으로 만들어 사용하는 사인私印이 있다. 관인은 관청이나 관리가 직무에서 사용하는 공적인 도장이다. 관인은 중앙의 명령을 문서로 지방에 전달하고, 지방에서 중앙에 보고할 때 문서의 비밀 보장과 권위 부여를 위해 사용되었다.[99] 관인은 문서행정과 직결되어 있다. 공문서는 일정한 격식을 갖추어야 하고 또 정당하게 발부되어야 하는데 그것을 보증해 주는 것이 관인이기 때문이다. 관인은 신뢰가 필수이므로 인신印信이라고도 하였다.[100]

인신의 종류는 다양하다. 이 가운데 제왕이 사용하는 인에는 새璽와 보寶가 있다. 새는 옥으로 만들었기 때문에 옥새玉璽, 보는 금으로 만들었기 때문에 금보金寶라 하였다. 중국의 경우 진秦 대에는 제왕의 인장을 '새'라 하고 옥으로 만들어서 군신들이 사용하는 '인'과 구별하였다. 그러나 당 대에 와서 측천무후는 '璽' 자의 음이 '死' 자의 음과 비슷하다고 하여 '寶'로 바꾸었다.[101]

백제에서도 다양한 인이 사용되었다. 문헌 자료에서 백제의 관인을 보여 주는 것이 남제가 동성왕에게 "장수 등 5개[章綏等五]와 동호죽부 4개[銅虎竹符四]를 보내 주었다"는 『남제서』의 기사이다.[102] 장수의 '장章'은 '새璽'와 같고,[103] '수綏'는 '인에 매는 끈', 즉 인수印綏이다. '장'은 '인'보다

---

99 한우근·이성무·민현구·이태진·권오영, 1986, 『역주 경국대전—주석편—』, 한국정신문화연구원, 471쪽 주 693의 印信 및 516~517쪽 주 903의 璽; 片岡一忠, 2008, 『中國官人制度硏究』, 東方書店, 31쪽.

100 한우근·이성무·민현구·이태진·권오영, 1986, 『역주 경국대전—주석편—』, 한국정신문화연구원, 471쪽 주 633.

101 片岡一忠, 2008, 『中國官人制度硏究』, 東方書店, 29~30쪽 및 78쪽.

102 『남제서』 권58 열전 제39 동남이 백제전의 "制詔行都督百濟諸軍事鎭東大將軍百濟王牟大 今以大襲祖父牟都爲百濟王卽位 章綏等五 銅虎竹符四 王其拜受 不亦休乎" 참조.

103 중국이 주변 국왕에게 수여한 인문印文은 전한 시기에는 '匈奴單于璽'에서 보듯이 새璽였지만, 왕망의 신新나라 대에 오면 '新匈奴單于章'에서 보듯이 장章으로 바뀌고 있다.

격이 높았다.[104] '동호죽부'는 동으로 만든 '호부虎符'와 대나무로 만든 '죽부竹符'를 말한다.

동성왕은 고달高達에게 용양장군 대방태수를, 양무楊茂에게 건위장군 광릉태수를, 회매會邁에게 광무장군 청하태수를 행직行職(임시직)으로 수여한 후 남제에 사신을 보내 정식으로 제수해 줄 것을 요청하였다. 남제는 동성왕을 '사지절도독백제제군사진동대장군백제왕使持節都督百濟諸軍事鎭東大將軍百濟王'으로 책봉하면서 그의 요청을 받아들여 신하들의 행직을 정식으로 제정除正해 주고 군호軍號도 내려 주었다.[105] 그리고 제정해 준 작호에 맞추어 장수 5개, 동호부와 죽부 4개를 수여하였던 것이다.

동성왕이 남제로부터 받은 작호가 '사지절도독 백제왕'이다. 따라서 장수 5개 가운데 2개는 동성왕에게 수여된 도독장都督章과 백제왕장百濟王章이었을 것이다. 그러면 나머지 3개는 대방태수, 광릉태수, 청하태수를 받은 3명의 신하에게 수여된 것일 것이다. 부절 가운데 동호부는 죽부보다 격이 높다. 동성왕이 받은 진동대장군은 정2품이고, 신하들이 받은 용양장군, 건위장군, 광무장군은 3품이다. 따라서 동호부는 진동대장군인 동성왕에게 수여된 것이고, 나머지 3개의 죽부는 용양장군, 건위장군, 광무장군을 각각 받은 3명의 신하들에게 수여된 것일 것이다. 이 관인들은 실제 사용되었을 것이다.

백제에서 사용된 관인 가운데 실물 관인을 보여 주는 것이 전북 고창 오

따라서 『남제서』의 장도 본래의 의미는 새였다고 할 수 있다. 이에 대해서는 국사편찬위원회 편, 1987, 『중국정사 조선전 역주 1』, 국사편찬위원회, 436쪽의 주 18 참조.

104 조윤재, 2009, 「고창출토 동인고」, 『한국고고학보』 71집, 한국고고학회, 117쪽 주 26.

105 『남제서』 권58 열전 제39 동남이 백제전의 "又表曰 臣所遣行建威將軍廣陽太守兼長史臣高達 … 往太始中 比使宋朝 … 謹依先例 各假行職 … 伏願天監 特愍除正 達邊効夙著勤勞公務 今假行龍驤將軍帶方太守 茂志行淸壹 公務不廢 今假行建威將軍廣陵太守 邁執志周密 屢致勤効 今假行廣武將軍淸河太守 詔可 竝賜軍號 …" 참조.

그림 6-3 〈복의장군동인〉(전북문화재연구원 제공)

호리 유적 3호 석실에서 출토된 청동인이다(그림 6-3).[106] 인문印文은 '복의장군지인伏義將軍之印'으로 판독되고 있다.[107] 양나라에서 복의장군호는 대통 3년(529)에 설치되었는데 품급은 24반班 가운데 가장 낮은 1반班이었다. 이 청동인의 제작 연대는 6세기 초로 추정되는데 무령왕~성왕 초기에 해당된다. 따라서 이 청동인은 무령왕이나 성왕이 양에 요청하여 받아 자신의 신하에게 수여한 장군인 가운데 하나였을 가능성이 크다. 이 청동인은 현재까지 실물을 볼 수 있는 백제 최초의 관인이다.

　이 청동인은 백제의 관인제와 관련하여 몇 가지 새로운 사실을 전해 준다. 첫째, 백제에 복의장군이라는 장군호가 있었음을 알려 준다. 현재 남아 있는 문헌에는 '복의장군'이 나오지 않았다. 둘째, 고창 출신 인물이 복의장군이라는 장군호를 받아 중앙에서 고위 귀족으로 활동하다가 죽자 자신의 세력 기반이 있는 고창 지역에 묻혔음을 보여 준다. 셋째, 〈복의장군동인〉의 예에서 미루어 볼 때 다른 장군호를 받은 귀족들도 각각의 장

---

106 전북문화재연구원, 2007, 「고창 흥덕 농공단지 내 문화유적 발굴조사 현장설명회 자료」.
107 조윤재, 2009, 「고창출토 동인고」, 『한국고고학보』 71집, 한국고고학회.

군호에 걸맞는 장군인을 받았을 것이다.

이 복의장군인은 생시에 사용하던 것을 묻은 것인지 아니면 부장용으로 만들어 묻은 것인지는 알 수 없다. 그런데 중국의 경우 동진 대에는 왕호와 후호를 받은 자들은 실용인實用印을 무덤에 묻는 현상이 빈번하였다고 한다.[108] 이로 미루어 이 청동인은 피장자가 생시에 실용인으로 사용하다가 부장품으로 부장하였을 가능성이 크다. 그렇다면 이 장군인은 공식적인 관인으로서 실제 공무 수행에 사용되었을 것이다.

이렇게 관인제가 성립하면서 백제왕은 관료의 임명, 조서의 반포, 외국에 보내는 국서 등에 '백제왕지새百濟王之璽' 또는 '백제왕지장百濟王之章'을 찍었을 것이다. 또 각 관청도 공문서를 수발하면서 관인을 찍었을 것이다. 관인제가 성립함으로써 문서행정은 보다 체계적으로 이루어지게 되었다. 그 시작은 빠르면 지방통치조직인 담로제를 실시하여 지방관을 파견한 근초고왕 8년(353)부터이거나, 늦어도 근초고왕이 동진으로부터 진동장군영낙랑태수호鎭東將軍領樂浪太守號를 받은 시기부터가 아닐까 한다.

III. 인재 양성과 관료 선발

1. 유학 교육과 인재 양성

(1) 유학 교육기관의 설치와 정비

국가 운영의 실무는 관료들에 의해 이루어진다. 관료들의 능력 여하에 따라 정치제도가 잘 운영되느냐의 여부가 결정된다. 국가에서는 유능한

---

108 조윤재, 2009, 「고창출토 동인고」, 『한국고고학보』 71집, 한국고고학회.

관료들을 양성하기 위해 교육기관을 설치하였다. 중앙집권체제를 갖춘 이후 백제의 국가 운영 이념은 유교 정치이념이었다. 따라서 관료 양성과 관련한 교육은 유학 교육이 중심을 이루었다.

한성기에 유학 교육을 담당한 직은 박사였다. 박사제는 중국에서 시작되었다. 박사는 진시황이 박사 70인을 둠으로써 정식 관제가 되었지만 여기에는 유가 외에 법가, 선가 등의 학자들도 포함되었다. 한 대에 들어와 한 무제는 유학을 국교로 삼고 동중서董仲舒의 건의를 받아들여 오경박사五經博士를 설치하였다. 이로써 박사는 진 대의 '박학지사博學之士'에서 유교 경전만을 전문으로 하는 경학박사를 가리키게 되었다.[109]

백제에서 박사는 늦어도 근초고왕 대에 이미 설치되어 있었다. 박사 고흥이 역사서인 『서기』를 편찬한 것과 박사 왕인이 왜에 『논어』와 『천자문』을 전해 준 것이 이를 보여 준다. 근초고왕은 박사를 통해 유교 경전을 교육하였다. 그러나 박사가 속한 관청이 어디인지는 자료가 없어 알 수 없다. 이와는 달리 근초고왕 대의 박사는 유학을 교육하는 학관의 성격보다는 정책 자문 등과 같은 역할을 수행하는 특수 성격의 관직으로 보는 견해도 있다.[110] 그러나 신라 진흥왕이 역사서인 『국사國史』를 편찬할 때 문사文士를 모은 것에서[111] 보듯이, 『서기』 편찬도 문사들의 활동을 전제로 한다. 또 아직기는 박사는 아니지만 유교 경전에 밝았으므로 그 또한 문사라고 할 수 있다. 이러한 문사들은 교육을 통해 배출되었다. 따라서 박사를 학관으로 보는 것이 타당하다.

---

109 이강범, 1995, 「서한의 경서 정리와 박사 제도」, 『중국어문학논집』 7집, 중국어문학연구회.
110 양기석, 2013, 「백제 박사제도의 운용과 변천」, 『백제문화』 49집, 공주대학교 백제문화연구소.
111 『삼국사기』 권제4 신라본기 제4 진흥왕 6년조의 "秋七月 伊湌異斯夫奏曰 國史者 記君臣之善惡 示褒貶於萬代 不有修撰 後代何觀 王深然之 命大阿湌居柒夫等 廣集文士 俾之修撰" 참조.

웅진기에 와서 설치된 유학 교육기관은 태학太學이다. 태학의 존재는 〈진법자묘지명〉에 진법자의 증조부 진춘이 태학정이었다는 사실에서[112] 확인된다. 진법자는 615년에 태어나 690년에 사망하였다. 그의 생몰 연대에서 미루어 진춘의 활동 시기는 대략 위덕왕 대(554~598)가 된다.[113] 진춘이 태학정으로 활동한 위덕왕 대는 태학 설치의 하한선이다. 따라서 태학이 처음 설치된 시기는 위덕왕 이전으로 보아야 한다. 그 시기를 추정하는 데 단서가 되는 것이 오경박사이다.

백제에서 오경박사는 무령왕이 13년(513)에 오경박사를 왜에 파견한 것에서[114] 보듯이 무령왕 대에 이미 설치되어 있었다. 중국의 경우 오경박사는 태학에 속하였다. 이로 미루어 오경박사가 소속되었을 백제의 태학도 무령왕 대에 설치된 것으로 볼 수 있다. 이 태학의 교육 업무를 총괄하는 직이 태학정이었고, 유교 경전을 가르치는 일은 오경박사가 맡았다.

중국에서 유학 교육은 위진남북조시대 전반기에는 상대적으로 소홀하였다. 그렇지만 양 무제는 국학(태학)을 중흥하고 오경박사를 설치하여 유학 교육을 강화하였다. 이로써 유학 교육은 다시 성행하기 시작하였다. 양나라와 교섭·교류를 빈번히 한 무령왕은 양 무제의 유학 교육 진흥을 본받아 태학과 오경박사를 설치하였다. 이리하여 백제의 유학 교육은 보다 체계적으로 이루어지게 되었다.

538년 성왕은 사비로 천도하면서 16관등제, 22부제 등 통치조직을 정비하였다. 이 가운데 교육과 의례 업무를 총괄한 관청이 사도부司徒部였다. 이 사도부 아래에 속한 속사屬司가 태학이었고, 오경박사는 태학에서 교육

---

112 〈진법자묘지명〉의 "曾祖春本邦太學正 恩率" 참조.
113 김영관, 2014, 「백제 유민 진법자 묘지명 연구」, 『백제문화』 50집, 공주대학교 백제문화연구소.
114 『일본서기』 권17 계체기 7년조의 "夏六月 百濟遺姐彌文貴將軍 … 貢五經博士段楊爾"; 10년조의 "秋九月 百濟 … 別貢五經博士漢高安茂 請代博士段楊爾 依請代之" 참조.

을 담당하였다. 이는 신라에서 유학 교육을 담당한 국학이 예부禮部 아래에 속하였고, 이 국학에 박사와 조교가 속해 있었던 것과[115] 같은 모습이다.

한편 성왕은 541년에 양나라에 모시박사와 『열반경』 등의 경의經義를 요청하였다. 이 요청에 응해 강례박사 육후가 백제에 왔다. 그는 어릴 때부터 스승 최령은의 『삼례의종』을 읽어 예에 밝았다.[116] 삼례는 『예기』, 『주례』, 『의례』를 말한다. 이로 미루어 육후는 성왕을 도와 유교 이념에 입각하여 각종 제도를 만들었을 것으로 보인다. 이를 통해 백제의 유학에 대한 이해 수준은 한 단계 더 높아지게 되었다.

(2) 학반 편제와 교과목

백제에서 유학 교육기관인 태학이 어떻게 조직되고 운영되었는지를 보여 주는 자료는 없으므로 중국의 사례를 원용하여 추론해 볼 수밖에 없다. 당나라의 경우 최고 교육기관은 국자감이었다. 국자감은 국자학, 태학, 사문학으로 편제되었다.

국자학에서는 문무 3품관 이상 및 국공國公 자손과 2품 이상의 증손이 생도가 되어 교육을 받았다. 태학에서는 문무 5품관 이상 및 군郡·현공縣公 자손과 종3품의 증손이 생도가 되어 교육을 받았다. 사문학에서는 문무 7품관 이상 후작·백작·자작·남작의 자손이 생도가 되었고 서인의 자식의 경우 준사생俊士生이 된 자들이 교육을 받았다. 율학·서학·산학에서는 문무 8품관 이하의 관료와 서인의 자식이 생도가 되어 교육을 받았다.[117] 한편 고구려에서도 국자박사와 태학사(태학박사)가 설치되어 있었

---

115 『삼국사기』 권제38 잡지 제7 직관 상 국학조의 "國學屬禮部 … 敎授之法 以周易尙書毛詩禮記春秋左氏傳文選 分而爲之業 博士若助敎一人 …" 참조.
116 『진서陳書』 권33 열전 제27 유림 정작전 부 육후의 "陸詡少習崔靈恩三禮義宗 梁世百濟國表求講禮博士 詔令詡行 …" 참조.
117 『구당서』 권44 지24 직관3 국자감조의 "國子博士二人 正五品上 助敎二人 從六品上 …

다. 이는 고구려의 태학이 국자학, 태학 등으로 편제되었음을 보여 준다. 이로 미루어 백제의 태학도 국자학-태학으로 이루어지지 않았을까 한다.

당나라가 국자감을 국자학, 태학, 사문학으로 편제한 것은 학생들의 신분 차이에 따른 것으로 교과 내용은 같았다.[118] 이러한 학반 편성 기준은 백제도 마찬가지였을 것이다. 백제의 신분제는 6품 나솔 이상의 관등을 가질 수 있는 신분, 대덕에서 장덕까지의 관등을 가질 수 있는 신분, 문독 이하 극우까지의 관등을 가질 수 있는 신분으로 이루어졌다. 이를 교육기관의 편제와 연관시켜 보면 좌평부터 솔계 관등까지 올라갈 수 있는 가문 출신자들이 하나의 학반으로 편성되고, 덕계 관등까지 올라갈 수 있는 가문 출신자들이 또 하나의 학반을 편성하고, 그 이하 가문 출신자들이 또 하나의 학반을 형성하지 않았을까 한다. 그리고 율학, 산학, 의학 등 잡학 雜學이나 기술학의 경우는 서인들도 입학하지 않았을까 한다.

『예기』에 의하면 중국에서는 8세에 소학에 들어가고 15세에 대학에 들어갔다. 신라의 경우 통일 이전에는 15세에서 18세까지의 청소년을 화랑도 조직에 편입시켜 교육하였으며,[119] 통일 이후 국학에는 15~30세가 입학할 수 있었고 수업 연한은 원칙적으로 9년이었다.[120] 백제의 경우 태학

博士掌教文武官三品已上 國公子孫 二品已上曾孫爲生者 … 太學博士三人 正六品上 助教三人 從七品上 … 太學博士掌教文武五品已上及郡縣公子孫 從三品曾孫之爲生者 敎法並如國子 四門博士三人 正七品上 助敎三人 從八品上 四門博士掌敎文武七品上及侯伯子男子之爲生者 若庶人子爲俊士生者 敎法如太學 … 律學博士一人 從八品下 … 助敎一人 從九品上 … 博士掌敎文武官八品已下及庶人子爲生者 以律令爲專業 … 書學博士二人 從九品下 … 博士掌敎文武八品已下及庶人之子爲生者 以石經說文字林爲專業 … 算學博士二人 從九品下 … 博士掌敎 文武官八品已下及庶人之子爲生者 二分其經 以爲之業 …" 참조.

118 『구당서』 권44 지24 직관3 국자감조의 "太學 … 敎法並如國子 四門博士 … 敎如太學" 참조.

119 이기동, 1980, 『신라 골품제사회와 화랑도』, 한국연구원.

120 『삼국사기』 권제38 잡지 제7 직관 상 국학조의 "國學屬禮部 神文王二年置 … 凡學生 位自大舍已下至無位 年自十五至三十皆充之 限九年 …" 참조.

에 입학하는 나이는 분명하지 않다. 그러나 15세가 되면 노동력 동원의 대상이 되었다는 사실과 『예기』의 기사와 신라의 사례에서 미루어 볼 때 백제에서도 태학에 입학하는 나이는 15세 정도였을 것이다. 출학出學하는 나이는 〈흑치상지묘지명〉에 흑치상지가 약관(20세)이 되지 않은 나이에 달솔의 관등을 받은 사실에서 미루어 18세 정도가 아니었을까 한다. 신라의 경우 화랑도들이 18세에 수업 과정을 모두 마친 것을 성업成業이라 하였다. 〈울산천전리서석〉 명문의 "술년 6월 2일 영랑성업戌年六月二日 永郎成業"이 이를 보여 준다.

유학 교육기관에서 학생들을 가르치는 업무를 담당한 직이 박사이다. 당나라의 경우 교관은 국자학에서는 국학박사와 조교, 태학에서는 태학박사와 조교, 사문학에서는 사문학박사와 조교였다. 율학은 율학박사와 조교, 서학은 서학박사와 조교, 산학은 산학박사와 조교였다. 백제의 박사는 유학을 전문으로 하는 박사와 잡학 및 기예를 전문으로 하는 박사로 나누어진다. 유학 전문 박사는 교수하는 학반에 따라 국자박사·태학박사로 불리기도 하고, 전공하는 경전에 따라 모시박사毛詩博士, 강례박사講禮博士, 오경박사 등으로 불렸다.[121] 박사직을 맡을 수 있는 관등은 왜에 파견된 오경박사 마정안馬丁安의 관등이 고덕인 것에서 미루어 덕계 관등이 아니었을까 한다. 조교와 관련한 자료는 아직 확인되지 않았지만 당나라와 신라의 사례에서 미루어 백제도 박사 밑에 조교를 두었을 가능성이 크다.

유학 교육기관에서 가르치는 서적으로 이름을 알 수 있는 것은 『논어』, 『좌전』 등 경전과 『사기』, 『한서』 등 사서이다. 이 가운데 가장 많이 언급되고 있는 것이 『논어』이다. 〈흑치상지묘지명〉에는 『논어』와 『좌전』이 나올 뿐만 아니라 『논어』를 지은 공자孔子와 『좌전』을 지은 좌구명左丘明

---

121 정순목, 1987, 「삼국시대의 교육」, 한국정신문화연구원 편, 『한국학기초자료선집─고대편─』, 한국정신문화연구원, 431~432쪽.

이 언급되어 있다. 또 부여 구아리 중앙성결교회 부지에서 출토된 목간에는 『논어』 공야장公冶長이 쓰여 있었다. 신라의 경우 국학에서 교수한 과목은 『주역周易』, 『상서尚書』, 『모시毛詩』, 『예기』, 『좌전』, 『문선文選』, 『논어』, 『효경孝經』 등이었는데 『논어』와 『효경』을 필수로 하고 나머지 경전은 세 그룹으로 나누어 교육하였다.[122] 이로 미루어 백제에서도 『논어』는 필수 과목이 아니었을까 한다.

기술직의 경우 근래에 부여 쌍북리에서 구구단 목간이 출토된 것에서[123] 미루어 산학 서적도 있지 않았을까 한다. 그러나 서적의 명칭은 알 수 없다. 신라의 경우 국학에는 산학박사와 조교가 있었다. 이들은 남북조시대에 송의 조충지祖沖之가 지은 천문을 계산하는 법인 『철경綴經』, 수학에서 승근乘根을 구하는 공식을 적은 『삼개三開』, 산법算法인 『구장九章』, 수학서인 『육장六章』을 교육하였다.[124]

그런데 백제에는 와박사瓦博士, 노반박사鑪盤博士도 있었다.[125] 와박사는 기와나 전돌을 전문으로 제작하는 기술자에게, 노반박사는 탑을 건축하는 전문 기술자에게 준 직함이다. 이러한 박사직에서 미루어 볼 때 백제의 국학에서는 건축과 관련된 기술직 교육도 시켰을 가능성이 있지만 더 이상의 자료가 없어 단정하기 어렵다.

---

122 『삼국사기』 권제38 잡지 제7 직관 상의 "敎授之法 以周易尙書毛詩禮記春秋左氏傳文選 分而爲之業 博士若助敎一人 或以禮記周易論語孝經 或以春秋左傳毛詩論語孝經 或以尙 書論語孝經文選敎授之" 참조.
123 정훈진, 2016, 「부여 쌍북리 백제유적 출토 목간의 성격—201-4번지 및 328-2번지 출토 목간을 중심으로—」, 『목간과 문자』 16집, 한국목간학회.
124 『삼국사기』 권제38 잡지 제7 직관 상의 "或差算學博士若助敎一人 以綴經三開九章六章 敎授之" 참조.
125 『일본서기』 권21 숭준기 원년조의 "是歲 百濟國遣使幷僧惠總 … 鑪盤博士將德白昧淳 瓦博士麻奈文奴 陽貴文 陵貴文 昔麻帝彌 畫工白加 …" 참조.

2. 관료 선발 제도

(1) 인사 담당 기구: 외사부

인재를 양성하면 선발하여 관료로 복무하게 해야 한다. 그러기 위해서는 인사 담당 기구가 있어야 한다. 인재를 선발하는 과정이나 인재 선발 기구 운영은 정치 발전 단계에 따라 변화가 있었다. 백제의 경우 부체제 단계에서 중요한 국사는 부의 대표들 모임인 제솔회의諸率會議에서 논의·결정하였다. 따라서 인사 관련 사항은 제솔회의에서 다루었을 것이다. 부체제 단계의 고구려에서 고국천왕이 4부四部의 대표들에게 적임자를 추천하라고 한 것이 방증 사례이다.

근초고왕 대에 와서 백제는 중앙집권국가체제를 갖추었다. 그에 따라 국사를 분장하는 여러 관청이 설치되면서 인사 업무를 담당하는 부서도 설치되었을 것이다. 인사 담당 기구의 설치는 왕의 인사권 장악과도 연관되어 있다. 그러나 이 기구의 명칭은 알 수 없다.

근초고왕 이후 백제의 정치 운영에 변화가 생긴 것은 전지왕 대이다. 전지왕은 태자 시절에 왜국에 인질로 가 있었다. 전지는 부왕이 죽었다는 소식을 듣고 귀국하였지만 막냇삼촌 혈례가 반란을 일으켰다. 이 과정에서 전지왕은 해씨 등 지지 세력의 도움으로 혈례의 반란을 평정하고 왕위에 올랐다. 왕위 계승 과정이 이러하였기 때문에 전지왕 즉위 후에는 실권귀족 중심의 정치 운영이 이루어지게 되었다. 실권귀족들은 상좌평上佐平을 설치하여 군국정사를 장악하였다.[126] 이리하여 중요 인사는 상좌평을 의장으로 하는 귀족회의에서 논의·결정된 것으로 보인다.

실권귀족들의 인사권 장악은 웅진기 초기에도 큰 변화가 없었다. 갑작

---

126 『삼국사기』 권제25 백제본기 제3 전지왕 4년조의 "春正月 拜餘信爲上佐平 委以軍國政事" 참조.

스러운 천도로 왕권이 미약해지고 왕실의 권위가 떨어졌기 때문이다. 그러나 무령왕이 정치 정세를 안정시키고, 유식자들을 귀농시키고, 저수지 정비를 통해 농업생산력을 높혀 왕권을 강화하면서 인사 운영도 점차 정상적인 궤도에 오르게 되었다. 태학을 설치하여 오경박사로 하여금 유학을 교육하도록 한 것이 이를 보여 준다.

무령왕이 다져 놓은 안정 기반 위에서 성왕은 사비 천도를 단행하였다. 그리고 16관등제, 22부제, 5방-군-성(현)제 등 통치조직을 정비하였다. 이에 따라 인사 기구도 재정비되었다. 그 기구로 주목되는 것이 일반 서정을 담당하는 외관 10부 가운데 하나인 외사부外舍部이다. 명칭에서 미루어 외사부는 내관 12부의 하나인 전내부前內部에 대응된다. 전내부는 국왕 근시의 업무를 관장하였으므로 외사부는 외관의 인사 업무를 관장한 기구로 볼 수 있다.[127] 신라의 경우 인사 담당 기구는 진평왕 3년(581)에 설치된 위화부位和府이다. 위화부는 고려의 이부吏部와 같은 성격의 관청이었다.[128] 외사부의 장관은 다른 부와 마찬가지로 장리長吏(재관장宰官長)였다. 그 아래에 장관을 보좌하는 하부 관직이 있었겠지만 구체적인 이름은 자료가 없어 알 수 없다.

백제의 관료는 크게 문관과 무관으로 구분되었다. 문무의 구분은 개로왕이 송에 보낸 국서의 '문무양보文武良輔'에서 보듯이 한성기 말에 이미 있었다. 이 토대 위에서 사비기에 성왕은 16관등제를 정비하면서 12품 문독과 13품 무독을 새로 설치하였다. 그렇다면 관료 선발은 문관 선발과 무관 선발로 나누어져 있었을 것이다. 선발 기준은 문관의 경우 유학에 대한 이해 수준, 무관의 경우 무예 연마 수준이었을 것이다. 이처럼 인재 등용이

127 武田幸男, 1980,「六世紀における朝鮮三國の國家體制」, 井上光貞 等編,『東アジア世界における日本古代史講座 4―朝鮮三国と倭国―』, 學生社.
128 『삼국사기』 권제4 신라본기 제4 진평왕 3년조의 "始置位和府 如今吏部" 참조.

문관과 무관이라는 두 갈래로 이루어졌다고 하면 문독의 관등을 받은 자는 문관 인사의 실무를, 무독의 관등을 받은 자는 무관 인사의 실무를 맡지 않았을까 한다.

인사를 관장하는 외사부의 운영 방식은 왕권의 강약과 관련이 있다. 사비 천도 초기에는 성왕의 강력한 왕권 강화 정책에 의해 왕권 중심의 정치 운영이 이루어졌다. 그로 말미암아 비록 5좌평으로 구성된 최고귀족회의가 있었지만 정치 운영은 왕명을 봉행하는 22부 중심으로 이루어졌다. 따라서 중요한 인사 문제는 외사부가 실무를 장악하여 왕명을 받아 처리하였을 것으로 보인다.

그러나 554년 관산성 대회전에서 백제는 성왕이 신라군에 붙잡혀 죽었고, 3만에 가까운 병사가 전사하는 대패배를 입었으며, 왕자 여창(위덕왕)도 겨우 목숨을 구하였다. 위덕왕은 성왕의 뒤를 이어 즉위하였지만 패전의 책임에서 자유롭지 못하였다. 이로 말미암아 위덕왕 초기에는 신라 정토를 반대하였던 원로귀족들[耆老]의 정치적 위상이 강화되었다. 이 과정에서 유력 귀족 가문인 대성8족이 출현하였다.

정치 운영의 주도권을 장악한 대성8족은 6좌평으로 이루어진 최고귀족회의체를 중심으로 중요한 국사를 논의·결정하였다. 이에 따라 중요한 인사 문제도 6좌평회의체에서 결정되었다. "재상이 될 사람의 이름을 미리 적어 정사암에 둔 후 그 이름에 인적印跡(도장 자국)이 있는 자를 뽑았다"고 하는 정사암 고사가 이를 보여 준다. 이처럼 실권귀족 중심의 정치 운영이 이루어짐으로써 외사부는 일차적으로 6좌평회의체에서 논의하여 결정한 인사 사항을 왕의 재가를 얻어 집행하지 않았을까 한다.

(2) 관료 선발 방법과 기준

관료를 선발하기 위해서는 선발 방법과 선발 기준이 마련되어야 한다.

관료의 선발과 관련하여 먼저 전제해 둘 것은 삼국시대에는 유교 경전에 대한 실력을 시험하여 관료로 등용하는 이른바 과거제라는 고시제考試制가 아직 시행되지 않았다는 사실이다. 따라서 백제에서도 고시제는 실시되지 않았다고 보아야 한다. 신라 하대기인 원성왕 4년(788)에 실시한 독서삼품과讀書三品科가[129] 우리나라 고시제의 최초 사례이다. 독서삼품과는 유교 경전에 대한 시험을 중심으로 하였다.

백제의 관료 선발 방법을 보여 주는 자료는 없지만 고구려나 신라의 사례를 통해 다음과 같이 정리해 볼 수 있다. 우선 천거제薦擧制를 통해 관료를 선발하였다. 천거는 어떤 자리에 어떤 인재를 추천하는 제도이다. 천거의 주체는 정치 발전 단계에 따라 달랐다. 부체제 단계에서 천거는 신료와 부部에서 하였다. 고구려 고국천왕 대에 4부가 동부의 안류晏留를 천거한 것이 그 예이다. 그러나 중앙집권적 국가체제가 갖추어지고 국무를 분장하는 여러 관청이 설치되면서 인재 천거는 해당 관청이나 군관·백관으로 표현되는 관료들로 확대되었다.[130] 따라서 백제의 경우에도 백관이나 각 관청들이 인재를 천거하지 않았을까 한다.

천거의 절차는 왕이 백관들에게 인재를 천거하도록 하고, 여기에 응하여 관계되는 관청이나 개인이 적합한 인물을 천거하는 형식으로 이루어졌다. 고구려의 경우 고국천왕이 4부에 훌륭한 인재를 천거하도록 하자 동부의 안류를 천거한 것과 또 안류가 다시 좌물촌左勿村의 을파소乙巴素를 천거한 것이 그 예이다. 신라의 경우 눌지왕이 고구려에 인질로 가 있는 왕자 복호卜好를 데려올 적임자를 구할 때 수주촌간 벌모말伐寶靺, 일

---

129 『삼국사기』 권제10 신라본기 제10 원성왕 4년조의 "春 始定讀書三品以出身 讀春秋左氏傳 若禮記 若文選 而能通其義 兼明論語孝經者爲上 … 若博通五經三史諸子百家書者 超擢用之 …"참조.
130 고경석, 1997, 「신라 관인선발제도의 변화」, 『역사와 현실』 23집, 한국역사연구회.

리촌간 구리내仇里迺, 이이촌간 파로波老 등이 삽량주간 박제상朴堤上을 천거한 것과 진평왕 대에 문벌들이 의논하여 자장慈藏을 태보台輔에 천거한 것을[131] 들 수 있다. 화랑도의 경우 화랑 집단을 관리한 화주花主가 인재 천거를 맡았다. 경우에 따라서는 일정한 지위에 있는 관료가 적합하다고 판단되는 인물을 개별적으로 왕에게 추천하기도 하였다. 이름을 알 수 없는 대감 모씨가 화랑 관창官昌을 태종에게 천거한 것이[132] 그 예이다. 백제에서도 이러한 절차에 따라 천거가 행해지지 않았을까 한다.

다음으로 징소徵召를 통한 관료 선발이다. 징소는 명망가나 유덕자를 국왕이 불러 벼슬을 주는 제도이다. 그 예로는 신라 첨해이사금이 서산書算에 밝은 부도夫道를 불러 물장고物藏庫 사무를 맡긴 것과[133] 고구려 고국천왕이 4부의 추천을 받은 안류를 여러 차례 부른 것을 들 수 있다. 이로 미루어 백제에도 징소를 이용한 인재 등용이 이루어졌을 것이다.

인재를 등용할 때는 등용 기준이 있어야 한다. 그 기준은 다음 몇 가지로 설정해 볼 수 있다. 첫째, '문지門地'에 의한 선발이다. 문지는 '지위가 있는 가문' 또는 '가문의 지위가 높다'는 뜻이다. 〈흑치상지묘지명〉에 의하면 흑치상지는 약관이 되지 않은 나이에 지적地籍, 즉 가문의 지위에 의해 달솔이 되었다.[134] 따라서 대성8족과 같은 유력 귀족 가문[高門, 世家] 출신자들은 각 가문의 지위에 의해 출사하였을 것이다. 이는 사비기 후기에 가문의 지위가 인재 등용의 기준이 되었음을 보여 주는 것으로 신라가 골품

---

131 『삼국유사』 권제4 의해 제5 자장정율조의 "大德慈藏 金氏 本辰韓眞骨蘇判(三級爵名)茂林之子 其父歷官淸要 … 適台輔有闕 門閥當議 累徵不赴 …" 참조.

132 『삼국사기』 권제47 열전 제7 관창전의 "少而爲花郎 善與人交 年十六 能騎馬彎弓 大監某薦之太宗大王 至唐顯慶五年庚申 王出師 與唐將軍侵百濟 以官昌爲副將" 참조.

133 『삼국사기』 권제2 신라본기 제2 첨해이사금 5년조의 "漢祇部人夫道者 家貧無諂 工書算著名於時 王徵之爲阿湌 委以物藏庫事務" 참조.

134 〈흑치상지묘지명〉의 "其家世相承爲達率 … 曾祖諱文大 祖諱德顯 考諱沙次 並官至達率府君少而雄爽 … 未弱冠 以地籍授達率" 참조.

을 논하여[論骨品] 인재를 선발한 것과[135] 비슷한 모습이다.

둘째, 부직父職의 세습이다. 이는 아버지가 지녔던 직이나 관등을 자식이 이어받는 것으로 문지와 연관성이 있다. 〈흑치상지묘지명〉에 '그 가문은 대대로 달솔이 되었다[其家世相承爲達率]'라고 한 것은 부직의 세습을 보여 준다. 그래서 흑치상지도 아버지의 뒤를 이어 달솔의 관등을 받았던 것이다. 그러나 부직의 세습에는 당시 귀족들의 일정한 동의가 있어야 하였다. 고구려 연개소문은 동부 대인大人이었던 아버지가 맡았던 대대로직을 마땅히 잇게 되어 있었지만 국인들이 그의 성격이 포악함을 미워하여 허락하지 않자 잘못이 있으면 폐하여도 좋다는 서약을 하고서야 대대로직을 맡았다는 것이[136] 이를 방증한다.

셋째, 무예를 중시하였다. 삼국 사이에는 전쟁이 빈번하였다. 이 때문에 관료 선발에 무예를 중시한 것은 시대적 요청이었다. 신라가 원성왕이 독서삼품과를 설치하기 이전에는 궁전, 즉 무예로 사람을 선발하였다는 것이[137] 이를 말해 준다. 백제도 당연히 무예를 강조하였다. 그래서 역대 왕들은 매달 보름과 그믐에 습사를 하거나 왕도 사람들로 하여금 활쏘기를 습득하도록 하였다.[138] 이 과정에서 말 타고 활 쏘는 것[騎射]을 중히 여기는 풍습이 생겨났다.[139] 〈백제금동대향로〉에 말을 탄 2명의 무사가 새겨

---

135 『삼국사기』 권제47 열전 제7 설계두전의 "闕頭曰 新羅用人論骨品 苟非其族 雖有鴻才傑功 不能踰越 …"참조.

136 『삼국사기』 권제49 열전 제9 개소문전의 "其父東部(或云西部)大人 大對盧死 蓋蘇文當嗣 而國人以性忍暴惡之 不得立 蘇文頓首謝衆 請攝職 如有不可 雖廢無悔 衆哀之 遂許嗣位 …"참조.

137 『삼국사기』 권제10 신라본기 제10 원성왕 4년조의 "春 始定讀書三品以出身 … 前祇以弓箭選人 至是改之"참조.

138 『삼국사기』 권제24 백제본기 제2 고이왕 9년조의 "秋七月 出西門觀射"; 비류왕 17년조의 "秋八月 築射臺於宮城 每以朔望習射"; 권제25 백제본기 제3 아신왕 7년조의 "九月 集都人 習射於西臺"참조.

139 『주서』 권49 열전 제41 이역 상 백제전의 "其俗重騎射 兼愛墳史"참조.

진 것도 무예를 중시하는 시대적 경향의 반영일 것이다.

3. 관리의 근무 기준과 처벌

선발된 관리들은 관직을 받으면 관청에 나가 근무를 해야 한다. 관리들의 근무 형태를 직접 보여 주는 자료는 없지만 이를 추론하는 데 단서가 되는 것이 〈지약아식미기〉 목간이다. 이 목간은 4면 목간으로 제1면과 제2면에는 약아에게 일당을 지급한 내용이 기록되어 있다. 이 목간은 일당 지급 장부였다.

일당을 지급한 날은 초일, 2일, 3일, 5일, 6일, 7일, 9일[140]이고 4일과 8일은 빠져 있다. 4일과 8일에 식미 지급 관련 기록이 없는 것은 기록자의 착오라기보다는 이날에는 일당이 지급되지 않았기 때문일 가능성이 크다. 일당이 지급되지 않았다는 것은 작업을 하지 않았다는 것을 의미한다.[141]

약아들이 4일과 8일에 작업을 하지 않은 것은 이 당시에 나름대로 작업하는 기준이 있었고 그 기준에 따랐기 때문일 것이다. 그 기준이란 며칠 일하고 하루 쉬는 것이다. 중국의 경우 한나라 때에는 지방관은 모두 부내府內의 관사官舍(이사吏舍)에서 숙식을 하며, 5일에 한 번 휴목休沐하러 귀가하였다. 그러나 변경邊境 군현의 관리 및 군리軍吏는 근무지와 본가가 멀리 떨어진 경우 10일 근무하고 1일 휴목하였다.[142]

이를 원용하면 이 목간의 내용처럼 4일과 8일에 작업하지 않은 것은 근

---

140 연구자에 따라 '九'를 '八'로 판독하는 견해도 있다.

141 노중국, 2020, 「약재를 채취하여 병을 고치다―지약아식미기 목간」, 백제학회 한성백제 연구모임, 『목간으로 백제를 읽다―나뭇조각에 담겨 있는 백제인의 생활상―』, 사회평론아카데미.

142 이성규, 1998, 「전한 말 군속리의 숙소와 여행―윤만한간 〈원연이년일기〉 분석―」, 『경북사학』 21집, 경북사학회.

무 기준이 사흘 일하고 하루 쉬고 또 사흘 일하고 하루 쉬는 형식이었음을 추정하게 한다. 이는 백제에서 3일 근무 1일 휴식하는 제도가 시행되었을 가능성을 보여 준다.[143] 그러나 이를 보완해 주는 다른 자료가 없어 단정하기 어렵다. 앞으로 새로운 자료가 나오기를 기대해 본다.

관리는 공무를 집행하는 사람이다. 공무는 공정하게 집행해야 한다. 뇌물을 받고서 공무를 공정하게 집행하지 않으면 뇌물죄로 세 배를 추징하고 동시에 종신토록 금고禁錮하는 처벌을 하였다.[144] 금고는 관직에 나가지 못하도록 막은 것으로 관료로서는 치명적인 처벌이다. 이렇게 종신금고라는 처벌까지 한 것은 백제가 관료들의 청렴하고 공정한 공무 집행을 강조한 모습을 잘 보여 준다.

그러나 현실에서는 공정한 공무 집행이 잘 지켜지지 않았던 것 같다. 이를 추론하게 하는 것이 부여 〈구아리 중앙성결교회 출토 47호〉 목간이다. 이 목간의 판독문과 해석문은 다음과 같다.[145]

앞면

　所遣信來 以敬辱之 於此質(?)簿

뒷면

　　　　　莫睄(瞋?)好邪 荷陰德之後

　一无所有 不得仕也

　　　　永日不忘

---

143 노중국, 2020, 「약재를 채취하여 병을 고치다—지약아식미기 목간」, 백제학회 한성백제 연구모임, 『목간으로 백제를 읽다—나뭇조각에 담겨 있는 백제인의 생활상—』, 사회평론아카데미.

144 『구당서』 권199 상 열전 제149 상 동이 백제전의 "官人受財及盜者 三倍追贓 仍終身禁錮" 참조.

145 김영심, 2020, 「문자문화의 상징—시가 목간과 서간 목간」, 백제학회 한성백제연구모임, 『목간으로 백제를 읽다—나뭇조각에 담겨 있는 백제인의 생활상—』, 사회평론아카데미.

보내 주신 편지를 받자오니, 삼가 욕되게 하였나이다. 이곳에 있는 이 몸은 빈궁하여 가진 것이 하나도 없어 벼슬길에 나가지 못하고 있습니다. 좋고 나쁨에 대해 화내지 말아 주옵소서. 음덕을 입은 후에는 영원히 잊지 않겠나이다.

이 목간에서 "가진 것이 하나도 없어 벼슬길에 나가지 못하고 있습니다"라는 구절은 역으로 재물이 관직 진출에 중요한 역할을 한다는 것을, "음덕을 입은 후에는 영원히 잊지 않겠습니다"라고 한 것은 이른바 유력자의 후광을 등에 업고 출사하는 사례가 있었음을 보여 준다. 재물과 유력자의 후광이 출사의 지름길이었던 것이다. 이 목간은 이러한 당시의 현실을 보여 주는 것이다. 그래서 관리들이 뇌물을 받지 못하도록 세 배의 추징금과 더불어 종신금고형을 추가하지 않았을까 한다.

제7부

귀족합좌제와 운영

Ⅰ. 귀족 가문과 정치 운영

1. 성씨와 문지

한국 고대 사회에서 정치제도를 운영하는 주체는 주권자인 국왕과 국
왕을 보좌하는 귀족들이다. 이 귀족을 나타내는 표지標識가 성씨姓氏이
다. 성씨는 혈연과 지연 속에서 살아가는 혈족 집단을 나타내 준다. 『좌
전』[1]에 의하면 '성'은 천자가 유덕한 사람을 등용하면서 그 사람의 덕을
현양하기 위해 출신지의 지명에 의거하여 수여한 것이고, '씨'는 천자가
자신의 신하에게 일정 지역을 봉토封土로 지급하고 제후로 임명하면서
수여한 것이며, '족族'은 제후가 자신의 신하 가운데 공적이 있는 사람에

---

1 『좌전』 은공 8년조의 "無駭卒 羽父(公子翬)請謚與族 公問族於衆仲 衆仲對曰 天子建德 因
生以賜姓 胙之土而命之氏 諸侯以字爲謚 因以爲族 官有世功 則有官族 邑亦如之 公命以字
爲展氏" 참조.

게 수여한 것이다.

중국에서 성과 씨는 처음에는 분리되어 사용되었다. 그러나 전국시대에 이르러 성과 씨는 구별되지 않고 성씨姓氏라 하였다.[2] 한국 고대 사회도 중국 성씨제의 영향을 받아 성과 씨를 구별하지 않고, 성을 이름 앞에 붙여 족계族系를 나타냈다. 족계는 동계 혈연 집단同系血緣集團으로 부계 출자 집단父系出自集團을 말한다.[3]

고대 중국이나 한국에서 성씨는 최고 엘리트층에 속하는 집단이 가졌다. 성씨를 갖는다는 것은 지배층에 편입되었다는 의미이다. 신라에서 민民은 성씨가 없었다고 한 것이[4] 이를 잘 보여 준다. 성씨 집단이 대를 이어 정치적·사회적 지위를 누리게 되면서 귀족 가문이 형성되었다. 귀족은 그 사회에서 정치 운영과 사회 운영에 깊숙이 참여하였다. 그래서 관료가 되는 데는 개개인의 능력보다는 출신과 가문이 중요시되었다.

이로 미루어 백제에서도 관료 선발과 정치 운영 참여에 성씨와 가문이 중요하게 작용하였을 것이다. 이에 따라 귀족 가문 출신자들은 가문 덕분으로 대를 이어 관료로 출사하였다. 그 사례로 흑치씨黑齒氏 가문을 들 수 있다. 〈흑치상지묘지명〉에 의하면 그의 조상은 본래 왕족인 부여씨였는데 흑치黑齒 지역에 봉함을 받은 것을 계기로 그 자손들은 흑치씨를 칭하였다. 이후 흑치상지의 증조, 조, 부 모두는 달솔의 관등을 가졌다. 흑치상지도 약관(20세)이 되지 않은 나이에 '문지門地' 덕분으로 달솔이 되었다.

그런데 부여 〈구아리 중앙성결교회 출토 47호〉 목간에는 "빈궁하여 가진 것이 하나도 없어 벼슬길에 나가지 못하고 있다"는 내용과 "음덕을 입

---

2 안광호, 2014, 「한국 본관제도의 기원과 '토성 분정'설에 대한 검토—'토성 분정'설에서 언급된 중국 역사 관련 내용을 중심으로—」, 『전북사학』 44집, 전북사학회 참조.
3 이순근, 1980, 「신라시대 성씨 취득과 그 의미」, 『한국사론』 6집, 서울대학교 국사학과.
4 『신당서』 권220 열전 제145 동이 신라전의 "王姓金 貴人姓朴 民無氏有名" 참조.

은 후에는 영원히 잊지 않겠다"는 다짐의 내용이 기록되어 있다. 이는 돈도 없고 든든한 배경도 없는 사람이 벼슬을 구하는 모습을 보여 준다.[5] 이와 비교해 보면 흑치상지가 약관이 되지 않은 나이임에도 문지에 의해 달솔의 관등을 받았다는 것은 엄청난 특혜였다. 상반되는 두 자료는 귀족 가문 출신자들의 지위와 특혜를 잘 보여 준다.

이렇게 특혜를 누린 귀족 가문을 〈흑치상지묘지명〉에서는 '문지門地'라 하였다. 중국에서는 귀족 가문을 문벌門閥, 문호門戶, 사해망족四海望族,[6] 사해대성四海大姓이라고도 하고 고량膏粱, 화유華腴, 갑성甲姓, 을성乙姓 등으로도 불렀다.[7] 문지는 문호, 문벌과 같은 의미이다. 흑치상지는 백제가 망한 후 부흥운동을 하다가 뒤에 당나라군에 투항하여 당나라 관료가 되어 당나라에서 벼슬 살다 죽었다. 이 때문에 그의 묘지명에 나오는 '문지'는 중국식 표현일 수 있다. 그런데 신라의 경우 귀족 가문을 고문화주高門華冑,[8] 세가위장상世家爲將相 또는 장상호將相戶,[9] 귀문貴門이라 하였다.[10] 고문, 귀문은 문지와도 통한다. 따라서 문지는 비록 중국식 표현이라 하더라도 백제 당시에도 귀족 가문을 나타내는 용어로 사용된 것으로 보아도 큰 무리는 없을 것이다.

---

5 김영심, 2020, 「문자문화의 상징—시가 목간과 서간 목간—」, 백제학회 한성백제연구모임, 『목간으로 백제를 읽다—나뭇조각에 담겨 있는 백제인의 생활상—』, 사회평론아카데미.

6 『신당서』 권95 열전 제20 고검전의 "高儉 字士廉 … 先是 後魏太和中 定四海望族" 참조.

7 『신당서』 권199 열전 제124 유학 중 유충전의 "柳沖 蒲州虞鄉人 … 郡姓者 以中國士人 差第閥閱爲之制 凡三世有三公者曰膏粱 有令仆者曰華腴 尚書領護而上者爲甲姓 九卿若 方伯者爲乙姓 …" 참조.

8 『삼국사기』 권제44 열전 제4 사다함전의 "斯多含 系出眞骨 奈密王七世孫也 父仇梨知級 湌 本高門華冑" 참조.

9 『삼국사기』 권제44 열전 제4 김양전의 "金陽 … 曾祖周元伊湌 祖宗基蘇判 考貞茹波珍湌 皆以世家爲將相"; 〈성주사낭혜화상탑비〉의 "俗姓金氏 … 大父周川 品眞骨 位韓粲 高曾 出入 皆將相戶知之" 참조.

10 『삼국사기』 권제46 열전 제6 김대문전의 "金大問 本新羅貴門子弟" 참조.

2. 합좌제적 정치 운영의 시원

한국 고대 사회에서 정치 운영 방식의 하나가 귀족합좌제이다. 합좌는
두 명 이상의 고위 귀족들이 모여서 중요한 국사를 논의하여 결정하는 것
을 말한다. 이 합좌제는 제왕의 전제적 정치에 대응되는 개념으로, 그 바
탕에는 "성인은 독치獨治하는 것이 아니라 모름지기 어진 이의 보필을 받
아야 한다"는 정신이 깔려 있다. 그래서 군주는 어진 신하와 함께 국정을
논하여야 하였다. 『주례』에 천관경天官卿과 지관경地官卿 등을 둔 것도 이
때문이었다는 것이다.[11]

어진 신하와 함께 국정을 논하는 것이 〈포항냉수리신라비〉에 나오는
'공론共論'이고, 『삼국지』 동이전 고구려조에 나오는 '평의評議'이다. 공론
과 평의가 합좌이고 이를 제도화한 것이 귀족회의체이다. 한국 고대 사회
에서 합좌제의 모습을 잘 보여 주는 사례는 신라의 '화백회의和白會議'이
다. 화백회의에서는 "일은 반드시 여러 사람과 의논한다. 한 사람이라도
이의異議가 있으면 그만두었다"[12]라고 하였다. 이때의 '일[事]'이란 국가의
중대사를, '여러 사람[衆]'이란 고위 귀족, 즉 대신을 말한다. 이 회의에서
'한 사람이라도 이의가 있으면 그만두었다'는 것은 여러 사람의 의견을 모
으는 것, 즉 독단이 아닌 협치의 모습을 보여 준다.

백제에서도 귀족합좌제가 있었음은 물론이다. 그러나 고구려의 '평의'
나 신라의 '공론'과 같은 합좌제의 직접적인 모습을 보여 주는 자료는 없
다. 다만 이를 추론하는 데 단서가 되는 것이 국호 '십제국十濟國'의 제정

---

11 『사기』 권1 오제본기 제1의 "帝堯者 放勳 其仁如天 其知如神 … 乃命羲和 敬順昊天(集解
孔安國曰 重黎之後 羲氏和氏 世掌天地之官 … 案 聖人不獨治 必須賢輔 乃命相天地之官
若周禮天官卿地官卿也) …" 참조.
12 『신당서』 권220 열전 제145 동이 신라전의 "事必與衆議 號和白 一人異則罷" 참조.

배경이다. 『삼국사기』 시조 온조왕조에는 온조왕이 건국 후 "10명의 신하가 보익輔翼하였으므로 국호를 십제라고 하였다"[13]고 나온다.

여기에서 주목되는 것은 국호의 의미에 신하의 공로[輔翼]가 들어가 있다는 점이다. 이런 형식의 국호는 십제가 유일하다. 그만큼 건국 당시 신하들의 '보익'이 컸던 것이다. 그에 따라 건국 이후 정치 운영에도 신하들이 차지하는 비중은 컸다고 할 수 있다. 그 결과 국왕은 신하들과 합좌하는 형태로 정치를 운영해 가지 않을 수 없었을 것이다. 이는 백제에서 귀족합좌제의 시원이 된다고 하겠다. 여기서는 이렇게 시작된 백제의 귀족합좌제가 국가 발전 단계에 따라 또 각 단계의 정치적 상황에 따라 변화되어 가는 모습을 정리해 두기로 한다.

II. 초기백제의 회의체

1. 연맹 단계: 우·좌보회의체

한국 고대 사회에서 합좌제의 구체적인 모습은 연맹체 단계에서 찾을 수 있다. 연맹체는 독립성을 가진 여러 국들이 일정한 이해관계를 매개로 맹주국을 중심으로 맺어진 것이다. 그러나 연맹장의 힘은 연맹체를 구성한 국의 수장들을 장악할 정도로 강하지 못하였다. 그래서 연맹장이 되는 것도 구성원들의 동의가 필요하였고,[14] 때로는 힘의 우열에 따라 연맹장이

---

13 『삼국사기』 권제23 백제본기 제1 시조 온조왕 즉위년조의 "溫祚都河南慰禮城 以十臣爲 輔翼 國號十濟" 참조.

14 『삼국지』 권30 위서30 동이전 한조의 "辰王常用馬韓人作之 世世相繼 辰王不得自立爲 王"; 부여조의 "尉仇台死 簡位居立 無嫡子 有孽子麻余 位居死 諸加共立麻余" 참조.

교체되기도 하였다.[15] 이 때문에 연맹장은 연맹체 전체와 관련한 중요한 일들을 연맹체를 구성한 국의 수장들과 논의해서 결정해야 하였다. 이때 논의하는 기구가 바로 회의체이다.

앞에서 언급하였지만, 연맹체 단계에서 백제국은 인천 지역에 자리한 미추홀국과 한강을 매개로 하여 지역연맹체를 형성하였다. 연맹체 형성 초기에는 미추홀 세력이 연맹장을 맡았지만 뒤에는 백제국이 연맹장이 되었다. 이 시기에 연맹체를 이끌어 가는 회의체와 관련하여 주목되는 것이 우보右輔와 좌보左輔이다. 우보와 좌보는 백제뿐 아니라 고구려에도 있었다. '보輔'는 보신輔臣이라는 의미를 가지는 아화雅化된 칭호인데 이것이 우보와 좌보로 나누어진 것이다.

우보와 좌보의 실체를 파악하기 위해서는 아화되기 이전의 모습을 정리할 필요가 있다. 이를 추론하는 데 단서가 되는 것이 『삼국지』 한조에 나오는 염사착廉斯鑡 사화史話이다. 염사착에 대해 '염사'는 국명으로, '착'은 '치'로 읽어 염사국의 수장으로 보는 견해가 일반적이다. 그러나 염사국은 본래 진한연맹체의 한 구성국이었고 그 지배자의 칭호는 읍군 邑君이었다.[16] 따라서 염사착은 염사국 읍군의 이름으로 보는 것이 타당하다.

염사착은 진한연맹체에서 우거수 직을 맡았다.[17] 우거수는 좌거수의 존재를 전제로 한다. 그렇다면 진한연맹체에는 좌거수도 있었다고 할 수 있다. 염사착은 염사국의 읍군으로서 염사국의 국사를 처리하고, 동시에 진

---

15 『삼국지』 권30 위서30 동이전 부여조의 "舊夫餘俗 水旱不調 五穀不熟 輒歸咎於王 或言 當易 或言當殺" 참조.

16 『후한서』 권85 동이 열전 제75 한전의 "建武二十年 韓人廉斯人蘇馬諟等 詣樂浪貢獻(廉 斯邑名也 諟音是)光武封蘇馬諟爲漢廉斯邑君" 참조.

17 『삼국지』 권30 위서30 동이전 한조의 "魏略曰 … 至王莽地皇時 廉斯鑡爲辰韓右渠帥 …" 참조.

한연맹체의 우거수로서 좌거수와 함께 연맹체 전체와 관련한 중요한 일들을 논의하고 처리하였을 것이다.[18]

우·좌보와 우·좌거수를 대비해 보면 좌우로 나누어진 것이 같고, 존재한 시기도 비슷하다. 따라서 아화되기 이전의 우·좌보는 우·좌거수에 대응된다고 할 수 있다. 그렇다면 우보와 좌보는 본래는 국의 지배자인 읍군이면서 동시에 백제국 중심의 지역연맹체에서 우거수, 좌거수와 같은 직을 맡은 것으로 볼 수 있다.

최초의 우보는 을음乙音이었다. 그는 시조 온조왕의 족부族父였으므로 왕족 출신이었다. 그 다음에 부여인 해루解婁가 우보가 되었다. 그는 뒷날 북부에 편제되었지만 그의 세력 기반이 된 국명과 위치는 알 수 없다. 해루 다음에 동부의 흘우屹于가 우보가 되었다. 그의 기반은 강원도 춘천 지역의 맥국貊國으로 추정된다. 이후 좌보가 설치되어 흘우가 좌보가 되자 북부의 진회眞會가 우보가 되었다. 진회는 진씨로서 말갈계로 추정되지만 그의 기반이 된 국명과 그 위치는 알 수 없다.

좌보가 설치됨으로써 이제 연맹장의 보좌직으로 우보와 좌보가 갖추어졌다. 우보와 좌보에는 처음에는 왕족이 임명되었지만 점차 이성 귀족이 임명되었다. 이는 연맹체 단계에서 지배 세력이 그만큼 확대되어 갔음을 보여 준다.

연맹체 단계에서 국사를 논하는 모습도 역시 염사착 사화에서 추론해 볼 수밖에 없다. 이 사화에 의하면, 진한연맹체는 포로로 잡혀 노비가 된 중국인 1,500명 가운데 죽은 500명에 대한 값으로 진한인 1만 5,000명과 모한포牟韓布 1만 5,000필을 낙랑군에게 지급해야 하였다.[19] 물론 이 숫자

---

18 이부오, 2001, 「1세기 초 염사국의 대외교섭」, 『한국고대사연구』 22집, 한국고대사학회.
19 『삼국지』 권30 위서30 동이전 한조의 "魏略曰 … 至王莽地皇時 廉斯鑡爲辰韓右渠帥 聞 樂浪土地美 … 亡欲來降 出其邑落 見田中驅雀男子一人 其語非韓人 問之 男子曰 我等漢

를 그대로 믿을 수 없다고 하더라도 많은 배상을 해 주었음은 부정할 수 없다.

진한연맹체를 구성한 국들 가운데 대국은 4,000~5,000가, 소국은 600~700가 정도였다. 1가의 가족 수를 5명으로 보더라도 대국의 인구는 2만 내지 2만 5,000명 정도이고, 소국의 경우는 3,000 내지 3,500명 정도이다. 이 인구로는 어느 한 나라도 1만 5,000명의 인원을 차출할 수 없다. 또 모한포 1만 5,000필도 어느 한 나라가 감당하기 어려운 수량이다. 그래서 진한연맹체의 맹주는 좌거수, 우거수 등으로 이루어진 거수회의에서 이 일을 논의하여 연맹체를 구성한 국들에게 일정한 몫을 분담시켰을 것이다.

이를 원용하면 연맹체 단계에서 백제국의 수장은 연맹체 전체와 관련되는 중요한 문제들, 예를 들면 군사 관계 일이나[20] 중국 군현과의 관계, 연맹장 선출 등의 문제들에 대해 우보 및 좌보와 함께 논의하고 처리해 나갔을 것이다. 이는 일종의 회의체이다. 이 회의체의 이름은 알 수 없지만 구성원이 우보와 좌보인 점에서 미루어 '우·좌보회의체'로 부를 수 있다. 이 우·좌보회의체는 백제 귀족회의체의 시원이 된다.

2. 부체제 단계: 제솔회의

부체제 단계에 오면 국은 소멸되고 그 수장의 일부는 중앙귀족이 되었다. 백제에서 부체제는 앞에서 언급한 바와 같이 고이왕 대에 만들어졌

人 名戶來 我等輩千五百人伐材木 爲韓所擊得 皆斷髮爲奴 積三年矣 … 鑷因將戶來 出詣 含資縣 縣召郡 郡卽以鑷爲譯 從芐中乘大船 入辰韓 逆取戶來降伴輩尙得千人 其五百人已 死 鑷時曉謂辰韓 汝還五百人 若不者 樂浪當遣萬兵 乘船來擊汝 辰韓曰 五百人已死 我當 出贖直耳 乃出辰韓萬五千人 牟韓布萬五千匹 鑷收取直還 …"참조.

20 『삼국사기』 권제23 백제본기 제1 시조 온조왕 2년조의 "三月 王以族父乙音 … 拜爲右輔 委以兵馬之事"참조.

다. 이 시기에 부에 속한 귀족들의 상하 질서를 수립하기 위해 만들어진 제도적 장치의 하나가 관등제이다. 관등제는 좌평과 '솔'과 '덕'을 중심으로 하는 상위 관등과 그 아래에서 실무 처리를 담당하는 좌군-진무-극우라는 하위 관등으로 이루어졌다.

이 가운데 좌평은 고이왕이 재지 수장층을 중앙귀족화하여 초부족적인 새로운 정치체제를 수립하고자 하는 과정에서 설치되었다.[21] 그 명칭은 『주례』의 "나라의 정치를 관장하여 왕을 도와 나라를 균평하게 한다[掌邦治政 以佐王 均邦國]"는 천관 총재冢宰의 직무에서 따왔을 가능성이 크다.[22] '솔'은 앞에서 언급한 바와 같이 '술', '식' 또는 '술'과 통하는 표기로 우두머리, 즉 유력 족장을 의미하는 '수리'에서 기원한 것으로 보는 견해가[23] 타당하다. '덕'은 읍락의 거수와 연결된다. 따라서 부의 유력자들은 '솔'의 관등을, 그보다 하위 세력자들은 '덕'의 관등을 지닌 것으로 볼 수 있다.

그러나 부체제 단계에서 백제가 중요 국사를 처리하는 모습을 직접 보여 주는 자료가 없으므로 고구려나 신라의 사례를 통해 추론해 볼 수밖에 없다. 고구려의 경우 중앙귀족인 '가加'들은 세력의 크기에 따라 대가, 소가로 구별되었다. 이를 총칭하여 제가諸加라 하였다. 제가들은 죄를 지은 자가 있으면 평의하여 곧 죽였다[24]고 한다. 이는 제가들이 회의체를 구성하여 국정의 중요 문제를 논의·처리한 것을 보여 준다. 이를 '제가회의체'[25]라 할 수 있다. 〈포항냉수리신라비〉에 의하면 신라에서는 지도로 갈

21 김영심, 1997, 「한성시대 백제 좌평제의 전개」, 『서울학연구』 8집, 서울시립대학교 서울학연구소.
22 이기동, 1996, 『백제사연구』, 일조각, 190~191쪽.
23 유창균, 1983, 『한국 고대한자음의 연구 II』, 계명대학교출판부, 120~121쪽.
24 『삼국지』 권30 위서30 동이전 고구려조의 "有罪諸加評議 便殺之" 참조.
25 노중국, 1979, 「고구려 국상고—초기의 정치체제와 관련하여— (상)」, 『한국학보』 제5권 3호, 일지사.

문왕 이하 7명의 유력 귀족들[七王等]이 공론共論하고 있다.[26] '공론'은 함께 모여 중요한 사안에 대해 논의하고 결정하는 것이다. 이 공론에 참여한 사람은 중앙귀족인 '간干'들이었다. 따라서 부체제 단계에서 신라의 회의체는 '제간諸干회의체'라 할 수 있다.

이를 원용하면 부체제 단계의 백제에서도 솔들로 이루어진 회의체가 중요 국사를 논의하고 처리하였을 것이다. 이 회의체를 '제솔회의諸率會議'라고 할 수 있다.[27] 이와는 달리 좌장, 좌보 등의 '좌左'를 주목하여 이 회의체를 '제좌諸左회의'로 파악하는 견해도 있다.[28] 그러나 좌장, 좌보 등의 관명에서 핵심은 '장將', '보輔'이고 '좌左'는 보조적 용어이다. 따라서 '제좌회의'란 명칭은 성립할 수 없다고 본다.

회의체에는 그 회의를 주관하는 의장이 있기 마련이다. 고구려의 경우 좌보와 우보를 통합하여 만든 국상國相[29]이 제가회의를 주재하였다. 국상은 『삼국지』 동이전 고구려조의 상가相加와 같은 존재였다.[30] 국상은 왕족이거나 5부 출신자로 족장을 뜻하는 우태于台 이상의 관등을 가진 자가 맡았다. 백제의 경우 우보와 좌보를 개편하여 좌평을 설치하였다. 또 좌평은 주로 왕족이나 왕비족이 맡았다. 이는 고구려의 국상과 매우 유사하다. 따라서 백제에서 제솔회의체를 주재한 직은 좌평이라 할 수 있다. 신라의 경우 갈문왕이 제간회의를 주재하였는데 갈문왕을 배출한 부는 사탁부沙喙部(사량부沙梁部)였다.[31]

---

26 〈포항냉수리신라비〉의 "沙喙至都盧葛文王 … 斯彼暮斯智干支 此七王等共論敎" 참조.
27 노중국, 2018, 『백제정치사』, 일조각, 172~173쪽.
28 박대재, 2006, 『고대한국 초기국가의 왕과 전쟁』, 경인문화사.
29 『삼국사기』 권제16 고구려본기 제4 신대왕 2년조의 "春正月 下令曰 … 拜答夫爲國相 加爵爲沛者 令知內外兵馬兼領梁貊部落 改左右輔爲國相 始於此" 참조.
30 노중국, 1979, 「고구려 국상고-초기의 정치체제와 관련하여- (상), (하)」, 『한국학보』 5권 3·4호, 일지사.
31 윤진석, 2009, 「신라 지도로갈문왕의 '섭정'」, 『한국고대사연구』 55집, 한국고대사학회.

제솔회의체는 연맹체 단계의 우·좌보회의체와는 성격이 다르다. 좌부와 우보는 기본적으로 국의 수장이었지만, '솔'은 국의 수장이 아니라 왕권 아래 편제된 중앙귀족이었다. 우·좌보회의체에서 연맹장은 회의체의 한 구성원으로서 이 회의를 주관하였지만 제솔회의체에서는 의장을 별도로 두었다. 그 의장이 좌평이다. 좌보와 우보는 종신직이었지만 좌평은 교대제였다. 이는 귀족들에 대한 왕의 통제가 그만큼 강화된 것을 보여 준다. 이렇게 제솔회의체가 만들어지고 좌평이 의장의 기능을 하게 됨으로써 국왕의 위상은 한 단계 격상되었다.

Ⅲ. 귀족회의체의 변화

1. 한성기의 귀족회의체

(1) 한성기 전기: 제신회의체와 대신회의체

백제에서 중앙집권체제는 근초고왕 대에 갖추어졌다. 근초고왕은 14관등제를 정비하여 귀족 관료들의 상하 질서를 확립하였으며, 담로제라는 지방통치조직을 만들어 지방에 대한 통제력을 강화하였다. 『서기』를 편찬하여 왕실의 정통성을 확립하고, 유교 정치이념의 강조를 통해 국왕에 대한 충성을 강조하였다. 군대의 깃발을 모두 황색으로 하여 백제가 천하의 중심임을 천명하였다. 이에 따라 왕권은 훨씬 강화되었다.

이 시기 귀족회의체 구성원의 칭호를 추론하는 데 단서가 되는 것이 414년에 세워진 〈광개토대왕비〉이다. 여기에는 광개토대왕이 백제왕의 항복을 받은[跪王請命] 후 왕제와 10명의 '대신'을 인질로 붙잡아 갔다는 기사가 나온다. 이 기사의 '대신大臣'은 '신臣'을 격상시킨 칭호이다. 성립

순으로 따지면 '신'이 먼저이고 다음이 '대신'이다. 따라서 '신'은 414년 이전에 이미 사용된 것으로 볼 수 있다.

그 시기를 구체적으로 추정하고자 할 때 단서가 되는 것이 대신이 장사 將士와 함께 나온다는[32] 사실이다. '장사'는 온조왕 22년조에[33] 처음 나온 이후 근초고왕 24년조에 나오고,[34] 마지막으로 의자왕 20년조에 나온다. 온조왕 22년은 건국 초기이고 의자왕 20년은 멸망기이다. 따라서 장사가 가지는 의미는 근초고왕 대에서 찾아야 한다. 그렇다면 백제에서 신과 대신 칭호는 늦어도 근초고왕 대에 사용되었고, 그것이 〈광개토대왕비〉에 반영된 것으로 볼 수 있다.

중국에서 신은 가신家臣을 의미한다. 제후諸侯는 왕의 가신, 경卿은 제후의 가신, 사士는 공경대부公卿大夫의 가신이었다. 이후 신은 관리들이 임금에 대해 자신을 낮추어 부르는 말이 되었다. 국왕은 신과 더불어 정사를 논하였다. 그런데 신라는 법흥왕 대에 와서 왕권이 강화되자 토착적인 성격의 '대등大等'을 '신臣'으로 고쳤다.[35] 이를 원용하면 근초고왕은 중앙집권체제를 갖추면서 종래의 '솔'을 '신'으로 개칭하지 않았을까 한다. '솔'이 '신'으로 개칭되면서 국의 주수를 계승하였다는 성격은 탈각되고 '왕의 가신', 즉 왕의 신하가 되었음이 보다 강조되었다. 이는 맹자가 말한 왕토王土·왕신王臣 사상의[36] 표방이라 하겠다. 이리하여 국왕의 위상은

---

32 『삼국사기』 권제28 백제본기 제6 의자왕 20년조의 "於是 王及太子孝與諸城皆降 定方以 王及太子孝王子泰隆演 及大臣將士八十八人 百姓一萬二千八百七人 送京師" 참조.

33 『삼국사기』 권제23 백제본기 제1 시조 온조왕 22년조의 "九月 … 遇靺鞨賊 一戰破之 虜 獲生口 分賜將士" 참조.

34 『삼국사기』 권제24 백제본기 제2 근초고왕 24년조의 "秋九月 高句麗王斯由帥步騎二萬 … 王遣太子以兵徑至雉壤 急擊破之 獲五千餘級 其虜獲分賜將士" 참조.

35 『삼국사기』 권제38 잡지 제7 직관 상의 "上大等(或云上臣)法興王十八年始置"; 권제40 잡지 제9 직관 하 외관조의 "仕臣(或云仕大等)五人 眞興王二十五年始置" 참조. 이에 대해서는 이기백, 1962, 「대등고」, 『역사학보』 17·18합집, 역사학회 참조.

36 『맹자』 만장 장구 상의 "詩云 普天之下 莫非王土 率土之濱 莫非王臣" 참조.

그만큼 높아졌다.

이 '신'에서 격상된 칭호가 '대신'이다. 대신은 신들 가운데 서열과 위상이 가장 높은 신을 말한다. 그래서 신라에서는 대신을 상신上臣이라고도 하였다.[37] 〈광개토대왕비〉에 의하면 백제에서 대신의 수는 10명이나 그 이상이었다. 대신은 왕의 동생과 더불어 고구려의 인질이 되었다. 인질은 인적 담보물의 성격을 지니고 있으므로 중요한 인물이어야 한다. 대신이 인질로 잡혀갔다는 것은 대신의 정치적 위상과 비중이 그만큼 컸음을 보여 준다. 따라서 대신들은 최고위 귀족으로서 중요한 국사를 논의하고 결정하였다고 할 수 있다. 이는 신라 진덕여왕 대에 알천공, 임종공, 술종공, 무림공, 염장공, 유신공 등 6명의 대신이 신성 공간인 우지암亏知巖에 모여 국사를 논의하였다는 것이[38] 방증한다. 대신이 최고위 귀족이므로 이들에 의해 구성된 회의체는 최고귀족회의체가 되며, 회의체의 이름은 '대신회의체'로 부를 수 있다.

대신회의체에서 의장은 서열이 가장 높은 대신이 맡았을 것이다. 이에 따라 종래 제솔회의체의 의장이었던 좌평은 이제 제1관등으로서만 기능하게 되었다. 대신회의체가 구성됨으로써 제신회의체의 위상은 낮아졌다. 이렇게 볼 때 대신회의체의 설치는 백제 귀족회의체의 또 하나의 변화라고 할 수 있다.

(2) 한성기 후기: 상좌평의 설치와 3좌평회의체

제신회의체와 상위의 대신회의체가 성립된 이후 이 귀족회의체에 변화

---

37 『일본서기』 권17 계체기 23년조의 "是月 … 由是 新羅改遣其上臣伊叱夫禮智干岐(新羅以大臣爲上臣)" 참조.
38 『삼국유사』 권제1 기이 제1 진덕왕조의 "王之代有閼川公林宗公述宗公虎林公(慈藏之父) 廉長公庾信公 會於南山亏知巖 議國事 … 新羅有四靈地 將議大事 則大臣必會其地謀之 則其事必成 一曰東青松山 二曰南亏知山 三曰西皮田 四曰北金剛山" 참조.

를 가져온 것이 전지왕 4년(408) 상좌평의 설치이다.[39] 『삼국사기』 편찬자는 상좌평은 좌보, 우보, 좌장과 더불어 『본국고기本國古記』에만 보인다[40]고 하였다. 상좌평은 좌평에서 격상된 것이다. 이는 고구려에서 대로對盧가 대대로大對盧로, 신라에서 대등大等이 상대등上大等으로 격상된 것과 같은 맥락이다. 초대 상좌평은 왕의 동생인 여신餘信이 임명되었다. 상좌평이 설치됨으로써 좌평은 분화하기 시작하였다.[41]

상좌평이 설치된 배경에 대해 전지왕이 왕권의 안정을 도모하기 위해 설치한 것으로 보는 견해도 있고,[42] 전지왕이 새로이 두각을 나타내는 해씨 세력 등을 견제하기 위한 목적에서 설치한 것으로 보는 견해도[43] 있다. 그러나 전지왕은 왕위 계승전을 치르는 과정에서 왕족 여신餘信과 해씨 세력의 지지를 받아 왕이 되었기 때문에 즉위 초에는 공신들의 입김이 강하였다. 따라서 상좌평은 공신 세력들이 자신들의 입지를 보다 강화하기 위해 설치한 것으로 파악하는 것이[44] 타당하다.

상좌평의 위상은 고려의 총재冢宰와 같았다. 총재는 본래 중국 주周나라 관직으로 6관六官의 하나이며, 백관의 장長으로서 국정 전반을 통괄하고 궁중 사무 전체를 관장하였다.[45] 『주례』를 본받아 설치된 고려의 총재

---

39 『삼국사기』 권제25 백제본기 제3 전지왕 4년조의 "春正月 拜餘信爲上佐平 委以軍國政事 上佐平之職 始於此 若今之冢宰" 참조.
40 『삼국사기』 권제40 잡지 제9 직관 하 외관조의 "左輔右輔左將上佐平北門頭 右見本國古記" 참조.
41 문동석, 2001, 「4세기 백제의 지배체제와 좌평」, 『역사와 현실』 42집, 한국역사연구회.
42 이기백·이기동, 1982, 『한국사강좌 Ⅰ (고대편)』, 일조각, 175쪽; 양기석, 1982, 「백제 전지왕대의 정치적 변혁」, 『호서사학』 10집, 호서사학회.
43 문동석, 2001, 「4세기 백제의 지배체제와 좌평」, 『역사와 현실』 42집, 한국역사연구회; 김기섭, 1997, 「백제의 좌평 시론」, 『청계사학』 13집, 청계사학회; 김영심, 1997, 「한성시대 백제 좌평제의 전개」, 『서울학연구』 8집, 서울시립대학교 서울학연구소.
44 노중국, 2018, 『백제정치사』, 일조각, 258~260쪽.
45 『주례』 천관 총재 제1의 "… 乃立天官冢宰 使帥其屬 而掌邦治 以佐王 均邦國 治官之屬 大宰卿一人 …" 참조.

도 국정 전반을 통괄하였으며 품계는 종1품이었다.[46]

전지왕은 상좌평을 설치한 후 초대 상좌평에 임명된 여신에게 군국정사軍國政事를 맡겼다. 군국정사는 국정 운영의 핵심적인 부분으로 본래는 왕이 행사해야 한다. 그럼에도 불구하고 이를 상좌평에게 맡긴 것이다. 이는 여신을 대표로 하는 공신 세력들이 정치 운영의 실권을 장악하였음을 보여 준다. 그렇다면 상좌평은 국정 운영의 최고 책임자로서 대신회의의 의장 역할을 하지 않았을까 한다.[47]

상좌평이 설치된 이후 회의체의 변화를 보여 주는 것이 중좌평과 하좌평이다. 중좌평은 『일본서기』 흠명기 2년(541, 성왕 19)조에 최초로 보이고, 하좌평은 흠명기 4년(543, 성왕 21)조에 상좌평, 중좌평과 함께 보인다.[48] 이는 좌평이 541년 이전에 상좌평, 중좌평, 하좌평으로 분화된 것을 보여 준다. 541년을 하한선으로 보면 3좌평은 웅진기에는 당연히 있었고 처음 설치된 시기는 한성기로 올려 볼 수 있다.

3좌평이 한성기의 어느 시기에 설치되었는지 분명히 알기는 어렵지만 이와 관련하여 주목되는 것이 구이신왕 대이다. 구이신왕은 전지왕이 왜국에 인질로 가 있을 때 맞이한 왜 왕녀 출신인 팔수八須부인과의 사이에서 태어났다.[49] 즉위할 당시 구이신왕은 16세라는 어린 나이였다. 팔수부인은 왜 왕실 출신이어서 국내에서의 정치적 기반은 상대적으로 약하였

---

46 변태섭, 2003, 「고려 전기의 정치 구조」, 국사편찬위원회, 『(신편) 한국사 13—고려 전기의 정치 구조—』, 탐구당.

47 노중국, 1994, 「4~5세기 백제의 정치운영—근초고왕-아신왕대를 중심으로—」, 한국고대사회연구소, 『한국고대사논총』 6집, 가락국사적개발연구원.

48 『일본서기』 권19 흠명기 2년조의 "聖明王曰 … 我深懲悔 而遣下部中佐平麻鹵 …"; 4년조의 "十二月 百濟聖明王 復以前詔 普示群臣曰 天皇詔勅如是 當復何如 上佐平沙宅己婁 中佐平木刕麻那 下佐平木尹貴 …" 참조.

49 김기섭, 2005, 「5세기 무렵 백제 도왜인의 활동과 문화 전파」, 한일관계사연구논집 편찬위원회 편, 『왜 5왕 문제와 한일관계』(한일관계사 연구논집 2), 경인문화사.

다. 팔수부인은 어린 구이신왕을 즉위시키기 위해 가야 평정에 공을 세운 목라근자의 아들 목만치와 결탁하였다. 목만치는 왕모를 도와 구이신왕을 즉위시키는 데 성공하였다. 그 공으로 목만치는 정치적 실권을 장악하여 국정을 좌지우지하였을 뿐만 아니라 왕모와 상음相淫하는 관계가 되었다.[50]

이처럼 목만치는 구이신왕 대에 독주하였지만 상좌평은 전지왕 대부터 여신이 그대로 맡고 있었다. 그의 존재는 목만치에게는 매우 부담스러웠을 것이다. 이에 목만치는 상좌평에게 집중된 군국정사의 위임을 분산시키려 하였고, 그 방법으로 중좌평과 하좌평을 설치하고 자신의 지지 세력을 임명하여 상좌평과 함께 국정을 논의하도록 하지 않았을까 한다. 이러한 추론이 성립된다면 3좌평회의체는 구이신왕 대에 설치되었다고 할 수 있다. 그 결과 이전의 대신회의체는 3좌평회의체로 바뀌게 되었다.

전지왕 즉위 이후 백제의 정치 운영은 전지왕 대에는 해씨가, 구이신왕 대에는 목씨가 주도하였다. 이에 따라 근초고왕 대에서 아신왕 대에 이르기까지 5대에 걸쳐 이루어진 왕족 부여씨와 왕비족 진씨 중심의 정치 운영은 흔들리게 되었다. 이러한 시기에 좌평을 분화·격상시켜 상·중·하 좌평으로 이루어진 최고귀족회의체가 구성되었다. 이 3좌평회의체는 부체제 단계의 솔率을 신臣으로 개칭하여 대신회의체를 바꾼 것과는 성격이 다르다. 좌평 자체가 솔과 함께 부체제 단계의 산물이기 때문이다. 그렇다면 3좌평회의체는 근초고왕이 추진한 체제 개혁 이전으로 돌아가려는 경향에서 빚어진 산물이 아닐까 한다.

---

50 노중국, 2018, 『백제정치사』, 일조각, 265~267쪽.

2. 웅진기의 귀족회의체: 3좌평회의체

백제는 475년 고구려에 의해 한성이 함락되고 경기도 일대를 빼앗기자 황급히 웅진으로 천도하였다. 황급한 천도였기 때문에 천도 초기에는 왕권의 미약과 남래해 온 귀족들의 자체 분열로 정치가 매우 불안정하였다. 그렇지만 무령왕 대에 와서 이러한 정치적 불안은 일단락되었다. 무령왕이 양나라에 사신을 보내 백제가 "다시 강국이 되었음을 선언한 것"이 이를 보여 준다.

앞에서 언급한 바와 같이 웅진기는 한성기 후기의 지배조직을 그대로 이어받았다. 그렇다면 웅진기의 최고귀족회의체도 3좌평회의체였을 가능성이 크다. 541년(성왕 19)에 중좌평이, 543년(성왕 21)에 상좌평, 중좌평, 하좌평이 보이는 것이 이를 뒷받침해 준다.

3. 사비기의 귀족회의체

(1) 사비기 전기: 5좌평회의체

무령왕이 다져 놓은 정치적 안정을 기반으로 성왕은 16년(538)에 사비로 천도하였다. 천도 이후 성왕은 중앙통치조직과 지방통치조직 그리고 군사조직 등 국가체제를 정비하였다. 체제 정비 배경에는 유교 이념의 강조가 깔려 있었다. 이를 보여 주는 것이 성왕이 19년(541)에 양나라에 사신을 보내 모시박사를 비롯하여 공장과 화사를 보내 줄 것을 요청하자,[51] 양 무제가 강례박사 육후陸詡를 백제에 보낸 사실이다. 육후는 삼례(『예기』, 『의례』, 『주례』)에 밝은 학자였다. 육후는 유교 이념에 입각하여 성왕

---

51 『삼국사기』 권제26 백제본기 제4 성왕 19년조의 "王遣使入梁朝貢 兼表請毛詩博士涅槃等經義幷工匠畫師等 從之" 참조.

의 자문에 응하였을 것이다. 이로 미루어 성왕은 유교 이념에 입각하여 체제 정비를 하였고, 같은 맥락 속에서 최고귀족회의체도 재정비하지 않았을까 한다.

최고귀족회의체의 재정비에서 가장 눈에 띄는 것이 구성원의 수를 늘린 것이다. 『주서』 백제전에 의하면 좌평의 정원은 5명이었다. 이는 사비기에 와서 좌평의 정원이 3명에서 5명으로 늘어났음을 보여 준다. 관등에 정원을 정한 것은 삼국 가운데 백제가 유일하다. 정원을 늘린 목적이 무엇인지 분명히 알기 어려우나 3좌평에게 집중된 권한을 분산시키기 위함이 아닐까 한다.

좌평의 정원을 5명으로 한 배경은 두 가지로 생각해 볼 수 있다. 하나는 부여족 계통의 나라들은 '五'를 신성시하였다는 점이다. 이는 고구려와 부여의 5부, 5족에서 확인된다. 그런데 성왕은 사비로 천도하면서 일시적으로 국호를 남부여로 개칭하여 부여의 정통을 백제가 이었음을 천명하였다. 그렇다면 부여족의 정통성 계승자라는 의식에서 좌평의 정원을 5명으로 한 것으로 볼 수 있다. 여기에 이 시기에 유행한 오행사상도 어느 정도 영향을 미친 것으로 보인다. 오행사상의 유행은 비류왕이나 아신왕이 사대射臺를 왕궁 서쪽에 만든 것과 근초고왕이 사열을 할 때 군기의 색깔을 모두 황색으로 한 것에서 확인된다.

다른 하나는 왕도 5부제와의 연관성이다. 왕도 5부제는 왕도를 5개의 행정구역으로 나눈 것인데 각 부 아래에 5항을 두었다. 이를 5부–5항제라 한다. 5부의 명칭은 상부, 전부, 중부, 하부, 후부이다. 이 5부에는 왕도의 귀족들과 도성민들이 편제되어 있었다. 나솔 비리막고鼻利莫古와 선문宣文이 전부에, 나솔 목협매순木荔昧淳이 중부에 속한 것과[52] 나솔 과야신

---

52 『일본서기』 권19 흠명기 2년조의 "秋七月 … 遣前部奈率鼻利莫古 奈率宣文 中部奈率木荔昧淳"참조.

라科野新羅가 상부에, 고덕 문휴대산汝休帶山이 하부에 속한 것이[53] 그 예가 된다. 그런데 5부와 5좌평은 수적으로 대응되고 또 좌평 관등을 소지한 귀족도 부에 속하였다. 이로 미루어 성왕은 사비로 천도하면서 왕도의 귀족들을 5부에 편제한 후 각 부에 편제된 귀족의 대표를 좌평에 임명함으로써 좌평의 정원은 5명이 되지 않았을까 한다.[54]

그런데 543년에 열린 군신회의에 3좌평만 나온다. 이는 543년까지는 3좌평제가 유지되었음을 의미한다. 그렇다면 543년 이후 어느 시기에 좌평의 정원이 5명으로 늘어난 것으로 볼 수 있다. 이로써 최고귀족회의체는 3좌평 회의체에서 5좌평회의체로 바뀌었다.

5좌평 가운데 이름을 알 수 있는 좌평은 상좌평, 중좌평, 하좌평이고 나머지 두 좌평의 명칭은 기록에 나오지 않는다. 그러나 왕도 5부와 5좌평이 연관성을 갖고 있고 또 상좌평, 중좌평, 하좌평의 상, 중, 하는 5부의 상부, 중부, 하부의 상, 중, 하와 통한다는 사실에서 미루어 두 좌평의 이름은 전좌평과 후좌평이 아니었을까 한다.

사비기 전기에 정비된 5좌평회의체의 특징은 다음과 같이 정리할 수 있다. 첫째, 회의체의 구성원은 모두 1품 관등이라는 점이다. 둘째, 5좌평은 좌평을 분화·격상시켜 상·중·하·전·후좌평으로 하였다는 것이다. 셋째, 5좌평은 왕도 5부의 대표자들이 임명되었을 가능성이 크다는 점이다. 넷째, 5좌평의 관등은 동일하지만 명칭에서 미루어 상좌평이 의장의 기능을 하였을 것이다. 다섯째, 최고귀족회의체의 구성원이 3명에서 5명으로 확대되었다는 것이다.

좌평의 수를 확대하고 또 각 좌평을 왕도 5부제와 연계시킴으로써 성왕

---

53 『일본서기』 권19 흠명기 14년조의 "八月辛卯朔丁酉 百濟遣上部奈率科野新羅 下部固德 汝休帶山等 上表曰 …" 참조.

54 노중국, 2018, 『백제정치사』, 일조각, 384~385쪽.

은 최고귀족회의체에 대한 영향력을 강화하였다. 여기에 더하여 성왕은 국정 운영의 중심축을 22부에 두었다. 그 결과 왕권 중심의 정치 운영이 이루어짐에 따라 5좌평회의체의 정치적 영향력은 상대적으로 약해졌다. 554년 신라 정벌군을 일으킬 때 기로耆老들이 "하늘이 주지 않으면 화가 미칠까 두렵다" 하면서 신라 정벌을 반대하자 왕자 여창은 "늙었구나. 왜 겁을 내는가. 어찌 두려워하는가"라면서 군대를 일으켰다.[55] 기로들의 반대는 귀족들의 의견을 대변한 것으로 볼 수 있다. 그러나 왕자 여창은 기로들의 의사를 무시하고 출병을 단행하였다. 여창의 행동은 곧 성왕의 의지의 반영이다. 이는 국정 운영의 주도권을 성왕이 장악하고 있었음을 보여 준다. 성왕의 이러한 모습은 당 태종이 고구려를 친정親征하지 말라는 장안長安 기로들의 간언을 물리치고 친정을 단행한 것과[56] 비슷한 모습이라 하겠다.

(2) 사비기 후기: 6좌평회의체

사비기 전기에 시행된 5좌평회의체는 위덕왕 대에 와서 또 변화하였다. 그 배경에는 554년 관산성 대회전에서의 패배가 작용하였다. 성왕은 사비 천도를 계기로 이루어진 체제 정비를 통해 다져진 국력을 바탕으로 고구려에게 빼앗긴 한강 유역을 회복하려 하였다. 551년 성왕은 마침내 신라군, 가야군의 협조를 받아 고구려 공격을 단행하여 한강 하류 지역을 회복하였다. 이때 신라는 한강 상류의 10군을 차지하였다. 그러나 신라 진흥왕은 이에 만족하지 않고 고구려와 연통한 후 553년에 백제가 회복한 한강 하류 지역마저 점령해 버렸다. 성왕은 신라에게 빼앗긴 한강 유역을

---

55 『일본서기』 권19 흠명기 15년조의 "餘昌 謀伐新羅 耆老諫曰 天未與 懼禍及 餘昌曰 老矣 何怯也 我事大國 有何懼也" 참조.
56 『신당서』 권220 열전 제145 동이 고려전의 "于是帝欲自將討之 召長安耆老 勞曰 遼東故 中國地而莫離支賊殺其主 朕將自行經略之 … 羣臣皆勸帝毋行 …".

되찾기 위해 554년에 대군을 일으켰다. 그러나 백제군은 관산성 대회전에서 성왕이 신라군에 붙잡혀 죽고 3만에 가까운 병사들이 전사하는 대패배를 당하였다. 왕자 여창도 간신히 목숨을 구하였다.

이를 계기로 신라 정벌을 반대하였던 기로들은 여창(위덕왕)에게 패전의 책임을 추궁하였다. '지난날의 근심이 아직 평정되지 않았는데 뒷날 큰 환란이 있으면 누구의 잘못인가', '지난날의 잘못을 뉘우치라'는 등의 책임 추궁이[57] 이를 보여 준다. 이로 말미암아 위덕왕 즉위 초기의 정치 운영은 대성8족을 중심으로 하는 실권귀족들이 주도하게 되었다.[58] 이 과정에서 6명의 좌평으로 이루어진 회의체가 만들어졌다. 이를 6좌평회의체라 한다.

6좌평은 왕명 출납[宣納事]을 맡은 내신좌평, 재정 업무[庫藏事]를 맡은 내두좌평, 의례 업무[禮儀事]를 맡은 내법좌평, 숙위 업무[宿衛兵事]를 맡은 위사좌평, 형옥 업무[刑獄事]를 맡은 조정좌평, 병마 관련 업무[外兵馬事]를 맡은 병관좌평을 말한다.[59] 6좌평이 한성기인 근초고왕 대에 성립된 것으로 보는 견해도 있지만[60] 중국 사서에서 6좌평 기사가 『구당서』 백제전에 처음으로 나온다는 사실과 사비기 전기에 좌평의 정원이 5명이었다는 사실 등에서 미루어 사비기 후기에 성립된 것으로 보는 것이 타당하다.

6좌평과 이전의 5좌평은 관품이 모두 1품인 것은 동일하다. 그러나 6좌평은 몇 가지 점에서 5좌평과는 차이가 있다. 첫째, 정원이 5명에서 6명으

---

57 『일본서기』 권19 흠명기 16년조의 "… 嗟夫前慮不定 後有大患 誰之過歟 … 今此國宗 將授何國 … 縱使能用耆老之言 豈至於此 請悔前過 無勞出俗 …" 참조.

58 노중국, 2018, 『백제정치사』, 일조각, 406~408쪽.

59 『구당서』 권199 상 열전 제149 상 동이 백제전의 "所置內官曰 內臣佐平掌宣納事 內頭佐平掌庫藏事 內法佐平掌禮儀事 衛士佐平掌宿衛兵事 朝廷佐平掌刑獄事 兵官佐平掌在外兵馬事" 참조.

60 김영심, 1997, 「한성시대 백제 좌평제의 전개」, 『서울학연구』 8집, 서울시립대학교 서울학연구소.

로 늘어났다. 둘째, 좌평의 명칭이 상·중·하좌평 등에서 내신, 내두, 위사좌평 등으로 바뀌었다. 셋째, 5좌평은 특정한 직사가 없지만 6좌평은 각각 특정한 직임을 맡았다. 넷째, 5좌평은 왕도 5부제와 연관하여 만들어진 것으로 보이지만 6좌평은 대성8족과 연관하여 만들어졌을 가능성이 크다.

종래의 연구에서는 6좌평을 당의 6전六典 조직과 연관시켜 이해해 왔다. 이러한 견해에서는 '6'이라는 숫자의 일치와 업무의 공통성이 강조되었다. 당의 6전 조직은 상서성尙書省 휘하의 6부部, 즉 이부, 호부, 예부, 병부, 형부, 공부를 말한다. 이부는 문관의 임명·면직·상벌 등의 인사를, 호부는 재정 전반을, 예부는 예의·제사·학교 및 대외 관계 업무를, 병부는 군사와 무관의 인사를, 형부는 사법에 관한 일을, 공부는 토목 사업과 관련한 일을 맡았다. 이 가운데 예부, 병부, 형부 등의 업무는 6좌평의 내법좌평, 병관좌평, 조정좌평과 연결시켜 볼 수 있다.

그러나 당의 6부는 상서성 산하 기구로서 중서성과 문하성에서 결정한 사항을 집행하였다. 즉 6부는 국사를 논의하여 결정하는 기구가 아니었다. 반면에 백제의 6좌평제는 최고의결기구였다. 이처럼 6좌평은 6부와는 격이 달랐으므로 당의 6전 조직을 토대로 6좌평이 만들어진 것으로 보기 어렵다.

6좌평의 구성 원리와 관련하여 주목되는 것이 『주례』의 6관六官이다. 6관은 천관총재天官冢宰, 지관사도地官司徒, 춘관종백春官宗伯, 하관사마夏官司馬, 추관사구秋官司寇, 동관고공기冬官考工記를 말한다. 천관의 총재는 6경卿의 우두머리로서 정치[方治]를 관장하여 왕의 천하 통치를 보좌하였다. 지관의 대사도大司徒는 교육, 토지, 부세 등을 관장하였다. 춘관의 종백宗伯은 종묘제례 등 의례를 관장하여 방국을 화합시키는 것을 도왔다. 하관의 대사마大司馬는 군정을 관장하고 군대를 거느려 방국을 평안하게 하는 것을 도왔다. 추관의 사구司寇는 옥송과 형벌 등의 업무를 관장하여 형벌을 내리는 것을 도왔다. 동관을 대신한 고공기考工記는 각종 제작에 관한 일을 맡았다.

6관과 6좌평을 대입해 보면 천관총재의 직사는 내신좌평의 직사, 지관사도의 직사는 내두좌평의 직사, 춘관종백의 직사는 내법좌평內法佐平의 직사, 하관대사마의 직사는 병관좌평의 직사, 추관사구의 직사는 조정좌평의 직사와 대응된다. 다만 제작 업무를 맡은 동관고공기의 직사 대신 왕궁 숙위를 맡은 위사좌평의 직사를 둔 것은 백제적 변용으로 보아야 할 것이다. 위사좌평의 직사는 6관에서는 보이지 않기 때문이다.

이처럼 6좌평의 직사는 『주례』의 6관과 거의 일치한다. 국사를 총괄하는 최고 관청이라는 점도 공통이다. 중요 국사를 크게 여섯으로 나눈 것도 일치한다. 그런데 이 시기 북주北周는 주례주의에 입각해 제도를 정비하고 정치를 운영하였다. 위덕왕은 북주와도 교섭·교류를 하면서 주례주의를 받아들였다.[61] 이를 종합하면 6좌평의 구성 원리는 『주례』의 6관이었다고 할 수 있다.[62] 이리하여 6좌평회의체는 최고귀족회의체가 되었다.

6좌평회의체와 관련하여 또 하나 정리해야 할 것은 6좌평과 외관 10부 가운데 사군부, 사도부, 사공부, 사구부와의 관계이다. 사군은 『주례』의 사마에 대한 다른 표기이다. 이 4부의 명칭은 『주례』의 사마, 사도, 사공, 사구와 일치한다. 따라서 이 4부는 『주례』의 6관을 토대로 하여 만든 것이 분명하다. 문제는 이 4부의 직사가 6좌평 가운데 내두좌평, 내법좌평, 조정좌평, 병관좌평의 직사와 일치한다는 점이다. 이에 대해 내신좌평을 전내부의 장관으로, 내두좌평을 내경부의 장관으로, 내법좌평을 법부의

61 이기동, 1996, 『백제사연구』, 일조각, 171~180쪽; 양기석, 2003, 「백제 위덕왕대의 대외관계―대중관계를 중심으로―」, 『선사와 고대』 19집, 한국고대학회.

62 黑田達也, 1985, 「百濟の中央官制についての一試論」, 『社會科學研究』 10輯, 社會科學研究會, 32~35쪽.

장관으로, 위사·병관좌평을 사군부의 장관으로, 조정좌평을 사구부의 장관으로 추정하고 중요 부에 좌평을 장관으로 두어 관료제적 정치조직을 발달시켜 간 것으로 본 견해도 있다.[63] 그러나 6좌평은 논의 기구이고, 4부는 집행 기구이다. 좌평의 명칭은 내신, 내두, 내법 등이고 부의 장관 명칭은 장리長吏(재관장宰官長)여서 달랐다. 따라서 부의 장관을 좌평으로 볼 수 없다.

6좌평과 4부의 관계는 관산성 패전 이후 정치 운영의 방향이라는 관점에서 살펴보아야 한다. 사비 천도 후 정비된 22부는 왕명을 받아 국사를 집행함으로써 왕권 중심의 정치 운영을 뒷받침하는 역할을 하였다. 이 가운데 사군부 등 4부가 핵심이었다. 이때 5좌평회의체는 최고귀족회의체였지만 정치적 위상은 상대적으로 약화되어 있었다. 또 5좌평은 각각의 직사가 부여되지 않았다. 이 때문에 좌평과 4부 사이의 직사의 중복은 없었다.

그러나 관산성 대회전에서의 패배 이후 상황은 달라졌다. 실권귀족이 정치 운영을 주도하게 된 것이다. 그 중심에 대성8족이 있었다. 집행 기구를 장악한 실권귀족들은 자신들의 입지를 보다 확실히 다져야 하였다. 그 방법으로 6좌평 각각에 중요 직사를 부여한 후 집행 기구를 감독하려 하지 않았을까 한다. 그 결과 6좌평의 직사와 4부의 직사가 중복되는 현상이 나타나게 되었다. 이리하여 6좌평은 중요 국사를 의논하고 결정하면서 동시에 각각의 직사에 따라 집행 기구인 4부를 감독할 수 있게 되었다.[64]

최고귀족회의체로서 중요한 국사를 논의하고 결정한 6좌평회의체는 신라의 6대신회의체나 고구려의 5관등회의체에 대응된다.[65] 그러나 신라나

63 武田幸男, 1980, 「6世紀における朝鮮三國の國家體制」, 井上光貞 等編, 『東アジア世界における 日本古代史講座 4―朝鮮三國と倭國―』, 學生社.

64 양기석, 1997, 「백제 사비시대의 좌평제 연구」, 『충북사학』 9권, 충북사학회; 노중국, 2018, 『백제정치사』, 일조각, 417~419쪽.

65 노중국, 1979, 「고구려 국상고―초기의 정치체제와 관련하여― (상), (하)」, 『한국학보』 5

고구려의 경우 최고귀족회의 구성원 각각의 직사는 정해져 있지 않았다. 반면에 6좌평은 각각 분담하는 직사가 있었다. 이 점이 백제 6좌평회의체의 특징이라 하겠다.

Ⅳ. 귀족회의체의 운영

1. 중요 의사 결정 방법

백제의 귀족회의체는 국가 발전 단계에 따라 구성원이 달라졌고, 운영 모습도 달랐다. 그러나 각 시기마다 회의체의 운영 모습을 구체적으로 보여 주는 자료는 거의 없다. 다행히 『삼국유사』에 수록된 정사암政事嵓 고사를 통해 사비기 후기의 6좌평회의체 운영 모습의 일단을 살펴볼 수 있다. 정사암은 부여 백마강 건너편의 호암사虎嵓寺에 있다. 현재 호암사지는 충청남도 기념물 제32호로 지정되어 있다. 이 호암사 안에 있는 바위가 정사암이었다. 정사암은 '중요한 정사가 행해지는 바위'였기 때문에 붙은 이름이다. 호암사가 언제 세워졌는지 알 수 없지만 정사암에서 재상을 뽑았다는 사실에서 미루어 국가 사찰임은 분명하다.

정사암 고사의 핵심은 "재상宰相을 뽑을 때 마땅히 뽑아야 할 3~4명의 이름을 써서 함에 봉한 후 바위 위에 놓아두었다가 열어서 이름 위에 인적印跡이 있는 자를 재상으로 삼았다"[66]는 것이다. 중국에서 재상은 상相, 상국相國, 상실相室, 승상丞相 등으로 다양하게 불렸는데 주대의 가신 관직체

권3·4호, 일지사.

66 『삼국유사』 권제2 기이 제2 남부여·전백제·북부여조의 "又虎嵓寺有政事嵓 國家將議宰相 則書當選者名 或三四 緘封置嵓上 須臾取看 名上有印跡者爲相" 참조.

계 속에서 생성되었다. 이 당시 상은 제사 의례나 일반 사무 보조를 지칭하거나 군주의 정무를 담당한 관료를 가리켰다. 그러나 전국시대에 이르러서 중앙관료체계가 고정되어 가면서 상은 명실상부한 '백관의 장'으로서 조정 전반의 사무를 관장하였다. 진한시대에 와서 삼공구경제三公九卿制가 마련되었는데 전한에서는 삼공三公(대사마大司馬·대사도大司徒·대사공大司空)을, 후한에서는 사도·태위·사공·승상 등을 재상으로 불렀다.[67]

신라에서는 상대등과 병부령은 재상을 겸할 수 있었고, 상재上宰(대재상大宰相), 차재次宰(이재二宰)의 구별이 있었다.[68] 고려의 경우 종2품 이상의 모든 관직자를 재상이라 하였지만 실제로는 중서문하성의 시중 이하 5직 8인과 중추원의 판사 이하 7직 9인을 재상이라 하였다.[69]

백제에서 재상은 신라나 고려와는 달리 6좌평을 가리키는 것으로 보는 것이 타당하다. 6좌평을 재상으로 보았을 때 정사암 고사에서 주목되는 것이 재상 선출 방법이다. 이때 '마땅히 뽑아야 할 3~4명의 이름을 써서 함에 봉하였다'는 것은 선출할 대상을 사전에 조율하였음을 의미한다. '이름 위에 인적이 있는 자를 재상으로 삼았다'는 것은 일정한 의례 절차를 거침으로써 결정한 사항에 신성성을 부여한 것이다. 이는 6좌평이 귀족들에 의해 선거되었음을 보여 준다.

이로 말미암아 재상 선출에 대한 왕의 간섭은 상대적으로 제한되었다. 따라서 정사암 고사는 사비기 후기에 6좌평회의체가 정치의 주도권을 장

---

67 조우연, 2018, 「고구려의 왕권과 상권―중국 재상제도의 전개 및 '패자정치'를 겸하여―」, 『고구려발해연구』 60집, 고구려발해학회.

68 『삼국사기』 권제38 잡지 제7 직관 상의 "兵部令一人 法興王三年始置 … 位自大阿湌至太大角干爲之 又得兼宰相"; 권제10 신라본기 제10 원성왕 2년조의 "大宰相一人 衣一副銀椀一 次宰相二人 各衣一副銀椀各一 卿宜領受分給 …"; 『삼국유사』 권제2 기이 제2 원성대왕조의 "伊飡金周元 初爲上宰 王爲角干 居二宰 …" 참조.

69 변태섭, 1967, 「고려재상고―삼성의 권력관계를 중심으로―」, 『역사학보』 35·36합집, 역사학회.

악하고 있었음을 보여 주는 것이라 하겠다. 이는 고구려 후기에 5관등회의체의 의장인 대대로大對盧를 교체할 때 능력이 있는 자들이 경쟁하여 때때로 무력 충돌도 있었지만 왕은 이를 잘 제어하지 못한 채 궁문만 닫고 있었으며, 대대로 임명은 왕의 서치署置를 거치지 않았다고 한 사실이[70] 방증한다.

2. 회의 장소

백제에서 귀족회의가 열린 곳은 대개는 남당南堂이었다. 남당은 원시집회소에서 유래한 것이지만 국가체제가 정비되면서 정청政廳으로서의 기능을 가지게 되었다.[71] 고이왕이 춘정월에 정장을 하고 '남당에 앉아 국사를 들었다坐南堂 聽事'고 한 것이 이를 보여 준다. 신라에서는 이 남당을 도당都堂이라고 하였다.[72]

그러나 중대한 국사를 논의할 때 최고귀족회의는 특별한 장소에서 열렸다. 신라에서는 이 장소를 '영지靈地'라 하였는데 네 영지[四靈地]가 있었다. 그래서 대신들은 국가 대사를 논의할 때 반드시 사령지四靈地에 모여서 하였다.[73] 재상을 뽑는 일도 중대한 일이다. 따라서 정사암도 백제에서는 신성한 장소의 하나라고 할 수 있다. 이를 방증해 주는 것이 호암사의

---

70 『한원』 번이부 고려조의 "… 其一曰吐捽 比一品 舊名大對盧 惣知國事 三年一代 若稱職者 不拘年限 交替之日 或不相祗服 皆勒兵相攻 勝者爲之 其王但閉宮自守 不能制禦"; 『주서』 권49 열전 제41 이역 상 고려전의 "其大對盧則以彊弱相陵奪 而自爲之 不由王之署置也" 참조.
71 이병도, 1976, 「古代南堂考」, 『한국고대사연구』, 박영사.
72 『삼국사기』 권제2 신라본기 제2 첨해이사금 3년조의 "秋七月 作南堂於宮南(南堂或云都堂) 以良夫爲伊湌" 참조.
73 『삼국유사』 권제1 기이 제1 진덕왕조의 "新羅有四靈地 將議大事 則大臣必會其地謀之 則其事必成" 참조.

명칭이다.

호암사라는 절 이름은 이 절에 호랑이 모양의 바위가 있었기 때문에 붙인 이름이거나 이 절과 관련하여 어떤 연유에서든지 호랑이가 불교 신앙을 널리 알리는 데 일조를 하였기 때문에 붙여진 이름일 것이다. 『신증동국여지승람』에 의하면 "천정대 아래에 바위 위에 호랑이 자취[虎跡]가 있다"[74]고 하였다. 그렇다면 호암사는 호랑이 자취 때문에 지어진 이름이라 하겠다. 이는 신라의 곡사鵠寺가 절에 고니 모양의 바위가 있어 붙여진 이름이라는 사실에[75] 의해 방증되리라 본다.

호랑이 모양의 바위 때문이든, 호랑이의 감화 때문이든 호암사 이름의 핵심은 호랑이다. 호랑이는 토착신앙에서 신성하게 여기는 동물이다. 단군신화에 곰과 함께 호랑이가 나온다는 것, 한성기에 다섯 마리 호랑이가 수도 위례성에 들어오자 왕모가 돌아가셨다는 것,[76] 웅진기에 수도 웅진성의 남산에서 두 마리의 호랑이가 싸웠다는 것[77], 신라에서 성부산星浮山에서 밤에 횃불을 들어 괴이함을 일으킨 어떤 사람의 아들을 호랑이가 물어 죽인 것,[78] 어린 견훤에게 호랑이가 와서 젖을 먹여 주었다는 것[79] 등은 호랑이의 신성성을 말해 준다. 따라서 호랑이가 사는 곳은 신성 공간이었다. 그렇다면 호암사 지역 역시 사찰이 들어서기 이전에도 백제에서 신성

---

74 『신증동국여지승람』 권18 충청도 부여현 불우조의 "虎岩寺(在虎岩山 天政臺下有一岩 其上有虎跡 故名)" 참조.

75 최연식, 1992, 「숭복사비」, 한국고대사회연구소 편, 『역주 한국고대금석문』 제3권(신라 2·발해 편), 가락국사적개발연구원.

76 『삼국사기』 권제23 백제본기 제1 시조 온조왕 13년조의 "春二月 王都老嫗化爲男 五虎入城 王母薨" 참조.

77 『삼국사기』 권제26 백제본기 제4 동성왕 23년조의 "春正月 王都老嫗化狐而去 二虎鬪於南山 捕之不得" 참조.

78 『삼국유사』 권제1 기이 제1 태종춘추공조의 "因此名星浮山 … 京城有一人謀求官 命其子作高炬 … 是夜其子下山 虎傷而死" 참조.

79 『삼국유사』 권제2 기이 제2 후백제 견훤조의 "初 萱生孺褓時 父耕于野 母餉之 以兒置于林下 虎來乳之" 참조.

시한 공간이었을 것이다. 그래서 백제는 이곳에 절을 지어 호암사라 하고 정사암에서 재상을 뽑는 의식을 치른 것이다.

백제에서 신성 공간은 호암사만이 아니었다. 전렵지도 신성 공간의 하나였다. 전렵을 하면서 또 기우제를 드린 한성기의 횡악,[80] 사비기에 신인神人이 살고 있는 국도 주변의 삼산三山인 △산, 부산浮山, 오산吳山도 국가에서 제사를 드리는 신성 공간이었다. 전렵지가 신성 공간이었다는 것은 고구려가 매년 3월 3일 낙랑언덕에서 전렵을 한 후 잡은 짐승으로 천신과 산천신에 제사를 드린 사실이[81] 입증한다. 따라서 백제에서도 전렵지에서 최고귀족회의체가 열려 중요한 국사를 논의하여 결정하였을 것이다. 그 예로 진사왕이 구원에서 전렵을 하다가 죽은 것이[82] 최고귀족회의체에 의한 폐위의 결과일 가능성이 크다는 것을[83] 들 수 있다. 이는 고구려 국상 창조리倉助利가 봉상왕이 전렵지인 후산侯山의 북쪽에서 사냥할 때 중신들과 의논하여 왕을 폐위시키고 미천왕을 옹립한 것에[84] 의해 방증된다.

이렇게 백제는 중대한 국사를 신성한 장소에서 논의하여 결정하고 그 결정 사항에 대해 천신과 지신에 제사를 드려 고함으로써 정당성과 신성성을 부여하였다. 이로 말미암아 최고귀족회의체에서 논의되고 결정된 사항은 함부로 폐기할 수 없었다. 이 또한 사비기 후기에 정치의 주도권을 6좌평회의체가 장악하고 있었음을 보여 준다.

---

80 『삼국사기』 권제1 백제본기 제1 다루왕 4년조의 "九月 王田於橫岳下 連中雙鹿 衆人歎美之"; 권제25 백제본기 제3 아신왕 11년조의 "夏 大旱 禾苗焦枯 王親祭橫岳 乃雨" 참조.

81 『삼국사기』 권제45 열전 제5 온달전의 "高句麗常以春三月三日 會獵樂浪之丘 以所獲猪鹿 祭天及山川神" 참조.

82 『삼국사기』 권제25 백제본기 제3 진사왕 8년조의 "冬十月 … 王田於狗原 經旬不返 十一月 薨於狗原行宮" 참조.

83 노중국, 2018, 『백제정치사』, 일조각, 240~241쪽.

84 『삼국사기』 권제17 고구려본기 제5 미천왕 즉위년조의 "秋九月 王獵於侯山之陰 國相助利從之 謂衆人曰 與我同心者效我 乃以蘆葉插冠 衆人皆插之 助利知衆心皆同 遂共廢王 … 遂迎王孫 上璽綬 卽王位" 참조.

대성8족과 역사적 의미

한국 고대 사회에서 성씨는 지배층이 갖는 것이었다. 지배층이 아니면 성씨를 가질 수 없었다. 성씨를 가진 귀족은 그 사회에서 최고 엘리트층으로 정치와 사회 운영에 깊숙이 참여하였다. 그래서 관료가 되는 데는 개인의 능력보다는 출신과 가문이 중요시되었다. 신라에서는 관료를 등용할 때 골품을 논하였다[論骨品].[1] 일본의 경우에도 관료를 선발할 때 비록 행적과 능력이 현저하더라도 그 씨족의 성이 확실하지 않으면 모든 고선考選에 들 자격이 없도록 하였다.[2] 출사와 정치 운영에 가문이 차지하는 비중이 그만큼 중요하였던 것이다. 백제에서도 흑치상지의 경우 증조부에서 아버지까지 달솔의 관등을 가졌고, 자신도 약관이 되지 않은 나이에 가문 덕분으로 달솔의 관등을 받았다. 이는 백제도 가문이 중요하였음을 잘

---

1 『삼국사기』 권제47 열전 제7 설계두전의 "薛(一本作薩)罽頭 亦新羅衣冠子孫也 嘗與親友四人 同會燕飲 各言其志 罽頭曰 新羅用人論骨品 苟非其族 雖有鴻才傑功 不能踰越 …" 참조.

2 『일본서기』 권29 천무기 11년조의 "八月己未 … 且詔曰 凡諸應考選者 能檢其族姓及景迹 方後考之 若雖景迹行能灼然 其族姓不定者 不在考選之色" 참조.

보여 준다.

이러한 백제의 귀족 가문 모습을 단적으로 보여 주는 것이 대성8족이다. 대성8족은 사비기 후기에 성립한 것이다. 대성8족은 당시 백제의 가장 유력한 성씨 가문들이었다. 유력 귀족 가문을 대성8족의 형태로 묶어서 부른 것은 삼국 가운데 백제가 유일하다.

대성8족은 한성기에서 웅진기를 거쳐 사비기에 이르는 정치사의 전개 과정에서 만들어진 결과물이다. 대성8족 속에는 한성기 이래의 귀족 가문도 있고, 웅진기에 새로이 두각을 나타낸 가문도 있다. 각 가문의 위상은 정치적 상황에 따라 변화가 있었다. 이러한 과정을 거쳐 최종적으로 정리된 것이 대성8족이다. 여기서는 먼저 백제의 귀족 가문이 시기에 따라 변화되어 가는 모습과 이것이 성씨제의 정비 차원에서 대성8족으로 정리되는 과정을 살펴보기로 한다. 다음으로 고대 동아시아에서 이루어진 성씨제의 정비에서 백제의 대성8족이 차지하는 역사적 위치와 그 의미를 정리하기로 한다.

1. 대성8족의 성립

(1) 귀족 가문의 변화

국가 발전 단계에서 부체제는 맹주국이 주변국을 병합하거나 정복하여 영역으로 편입하면서 성립되었다. 이 단계에서 맹주국은 중앙이 되고 맹주국에 병합된 국은 지방이 되었다. 병합된 국의 수장들 일부는 그들의 근거지를 떠나 중앙의 지배 세력으로 전화轉化되었다. 이들은 독립적인 국의 수장으로서가 아니라 왕권과의 연결 속에서만 정치적·사회적 지위와 위상을 지닐 수 있게 되었다. 이들은 지배자 집단인 5부部에 편제되었다.

부의 유력자들의 정치적·경제적 기반은 부여의 제가들이 별도로 주관한 사출도四出道처럼 일정한 지역과 그곳에 사는 민, 이른바 반공지半公地·반공민半公民이었다. 이리하여 한국 고대 사회에서 중앙귀족이 출현하였다.

초기백제 시기에 중앙귀족의 출자는 크게 두 부류로 나눌 수 있다. 하나는 십제국(뒷날 백제국)을 건국하는 데 참여한 세력들이다. 여기에는 시조 온조왕을 따라 내려온 세력들과 온조왕의 건국에 협조한 한강 유역의 선주 토착 세력이 중심을 이루었다. 이 세력들은 중부에 편제된 것으로 보인다. 온조왕을 따라 내려온 대표적인 세력으로는 오간烏干, 마려馬黎 등 10명의 신하[十臣] 등과 온조왕의 족부族父인 을음乙音 세력을 들 수 있다. 그러나 선주 토착 세력으로 중앙귀족이 된 세력은 자료가 없어 알 수 없다.

다른 하나는 피정복 지역의 수장으로서 중앙귀족으로 전화된 세력이다. 이 가운데 한강 이북 지역에 자리하였던 말갈계(예계)로 추정되는 진씨 세력,[3] 개성 지역을 기반으로 한 곤씨昆氏 세력, 부여인으로 나오는 해루解婁 세력들은 북부에 편제되었다. 춘천 지역을 기반으로 한 흘씨屹氏 세력은 동부에, 인천의 미추홀 지역에 기반을 둔 비류계의 해씨解氏 세력과 서부 지역에 기반을 둔 회씨茴氏 세력 등은 서부에 편제되었다. 그리고 직산·천안 지역을 기반으로 한 목지국의 목씨木氏 세력은 남부에 편제된 것으로 추정된다.[4] 이외에 왕씨와 고씨 세력은 성씨에서 미루어 낙랑계로 보이는데 소속된 부는 알 수 없다.

한성기의 귀족 가문 가운데 오랫동안 성세를 누린 가문은 진씨와 해씨였다. 진씨가 본격적으로 두각을 나타낸 것은 고이왕 대부터이다. 고이왕 대에 진충眞忠은 좌장을 맡았다가 우보가 되었고, 진물眞勿은 진충의 뒤를 이어 좌장이 되었으며, 진가는 내두좌평에 임명되었다. 이후 진씨는 근초

3 노중국, 2010, 『백제사회사상사』, 지식산업사, 112쪽.
4 노중국, 2010, 『백제사회사상사』, 지식산업사, 151~154쪽.

고왕 대에 왕비를 배출한[5] 이후 아신왕 대에 이르기까지 5대에 걸쳐서 왕비를 배출하였다. 이른바 진씨 왕비족 시대를[6] 구가한 것이다.

해씨는 해루가 우보에 임명된 것에서 보듯이 연맹체 단계에서 두각을 나타냈다. 그러나 고이왕 대에 와서 진씨 세력에 밀렸다. 이후 해씨는 아신왕의 사망 이후 일어난 왕위 계승 분쟁에서 전지왕을 옹립하는 데 공을 세워 다시 정치 운영의 주도권을 잡게 되었다. 그래서 해씨 세력에서 왕비가 배출되었다.[7] 해수와 해구가 왕의 인척[王戚]으로 나오는 것이 이를 보여 준다. 해씨는 진씨와 더불어 왕비의 출신 가문을 알 수 있는 유일한 사례이다.

다음으로 성세를 누린 가문이 목협씨木劦氏이다. 목협씨는 마한연맹체의 맹주국이었던 목지국의 수장이 백제 귀족으로 편입되면서 성립하였다.[8] 이 목협씨가 두각을 나타낸 것은 근초고왕 대에 목라근자가 남방 경략을 성공적으로 이루어 내면서부터였다. 이후 목라근자의 아들 목만치는 어린 구이신왕이 즉위할 때 공을 세웠고 결국 왕모와 상음하는 관계까지 되어 성세를 누리기도 하였다.[9] 그리고 목협만치는 475년 문주왕이 황급히 웅진으로 천도할 때 보신으로 활약하였다. 목협씨는 뒷날 목씨와 협씨로 분지화되었다.

---

5 『삼국사기』 권제24 백제본기 제2 근초고왕 2년조의 "春正月 祭天地神祇 拜眞淨爲朝廷佐平 淨王后親戚 …"참조.

6 이기백, 1959, 「백제왕위계승고」, 『역사학보』 11집, 역사학회.

7 『삼국사기』 권제25 백제본기 제3 전지왕 3년조의 "春二月 拜庶弟餘信爲內臣佐平 解須爲內法佐平 解丘爲兵官佐平 皆王戚也"참조.

8 노중국, 1994, 「백제의 귀족가문 연구─목협(목)씨 가문을 중심으로─」, 『대구사학』 48집, 대구사학회.

9 『일본서기』 권10 응신기 25년조의 "百濟直支王薨 卽子久爾辛立爲王 王年幼 大倭木滿致 執國政 與王母相婬 多行無禮 天皇聞而召之(百濟記云 木滿致者 是木羅斤資討新羅時 娶其國婦而所生也 以其父功專於任那 來入我國 往還貴國 承制天朝 執我國政 權重當世 然天皇聞其暴召之)"참조.

475년 백제는 고구려의 공격을 받아 한성이 함락되고 개로왕이 붙잡혀 죽었다. 문주왕은 황급히 웅진으로 천도하였다. 웅진 천도 초기에는 한성기의 귀족 가문이었던 진씨, 해씨, 목씨 등이 그 위세를 누렸다. 그러나 얼마 지나지 않아 귀족 세력 구성에 중요한 변화가 나타난다. 그 변화는 둘로 정리해 볼 수 있다. 하나는 곤씨나 흘씨 등이 더 이상 보이지 않는다는 사실이다. 이는 이 가문이 한성기를 거쳐 웅진기에 와서 도태되었음을 보여 준다.

다른 하나는 사씨, 연씨, 백씨 등 신진 귀족 가문이 새로이 두각을 나타내고 있다는 점이다. 삼근왕 2년(478)의 은솔 연신燕信의[10] 연씨와 동성왕 6년(484)의 좌평 사법명沙法名의 사씨 그리고 동성왕 8년(486) 위사좌평이 된 백가苩加의 백씨 등이 대표적이다. 사씨는 부여 지역을 기반으로 하였고,[11] 연씨는 연기 지역을, 백씨는 공주 지역을 기반으로 하였다.[12] 이 세력들은 모두 금강유역권을 기반으로 하였다는 것이 공통된다.

신진 세력이 두각을 나타내게 된 배경에는 웅진 천도가 황급하게 이루어졌다는 조건과 동성왕의 인사 등용 정책의 변화가 작용하였다. 동성왕은 남래 귀족들이 분열과 정쟁을 거듭하자 새로이 수도권이 된 금강 유역에 기반을 둔 신진 세력을 등용하여 남래 귀족과의 힘의 균형을 이루려 하였다. 이렇게 하여 신진 세력이 중앙으로 진출할 수 있게 되었다.[13] 이후 동성왕은 자신을 옹립한 병관좌평 진로眞老가 죽자 19년(497)에 연돌燕突을 병관좌평으로 삼았다. 진로는 구귀족의 대표적 인물이었고, 연돌은 신진 귀족을 대표하는 인물이었다. 연돌이 병관좌평이 됨으로써 이제 신진

---

10 『삼국사기』 권제26 백제본기 제4 삼근왕 2년조의 "春 佐平解仇與恩率燕信聚衆 據大豆城 叛" 참조.

11 노중국, 2018, 『백제정치사』, 일조각, 319쪽.

12 이기백, 1978, 「웅진시대 백제의 귀족세력」, 『백제연구』 9집, 충남대학교 백제연구소.

13 노중국, 2018, 『백제정치사』, 일조각, 318~323쪽.

귀족이 정치의 주도권을 잡게 되었다. 그 중심에 병관좌평 연돌과 위사좌평 백가가 있었다.

538년 성왕은 사비로 천도를 단행하였다. 사비 천도는 웅진 천도와는 달리 성왕에 의한 계획적인 천도였다. 천도 이후 지배 세력의 모습을 보여 주는 것이 543년(성왕 21)에 열린 군신회의이다.[14] 이 회의에 참석한 사람은 상좌평 사택기루沙宅己婁, 중좌평 목협마나木劦麻那, 하좌평 목윤귀木尹貴, 덕솔 비리막고鼻利莫古, 덕솔 동성도천東城道天, 덕솔 목협매순木劦昧淳, 덕솔 국수다國雖多, 나솔 연비선나燕比善那 등이다. 참석 인물들의 성씨를 보면 사씨(사택씨) 1명, 목협(목)씨 3명, 비리씨 1명, 동성씨 1명, 국씨 1명, 연비씨 1명이다.

이 회의의 주제는 신라에게 멸망당한 남가라, 탁, 탁기탄을 다시 세우는 것[復建]이었다. 3국 복건이라는 중대한 문제를 논하는 회의에 사택기루는 상좌평, 목협마나는 중좌평을, 목윤귀는 하좌평을 맡았다. 사씨와 목씨 세력이 사비 천도에 핵심적 역할을 하였기 때문이다. 이리하여 사비 천도 이후 초기에는 사씨와 목씨가 가장 유력한 귀족 가문이 되었다.

연씨는 웅진기에 두각을 나타냈다. 그렇지만 그 출신 인물의 행보는 극과 극이었다. 연신燕信은 병관좌평 해구를 도와 대두성에서 반란을 일으켰다가 진압되자 고구려로 도망가고 그의 가족은 웅진 저자[熊津市]에서 참수를 당한[15] 반면에 연돌燕突은 동성왕 19년(497)에 병관좌평이 되어 병권을 관장하였다. 이는 연씨가 내부적으로 연신계와 연돌계로 나누어

---

14 『일본서기』 권19 흠명기 4년조의 "十二月 百濟聖明王 復以前詔普示群臣曰 天皇詔勅如是 當復何如 上佐平沙宅己婁 中佐平木劦麻那 下佐平木尹貴 德率鼻利莫古 德率東城道天 德率木劦昧淳 德率國雖多 奈率燕比善那等 同議曰 臣等稟性愚闇 … 聖明王曰 群臣所議甚稱寡人之心" 참조.

15 『삼국사기』 권제26 백제본기 제4 삼근왕 2년조의 "春 佐平解仇與恩率燕信聚衆 據大豆城叛 王命佐平眞男 以兵二千討之 不克 更命德率眞老 帥精兵五百 擊殺解仇 燕信奔高句麗 收其妻子 斬於熊津市" 참조.

져 있었음을 보여 준다. 연신계는 반란의 실패로 몰락하였기 때문에 543년 회의에 참석한 연비선나는 연돌계라고 할 수 있다. 그렇다면 성왕 7년(529) 보기 3만을 이끌고 고구려군과 오곡 들판[五谷之原]에서 싸운 좌평 연모燕謨와[16] 성왕 18년(540)에 고구려의 우산성을 공격한 연회燕會도 연돌계로 볼 수 있다. 연신과 연돌의 사례는 같은 성씨라도 가계에 따라 흥망성쇠가 있었음을 보여 준다. 이를 원용하면 백씨도 동성왕을 암살한 후 반란을 일으켰다가 격살擊殺된 백가계와 왕권에 충성한 이름을 알 수 없는 인물의 가계로 나누어져 있었다고 할 수 있다. 그렇다면 사비기 후기에 대성8족의 하나가 된 백씨는 이름을 알 수 없는 인물의 가계에 속하였다고 하겠다. 연씨와 백씨는 귀족가문이 여러 가계家系로 나누어졌음을 추론하게 하는 드문 사례이다.

국씨의 경우 가라국(대가야) 출신인 국사리國沙利가 백제로 망명해 와서 우대를 받은 것에서[17] 미루어 가야계 세력으로 추정된다. 그러나 그 세력 기반이 어디인지는 자료가 없어 알 수 없다. 국씨 출신 인물로는 덕솔 국수다 외에 무왕 대에 수에 파견되어 고구려 공격을 위한 군사 기일[軍期]을 요청한 국지모國智牟,[18] 〈대당평백제국비명〉에 나오는 대좌평 국변성國辯成 등이 있다. 국변성은 백제 말기에 국씨가 성세를 누렸음을 보여 준다.

동성씨의 경우 동성왕과 이름이 같다는 것에 근거하여 동성왕계 가문으로 보기도 하나 분명하지 않다. 비리씨 역시 그 계보나 지지 기반이 어디인지는 알 수 없다.

---

16 『삼국사기』 권제26 백제본기 제4 성왕 7년조의 "冬十月 高句麗王興安 躬帥兵馬來侵 拔北鄙穴城 命佐平燕謨 領步騎三萬 拒戰於五谷之原 不克 死者二千餘人" 참조.

17 『일본서기』 권9 신공기 62년조의 "百濟記云 壬午年 … 貴國遣沙至比跪令討之 … 沙至比跪受其美女 反伐加羅國 加羅國王己本旱岐及兒百久至 阿首至 國沙利 … 等 將其人民 來奔百濟 百濟厚遇之" 참조.

18 『삼국사기』 권제27 백제본기 제5 무왕 12년조의 "春二月 遣使入隋朝貢 隋煬帝將征高句麗 王使國智牟入請軍期" 참조.

(2) 대성8족의 선정과 기준

앞에서 언급한 것처럼 백제의 귀족 가문은 시기에 따라 성쇠가 있었다. 이러한 변화 과정을 거치면서 백제의 귀족 가문은 사비기 후기에 와서 여덟 가문으로 정리되었다. 이를 '대성8족'이라 한다. 대성8족은 『수서』 백제전에서 최초로 보인다. 이후 『북사』 백제전, 『신당서』 백제전, 『통전』 백제조 등에도 나오는데 약간씩 차이가 있다. 이 가운데 『통전』의 기사가 가장 정확하다고 한다.[19] 『통전』에 나오는 대성8족은 사씨沙氏·연씨燕氏·협씨劦氏·해씨解氏·진씨眞氏·국씨國氏·목씨木氏·백씨苩氏이다.[20] 그런데 『한원』 백제조에는 국씨가 빠진 7족七族이 나온다. 이를 근거로 '8족이 백제사의 전 시기에 걸쳐 동등한 권력을 갖고 있는 것은 아니다'라고 하면서 대성7족의 가능성도 열어 두어야 한다는 견해도 있다.[21] 이 견해에서 가문의 숫자에 얽매이지 말아야 한다는 점은 주목되지만 이는 통시대적 측면에서 보았을 때 이야기할 수 있는 것이고, 특정 시기에 한정시킬 수는 없다. 따라서 사비기 후기의 대성가문은 8족으로 보는 것이 타당하다.

대성8족의 기재 순서를 보면 사씨, 연씨 등이 앞쪽에, 해씨와 진씨는 중간에, 목씨는 뒤쪽에 위치하고 있다. 여기에서 두 가지 사실이 주목된다. 하나는 사씨와 연씨가 제일 앞에 나온다는 것이다. 그 배경은 앞에서 언급한 바와 같이 동성왕의 신진 세력 등용 정책으로 웅진기의 핵심 지배 세력이 한강유역권에 기반을 둔 세력에서 금강유역권에 기반을 둔 세력으로 교체된 결과의 반영이라 할 수 있다.

다른 하나는 목씨가 제일 뒤에 기록된 것이다. 이는 귀족 가문의 서열에 변동이 생긴 것을 보여 준다. 이 서열 변동에 큰 영향을 준 것이 관산성 대

---

19 이홍직, 1971, 「백제인명고」, 『한국고대사의 연구』, 신구문화사.
20 『수서』 권81 열전 제46 동이 백제전; 『통전』 권185 변방1 동이 상 백제조.
21 村山正雄, 1974, 「百濟の大姓八族について」, 『古代の朝鮮』, 雄山閣.

회전에서의 패전이다. 이 패배로 신라 정벌을 주장하였던 귀족들은 정치 일선에서 밀려나고 정벌을 반대한 세력들이 실권을 잡는 등 후폭풍이 컸기 때문이다. 신라 정벌을 논할 당시 목씨가 어떤 입장을 가졌는지는 분명하지 않지만 성왕의 사비 천도에 적극 협조한 점으로 미루어 신라 정벌을 적극 지지하였을 가능성이 크다. 이 때문에 관산성 패전으로 목씨가 입은 타격이 컸을 것이고 그 결과 대성8족의 기재 순서에서 뒤로 밀려나지 않았을까 한다. 그렇다면 『수서』 백제전의 대성8족은 관산성 대회전 패배라는 큰 정치적 변동을 거친 이후의 백제 귀족사회의 모습을 보여 주는 것이라 하겠다.

유력 귀족 가문을 대성가문으로 선정하고 그 서열을 정하는 것은 각 가문의 정치적·사회적 지위와 서열에 큰 영향을 준다. 따라서 대성8족을 선정할 때 기준이 무엇이었는지를 정리해 둘 필요가 있다. 이때 참고가 되는 것이 북위와 당 그리고 일본의 성씨제 정비이다.

북위의 효문제는 태화 19년(495)에 성족姓族을 정할 때 각 성족과 관련한 여러 상황은 반드시 종족宗族에게 물어 의문을 분명히 한 후에 옛 호적과 벼슬을 살펴보도록 하면서 평균平均에 힘쓰라고 하였다.[22] 당의 경우 태종으로부터 『씨족지』를 편찬하라는 명을 받은 고사렴高士廉과 위정韋挺 등은 천하의 보첩을 모으고 사전史傳을 참고하여 진위를 검정하였다.[23] 일본의 경우 환무桓武 연력 18년(799)에 시작하여 차아嵯峨 홍인 6년(815) 7월에 와서 완성된 『신찬성씨록』을 편찬할 때[24] 편찬 책임을 맡은 만다친왕

---

22 『위서』 권113 지 제19 관씨지 태화 19년조의 "凡此定姓族者 皆具列由來 … 朕當決姓族之首末 其此諸狀 皆須問宗族 列疑明同 然後勾其舊籍 審其官宦 有實則奏 … 令司空公穆亮領軍將軍元儼 … 等 詳定北人姓 務令平均 …" 참조.

23 『신당서』 권95 열전 제20 고검전의 "高儉 字士廉 以字顯 … 由是詔士廉與韋挺岑文本令狐德棻 責天下譜諜 參考史傳 檢正真偽 進忠賢 退悖惡 先宗室 後外戚 退新門 進舊望 右膏梁 左寒畯 合二百九十三姓 千六百五十一家爲九等 號曰氏族志" 참조.

24 『신찬성씨록』 편찬 과정에 대해서는 연민수 외 역주, 2020, 『신찬성씨록 상』, 동북아역사

萬多親王 등이 옳고 그른 것을 고르고 옛 기록의 번잡함을 잘라내고 새로운 요점만을 뽑아 모았다.[25] 이로 미루어 백제에서도 선정 책임을 맡은 자들은 성씨와 관련한 여러 자료들을 수집하여 분석 검토한 후 대성8족을 선정하였을 것이다.

그러나 비록 객관적인 기준이 마련되어 있었다고 하더라도 실제 선정에는 당시의 정치적 상황도 중요하게 작용하였을 것이다. 이를 짐작하게 하는 것이 대성8족에 왕씨王氏, 예씨禰氏, 진씨陳氏 등이 포함되지 않았다는 사실이다. 왕씨의 경우 장군부의 부관府官인 장사 왕변나王辯那와 좌평 왕효린王孝隣이 있다. 예씨 세력은 3대에 걸쳐서 좌평을 배출하였다.[26] 흑치씨의 경우 흑치상지의 증조대부터 대대로 달솔의 관등을 역임하였다는 묘지명 기록이 있다.[27] 진씨陳氏의 경우도 진법자는 은솔, 아버지는 덕솔, 할아버지는 달솔의 관등을 지녔다는 묘지명 기록이 있다.[28] 3~4대에 걸쳐 고위 귀족을 배출하였음에도 이 가문들은 대성8족에 포함되지 않았다. 이를 해명하는 데 단서가 되는 것이 고려 충선왕이 재상지종宰相之宗을 선정할 때의 기준이다.

재단, 해제 참조.

25 『신찬성씨록』, 「신찬성씨록표」의 "然書府舊文 見進新系 讎校合之"; 「신찬성씨록서」의 "臣等歷探古記 博觀舊史 文駁辭踳 音訓組雜 會釋一事 還作楯矛 搆合兩說 …"참조.

26 〈예식진묘지명〉의 "祖左平譽多 父左平思善 並蕃官正一品"; 〈예군묘지명〉의 "曾祖福 祖譽 父善 皆是本蕃一品官 号佐平"참조. 예씨에 대해 木劦氏의 '劦'이 『일본서기』에 木刕의 '刕'로 나오는 것에 주목하고 '劦'와 '禰'는 음운이 상통한다는 점을 근거로 하여 협씨=리씨이고, 리씨=예씨로 본 견해(오택현, 2020, 「백제 성씨의 역사적 전개와 대성8족」, 동국대학교 대학원 박사학위논문, 113~119쪽)도 있다. 그러나 '劦'의 음은 '협'이고 또 협씨는 목협씨에서 분지한 성씨이므로 이 견해는 받아들이기 어렵다.

27 〈흑치상지묘지명〉의 "其家世相承爲達率 達率之職 猶今兵部尙書 於本國二品官也 曾祖諱文大 祖諱德顯 考諱沙次 並官至達率 … 府君少而雄 … 未弱冠以地籍授達率 …"참조.

28 〈진법자묘지명〉의 "曾祖春本邦太學正恩率 祖德止麻連大郡將達率 父微之馬徒郡參司軍德率 … 君淸識邁於觴 … 解褐 除旣母郡佐官 歷稟達郡將 俄轉司軍恩率 …"참조.

재상지종은 왕실과 결혼할 수 있는 가문이다.[29] 재상지종으로 선정된
15가문을 보면 고려 전기 이래의 문벌 귀족, 무신 집권 시대에 무신으로
득세하여 등장한 가문, 무신정변 이후 신관인층으로 대두하여 성장한 가
문, 대원 관계의 전개 속에 등장한 가문이다.[30] 이 가운데 충선왕과 혼인을
맺었던 가문은 언양 김씨金氏, 공암 허씨許氏, 당성 홍씨洪氏, 평양 조씨趙
氏 가문이다. 이는 재상지종의 선정에 당시 왕과의 관계가 중요한 요소로
작용하였음을 보여 준다. 그 결과 선대왕인 충렬왕 대에 2명 이상의 재상
을 배출한 안동 김씨, 광주 김씨, 원주 원씨元氏, 유주 유씨柳氏 등은 제외
되었다.[31]

이를 원용하면 백제의 대성8족도 한성기 이래의 유력 가문, 웅진기에
새로이 등장한 가문 그리고 위덕왕과 깊은 관계를 가진 가문에서 선정된
것으로 보인다. 왕씨나 예씨 등이 대성8족에서 제외된 것은 이 때문일 것
이다. 그렇다면 대성8족의 성립은 위덕왕이 성왕을 추모하기 위해 능사를
건립한 567년을 전후한 시기가 아닐까 한다.

---

29 『고려사』 권33 세가 권제33 충선왕 복위년조의 "親奉世祖皇帝聖旨云 同姓不得通婚 天下
   之通理 … 本國因循 未遑遽革耳 自今 若宗親娶同姓者 以違背聖旨論 宜娶累世宰相之女
   爲室 宰相之男 可聽娶宗世之女 … 新羅王孫金琿一家 亦爲順敬太后叔伯之宗 彦陽金氏一
   宗 定安任太后一宗 慶源李太后 安山金太后 鐵原崔氏 海州崔氏 孔岩許氏 平康蔡氏 淸州
   李氏 唐城洪氏 黃驪閔氏 橫川趙氏 坡平尹氏 平壤趙氏 並累代功臣宰相之宗 可世爲婚媾
   …" 참조.
30 민현구, 1974, 「고려 후기 권문세족의 성립」, 『호남문화연구』 6집, 전남대학교 호남문화
   연구소.
31 김당택, 1991, 「충선왕의 복위교서에 보이는 '재상지종'에 대하여」, 『역사학보』 131집, 역
   사학회.

2. 고대 동아시아에서의 성씨제 정비와 대성8족

(1) 백제의 대성8족과 북위의 8성

대성8족과 관련하여 또 하나 정리해야 할 사항이 왜 대성가문의 수를 여덟 가문으로 선정하였느냐이다. 물론 특정 숫자에 특별한 의미를 꼭 부여할 필요는 없지만 대개의 경우 나라마다 신성하게 여기거나 선호하는 숫자가 있다는 점을 고려할 필요가 있다. 부여족 계통인 백제는 부여나 고구려와 마찬가지로 '五'를 많이 사용하였다. 5좌평, 왕도의 5부-5항, 지방의 5방 등이 그것이다. 또 부여 지역 탑의 층수가 목탑이든 석탑이든 모두 5층이라는 것도 백제에서 '五'를 선호하였음을 잘 보여 준다. 그러나 '八'과 관련한 자료는 8대성 외에는 찾아볼 수 없다.

이렇게 숫자 '五'가 강조되고 있는 백제에서 대성을 여덟 성씨로 정한 것은 특별하다. 여기에는 어떤 배경이 있었을 것이다. 그 배경과 관련하여 주목되는 것이 중국의 8성제이다. 중국에서 8성八姓은 주 왕실과 전국시대의 진晉에도 있었고, 북위에도 있었다. 주 왕실의 성은 희성姬姓인데 주 왕실에 속한 8성은 우虞, 괵虢, 초焦, 활滑, 곽霍, 양楊, 한韓, 위魏이다.[32] 진의 8성은 난欒, 극郤, 서胥, 원原, 호狐, 속續, 경慶, 백伯이다.[33] 북위의 8성은 목穆, 육陸, 하賀, 유劉, 루樓, 어於, 계嵇, 위尉이다.

이 가운데 북위의 8성은 490년에 친정을 하게 된 효문제(471~499)가 한화漢化 정책을 적극 추진하면서 나온 것이었다. 효문제는 낙양 천도를 단행한 후 관료들의 호복 착용을 금지하고 한족 복장 착용을 명하였으며, 한

---

32 『좌전』 양공 29년의 "晉悼夫人慍曰 齊也取貨 先君若有知也 不尙取之 公告叔侯 叔侯曰 虞虢焦滑霍楊韓魏 皆姬姓也 晉是以大 若非侵小 將何所取 …"참조.

33 『좌전』 소공 3년의 "民聞公命 如逃寇讐 欒郤胥原狐續慶伯 降在皁隸 政在家門 民無所依" 참조. 이에 대해 杜預는 "八姓 晉舊臣之族"이라고 주를 달았다.

어漢語를 공식어로 지정하였다. 또한 낙양으로 이주한 선비인들은 모두 낙양적洛陽籍을 두게 하고, 장례를 반드시 낙양에서 치르도록 하였으며, 선비와 한족의 통혼을 장려하였다. 이러한 한화 정책의 일환으로 효문제는 선비의 복성複姓을 단음인 한족의 성으로 바꾸고, 성을 칭하는 족단과 족을 칭하는 족단을 정하였다. 이를 '정성족定姓族'이라 한다.[34]

이 과정에서 효문제는 태조(도무제, 386~409) 이래로 공훈이 세상에 널리 알려진 목穆, 육陸, 하賀, 유劉, 루樓, 어於, 계嵇, 위尉를 8성으로 정한 후 이 출신자들을 하급 관리[猥任]로 등용하는 일이 없도록 하고, 한족의 대문벌인 사성四姓(범양 노씨范陽 盧氏, 청하 최씨淸河 崔氏, 형양 정씨滎陽 鄭氏, 태원 왕씨太原 王氏)과 동등한 대우를 받도록 하였다.[35] 그 결과 사족들의 높고 낮음이 구별되어 문지門地를 자랑하고 숭상하게 되었다고 한다.[36]

북위의 8성제는 백제의 대성8족과 공통점이 많다. 첫째, 대성의 숫자가 여덟이다. 둘째, 왕성인 부여씨가 8대성에 포함되지 않은 것처럼 북위 황실의 성인 원씨元氏는 8성에 포함되지 않았다. 이는 당 태종이 만들게 한 『씨족지』에 황실의 성인 이씨李氏가 제1등으로 들어가 있는 것과는 구별된다. 셋째, 백제는 복성을 중국식으로 단성화하였는데 북위도 선비족의 복성을 중국식으로 단성화하였다. 왕실의 성인 부여씨를 '여씨餘氏'로 단성화한 것은 북위가 황실의 성인 탁발씨拓拔氏를 '원씨元氏'로 단성화한 것과 같다. 넷째, 북위의 8성과 백제의 대성8족은 특정 시기에 각각의 필요성에 의해 선정되었다. 이로 미루어 백제의 대성8족은 북위 8성제의 영

---

34 정성족에 대해서는 안광호, 2014, 「한국 본관제도의 기원과 '토성 분정'설에 대한 검토—'토성 분정'설에서 언급된 중국 역사 관련 내용을 중심으로—」, 『전북사학』 44집, 전북사학회 참조.

35 『위서』 권113 지 제19 관씨지 태화 19년조의 "… 其穆陸賀劉樓於嵇尉八姓 皆太祖已降 勳著當世 位盡王公 灼然可知者 且下司州 吏部勿充猥官 一同四姓" 참조.

36 『신당서』 권95 열전 제20 고검전의 "先是 後魏太中 定四海望族 以寶等爲冠 其後矜尚 門地" 참조.

향을 받아 이루어졌을 가능성이 크다. 여기에는 백제와 북위의 긴밀한 교섭·교류가 일정하게 작용하였을 것으로 보인다.

현재의 연구 경향에서는 백제와 남조의 교섭·교류가 강조되어 있지만 백제와 북위의 교섭·교류도 무시할 수 없다. 『주서』 백제전의 "겸수봉배 兼受封拜"와[37] 『북사』 백제전의 "겸수배봉兼受拜封" 및 "역여위부절亦與魏 不絕"[38]에서 보듯이 백제는 남조는 물론 북조로부터 작호를 받았다. 그러나 아쉽게도 백제가 북위로부터 받은 작호가 무엇인지는 자료가 없어 알 수 없다. 사비기의 16관품제는 북위의 18품제를 토대로 하면서 백제식으로 변용한 것이다. 사비도성의 국가 사찰인 정림사의 도성 내 위치는 북위의 수도 낙양의 주작대로변에 위치한 영녕사를 본뜬 것이다.[39] 부여 관북리 유적에서 출토된 불상 광배는 북위의 '보태 2년(532)' 명문이 있는 금동광배와 비슷하고, 정림사지 출토 납석제 삼존불상은 중국 산동성 용흥사지龍興寺址 출토 북위 영안 2년(529)명 석조삼존상과 매우 비슷하여 북위 불의 영향을 받았음을 보여 준다.[40] 또 백제는 북위가 동위와 서위로 나뉘고 다시 동위는 북제로, 서위는 북주로 바뀐 후에도 북제 및 북주와 교섭·교류를 하였다.[41] 동위와 서위, 북제와 북주 문화의 토대는 북위 문화였다. 이렇게 북조와의 교섭·교류 과정에서 백제는 북위의 8성제를 받아들여 대성을 여덟 가문으로 정하지 않았을까 한다.[42]

---

37 『주서』 권49 열전 제41 이역 상 백제전의 "自晉宋齊梁據江左 後魏宅中原 並遣使稱藩 兼受封拜" 참조.

38 『북사』 권94 열전 제82 백제전의 "自晉宋齊梁據江左 … 兼受拜封 亦與魏不絕" 참조.

39 노중국, 2012, 『백제의 대외 교섭과 교류』, 지식산업사, 283~286쪽 및 357~362쪽.

40 김춘실, 2007, 「불교수용 초기(4~6세기) 불상」, 충청남도역사문화연구원, 『백제의 미술』 (백제문화사대계 연구총서 14), 충청남도역사문화연구원.

41 『삼국사기』 권제27 백제본기 제5 위덕왕 17년조의 "高齊後主 拜王爲使持節侍中車騎大 將軍帶方郡公百濟王"; 18년조의 "高齊後主 又以王爲使持節都督東靑州諸軍事東靑州刺 史"; 19년조의 "遣使入齊朝貢"; 25년조의 "遣使入宇文周朝貢" 참조.

42 노중국, 2021, 「「동아시아 여러 나라의 성씨제 정비와 일본의 신찬성록—역주 신찬성씨

(2) 백제의 대성8족과 신라의 8품성골·일본의 8색성

한국 고대 사회에서 성씨제는 지배 세력을 편제하고 통제하는 토대였다. 그래서 시대마다 필요할 때 성씨제를 정비하였다. 중국의 경우 성씨제 정비는 북위와 당나라에서 살펴볼 수 있다. 북위의 성씨제 정비는 앞에서 언급하였다. 당나라의 성씨제 정비는 당 태종 대에 이루어졌다. 당나라는 관롱 지역關隴地域(산시성陝西省) 세력을 토대로 중국 대륙을 통일하였지만 그 이전에 성세姓勢를 자랑하던 산둥의 구문벌[舊閥]들의 위상은 꺾이지 않았다. 당 태종은 이를 매우 못마땅하게 여겼다. 당 태종이 "일찍이 산둥 사인들은 벌열閥閱(문벌門閥)을 숭상하여 비록 가세가 쇠하여도 자손들은 오히려 가문의 위망을 등에 업고 혼취함에 반드시 많은 재물을 취하였다. 그래서 사람들은 매혼賣婚이라고 하였다"[43]고 한 말이 이를 잘 보여 준다.

이러한 현상을 바로 잡기 위해 당 태종은 씨족지를 편찬하도록 하였다. 명을 받은 고사렴高士廉과 위정韋挺 등이 처음에 만들어 올린 『씨족지』는 산둥 문벌을 중심으로 정리한 것이었다. 그 결과 최간崔幹의 가문이 당 황실이나 황실의 외척보다 앞서는 제1성이 되었다. 이는 당 태종의 의도에 반하는 것이었다. 이를 본 당 태종은 "나는 현재의 관직과 작위를 기준으로 등급의 고하를 삼고자 한다"고 하면서 다시 정리하도록 하였다. 이 기준에 따라 『씨족지』가 새로 편찬되자 이를 천하에 반포하였다.[44] 이 『씨족지』에는 당 황실이 제1성으로, 외척이 제2성으로, 최간의 최씨가 제3성으

록 상권·중권·하권의 출간에 부쳐―」,『동북아역사논총』71호, 동북아역사재단.

43 『신당서』권95 열전 제20 고검전의 "初 太宗嘗以山東士人尚閥閱 後雖衰 子孫猶負世望 嫁娶必多取貨 故人謂之賣昏 …"참조.

44 『신당서』권95 열전 제20 고검전의 "帝曰 我於崔盧李鄭無嫌 顧其世衰 不復冠冕 … 齊據 河北 梁陳在江南 雖有人物 偏方下國 無可貴者 … 太上有立德 其次有立功 其次有立言 其 次有爵 爲公卿大夫 世世不絕 此謂之門戶 今皆反是 豈不惑邪 朕以今日冠冕爲等級高下 遂 以崔幹爲第三姓 班其書天下"참조.

로 나오는데 293성, 1,651가家가 9등급으로 구분되어 정리되었다.[45]

성씨제 정비는 신라에서도 행해졌다. 신라의 성씨제 정비는 진평왕 대에 정비된 성골, 진골, 6두품~1두품이라는 여덟 신분으로 이루어진 골품제와 연동된다.[46] 각 골품에는 왕족을 비롯하여 여러 성씨집단(혈족집단)이 들어 있다. 따라서 성씨와 연계해 볼 때 골품제는 8품성골제八品姓骨制라고 할 수 있다. 8품성골은 비록 용성국龍城國에서 태어난 탈해가 한 말이지만[47] 신라에도 적용시켜 볼 수 있지 않을까 한다.

골품제에서는 진골과 두품을 엄격하게 구분하였다. 그래서 인재를 등용할 때 골품을 논하였다. 그러나 통일 전쟁을 치르는 과정에서 골품제 운영에 큰 변화가 나타났다. 전쟁에 공을 세운 자들에 대한 포상이 이루어짐에 따라 하위 두품인 1두품~3두품은 없어지고 또 성골 출신의 대가 끊어짐으로써 진골이 왕위를 잇게 되었다. 그 결과 신라의 골품은 진골, 6두품, 5두품, 4두품만 남게 되었다. 재지 세력인 촌주들 가운데 외진촌주外眞村主는 5두품의 대우를, 차촌주次村主는 4두품의 대우를 받음으로써[48] 지방인과 왕경인 사이의 신분적 구별도 없어지게 되었다. 이에 따라 중국식 성씨의 사용이 점차 확대되었다.

그 배경에는 민의 경제적 성장과 사회적 지위 향상이 있었다. 흥덕왕이 즉위 9년(834)에 내린 교서의 "풍속이 점차 경박해지고 백성들이 사치

---

45 이에 대한 정리는 안광호, 2014, 「한국 본관제도의 기원과 '토성 분정'설에 대한 검토―'토성 분정'설에서 언급된 중국 역사 관련 내용을 중심으로―」, 『전북사학』 44집, 전북사학회 참조.

46 노중국, 2021, 「동아시아 여러 나라의 성씨제 정비와 일본의 신찬성록―역주 신찬성씨록 상권·중권·하권의 출간에 부쳐―」, 『동북아역사논총』 71호, 동북아역사재단.

47 『삼국유사』 권제1 기이 제1 탈해왕조의 "脫解齒叱今(一作吐解尼師今) … 我國嘗有二十八龍王 從人胎而生 自五歲六歲 繼登王位 敎萬民修正性命 而有八品姓骨 …" 참조.

48 『삼국사기』 권제33 잡지 제2 색복·거기·기용·옥사조의 "外眞村主 與五品同 次村主 與四品同" 참조.

와 호화를 다투게 되어, 오직 외래 물건의 진기함을 숭상하고 도리어 토산품의 비야함을 혐오하였다"[49]고 한 말이 이를 보여 준다. 백성들의 사치와 호화는 민들의 경제적 성장으로 나타난 현상이다.

그러나 흥덕왕은 이러한 변화를 신분 질서의 문란으로 파악하였다. 그래서 흥덕왕은 교서에서 "신분에 따른 예의[禮數]가 거의 무시되는 지경에 빠지고 풍속이 쇠퇴하여 없어지는 데까지 이르렀다"고 하면서 골품제 정비령을 내렸다. 이 정비령에는 의복, 수레, 그릇, 집 등에 이르기까지 재질과 색깔 등에 관해 매우 세세한 규제를 담고 있다. 그 방향은 구장舊章, 즉 통일 이전인 진덕왕 대의 복식 관련 법률을 따르는 것이었다. 이는 통일 이전의 신분 질서로 되돌아가겠다는 일종의 복고주의를 보여 주는 것이다.[50]

일본도 7세기에 들어와 성씨제를 정비하였다. 이를 잘 보여 주는 예가 천무天武가 684년에 제정한 8색성제八色姓制이다. 8색성은 진인眞人, 조신朝臣, 숙네宿禰, 기촌忌寸, 도사道師, 신臣, 연連, 도치稻置를 말한다.[51] 8색성 제정 목적은 종래의 족성체계를 전면 개편하여 유력 씨족들을 황권에 예속시키기 위함이었다. 그 결과 종래 서열의 선두 성姓인 신臣과 연連이 6위와 7위로 처지게 되었다.[52]

성씨제 정비의 목적은 지배 귀족 가문의 재편제를 통해 각 가문의 위상과 서열을 정리하는 것이었다. 그래서 북위는 선비족의 8성을 산둥의 대성인 4성과 동일한 대우를 받도록 하였다. 일본의 천무는 8색성을 정하면

---

49 『삼국사기』 권제33 잡지 제2 색복·거기·기용·옥사조의 "興德王卽位九年 太和八年 下教
　　日 人有上下 位有尊卑 名例不同 衣服亦異 俗漸澆薄 民競奢華 只尙異物之珍寄 却嫌土產
　　之鄙野 …".
50 이순근, 1980, 「신라시대 성씨 취득과 그 의미」, 『한국사론』 6권, 서울대학교 국사학과.
51 『일본서기』 권29 천무기 13년조의 "冬十月己卯朔 詔日 更改諸氏之族姓 作八色之姓 以混
　　天下萬姓 一日眞人 二日朝臣 三日宿禰 四日忌寸 五日道師 六日臣 七日連 八日稻置" 참조.
52 연민수 외, 2020, 『역주 신찬성씨록』 상권 해제, 동북아역사재단.

서 천황가의 성인 진인眞人을 제1로 하는 대신 종래 영향력이 컸던 성씨인 신臣과 연連을 뒤로 배치하였다. 이로 미루어 백제의 대성8족이나 신라의 8품성골의 분정 목적도 이러한 범주에서 벗어나는 것은 아니라고 본다. 고대 동아시아 세계에서 성씨제 정비는 북위 → 백제 → 신라 → 일본 순으로 이루어졌다. 공교롭게도 네 나라의 성씨제 정비는 성씨를 여덟으로 나눈 것이 공통적이다.

신라는 434년에 고구려에 대응하기 위해 백제와 동맹(제라동맹濟羅同盟)을 맺었다. 521년 신라가 남조 양나라에 사신을 보낼 때 백제 사신이 통역과 뱃길 안내를 해 주었다.[53] 백제와 신라의 동맹 관계는 때에 따라 우여곡절은 있었지만 551년에 백제가 고구려에게 빼앗긴 한강 유역을 되찾을 때까지 지속되었다. 이후 554년 관산성 대회전에서 성왕이 패하여 죽음으로써 양국 관계는 깊은 갈등의 나락으로 떨어졌다.[54] 그러나 7세기 초엽에는 서동薯童(무왕)이 진평왕의 셋째 딸 선화공주와 결혼한 설화에서[55] 보듯이 양국은 한때 긴밀한 관계를 가졌다. 이런 관계 속에서 신라는 진평왕 대에 백제의 8대성을 본받아 혈족집단을 8등급으로 편제한 8품성골을 정하지 않았을까 한다.

일본은 4세기 후반 이후 오랜 기간에 걸쳐 백제와 교섭·교류를 하면서 백제로부터 유교와 불교, 율령을 비롯하여 사찰 건축, 의약, 역법 등 다양한 사상과 문화를 받아들였다. 이 과정에서 백제의 대성8족이 보여 주는 '八'을 신성시하는 관념이 일본에 영향을 주었다. 일본 열도가 8개의 섬으

---

53 『양서』 권54 열전 제48 제이 신라전의 "普通二年 王姓募名秦 始使隨百濟 奉獻方物 … 無文字 刻木爲信 語言待百濟而後通焉" 참조.

54 『구당서』 권199 상 열전 제149 상 신라전의 "高祖旣聞海東三國舊結怨隙 遞相攻伐 … 乃問其爲怨所由 對曰 先是百濟往伐高麗 詣新羅請救 新羅發兵大破百濟國 因此爲怨 每相攻伐 新羅得百濟王殺之 怨由此始" 참조.

55 무왕과 선화공주의 결혼에 대해서는 노중국, 2018, 『백제정치사』, 일조각, 446~452쪽 참조.

로 이루어졌다는 '팔주八洲' 또는 '대팔주大八洲' 인식이[56] 이를 보여 준다. 이러한 인식 위에서 천무는 성씨를 8색성으로 정비하지 않았을까 한다.[57]

백제의 8대성에는 북위의 8성의 영향이 컸으며, 신라의 8품성골제와 일본의 8색성제 성립에는 백제 8대성의 영향이 컸다. 8성을 축으로 하는 북위, 백제, 신라, 일본의 성씨제 정비는 고대 동아시아 공유 문화권의 한 부분이 되었다. 이 공유 문화권 형성에 백제가 중심적 역할을 하였다. 여기에 백제의 대성8족 분정이 가지는 역사적 의미가 있는 것이다.

---

56 『일본서기』 권1 신대 상 제4단 본문 "故名之曰淡路洲 迺生大日本豊秋津洲 次生伊豫二名洲 次生筑紫洲 次雙生億岐洲與佐度洲 世人或有雙生者象此也 次生越洲 次生大洲 次生吉備子洲 由是始起大八洲國之號焉" 참조.

57 노중국, 2021, 「동아시아 여러 나라의 성씨제 정비와 일본의 신찬성록―역주 신찬성씨록 상권·중권·하권의 출간에 부쳐―」, 『동북아역사논총』 71호, 동북아역사재단.

찾아보기

354

노중국盧重國

경북 울진에서 태어나 계명대학교 사학과를 졸업하고, 서울대학교 대학원 국사학과에서 문학석사, 문학박사 학위를 받았다. 1979년 계명대학교 사학과에 부임하여 전임강사·조교수·부교수·정교수를 거쳐 인문대학장을 역임하고, 2014년 8월 정년 퇴임하였다. 현재 계명대학교 사학과 명예교수이다.

한국고대사학회 1~4대 회장, 백제학회 회장, 대구사학회 회장, 문화재위원회 사적분과위원장, 한성백제박물관건립추진단 전시기획실무위원회 위원장, 백제역사유적지구 세계유산등재추진위원회 위원장, 백제문화사대계(25권) 편집위원장, 신라 천년의 역사와 문화(30권) 편집위원장, 경상북도 목판사업자문위원회 위원장을 맡았다. 현재 문화재청 역사문화권정비위원회 위원장을 맡고 있다.

저서로 『백제부흥운동사』(2003), 『백제사회사상사』(2010), 『백제의 대외교섭과 교류』(2012), 『백제정치사』(2018), 『역사의 맞수 1: 백제 성왕과 신라 진흥왕』(2020), 『한국고대의 수전농업과 수리시설』(공저, 2010), 『개정증보 역주 삼국사기(1~5)』(공역주, 2012), 『금석문으로 백제를 읽다: 돌, 흙, 쇠에 새겨진 백제 이야기』(공저, 2014), 『한류 열풍의 진앙지 일본 가와치』(공저, 2016) 등이 있다.

백제의 정치제도와 운영

1판 1쇄 펴낸날 2022년 2월 25일

지은이 | 노중국
펴낸이 | 김시연

펴낸곳 | (주)일조각
등록 | 1953년 9월 3일 제300-1953-1호(구 : 제1-298호)
주소 | 03176 서울시 종로구 경희궁길 39
전화 | 02-734-3545 / 02-733-8811(편집부)
02-733-5430 / 02-733-5431(영업부)
팩스 | 02-735-9994(편집부) / 02-738-5857(영업부)
이메일 | ilchokak@hanmail.net
홈페이지 | www.ilchokak.co.kr

ISBN 978-89-337-0799-9 93910
값 35,000원

• 지은이와 협의하여 인지를 생략합니다.